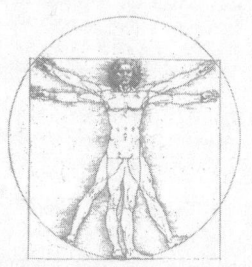

致明日世界的构思者

# 谢谢你迟到

## 以慢制胜，破题未来格局

THOMAS L.
FRIEDMAN

AN OPTIMIST'S GUIDE
TO THRIVING IN THE AGE OF ACCELERATIONS

# Thank You for Being Late

[美] 托马斯·弗里德曼/著　符荆捷　朱映臻　崔　艺/译　何　帆/审校　**C⋅S** **K** 湖南科学技术出版社

# THANK YOU FOR BEING LATE

*An Optimist's Guide to Thriving in the Age of Accelerations*

## THOMAS L. FRIEDMAN

Farrar, Straus and Giroux

New York

Farrar, Straus and Giroux
18 West 18th Street, New York 10011

Copyright © 2016 by Thomas L. Friedman
All rights reserved
Printed in the United States of America
First edition, 2016

Library of Congress Control Number: 2016034910
Hardcover ISBN: 978-0-374-27353-8
E-book ISBN: 978-0-374-71514-4
Open Market edition ISBN: 978-0-374-90043-4

Designed by Jonathan D. Lippincott

Our books may be purchased in bulk for promotional, educational, or business use.
Please contact your local bookseller or the Macmillan Corporate and Premium
Sales Department at 1-800-221-7945, extension 5442, or by e-mail at
MacmillanSpecialMarkets@macmillan.com.

www.fsgbooks.com
www.twitter.com/fsgbooks • www.facebook.com/fsgbooks

3   5   7   9   10   8   6   4

Author's note: All the interviews in this book that are not specifically attributed
to different news outlets were conducted by me, either for this book or for
my own column in *The New York Times*. Occasionally, I have drawn on my
own columns and previous books, and where I have used material
at length from either source, I have noted it.

　　这是我的第七本书，谁知道呢，也许也是最后一本书。自从我在 1989 年出版了《从贝鲁特到耶路撒冷》，我就十分幸运地拥有一群良师益友。他们在这段旅程中始终陪伴在我的左右，许多人从我写第一本书时就与我在一起，许多人则几乎伴随了之后的每一本书。他们极其慷慨地帮助我思考——很多年，很多小时，很多本书，很多个专栏。所以，这本书是送给他们的：拉里·戴蒙德，约翰·多尔，雅伦·埃兹拉希，乔纳森·加拉西，肯·格里尔，哈尔·哈维，安迪·卡尔斯纳，埃默里·洛文斯，格伦·普利科特，迈克尔·曼德鲍姆，克雷格·蒙迪，迈克尔·桑德尔，多弗·塞德曼。

　　他们的智慧之花如此惊艳。他们的慷慨无私如此非凡。他们的友谊就是一份祝福。

# 简体中文版序

我所有的中国读者们，Nǐ hǎo！

感谢你们阅读我的新书——《谢谢你迟到》。如果你们读过《世界是平的》，我相信你们也会喜欢这本书！在某种意义上，这本书延续了《世界是平的》中我关于技术和全球化加速及其影响的观点。但在另一个层面，它也是一次全新的探索，关于如何理解和思考今天的世界，以及在今天的世界中繁荣发展的最佳方式——小到一个社区，大到一个国家，并且关乎我们每个人。

《谢谢你迟到》试图揭示三大问题，我认为它们与中国的读者们息息相关。第一个问题是，什么是今天世界上最强大的几股力量，能够在更多时候、更多地点以更多方式影响更多的人和事。我担任《纽约时报》专栏作家已经20多年，我脑海中一直有一个关于世界这台机器如何运行并对各类事件产生影响的基本框架。随着阅历和知识的增长，我总是在不断更新我的观点，更新我对世界上最强大的几股力量如何互动、构造并不断重构我们所处世界的看法，因为我知道，如果不能让分析框架与时俱进，就不可能成为一个好的专栏作家。

你们将会看到，我在本书中的观点是，今天的世界上，那些能够在更多时候、更多地点以更多方式影响更多人和事的，是一个基本的事实：即地球上最强大的三股力量——我将其称为"市场"、"大自然"和"摩尔定律"正在同时经历指数级的加速发展。我所谓的市场就是数字全球化，大自然就是气候变化、生物多样性的损失以及人口增长。而以英特尔公司联合创始人戈登·摩尔名字命名的摩尔定律讲的是每隔 24 个月微芯片的处理速度和能力就会翻一倍。现在翻一倍所需的时间大约是 30 个月，但是自 1965 年由戈登·摩尔首次提出以来，摩尔定律一直维持到了现在，而它则构成了所有技术变化背后的推动力。

这三大加速相互作用，科技的加速驱动了全球化的加速，而两者则同时驱动了气候变化的加速，也为应对气候变化提出了更多的解决方案。

由此引出了本书试图回答的第二个大问题：这些加速正在怎样从根本上重塑工作岗位、国家政治、地缘政治、社会伦理和社区生活。我们需要在上述五个领域进行创新，以应对加速时代，我则对如何重新思考和改造这五个领域提出了建议。政府治理、国家政治以及工作场所都必须适应这个加速时代。

最后一个主题是一个悖论：世界变化得越快，这三股巨大的加速力量对我们生活方方面面改变得越多，每个人就越需要放慢速度，夯实足以支持终身学习的强大教育基础，并将自己锚定在强大的家庭和健康的社区之中，就像 20 世纪 50 年代、60 年代和 70 年代我从小长大的那个明尼苏达一样。世界的变化越快，那些你无法从网上下载的事物就变得越重要，而且这些事物只能通过古老的方式传递——通过好的老师传递给学生，通过好的父母传递给孩子，通过好的官员传递给市民，以及通过好的道德领袖传递给他们的社区。

这就是为什么本书中我最喜欢的一句话来自我的朋友和老师、LRN 公司的首席执行官多弗·塞德曼。他说："当你按下一台机器的暂停键时，它就停止运转了。但是，当一个人给自己暂停一下的时候，他就重新开始了。你开始反思，你开始重新思考你的假设前提，你开始以一种新的角度重新设想什么事是可能做到的，而且，最重要的是，你开始与你内心深处最坚定的信仰重新建立联系。而一旦你开始做这些事了，你就可以开始重新设想一条更好的道路。"

对中国这样一个在 21 世纪发展如此迅速的国家而言，每隔一段时间就暂停片刻非常重要。这样非但不会让她落后，反而能够确保她为自己所取得的每一个进步都打造一个坚实的基础。

亲爱的读者们，我希望这本书能够使你们鼓起勇气，去暂停，去反思，去更好地理解现在正在重构世界的几股大加速，去思考每个国家、每个公民——无论身处亚洲、南北美洲、欧洲、非洲还是大洋洲——如何能够最大限度地使它们为己所用、帮助自己繁荣发展，同时缓和它们的个利影响。

祝你们享受这阅读的旅程！

托马斯·弗里德曼

华盛顿特区

2017 年 3 月 25 日

# Nǐ hǎo to all my readers in China!

Thank you for reading my latest book "Thank You For Being Late". For those of you who read The "World Is Flat", I know that you will enjoy this book as well! In some ways it is a continuation of the argument I began in The World Is Flat about the implications of the accelerations in technology and globalization and some ways it is a whole new departure in how to think about the world today and the best ways to thrive as a student, a teacher, a worker, a community or a country.

"Thank You For Being Late "has three big themes that I believe will be very relevant to Chinese readers. The first question is what are the biggest forces shaping more things in more places in more ways on more days. I have been a columnist for the "New York Times" for over 20 years and I am always carrying around in my head a working hypothesis for how I think the big gears and pulleys of the world work to shape events. I am always updating my view of this as I learn more things, because I don't believe you can be an effective commentator unless you have a basic working hypothesis of how the biggest global forces interact to shape and reshape our world.

My argument, as you will see, is that what is shaping more things in more places in more ways on more days in the world today is the fact that the three most powerful forces on the planet, which I call "the market, Mother Nature and Moore's Law", are all in simultaneous exponential acceleration. The market for me is digital globalization. Mother Nature is climate change, biodiversity loss and population growth. And Moore's Law, named after Gordon Moore, the co-founder of Intel, says that the speed and power of microprocessors will double every 24 months. It is now closer to 30 months, but that law has held up since Gordon Moore first posited it in 1965, and it is the driver of all technological change.

The three of these accelerations are all interacting with one another – more technology acceleration drives more globalization acceleration and both drive more climate change, and solutions to climate change.

And that leads to the second big question the book tries to answer: how are these accelerations not just changing but fundamentally reshaping the workplace, politics, geopolitics, ethics and communities. We need innovation in all five areas to deal with the age of accelerations, and I provide suggestions for how to rethink all five. Government, politics and the workplace will all have to adapt to this age of accelerations.

The last theme is that – paradoxically – the faster the world gets and the more that these three big accelerations reshape all aspects of our lives – the more important it is for individuals to slow down, build strong educational foundations for life-long learning and anchor themselves in strong families and healthy communities, like the one I grew up in the Minnesota back in the 1950s, 1960s and 1970s. The faster the world gets the more important become all those things that you can't download, but that you have to upload the old-fashioned way – good teacher to student, good parents to child, good bureaucrat to citizen, good ethical leader to their community.

That is why my favorite quote in the book is from my friend and teacher Dov Seidman, CEO of LRN, which advises global businesses on ethics and leadership, who says: "When you press the pause button on a machine, it stops. But when you press the pause button on human beings they start. You start to reflect, you start to rethink your assumptions, you start to reimagine what is possible and, most importantly, you start to reconnect with your most deeply held beliefs. Once you've done that, you can begin to reimagine a better path."

Pausing for a moment every so often is very important for a country like China, which is now growing so fast in the 21st century — not so it will fall behind, but so that it can make sure it keeps building its progress on a solid foundation.

So I hope, dear reader, that this book will encourage you to pause and reflect – to better understand the big accelerations now reshaping our world and how every nation and every citizen – in Asia, America, Europe, Africa or Latin America – can get the most out of them to thrive and to cushion all their downsides. Enjoy!

Washington, D.C.
March 25, 2017

# 序 一
## 在加速社会中快速创新

2016 年初春，我从欧洲出差回华盛顿，登上飞机，尚未进机舱，就听到一个熟悉的声音向我打招呼："你好，民！"我循声望去，托马斯·弗里德曼正在向我挥手。"你好，托马斯。"我也随之问好，并顺口问道："你在写什么呢？""我在思考加速和创新。"他一下子兴奋起来，剩下的飞行时间里，他一直在向我讲述他的思考。不久，他的新书《谢谢你迟到——以慢制胜，破题未来格局》出版了。一年后，该书的中文版也放到了我的面前。

托马斯的核心观点是市场、大自然和摩尔定律的同时加速构成了"加速时代"，这就是我们现在身处的时代，这些力量是今天驱动世界机器运转的核心部件。这三种力量的加速也在相互影响：摩尔定律的加速驱动了全球化的加速，全球化的加速驱动了气候变化的加速，而摩尔定律的加速也对气候变化和我们面临的许多其他挑战提供了更多的潜在解决方案，同时也在改变现代生活的方方面面。

例如，数字的河流正在流向四面八方，每一个拥有手机或平板电脑的人都可以接触到这些河流，借助河流的力量开展竞争、取得联系、共同协作并发明创新。流动的加速也使各种形式的人际交往加速，特别是陌生人之间的交往。与人类此前的历史相比，现在无论你身在何处，你都能直接或间接地接触到更多不同的想法和人。陌生人之间的接触，以及社交网络上思想的加速流动，导致公共舆论观点剧变。传统的智慧和观点看似冰山一样亘古不化，现在可能会在突然之间融化。一天之内发生的改变，过去可能需要一代人的时间才能发生。

但托马斯更关心这些加速的力量对人和文化产生了怎样的影响。它们是如何改变工作场所、地缘政治、政治、道德选择和社群生活的。他始终关注在这个受到这三股巨大加速度冲击下的世界里，不同的国民和社会应当怎样学习，才能建立生存和繁荣所必需的韧性和源动力。

他提出管理今天的世界唯一的办法就是努力前行，在前行中与技术、全球化以及环境的快速变化保持相同的速度甚至比它们更快，也就是维持动态平衡。在动态平衡中对受技术影响的政治和社会领域不断创新。重新设想和设计我们社会的工作场所、政治、地缘政治、道德和社区，从而在这些加速发生的变化对人们的生活产生影响时，使更多的人在更多的时候以更多的方式与这种变化保持同步，帮助我们渡过激流。

他提出我们需要对工作场所进行创新，确定究竟在哪些方面人类可以做得比机器更好以及如何与机器一道做得更好，并加大在此方面的人力资源培训。我们需要对地缘政治进行创新，弄清楚该怎样集体管理好这个世界，个人的力量、机器的力量、流动的力量以及众人之力正在压垮脆弱的国家、赋予破坏者以超强的能力并使强国承受压力。我们需要对政治进行创新，调整我们传统的、作为对工业革命、新政和冷战的回应而诞生的政治纲领，迎接三大力量加速的时代所提出的加强社会韧性的新要求。我们需要对道德进行创新，在今天这个个人的力量和机器的力量不断增强以至于人越来越像神一样存在时，我们要在更大的范围内推广可持续的价值观，并使之深入每个人的人心。最后，我们需要对社会进行创新，学会如何订立新的社会契约，提供终身学习的机会，扩大公私合伙的范围，锚定并推动一个更加多元化的人口，并打造更加健康的社区。

他特别重视随着世界的加速，存量知识正在以更快的速度贬值。人类要加强适应能力，优化学习能力。每一个机构和个人都必须变得更加敏锐，愿意快速试验，并从错误中学习。创新就是一个试验、学习、运用知识，而后评估成功或失败的循环。静态稳定的时代已经离我们远去，新的稳定必须是一种动态的稳定，人类必须学会在这种状态下生存。

我和托马斯·弗里德曼相识多年，他全世界跑，观察、询问、思索。他总是能把对技术、经济和社会变化的观测提升到人文的高度。我从他那里学到很多，他是我的良师益友。

2012 年初夏，我邀请托马斯·弗里德曼给国际货币基金组织（IMГ）的执行董事会成员年度务虚会议做一个讲座。会议在马里兰德——一个历史小镇举行，会前，我陪他在会场外闲聊，眼前是一片开阔的湖面，风起柳叶飘；左侧是一片英国殖民地风格的酒店建筑，一抹夕阳阑珊。我们感叹于世界变化的速度和眼前的静谧，他提出了在飞速发展的世界里，在我们被裹挟进去的奔忙中，需要经常停一下，做暂停间歇，做一次简单的、深沉的呼吸。"放慢速度，提供了反思和思索的空间和场所。"他说。"我们创造了比过去多得多的信息和知识，但是，只有在你能够对其进行反思的情况下，知识才是有益的。"他继续说。"而且，从暂停中获益的不仅仅是知识。还有我们建立互信的能力"，"只有你放慢了，你才能与他人建立一种更深刻、更全面的联系，而不仅仅是更快速的联系"，"由此，我们才有能力去爱，去关怀，去希冀，去信任"。何等的真知灼见！这句话深刻地影响了我。

2015 年夏，我和他在美国科罗拉多州的阿斯本的一个周末聚会上相遇。美国西部的夏日，天高云淡，群山逶迤，相当休闲。一杯红酒在手，我禁不住问他，你是如此出色和著名的记者，你写作的秘密是什么呢？他认真地看了我一眼，说："你其实提了两个不同的问题。"他停顿了一下说："作为记者，你关注的焦点就是挖掘事实真相，以解释看得见的事，并揭露背后隐藏的事。重要的是事实和公正公允。""但是作为一个专栏作家，你是有观点的，是从一个特定的角度去阐述你的观点，并以一种令人信服的方式说服你的读者。""你写作的目的就是去影响或去激发某种反应，而不仅仅是告知。""你要让读者以一种不同的视角、以一种更强烈的感情或以一种焕然一新的思路去思考或感受某个问题。""在你读者的脑袋里点明一盏灯，点亮一个角度以激发他们从全新的视角看问题，或在你读者的心灵深处触动某种情感。"我感触良多。此后，任何时候当我提起笔，准备写点什么，我都会问自己，我能给读者以新的视角、激发他们更强烈的感情和全新的视野吗？

感谢托马斯·弗里德曼，他给我们奉献了一本好书，他让我理解在快速变动和快速创新的世界里人文的高度和立意。

清华大学国家金融研究院院长 朱民

2017 年 10 月 1 日

# 序 二
## 拥抱未来，享受加速度

2004 年，托马斯·弗里德曼写出了《世界是平的》，因其对世界发展趋势独到的洞见，在全球范围内掀起了一阵热潮，我也曾被深深吸引并有所启发。"世界是平的"，从这本书出版到现在，这句话已被无数企业所实践。

然而就在 2010 年，当作者偶然翻出《世界是平的》初稿，他惊奇地发现："脸书"居然不在里面，"推特"当时还是一个象声词，"云"还是天上的云。不仅如此，从 iPhone、Twitter、Android 到 Kindle，一系列创世纪的产品以惊人的巧合都在 2007 年诞生，在一个又一个领域引爆始料未及的革命。世界进入一个加速的拐点，我们一贯坚信的线性发展理论正在崩塌，于是他动笔写下这本新书——《谢谢你迟到——以慢制胜，破题未来格局》。

他要告诉我们的是：人类正处在一个历史上最陡峭的拐点，也许在古腾堡发起印刷革命之后，就再也没有出现过这样剧烈的转折了。现在，我们这个星球上最强大的三股力量——科技、全球化和气候变化，因科技发展进一步推动了全球化，而全球化的加深也更深刻地影响气候变迁，这三者几乎同时加速，且相互影响、相互作用。这直接带来的结果是，今日之世界宛若在飓风下跳舞，我们生活的社会、工作的场所以及地缘政治的诸多方面都在重构，并需要人们进行思想的重造。

这样的观察显然是敏锐的，这里我想分享一下我的观察：

一个是加速演变。美国著名科幻小说作家威廉·吉布森曾经说过："未来已来，只是分布得还不够均匀。"在很多行业中，"指数级增长"都是显而易见的。就信息科技而言，全球移动数据量在过去十几年中以 40% 以上的速度增长，预计未来还将保持这样的增速。在物联网领域，全球的网络连接设备也在爆发性增长，呈现出 J 形曲线。以前，很多企业家的判断是基于线性的增长变化，今天，指数级增长对我们所有人的适应力都带来巨大考验。

一个是全球化。有人担心，2016 年出现的几宗"黑天鹅"事件，是不是预示着一种逆全球化潮流正在兴起？企业肯定不是，世界 500 强，特别是年轻的创新企业都在全球化上做文章；Uber 和 Airbnb 创立才短短几年，生意版图却早已铺向全球；中国无人机企业代表大疆创新，超过 70% 的市场份额来自海外；滴滴出行和今日头条这两家更年轻的公司，已把海外合作纳入战略的一部分。全球化已成为商业的基因。

不过说到底，决定世界发展方向的，不是科技和资本，而是我们的心智和价值观，这是我们不会在这个加速度的世界里迷失的定海神针。因此，我们都要"谢谢你迟到"，面对这个加速巨变的世界，慢下来，做必要的反思。

红杉资本全球执行合伙人 沈南鹏

2017 年 10 月 1 日

# 导　读
## 从《世界是平的》到《谢谢你迟到》

托马斯·弗里德曼现任《纽约时报》专栏作家，是美国最著名的畅销书作家之一。他 1953 年出生于美国明尼苏达州，大学上的是布兰代斯大学，专业是地中海研究，硕士上的是牛津大学，学的是现代中东研究。他是犹太人，对中东问题很感兴趣，读完书就投身新闻业，1979 年到 1981 年被合众社派往贝鲁特，1984 年被《时代周刊》派往以色列。他写过一本《从贝鲁特到耶路撒冷》，推荐给关心中东的朋友，写得非常精彩。

后来，托马斯·弗里德曼的兴趣转向了更为宏大的全球经济，他成了经济全球化的辩护士。他第一本关于全球化的书是《凌志车与橄榄树》，2005 年在美国出版的《世界是平的》，刚刚问世就大受欢迎，一时洛阳纸贵。这本书在中国卖得也非常好，成了很多官员和企业家学习经济全球化的入门教科书。当时，恰逢中国积极加入全球经济，而全球化也在发生着革命性的变化，国际贸易从产品间贸易转变为产品内贸易，全球供应链异军突起，这给中国企业加入全球市场带来了广阔的空间。我们过去讲改革开放，其实是开放改革。中国的制造业到了20世纪90年代之后才开始突飞猛进。中国奇迹的背景就是全球化发生了变化。

所谓世界变平了，就是说全球竞争的平台变得更加平坦。过去，你能不能崭露头角，取决于你是哪个国家的人。你要是英国人、美国人，全世界都是你的平台，但你如果是在非洲、南亚的穷国，就自己认命吧。后来，跨国公司崛起，你能不能崭露头角，取决于你是哪个公司的。如果你是通用、国际商业机器公司（IBM）的员工，那么，全世界都是你的平台，但如果你是中国一家乡镇企业的员工，对不起，先靠边站吧。如今，你住在哪里，为谁工作，都不再重要，你自己才是最重要的。如果你能够和全球市场连接起来，小人物一样能干出大事业，大卫能够战胜巨人哥利亚。

《世界是平的》是一本非常乐观的书。这本书给当时的中国企业家带来了很多信心和启迪，但是，全球化并没有像弗里德曼预言的那样一帆风顺。2008年爆发了全球金融危机，全球化出现了停滞，甚至是倒退。反对全球化的声音越来越多，技术进步越来越快，而气候变化带来的潜在风险已经出现在地平线上。

10年之后，弗里德曼又写了一本《谢谢你迟到》。他会跟我们讲些什么呢？

## 不是我不明白，这世界变化快

用一句话概括《谢谢你迟到》的核心观点，那就是：世界变快了。当世界变快了之后，人们会有不适应的感觉。速度并不总是带来激情，速度也会带来眩晕。如果你坐上一台跑车，两三秒就能加速到100千米，那是多么爽的事情，但要是一直按照这样的速度加速，车子跑得比火箭还快，你能受得了？我们的种种不适应，都是因为技术的变化速度太快，而我们人类的适应速度太慢。

为什么技术变化的速度会不断加速呢？先来看看戈登·摩尔。戈登·摩尔是著名的仙童半导体公司的创始人之一，硅谷的元老级人物。他曾任仙童半导体公司的研发实验室主任。1965年4月19日，他在《电子学》杂志上发表了一篇文章，题目叫《将更多的元件塞入集成电路中》。摩尔在文章中预测："（半导体芯片上）集成的元件数量将每年增加1倍……而且有理由相信该种增速在至少10年内会保持相对稳定。"

这一预言太激进了。这意味着技术进步会不断加速增长，呈指数级增长，越到后来，增长速度越快。这和我们的直觉是不一样的。连摩尔本人都觉得这一预测太离谱。1975年，他修正了自己的预测，说翻倍的时间不是每年一次，可能是每两年一次。

一次又一次地，人们预言摩尔定律已经到头了，但一次又一次地，出现了新的技术创新，于是，摩尔定律继续有效，到现在一直持续了五十年。当然，终有一天，摩尔定律会失效，最后两次迭代大约用了两年半的时间，而非两年，所以技术加速确实有所减慢，但技术进步的步伐是不会停息的。

为什么会是这样呢？硬件在不断进步，软件在不断进步，还有各种技术叠加起来，混搭起来，催化出了更多的进步。

比如，从硬件来看，五十年来，半导体行业一直在寻找新的方法，要么保持成本不变，但缩小晶体管的尺寸；要么保持晶体管的大小，但减少制造成本；要么找到新的工艺，开发新材料。

仅仅是硬件的改进，还不足以带来如此快速的技术进步。软件的改进，可以在不改变现有硬件的基础上，大幅度提高其效率。在《谢谢你迟到》中，弗里德曼讲了一个不为人知的故事。2006年，美国电话电报公司和乔布斯签订了一个合同，成为iPhone在美国的独家服务提供商。这是一个很大的赌博。第一，当时美国电话电报公司连iPhone长什么样子都没有见过，他们只是因为相信乔帮主，才签了约。第二，美国电话电报公司隐隐约约感觉，手机用户会暴增，会给他们的网络容量带来巨大压力，但压力到底有多大，谁也不知道，时间紧、任务重，也不可能把原来的线路和无线网络设备大规模改造。怎么办？美国电话电报公司的思路是用软件之长，补硬件之短。他们把能够调动的技术人员，几乎都调到了软件部门。

你可以把电话线路想象成高速公路。如果高速公路上都是开车不讲规矩的司机，或是胆战心惊的新手，交通很容易拥堵。那么，如果全部换成无人驾驶汽车呢？同样是一条公路，能够通行的车辆一下子就会倍增。这就是美国电话电报公司的思路。还是原来的网络交换机、电线、芯片和电缆，通过软件进行优化之后，能够传输数据、文本和语音的速度大幅度提高。

计算机的存储和计算能力越来越强大，软件越来越先进。互联网又进一步促进了软件和硬件之间的相互促进。当弗里德曼写《世界是平的》时，人工智能还没有引起人们的关注，如今，人工智能已经突破了一个临界点，并和人一起，推动技术加速进步。

技术进步曲线是指数级的。我们人类的确在努力适应技术的进步，但我们的适应速度是线性的。如果你把一条指数级的曲线和一条直线画在一张图上，你就会发现，两条线会有个交叉点，然后，指数级曲线会越来越陡峭，而直线落后于指数级曲线的差距会越来越大。我们现在已经到了直线落后于指数级曲线的地方。

不是我不明白，这世界变化快。这就是我们感到越来越焦虑的原因。我们从小到大，要接受 12 年、16 年，甚至更长时间的教育。我们原本以为，上完学，我们就不用再学习了。但现实很可能是，当你读完大学了，才发现自己所学的都已经过时，你必须从头再学。这是一种什么样的感受？

## 全球化带来的赢家和输家

对很多中国人来说，全球化是一件很晚近的事情。先是邓小平 1992 年南方谈话，然后是中国加入世界贸易组织（WTO），中国实行了对外开放政策之后，经济实现了高速增长，这不仅带来了中国历史上少有的太平盛世，而且也对全球经济带来了深刻的影响。

到了全球金融危机爆发，全球化峰回路转。即使是在危机爆发之后，很多人仍然觉得这场危机很快就会过去，我们还会回到原来的美好年代。但是，全球金融危机已经过去将近十年了，我们看到的只有更多的失望和焦虑，没有看到什么令人信服的希望。

我们正站在历史的转折点。

全球经济高速增长的黄金时代已经一去不复返了。各国人民齐心协力在全球经济化的浪潮里专心致志赚钱的和谐世界已经一去不复返了。想要在很快的时间内从无到有，从 0 到 1 个亿，已经越来越难了。社会阶层的板结化越来越严重，仅仅靠努力，已经改变不了命运，家庭门第才是决定命运的最主要因素。

经济学家喜欢讲全球化给世界经济带来的收益。确实，从理论上讲，经济全球化能够带来更多的收益，但问题在于，有了收益，就有收益的分配。在经济全球化的过程中，有赢家，也有输家。我们怎么更合理、公平地处理收益的分配，以便让全球化能够得到更多民众的拥护？

这是我们现在这个世界面临的最有挑战性的问题之一，就像弗里德曼说的："全球化一直都是一切事物及其对立面的合体。它可以赋予普罗大众难以想象的影响力，也可以将无限的权力集中在巨大的跨国公司手中；它可以对微小之物大书特书，令最小的声音可以传播到每个角落，也可以让不同事物变得雷同，使大品牌淹没任何地方的一切事物。它可以赋予难以想象的巨大能量，小公司和个人可以在一夜之间设立全球性的公司，在全球拓展客户、寻找供应商和协作者；它可以令你在一夜之间失去一切，一股不知从哪里来的巨大力量会把你压成齑粉。"

关键在于如何找到平衡点。全球化既有收益，又有成本和风险。当人们感到身份、家园遭到威胁时，他们的本能反应是：那就修一堵墙吧。特朗普就是这么想的。修墙是一种极其愚蠢的做法，把自己和外部的世界隔离，最终只会让你自己受到更大的损失。但是，如果轻率地把所有的障碍物都清除掉，没有任何防护，你永远不知道在边界的另一边会出现什么：蛮族？难民？侵略者大军？

在加速变革的时代，我们不能仅仅修一堵墙，而是要给人们提供能够站稳的地板。在应对外部挑战的时候，我们需要的是一堵有大门的墙。这个门应该天天都开着，人们可以来来往往，进进出出。最好刷一下证件就能过去，不需要繁琐、无聊、无效的安全检查。这个门应该开得足够大，不行就多开几个门。不能让所有的人在门口排一长队。这个门装有摄像头，也有卫兵把守，但在正常情况下，你看不到卫兵，也没有路障——你应该几乎感觉不到门给你带来的不便。

但是，如果你想越过边界，只能从门这里过。你不能爬墙，也不能跳窗户。谁从这扇门进来了，应该是有监控的。如果一切正常，那就没有问题。但假如出现了异常，监测系统应该能够迅速地感知，并做出分析和预判。比如，进来的人突然比正常情况下少了，出去的人突然比正常情况下多了，那背后是什么原因，就应该有所调查。

在极端的情况下，门是能够被关上的。当门被关上之后，应该有锁和门栓，保证外边的入侵者无法进入墙的这一边。如果只是在特殊的情况下关门，应该告诉大家，这只是暂时的，待警报解除之后，门还会打开。

为什么要有门？因为我们必须保持对外开放，要有人的流动、商品的流动、思想的流动，这个世界才会有生机和活力。为什么要有墙，因为墙给我们带来了安全感。正是因为有了墙，我们才能更放心地把门打开，否则，我们会一直处于惶恐不安的状态。你可以设想，墙越是结实、高大，我们也就会越放心。

在墙的里面，应该是充分开放的。如果在墙的里面还有墙，一层一层全是墙和障碍物，那么，墙的里面也会变得更加不安。墙总是要把人分开的，如果我们把人群分得越细，各个阶层之间就会变得更加固化，群体之间的矛盾会更加激化。墙使得我们可以集中力量搞好内部的团结，听取大家的意见，营造一个更为和谐的共同体，大家有共同的信念，能够互相协商，彼此愿意做出妥协，能够有对话的机制、交流的机制、制衡的机制。规则应该变得更加明晰，这样人们才能对未来做出长期的规划，才能鼓励长期投资。没有长期预期，就没有长期投资。没有长期投资，就没有长期的经济增长。

## 从全新世进入"人新世"

地球大约于 46 亿年前形成。大约 38 亿年前，地球上出现了简单生命的迹象。直到 6 亿年前，复杂的生命形式才开始形成。从长时期来看，地球上的气候一直在冰河时代和温暖时期之间来回摆动。地质学家把地球的历史分为不同的地质年代，我们现在处于新生代第四纪。

第四纪又可以分为更新世和全新世。在大约 258.8 万年前到 1.17 万年前是更新世，更新世的大部分时间天气非常寒冷，被称为"伟大的冰河时代"。全新世只有大约 1 万年的时间，在地球的漫长历史中，这只是非常短暂的一瞬间，但就在这 1 万年间，出现了一个从未有过的气温适宜的窗口期。有的科学家认为，这是唯一能够支持现代人类社会的气候状态。这是人类的气候"伊甸园"。在全新世，大气中二氧化碳浓度和海洋酸度适中，海里有珊瑚，赤道为森林覆盖，两极有冰盖，这些冰能储存水并反射太阳光线，这一平衡的状态维持了人类的生存和世界人口稳步增长。

但是，由于受到人类活动的影响，我们正在迫使地球远离最适宜点。有的科学家甚至认为，我们已经不在全新世了，现在是一个由人类一手造成的新时代，即"人新世"（Anthropocene）。"anthropo"即为"人"的意思，"cene"即为"新"的意思。不管我们是否同意"人新世"的提法，越来越多的科学家承认，我们正在走向一个全新的、未知的地质时代。

大自然是一个系统，这个系统有其安全运转的边界，但我们正在跨越临界点，破坏这些边界，这将引发一连串的连锁反应，并让我们进一步远离平衡点。托马斯·弗里德曼提到了地球系统的九大关键边界。

一是气候变化。我们需要保持工业革命以来全球平均气温涨幅小于 2 摄氏度的水平。如果要控制全球气温升高，需要将地球大气层中的二氧化碳浓度保持在 $350 \times 10^{-6}$ 浓度以下，但现在大气中的二氧化碳含量已经超过 $400 \times 10^{-6}$ 浓度。超过这个红线，我们将面临失控的冰川融化、海平面上升、极端温度变化以及更为严重的风暴、干旱风险。

二是生物多样性。我们应该保持相当于工业化前 90% 水平的生物多样性。目前，非洲部分地区的生物的多样性水平已经降至 84%，并且还在进一步下降。在正常的情况下，物种的自然消失率为在每 100 万个物种中，每年会消失一种或不到一种，但在人类的破坏下，在每 100 万个物种中，每一年会消失十到一百种。

三是森林退化。我们必须在陆地上维持雨林、寒带森林、温带森林等关键生态群落的最低水平，比如，我们必须保存约 75% 的地球原始森林。目前该水平已经下降到 63%。

四是地球上的生物化学流。由于大量使用化肥和农药，我们向大自然添加了太多的磷、氮及其他元素，这破坏了生物成长所需要的氮磷平衡环境。

五是海洋酸化。我们释放出的二氧化碳大部分是被海洋吸收的。当二氧化碳与水混合到一起，便会形成碳酸，而碳酸会溶解碳酸钙，后者是所有海洋生物的主要构成物质，尤其是贝壳类动物和珊瑚礁。

六是淡水的使用。我们从河流和地下水中大量抽取淡水，已经带来了水源枯竭、森林和湿地退化等问题。

七是大气气溶胶的负荷。大气气溶胶是工厂、发电厂、车辆等传统污染源释放到大气里的微小颗粒物。这些污染物形成了雾霾，可能导致人类出现哮喘及其他肺部疾病。

八是"新物质的引进"（the introduction of novel entities），即我们所发明创造的化学物质、化合物、塑料、核废料等。这些物质来自大自然之外，并渗入土壤与水中。我们并不完全了解它们对自然环境甚至包括人类在内的生物基因密码的影响。

九是平流臭氧层的厚度。平流臭氧层确保我们免受导致皮肤癌的危险紫外线辐射。人造化学品氯氟烃会导致臭氧层空洞不断扩大。1989 年，各国签署了《蒙特利尔协定书》，严禁氟氯碳化合物，臭氧层因此才得以维持在地球边界的限度之内。

气候变化让许多发展中国家陷入窘境，特别是在中东和非洲，其农业生产遭到严重破坏。南亚地区会因全球变暖遇到更多的挑战，尤其是水资源，会变得越来越稀缺。印度和巴基斯坦如果再次爆发战争，不一定是因为领土问题，而可能是因为争夺水资源。在非洲及部分阿拉伯国家，人口的持续高增长率放大了各方面的压力。我们在之前的专栏里讲到，未来全球人口的增长主要来自非洲。这么多贫困而绝望的年轻人，在一个全球互相连通、互相依存的世界，会给我们带来各种意想不到的冲击。

技术进步、全球化和气候变化，这三重因素叠加在一起，把我们带入了一个加速变革的时代。由于人类很难适应如此迅速而复杂的变化，就会产生各种不同的反应，我们的国家、我们的社区，以及我们自己，在这个加速变化的时代，都面临着前所未有的挑战。

## 新的地缘政治

从第二次世界大战结束，到大约20世纪和21世纪之交，是经济和政治上的"全新世"。从经济来说，第二次世界大战之后全球经济一直保持着稳定的经济增长。这不仅是西方资本主义的"黄金时代"，也是社会主义经济的高速增长时期。更为重要的是，当时处于一个极其独特的"冷战"时期，全球地缘政治环境相对稳定。

当时的超级大国只有两个，一个是美国，一个是苏联。美国和苏联虽然互相敌视，但却极其默契。在白宫和克里姆林宫之间甚至维持了一条"热线"，避免由于误解发生直接冲突。双方军事力量旗鼓相当，都有大量的核武器，不仅能够发动首次袭击，还具备发动二次攻击、实施报复性还击的能力。这就形成了一个完美的"核威慑"，这叫"确保相互毁灭"的系统（英文简称 MAD，就是疯狂的意思）。

在冷战时期，有很多国家，尤其是第二次世界大战之后独立的国家，其实是不具备独立实现经济发展的能力的，甚至维持政权稳定都很难，但由于两个超级大国暗中提供各种支持，为它们提供资金修建基础设施、给予它们技术援助、为它们开放本国的市场、帮它们建造体育场、提供留学机会。一旦出现紧急情况，两个超级大国会立刻出手干预，即使到了要出兵的时候，也会毫不犹豫。

柏林墙倒塌之后，西方世界一片欢腾。他们认为"历史已经终结"，未来的世界将是所有的国家都学习西方世界的自由市场和民主政治制度。美国突然成了世界上唯一一个超级大国，它显得很不习惯。其实，美国的风格并不适合当全球领袖。美国有点像个还在青春期的小伙子，力气很大、体格健壮，但有时候做事非常莽撞，遇到挫折又会情绪低落。美国在伊拉克和阿富汗陷入了未曾预料到的泥潭，随后又爆发了 2008 年金融危机。美国领导世界的雄心受挫，突然又想甩手不管。

可是，美国是世界上唯一的超级大国，如果很多事情美国作壁上观，局势只会进一步恶化。如果美国直接插手，又会难以自拔，付出沉痛的代价。谁是盟友，谁是敌人，变得更加复杂。比如，希腊是美国的盟友，但是，希腊的债务危机给美国带来了极大的麻烦。小小的希腊，触发了多米诺骨牌的倒塌，欧洲的危机到现在还在继续恶化，要是有一天欧盟分崩离析，美国的全球战略都要重新改写。越南不是美国传统的盟友，可是在南海问题、TPP 谈判等方面，越南可算是帮了美国很大的忙。中国要是变得更加强大，美国当然不爽。但是，如果中国垮了呢？

全球经济体系都会崩溃，美国怎么可能独善其身？美国一定会陷入极其严重的经济衰退，甚至触发更大的危机。

所以，冷战时期可能是让全世界各国政治家都非常怀念的"地缘政治全新世"，而那个时代已经一去不复返了。2015 年 1 月 29 日，亨利·基辛格在美国参议院做证时说："自第二次世界大战结束以来，美国从未面临过如此多样化的危机。"他接着说："在历史上，当和平遇到问题的时候，都是因为权力的聚集，潜在的强势国家会对邻国的安全构成威胁。在我们所处的时代，和平更多地受到权力瓦解的威胁。有些国家陷入混乱，成为一片一片无管辖的区域，暴力活动扩散并蔓延至国境之外和地区以外。"基辛格指出，这在中东尤其严重。他说："几种不同的动荡正在同时出现：国家内部有权力斗争，国家之间在相互较量，种族与宗教群体之间爆发了冲突；国家间的世界政治体系受到冲击。其结果就是：很多重要的地缘政治区域变得无法管控，或至少是未能管控。"

在加速时代的地缘政治新游戏中，角色和规则都会和过去不同。过去的国际政治主要是在国与国之间，而未来各国政府将不得不面临一些全新的挑战者：恐怖分子、圣战组织、网络黑客、气候灾害、全球范围内爆发的传染病。正如沃伦·巴菲特所说的，只有在退潮的时候，才能看出来谁没有穿游泳裤。如今，"地缘政治全新世"已经结束，回头一看，原来很多国家都没有穿游泳裤。在经济形势好的时候，很多新兴市场国家是多么的风光啊。想想油价上涨时期，委内瑞拉的查韦斯、俄罗斯的普京，多么意气风发，当油价下跌之后，这些国家又是何等的困窘艰难。

过去，地缘政治看起来离我们很远，现在，地缘政治风险仍然可能会出现在遥远的地方，但它们就像传染病一样，迅速就能扩散到我们身边。

## 新的社区

为了寻找加速变革时代的应对之策，托马斯·弗里德曼几次回到他的家乡明尼苏达州。他从小在明尼苏达州阿波利斯市郊区的小镇圣路易斯公园长大。尽管外边的世界变化莫测，圣路易斯公园小镇的政府、学校、医院甚至球队却依然运转良好，人们彼此合作、同心协力、互相支持。"礼失求诸野"，在明尼苏达州，弗里德曼发现了应对加速变革社会的必需的社会价值观。

正如政治学家弗朗西斯·福山所说的，"社会资本"能够带来更多的信任，而这种信任是一个国家、一个社会成功和繁荣的关键。如果信任感普遍存在，群体和社会就可以自发地合作、迅速地适应，而如果人们之间缺乏信任，一定会带来更多的矛盾和冲突，最终，很可能不得不通过强制和暴力解决这些问题。

但是，信任不能通过命令而产生，而只能由健康的社区培养和激发。法国思想家当年游历美国之后，就曾敏锐地指出，美国有非常独特的社区文化。新英格兰地区的乡镇使公民能够在他们力所能及的小空间内实践治理的艺术。随着这个空间的不断扩大，他们的能力也不断提高。在地方协会和社区议会中习得的公民习惯和技能，使他们具备在州一级和国家层面实行自治的能力。

这种密切的社区内的人与人交流，是互联网无法替代的。互联网上的社交软件、闲聊室、在线论坛可能会扩大我们的交往范围，带来更多的便利，但这种浅层次的交流无法创造出一种有归属感的社区文化，虚拟的社交性不会自动地创造出公民。

当弗里德曼问美国公共卫生局局长默西，什么是美国当今最严重的疾病时，默西毫不犹豫地说："不是癌症，不是心脏病，而是孤独。这么多人感到前所未有的孤独，这是我们今天生活的最大病症。"我们是人类历史上通过技术联系得最紧密的一代人，但更多的人反而感觉比以往更加与世隔绝。

因此，托马斯·弗里德曼在家乡重新发现的传统价值观，对我们应对加速变革的时代反而越来越重要。我们需要学会妥协，我们需要学会信任，我们需要学会巩固家庭的重要性，也需要为年轻人提供好的导师和教练。所有这一切都不是可以通过一个人完成的，也无法通过在网络上下载一个软件完成，培养这些价值观，需要一群人，需要一个健康的社区。

# 新的个人

企业管理顾问华伦·贝尼斯（Warren Bennis）讲过一个笑话。他说，未来的工厂里只有一个人，一条狗。人是要喂狗，狗是要看住人，不让他碰机器。

总有一天，机器人会替代人。简单地讲，未来可能会有两条路径。第一条路径是机器人彻底替代了人。机器人不仅学会了人的思维模式，而且比人类做得更好。机器人也学会了人类的情感，而且比人类更加理性。机器人有了自我意识，不会再听命于人的指挥。这并非是不可能的。归根到本源，人的思维、情感，无非都是物理和化学反应，只是我们对其原理了解甚少而已。第二条路径是人和机器人融为一体。手机让我们成为"千里眼""顺风耳"，能够实时地、不受地域限制地与其他人沟通。大数据可以方便我们更好地学习和交流。人用上了各种人造器官。以后，人们很可能会运用更多的科技改善我们的记忆、延长我们的寿命、调节我们的情绪。记性不好？外接一个优盘就行。性格暴躁？吃一片药就改过来了。想体验一下南极探险？你可以从别人那里购买一段个人回忆。听不懂爪哇语？机器帮你直接翻译。

无论出现哪种情况，我们都能想象得出最后的结果：人类这个物种，会被彻底地改变。生活、工作，都会和以往大不相同，甚至人类的生存都会遇到挑战。说起人工智能，我们常常会有一种恐惧，认为我们的工作很快就会被机器替代。

好消息是，至少在短期之内，机器人不可能完全替代人类。

首先，我们仍然处在人工智能的初级阶段。现在的人工智能大多局限在一个特定的领域。有一种家用机器人 Roomba 是负责扫地的。有的人工智能是为了翻译语言，或是帮助医生诊断疾病。它们各有分工。在其各自的领域，它们完全有可能替代很多常规性的人类的工作，但机器人会不会突然变得全知全能呢？你家的 Roomba 会不会有一天扫地扫腻味了，自己决定不想扫地，要设计汽车了？至少目前来看，这种可能性为零。

其次，任务自动化和工作岗位自动化是两件不同的事情。工作岗位自动化是指机器完全替代了人，任务自动化是不会抢走人类的工作的。自动取款机是在 20 世纪 90 年代之后开始出现的。当初，人们认为有了自动取款机，就不再需要银行柜员了，结果呢？银行柜员的人数却增加了，而且比美国整个劳动力市场就业人数的增加速度更快。条形码是从 20 世纪 80 年代开始出现的。扫描条形码，能让收银员的结账时间减少 18%～19%，但收银员的人数反而增加了。20 世纪 90 年代末以来，律师事务所越来越多地使用电子文档检索软件，这本是律师助理要做的工作，但律师助理的人数反而快速增长。

坏消息是，技术进步对不同的人群影响大不一样，确实会有更多的劳动者在全球化和技术进步的浪潮中成为失败者。西方国家之所以会出现保护主义、民族主义、反全球化，很重要的一个原因就是很多劳动者觉得饭碗快要保不住了。大部分经济学家都认为，导致发达国家贫富差距拉大、一部分工作岗位流失的主要因素有两个，一个是技术进步，一个是全球化，而且，技术进步的影响比全球化的影响更大。

怎么办？

从个体的角度来看，我们应该认清形势，提高自己的学习能力，才能在加速变革的时代立于不败之地。如果你还希望像过去那样，拥有一技之长，找到一份体面的工作，就能一直工作到退休，那就大错特错了。学校的教育体制远远落后于时代的变化，你在学校里学到的那些知识，可能你还没有出学校的大门，就已经变得过时了。未来的时代是属于终身学习者和跨界高手的，未来的领导岗位是给那些能够整合全球团队、打通科技与人文、有远见、有洞察力和感召力的"新人类"的。

从社会的角度来看，我们必须为劳动者提供更多的支持和帮助。在现有的招聘制度下，当单位招聘员工的时候，先发布招聘广告。在广告里，单位会把要招聘的岗位、工作内容公布出来，然后写清楚对求职者的要求。如果你没有文凭，就没有办法得到一份正式的工作，如果你没有一所精英大学的文凭，就很难找到一份好的工作。在现有的招聘体制下，一个工作岗位空缺，会引来无数份求职简历。这里面存在着大量的供求错配。每一次招聘，都要经过激烈的竞争，最后可能只有一个成功者，却有一千个失败者。从经济上讲，这是极其没有效率的。从政治上讲，这会带来更多的不稳定性。如果每个求职者都要经历挫折和羞辱，他们是不会对这个就业制度，甚至不会对整个社会制度心存感激的。

托马斯·弗里德曼提到了一个创业公司 LearnUp.com。LearnUp.com 和很多公司合作，帮助公司做一些最简单的培训，为求职者提供更加人性化的服务。有很多人，尤其是处于弱势群体的那些人，根本就不知道该向谁求助。他们没有校友，父母也帮不上忙，身边的朋友可能还不如自己，求职时会遇到的一些看起来非常简单的问题，对他们来说是无从下手的难题。

在这个加速变化的时代，重要的不是每天匆匆忙忙，而是要在行进中暂停脚步。慢下来，放松自己，反思自己走过的路，试图从更高更广的角度去理解这个时代，保持开放的心态，努力去拥抱创新、容忍在创新过程中不可避免地出现的失败。"欲速则不达"。慢就是快。这是托马斯·弗里德曼在《谢谢你迟到》中给我们每个人的忠告。

何帆

2017.9.16.

Thank You for Being Late
Contents 目录

# PART 1
## REFLECTING

第一部分
# 反 思

第 1 章

# 谢谢你迟到

从事新闻工作，各人有各人的原因，而且常常是出于一些理想主义的原因。有人想当调查记者，有人想当跑口记者，有人喜欢突发新闻，还有人喜欢解释性新闻。我一直想当最后那种记者。我进入新闻这个行业，是因为我喜欢做一个将一种英文翻译成另一种英文的人。

拿到一个复杂的问题，我喜欢尝试着进行分解，这样我就可以搞懂它，而后就可以帮助读者更好地理解它，无论主题是中东问题、环境问题、全球化还是美国政治。我们的民主制度顺利运行的前提条件就是，我们的选民知道这个世界是怎么运转的，这样他们就可以做出明智的政策选择，而不会轻易落入政治煽动家、意识形态狂热分子或阴谋论传播家的陷阱。这些人说得客气点是在混淆视听，说得不客气一些就是在蓄意误导。2016 年经历了美国总统竞选之后，我感到居里夫人的一句话是如此准确、贴切："生活中没有什么是值得恐惧的，你需要做的只是了解它。我们了解得越多，恐惧就会越少。"

现在有许许多多的人感到恐惧或者无所适从，这已经不是什么新鲜事了。在本书中，我将提出以下观点：我们正处在一个历史上最陡峭的拐点区域，也许在德国铁匠和印刷匠约翰·古腾堡在欧洲发起印刷革命之后就再也没有出现过这样剧烈的转折了。当年，印刷革命为文艺复兴和宗教改革铺平了道路。现在，我们这个星球上最强大的三股力量，即科技、全球化和气候变化，正在同时加速。其结果就是，我们生活的社会、职场以及地缘政治的许多方面都正在进行重构，并需要人们进行思想的重造。

众多的领域正在发生变化，而当这些变化在同一时间加速发生时，就是我们现在所经历和感受到的：头晕目眩，不知所措。国际商业机器公司负责认知解决方案和研究的高级副总裁约翰·凯利三世曾经对我说："作为人类，我们生活在一个线性的世界里，在这个世界里，距离、时间和速度都是线性变化的。"但时至今日，科技的变化路径已不再是线性的，而是一种"指数级曲线"。他说："我们唯一曾经亲身体验过的指数级变化，就是开车时突然加速或者猛踩刹车的那种感觉。当这种情况发生时，你会在短时间内感觉到极大的不确定性和不适应感。"这种体验也可能会令人愉悦兴奋，你或许会想："哇，我在 5 秒的时间就从 0 加速到了 100 千米 / 时。"但是如果是长途旅行，你可不会喜欢这种感觉。然而现在，我们就是在长途加速旅行，凯利说："许多人的感觉就是，他们无时无刻不处于这种加速的状态之中。"

在这样的一个时代，我们应该选择暂停脚步，用心反思，而不是惊慌失措或自暴自弃。暂停脚步并不是一种奢侈或迷失，而是一种行之有效的方法，能够帮助我们更好地理解周围的世界，更有效地参与周围的世界。

为什么会是这样呢？我的朋友多弗·塞德曼说："当你按下一台机器的暂停按钮时，它就停止运转了。但是，当一个人给自己暂停一下的时候，他就重新开始了。"多弗·塞德曼是 LRN 公司的首席执行官，他的公司为全球企业提供商业道德和领导力领域的咨询服务。多弗·塞德曼说："你开始反思，你开始重新思考你的假设前提，你开始以一种新的角度重新设想什么事是可能做到的，而且，最重要的是，你开始与你内心深处最坚定的信仰重新建立联系。而一旦你开始做这些事了，你就可以开始重新设想一条更好的道路。"

他补充说，最关键的一点是："在暂停的时候，你做了些什么。"美国文学家爱默生有一句名言："每次暂停的间歇，我都听到了召唤。"

暂停。是的，没有哪个词能更好地总结我写作本书的目的。暂停脚步，让我从担任《纽约时报》专栏作家时那种坐着旋转木马似的生活中停顿下来，并更加深刻地反思历史的拐点。

我不记得自己从这种快节奏的生活中抽身出来的准确时间了，大约是 2015 年年初的某一天。那是一次完全偶然的机会。我定期会在位于华盛顿闹市区的《纽约时报》分局办公室附近，利用吃早饭的时间会见朋友，采访官员、分析师或外交官。通过这种方式，我可以避免浪费早餐时间，把自己每天的安排填得更满一些。当然，华盛顿特区的早高峰交通总是很拥堵，我的早餐伙伴往往会迟到 10 分钟、

15 分钟甚至 20 分钟。他们总是气喘吁吁地赶到，一边坐下一边说着致歉的话："红线地铁又延误了……""环城高速大堵车……""我的闹钟没有响……""我的孩子病了"。

有一次，我突然意识到我根本不在乎我的客人迟到了，于是我对我的早餐伙伴说道："没有，没有，请不要说对不起。实际上，你知道么，我想谢谢你迟到了！"

我解释道，因为他迟到了，我为自己挤出了一些时间。我"找到"了几分钟的时间，不干别的，就是坐下思考。我津津有味地侧耳旁听邻桌一对情侣对话，观察大厅里来来往往的人流。而且，最重要的是，在等待的时候，我将几天来一直思考的一些观点贯通了起来。所以，完全没有必要道歉："谢谢你迟到。"

第一次我只是随口这么一说，自己也没有认真思考。但是，在又一次经历了这种情况之后，我注意到原来能有少许空闲时间，没有计划，没有安排，其实是很好的，而且并不是只有我一个人感觉很好！和许多人一样，我也被这种头晕目眩的快速变化搞得精疲力竭，不堪重负。我需要允许自己（以及我的客人）慢下来；我需要允许自己独自思考，而不去发推特、拍照片或与任何人分享。每一次我跟客人说"谢谢你迟到"的时候，他们一开始会露出一副诧异的表情，接着突然心中一亮，他们就会说："我知道你的意思了……'谢谢你迟到！'嘿嘿，不客气。"

牧师和作家韦恩·穆勒在他那本发人深省的书《安息日》中写道，他看到人们经常对他说："我太忙了。"穆勒写道："我们可以很骄傲地相互这么说，就好像这种精疲力竭是一种荣耀，证明我们能够承受压力……不能为我们的朋友和家人抽出时间，没时间来看看落日余晖（甚至完全不知何时日落），如旋风般将我们的各种义务一扫而光，却找不到时间停下来做一次简单的、深沉的呼吸。这成了人生赢家的一种模式。"

我情愿学会如何暂停。就像作家里昂·韦瑟蒂尔曾经对我说的：技术专家告诉我们，耐心和停顿之所以成为一种美德，是因为过去"我们别无选择"，我们不得不等待更长的时间，因为调制解调器上网速度太慢，没有宽带，或者没有升级到 iPhone 7。韦瑟蒂尔补充道："所以，既然现在科技已经使等待成了过去时，他们的观点就是：谁还需要再有耐心呢？但是，古人相信耐心中有大智慧，智慧发轫于耐心……耐心不仅仅是放慢速度。它让我们能够反思。"今天，我们创造了比过去多得多的信息和知识，"但是，只有在你能够对其进行反思的情况下，知识才是有益的。"

而且，从暂停中获益的不仅仅是知识，还有我们建立互信的能力。多弗·塞德曼跟我说："我们需要与他人建立一种更深刻、更全面的联系，而不仅仅是更快速的联系。建立更深层次关系的能力，去爱，去关怀，去希冀，去信任，在共同的价值观上构建一个自发性的社群，这些是人类独有的能力。这是将我们与自然和机器区别开的最重要的特征。不是所有的东西都是越快越好，不是所有的东西都应该更快一些。上天造我，是让我去思考子孙后代的千秋大计。我不是一只非洲猎豹。"

所以，激发这本书的火花是一次暂停，一次不期而遇的经历。但这也许并不是一个偶然。那是一次在停车场的偶遇。那一次，我没有像往常一样快速离开，而是选择与一个陌生人进行深入交流。这个陌生人主动向我提出了一个不同寻常的请求。

## 停车场收银员

那是 2014 年 10 月初的某一天。我开车从贝瑟斯达的家中去市中心，把车停在凯越酒店地下的公共停车场。我约了一个朋友在酒店的"每日鲜烤"餐厅用早餐。到了之后，我领了一张印有时间的停车票。用完早餐，我驾车从停车场离开，在出口处的收银亭，我把停车票递给里面的收银员。那位收银员没有着急看我的停车票，他先仔细地看了我一下。

"我知道你是谁。"这位满头银发的男士带着外国口音，热情地冲我微笑。

"好极了。"我答道。

"我读过你写的专栏。"他继续说道。

"好极了。"我漫声应道，一心想要尽快回家。

"但我并不总是同意你的观点。"他接着说道。

"好极了。"我答道，"这说明你总是在思考。"

我们又说了几句客套话。他给我找了零钱，我开车走了，心想："这个停车场的家伙读过我在《纽约时报》上的专栏，好极了！"

大约一周之后，我又一次将车停在了同一个停车场。我每周大概搭乘一次红线地铁，从贝瑟斯达的家中前往华盛顿特区市中心。我拿了一张印有时间的停车票，乘地铁前往华盛顿特区，在办公室待了一整天，然后乘地铁往家赶。下了地铁，我走进地下停车场，找到车，开到出口处的收银亭，我又碰到了那位收银员。

我把停车票递了过去。这一次，在把零钱递给我之前，他说："弗里德曼先生，我也写点东西。我有自己的博客。你能帮我看一眼么？"

"我在哪里能找到它呢？"我问道。他在一张用来打印收据的小纸条上写下了网址："odanabi.com"，并把纸条和零钱一起给了我。

我开车离开了，心里很好奇，想要一探究竟。在开车回家的路上，我的脑海中又飘来了另一个想法："太有趣了！这个停车场收银员竟然是我的竞争对手！这个家伙有他自己的博客。他也是一名专栏作家！究竟发生了什么？"

我回到家，打开了他的网页。网页是英文的，话题主要是埃塞俄比亚的政治和经济问题，他是一名埃塞俄比亚移民。讨论的焦点是当地各种族和宗教人群的关系、埃塞俄比亚政府的一些不民主的做法，还有世界银行在非洲的行动。博客的界面设计得很漂亮，他的文章观点明显地支持民主。他的英文还算流畅，但谈不上完美。我对这个主题不是特别感兴趣，所以没有在他的网站上花太多的时间。

但是在接下来的一周里，我一直在想着这个家伙：他是怎么想到要写博客的？这样一个明显受到过高等教育的人，白天做着停车场收银员的工作，晚上写自己的博客，并通过这个平台参与全球范围的对话，告诉整个世界他感兴趣的问题和他的观点，这一切告诉了我们什么？

我认为我需要暂停一下，并更深入地了解这个家伙。唯一的问题就是，我没有他的个人邮箱，所以我联系他的唯一方式就是每天乘地铁去上班，并把车停在同一家公共停车场，看能否再次遇见他。我就是这么做的。

在经过几天扫兴而归之后，我的努力终于获得了回报。一天早晨，我很早就到了，我的博客收银员坐在收费岗亭里。我停车取票，下车后朝着他挥了挥手。

"嘿，又是我。"我说，"能把你的电子邮箱给我么？我想和你聊聊。"

他拿出了一张小纸片，写下了他的电子邮箱。我这才知道他的全名：艾耶勒·Z. 伯嘉。当天晚上，我给他发了一封邮件，请他"简单介绍一下他的背景，是什么时候开始写博客的"。我告诉他，我在构思一本关于 21 世纪的书，我对其他人是如何进入写博客这一领域并用文章发表自己的观点非常感兴趣。

2014 年 11 月 1 日，他给我回了邮件："我不太确定我理解了你的意思，你问我'是从什么时候开始写博客的'。我在 odanabi.com 上发表第一篇文章的时间就是开始写博客的时间，你可以在我的网站上找到这篇文章，一直往前翻页，翻到头即可。当然，如果你的问题是想问什么在激励我写博客，那么，在我的祖国埃塞俄比亚，有许多问题困扰着我，我希望就这些问题谈一谈自己的看法。我希望你能谅解，我不能即时回复你的邮件，因为我只在工作间歇才有时间回邮件。艾耶勒。"

11 月 3 日，我又给他发了一封邮件："在来美国之前，你在埃塞俄比亚是做什么的？什么是最困扰你的问题？不着急回复。谢谢。"

同一天，他回复道："好极了。我看到一个互相帮忙的机会。你对哪些问题困扰着我感兴趣，而我感兴趣的是向您学习，这样我就可以更好地与我的目标受众和更广泛的公众就我所关注的问题进行交流。"

我立即回复道："艾耶勒，成交！汤姆。"

我答应与他分享所有我所知道的关于如何写专栏的知识，作为交换，他要告诉我他的人生经历和故事。他立即同意了，我们约定了一个时间。两周后，我从华盛顿特区位于白宫附近的办公室出发，伯嘉从地下停车场出发，我们在贝瑟斯达附近的"皮特的咖啡与茶馆"碰头。他坐在靠窗的一张小桌子旁边，花白的头发，一字胡，脖子上围了一条绿色的羊毛围巾。我们一边喝着皮特最好的咖啡，一边聊天，他开始告诉我他的故事，他如何成为一名作家，我也跟他讲我的故事。

我们第一次遇见时，伯嘉已经 63 岁了，他毕业于海尔·塞拉西一世大学，学的是经济学。海尔·塞拉西一世是长期统治埃塞俄比亚的国王。伯嘉是东正教徒，也是一名奥罗莫人，奥罗莫族是埃塞俄比亚最大的民族，有自己的语言。早在大学时期，他就是一个奥罗莫族活跃分子，为了一个民主的埃塞俄比亚而积极地推广奥罗莫族文化。

"认同大埃塞俄比亚身份与奥罗莫语言文化的繁荣并不是相互矛盾的事。"

伯嘉解释道："我所有的努力都是朝着使埃塞俄比亚所有民族为其自己的民族感到骄傲，并为成为埃塞俄比亚的国民感到自豪。"但是，这些努力激怒了埃塞俄比亚政府，2004 年他被迫流亡海外。

伯嘉的身上散发出一种受过高等教育的移民所特有的尊严。白天的工作只是为了挣钱，好让他在晚上可以认真地写博客。他说："我并不是为了写而写。我希望学习一些技巧。我有我追求的事业，我希望实现自己的理想。我希望传递自己的思想，也愿意倾听另一方的观点。"

他将他的博客取名为 Odanabi.com。Odanabi 是位于埃塞俄比亚首都亚的斯亚贝巴附近的一个小镇，现在被称为奥罗莫人的中心。他刚开始写作时是与埃塞俄比亚的各大网站平台合作，包括 Nazret.com、Oduu.com、Ayyaanntu.net、AddisVoice.com，还有 Gadaa.com，一个奥罗莫族的网站，但是他们更新的速度太慢，赶不上伯嘉想要参与讨论的迫切心情。他解释道："我感激这些网站，他们给了我一个表达观点的机会，但是他们处理稿件的流程太慢了。所以，尽管我是一个在停车场工作、收入不高的人，也不得不开设自己的博客，定期发表我的观点。"他的网页放在 Bluehost.com 网站上，并需要支付一小笔费用。

埃塞俄比亚政坛充斥着极端主义观点。伯嘉说："根本没有可供理性讨论的中间地带。我希望埃塞俄比亚人能够相互走得近一点，消除偏见，更好地理解对方……来到美国之后，我一直在寻找可以为我的祖国所借鉴的经验和教训。我看见这里也有辩论，人们争取他们的权利，但是也听取另一方的观点，这样双方就会逐渐靠近。"（也许只有一个来自分裂国度、在地下停车场工作的外国人才会将今天的美国视作人们观点逐渐接近的国家。但是我爱他的乐观精神！）

他对我说，虽然自己只是一个负责收钱找零的收银员，但他总会去观察别人，看他们如何表达自己的观点。"在我来这里之前，我从没有听说过蒂姆·罗赛特。"伯嘉说的蒂姆·罗赛特是已故的《与媒体见面》栏目的主持人。"我不认识他，但当我关注这一节目之后，我觉得他特别有感染力。从蒂姆·罗赛特身上，你看到了一个准备充分的人，他说的话没有一句是未经推敲或思考的，没有一句是毫无依据的，他用事实与人们交流，他不会以一种极端的方式把观点强加于人。在表述他掌握的事实的时候，他是不留情面的，但同时他也非常尊重他人的感受。"

所以，伯嘉总结道："每一次他结束一场讨论的时候，你会感到他给了我们一些信息，并在采访对象的脑海中激发了一些火花。"

真是由衷的赞扬！我想，我的朋友蒂姆要是能够知道，一定会感到高兴。我问伯嘉，有多少人看他的博客？

伯嘉说："每个月都不一样。有的话题较热，有的较冷，但我有一群稳定的粉丝。"他告诉我，网络统计数据告诉他，博客的订阅者分布在大约 30 个国家。他补充道："我很想知道有什么办法能够帮助我更好地管理网页。"在过去的 8 年中，他每周在停车场工作 35 小时，这仅仅"是为了生存，网站才是我倾注能量的场所"。

我答应他会尽我所能地帮助他。有谁能够拒绝一个掌握自己网站流量信息的停车场收银员呢！但是我必须问他一个问题："白天是停车场收银员，晚上是网络活跃分子，有自己的博客，住在美国，却能够对 30 个国家的人传递信息，尽管人数不多，这些对你意味着什么？"

"我感觉自己被赋予了更多的力量，"伯嘉毫不迟疑地回答道，"相信我，这就是我现在的感受，这些天我有些后悔以前浪费了时间。我应该在 3 年或者 4 年以前就开始这么做，而不是东发一篇、西发一篇。如果我早一些集中精力开发自己的博客，现在读者会更广……我从自己正在做的事情中获得了极大的满足。我正在做一些对我的国家有益的事情。至少，我在做一些有意义的事情。"

## 热与光

接下来的几周，我给伯嘉发去了两份备忘录，内容是关于如何构思专栏写作的。后来我们又在皮特咖啡馆见了一面，以确保他理解了我的意思。我不能说这对他有多大的帮助，但是从这次偶遇中，我的收获非常之大，远远超出我的预料。

首先，能够走进伯嘉的世界就令人眼界大开，哪怕只是走进去了一点点。10 年前我们两人可能毫无交集，现在我们成了某种意义上的同事。我们都走在相同的道路上：使我们关注的问题为更多人了解，参与全球性的讨论并按照我们的方法一点一点改变这个世界。我们都是某种大趋势的一部分。多弗·塞德曼说："我们在此前的历史上从未经历过这种情况，越来越多的人可以同时创造历史、记录历史、公布历史以及放大历史。"在此前的时代里，"创造历史需要一支军队，记录历史需要一个摄影工作室或一份报纸，公布历史需要一个出版人。现在，任何人都可以掀起波澜。现在任何人轻轻敲击键盘，就可以创造历史"。

伯嘉所做的就是这些。艺术家和作家自古就是身兼数职，白天一份工作，晚上一份工作。今天的新变化是，越来越多的人可以像艺术家和作家一样身兼数职，并且如果他们的文字有足够的说服力，这些文字就可以传递并感染许许多多的人；如果他们确实有话要说并且言之有物，这些文字能够飞速传遍全球，而且做到这些只需要花费很少的钱。

为了兑现我对伯嘉的承诺，我不得不比以前更加深入地思考观点写作的技巧。当我们见面的时候，我已经当了20多年的专栏作家。在这之前，我还做了17年的记者。我们的这次偶遇使我暂停脚步，思考新闻报道和观点写作之间的区别，思考究竟什么能够使一个专栏"发挥效果"。

在给伯嘉的两份备忘录中，我写道，专栏写作并没有一定之规，也无课可授，每个人写作的方式都不一样。但是我可以提供一些基本的指导原则。如果你是一名记者，你关注的焦点就是挖掘事实真相，以解释复杂的新闻事件，并揭露和曝光背后隐藏的不可理喻的事，任由事实指引你前进。你在现场的目的是为了把信息告诉公众，你要做到公正公允、不偏不倚。实话实说的新闻往往会产生巨大的影响力，这种影响力取决于曝光的程度、解释的程度。

观点写作与此不同。如果你是一名专栏作家，或像伯嘉一样是一名博客博主，你的写作目的就是去影响或去激发某种反应，而不仅仅是告知。你是从一个特定的角度去阐述你的观点，并以一种令人信服的方式说服你的读者以一种不同的视角、以一种更强烈的感情或以一种焕然一新的思路去思考或感受某个问题。

我告诉伯嘉，作为一个专栏作家，"我从事的是光与热的工作"。每篇专栏或博客都必须在你读者的脑袋里点亮一盏灯，激发他们从全新的视角看问题；或在你读者的心灵深处触动某种情感，让他们产生更加强烈的感受或采取不同的行动。一篇理想的专栏文章能够同时产生这两种效果。

但是，如何做才能产生光与热呢？观点从何而来？我相信每个专栏作家对这个问题都有不同的答案。我的简单回答就是，专栏的观点可以来自任何地方：某则让你觉得古怪的头条新闻，陌生人的一个简单的动作，某位领导人打动人心的演讲，孩子天真的提问，冷血的校园枪击者。任何事都是可以产生光与热的素材。为了支持自己的观点，你要学会发现不同事物之间的联系，并从中挖掘出深刻的见解。

我告诉伯嘉，专栏写作就像化学实验，你必须把文字变出来。专栏不像突发新闻，只要发生了新闻事件，就可以讲述一个故事。专栏必须创作和创造。

这项化学实验通常需要混合三种基本的原料：第一种原料是你自己的价值观、重点关切和抱负期许；第二种原料是影响世界的最强大的力量，以及你认为这些力量将会如何改变历史；第三种原料是你学到的关于人和文化的知识，受到那些最强大的力量冲击后，它们会作何反应。

我所说的价值观、重点关切和抱负期许，指的是你最关心的事情，以及你最强烈地希望看到实现的事情。你的价值观帮助你决定什么事是重要的、值得发表的观点，以及你要说些什么。作为一个观点作家，你可以改变你的观点，但是你不可以没有观点，不可以没有立场，不可以什么都不支持，也不可以什么都支持，或者只说一些简单和没有争议的观点。一个观点作家必须有自己的价值框架，支持什么或反对什么，亮明自己的观点。你是一个资本主义者，一个共产主义者，自由论者，凯恩斯主义者，保守主义者，自由主义者，新保守主义者，还是马克思主义者？

我所说的影响世界的最强大的力量，是指我所谓的"机器"（对冲基金传奇投资人雷·达里奥曾把经济称作一台"机器"），这是世界上最大的齿轮和滑轮。要做一个观点作家，你必须有一套关于这台机器是如何运转的理论假说，你的基本目标就是要推动这台机器朝着你的价值观方向运行。如果你没有一套关于机器是如何运转的理论，那么，或者你无法让机器朝向符合你信念的方向运行，或者就根本推不动这台机器。

我所说的人和文化，指的是当机器运行时，不同的人和文化是如何受到影响的，而他们又会做出何种反应来影响这台机器。说到底，专栏是关于人的，讲的是人们所说的、所做的、仇恨的或希冀的那些事。我喜欢用数据使专栏更有说服力，但是不要忘了，能够得到最多回复的专栏文章总是关于人的，而非堆砌数字的。

还有，不要忘了，有史以来最畅销的一本书是关于一个人的故事集，这本书的名字叫作《圣经》。

我告诉伯嘉，好的专栏就是这三种原料的混合：如果你的观点里没有体现出一套价值观，你就不可能成为一个好的观点作家。多弗·塞德曼常常用《塔木德》里的一句话提醒我："出自真心，方入人心。"那些并非出自你真心的观点永远进入不了其他人的内心。我们需要用关怀去点燃关怀，需要用同情去点燃同情。此外，如果你的专栏没有讲清楚塑造我们这个世界的最强大的力量，没有提出这些力量对我们的影响，以及我们该如何应对，你也不可能写出一篇给人留下深刻印象的专栏文章。你关于这台机器的观点永远不可能是完美无缺的。它一定是在不断完善之中，随着你获得新的知识，随着这个世界的改变，你要不断地更新自己的观点。如果你不能以一种有说服力的方式把事物联系起来——为什么这种行动会带来这种后果——那么你很难说服他人去采取行动。最后，我告诉伯嘉，一个专栏观点要想给他人留下深刻印象，必须源自真实的人。一篇专栏文章不能仅仅提倡某些抽象的原则。

当你把价值观、对这台机器如何运行的分析以及人和文化这三个元素组合在一起，你就拥有了一套世界观，并且可以应用于各种情景，得出你的观点。就像数据科学家需要一个算法模型来破解所有非结构化数据和数据噪声一样，一个观点作家需要一套世界观来创造光与热。

但是，要想使你的世界观永葆常青、与时俱进，你必须不断地报道和学习。特别是在今日，在这个飞速变化的世界里，任何人如果躺在教条主义的温床上，倚靠过去的经验不思进取，一定会自讨苦吃。事实上，随着世界变得越来越相互依存和复杂多样，现在比以往更加需要你扩大你的光圈，综合更多不同的视角。

我关于这个问题的思考受到了林·威尔斯的很大影响。威尔斯在美国国防大学教授战略学。在他看来，如果你认为能够通过一套固定的工具或用任何一个单一的学科，就能对整个世界发表观点或做出解释，那你不过是一厢情愿、异想天开。威尔斯描述了三种思考问题的方法："在工具箱之内""在工具箱之外"以及"没有工具箱"。他认为，思考今日之问题唯一可行的方法就是："思考的时候不要带上工具箱。"

当然，这并不意味着没有观点。恰恰相反，它意味着不要限制你的好奇心，不要限制你对这台机器进行分析时选取不同的学科和角度。威尔斯将这种方式称作"激进而无所不包的"，我在本书中也将用到这个方法。它要求在你的分析中纳入尽可能多的相关的人物、进程、学科、组织和技术，而过去这些要素往往都是相互孤立甚至是被排除在外的。

这就是我在备忘录和咖啡馆中与伯嘉分享的主要经验。但是，我需要坦白一点，我在此之前从来没有如此深入地思考过自己的行当，以及什么能够使一个专栏变得有说服力和感染力。如果没有暂停脚步，我或许永远没有机会将自己理解这个世界的框架拆散、审查并重新组装。在我即将完成本书的时候，我和伯嘉又见了一面，我很高兴地将上述心声与他进行了分享。

这次经历让我的大脑开始飞速旋转。我与伯嘉的会谈引发我扪心自问：我的价值观是什么？它来自哪里？我认为世界这台机器是如何运转的？我认为不同的人和文化正在受到怎样的影响，他们又是如何回应的？

这就是我在暂停的时候开始做的事。本书接下来的部分就是我的答案。

本书的第二部分是我关于这台机器是如何运转的思考。我是如何理解那些世界上最强大的力量的。这些力量正以越来越快的速度和越来越多样的方式，在越来越广的地域对越来越多的事物进行重构。这台机器同时受到三股加速度的驱动，即技术、全球化和气候变化，而这三者之间也在相互影响。

本书的第三部分讲述的是这些加速的力量对人和文化的影响。它们正在如何改变职场、地缘政治、政治、道德选择和社群生活，其中就包括我从小长大、塑造了我的价值观的那个明尼苏达小镇。

在解释所有这些的时候，我始终在关注一个问题，在这个受到三股巨大加速度冲击下的世界里，不同的国民和社会应当怎样学习，才能建立生存和繁荣所必需的韧性和动力。我们能够重塑我们的社会，培养出更加有韧性的工人和社群，从而得以与这些巨大的变化保持同步吗？现在下定论还为时尚早。但是，可以确定的是，这就是我们面临的挑战。每个社会都正面临着这个挑战。将人们面对挑战或拒绝面对挑战的故事讲述出来，我想不出还有比这更重要的事情了。

所以，你永远不会料到当你停下脚步和另一个人交谈后，会产生怎样的结果。

伯嘉得到了关于如何管理博客的经验，而我得到了一个关于本书的框架。你可以把它想象成一本乐观主义者的指南。我要讲的是，在这个历史拐点处，在这个不断加速的世界中，我们该如何茁壮成长并变得更有韧性。

作为一个记者，当我回过头重新报道一个故事或者一段历史，发现当初没有看到的东西，这时我总是会感到惊讶和欣喜。当我开始写作本书的时候，我立即认识到，改变我们这个世界的科技拐点出现在一个看似平淡的年份——2007 年。

2007 年究竟发生了什么呢？

# PART 2
## ACCELERATING

第二部分

# 加　速

第 2 章

# 2007 年究竟发生了什么
## （世界这台机器是如何运转的）

约翰·多尔是风险投资界的传奇人物。他曾经成功地投资了网景、谷歌和亚马逊。有一天，具体的日子他已经不记得了，但他记得那是在 2007 年，就在当年 9 月史蒂夫·乔布斯在旧金山的莫斯康会展中心宣布苹果公司重新发明了手机前不久，当时他和他的邻居兼朋友乔布斯正在离他们位于帕洛阿尔托的家不远的一所学校里观看乔布斯女儿的足球赛。赛事有些无聊，乔布斯对多尔说要给他看个东西。多尔永远忘不了他第一眼看到这部手机的情景。

"史蒂夫把手伸进了牛仔裤口袋，拿出了第一代 iPhone 手机。"多尔回忆道，"然后他说，'约翰，这个东西几乎要把我的公司弄破产了。这是我们做过的最困难的事。'于是我问他这个手机能做什么。史蒂夫说，这台手机有五个不同的无线电频段，具有极强的处理能力、极高的随机存储内存，以及高达数 G 比特的闪存空间。我从未听说过这么小的一台设备能够带有这么大容量的闪存。他还说这台手机没有任何按键，将通过软件实现一切，于是一台手机'就可以让我们拥有全世界最好的媒体播放器、最好的电话、最佳的上网方式，三合一'。"

多尔立即提议设立一支基金支持第三方开发者为这台机器开发应用程序，但是乔布斯当时对此并不感兴趣。他不希望外人来掺和这部精致优雅的电话。苹果可以自己做应用软件。1 年之后，他改变了主意，基金设立了，手机应用产业发生了爆炸式的增长。后来人们才认识到，史蒂夫·乔布斯推出 iPhone 的那一刻，不仅是世界科技史的一个转折点，而且也是这个世界的一个转折点。

葡萄酒讲究年份，历史也是一样，2007 年毫无疑问是历史上的一个大年。

2007 年不仅诞生了 iPhone 手机，还有一大群公司在那一年前后出现。这些新的公司发明和重塑了人及机器沟通、创造、协作和思考的方式。2007 年，得益于一家名为哈度普（Hadoop）的公司，计算机的存储能力发生了爆炸式的增长，使"大数据"成为可能。2007 年，程序员们开始在一个名为吉特港（GitHub）的开源平台上合作编写软件，这个开源平台将极大地扩展软件的能力，用网景的创始人马克·安德森的话说，软件开始具备"吞噬天地"的能力。2006 年 9 月 26 日，脸书（Facebook）对所有 13 岁以上并拥有电子邮件的人开放注册，此前这个社交网络仅限大学校园的注册用户使用。2007 年，一个名为推特（Twitter）的微型博客公司从一家创业公司中剥离出来，成为一家独立的平台，其规模在全球范围内急速扩张。2007 年，改变网（Change.org）诞生了，日后将成为全球最受欢迎的社会动员网站。

2006 年，谷歌收购了 YouTube。2007 年，谷歌推出了安卓系统（Android），这是一个开源的手机操作系统，日后将成为苹果 iOS 操作系统的竞争对手，并帮助智能手机在全球范围内迅速扩大规模。2007 年，美国电话电报公司（AT&T）作为 iPhone 手机的独家网络接入供应商，大举投资所谓的"通过软件实现的网络"，并迅速扩大了其处理由智能手机革命所导致的蜂窝网络流量暴增的能力。根据 AT&T 的数据，其全美无线网络上的移动数据流量从 2007 年 1 月到 2014 年 12 月增长了超过 100 000 个百分点。

还是 2007 年，亚马逊公司发布了一款叫作 Kindle 的产品，用这台机器，加上高通公司的 3G 技术，你可以在一眨眼的功夫在任何地方下载上千本书籍，这引发了一场电子书革命。2007 年，爱彼迎（Airbnb）在旧金山的一间公寓里诞生。2006 年末，全球互联网用户突破 10 亿人大关，这似乎是一个临界点。2007 年，帕兰提尔技术公司（Palantir Technologies）发布了第一个平台。这家公司的专长是大数据分析和增强智能，它们能够帮助情报部门从海量信息中大海捞针，当然也能做很多别的事情。帕兰提尔技术公司的联合创始人亚历山大·卡普说："计算机的处理能力和存储能力已经达到了足够高的水平，使我们得以创造一种算法，来理解许多过去无法理解的事情。" 2005 年，迈克尔·戴尔决定从戴尔公司首席执行官的忙碌岗位上退下来，仅保留董事会主席的头衔。两年之后，他意识到这是在错误的时间做出的错误决定。"我看到变化的速度真的加快了，我意识到我们能够做全新的东西，所以 2007 年我又回到了公司。"

还是在 2007 年，大卫·费鲁奇和他的团队开始建造一台名为"沃森"（Watson）的具有认知能力的机器人。费鲁奇是 IBM 公司位于纽约州约克镇高地的沃森研究中心语义分析与整合部门的负责人。"沃森是一个为特殊目的而设计的计算机系统，旨在挑战深度问答、深度分析和电脑理解自然语言能力的极限"，信息史网站（HistoryofInformation.com）写道："沃森是第一台具有认知能力的计算机，它将机器学习与人工智能结合在一起。"

2007 年，英特尔公司在芯片上首次采用了非硅基材料，名为高电介质金属栅极（HKMG，high-K metal gates，这个术语指的是晶体管栅门的电极和电介质）。这一技术革新极为重要。非硅基材料之前已经在微处理器的其他零件中得到了应用，但是将其用在晶体管中之后，计算机的处理能力能够继续沿着摩尔定律——芯片的处理能力大约每两年翻一倍——所设定的指数级增长路径继续前进。当时，人们一度开始质疑，基于传统的硅基晶体管，摩尔定律是否到了极限。

"通过非硅基材料的应用，摩尔定律又打了一针强心针，当时许多人都以为它要结束了。"萨达斯万·山卡尔说。他曾经是英特尔材料设计团队的一员，现在在哈佛大学工程与应用科学学院教授材料与计算机科学。关于这一科技的突破，《纽约时报》硅谷跑口记者约翰·马可夫在 2007 年 1 月 27 日写道："全世界最大的芯片制造商英特尔公司对信息时代最基本的建造单元进行了彻底的大修，为制造新一代更快、更节能的处理器铺平了道路。公司研究人员表示，自英特尔 40 年前率先发明现代集成电路晶体管以来，这是硅基芯片制造材料领域意义最为重大的改进。"

2007 年同样还是"清洁能源革命的开端"。安迪·卡斯勒 2006—2008 年间在美国国务院担任负责能效和可再生能源的助理国务卿。他说："如果有人在 2005 年或 2006 年对你说，他们的模型能够预测到 2007 年清洁技术和可再生能源的发展路径，他们一定是在撒谎。因为 2007 年出现了一次革命性的跃升，太阳能、风能、生物燃料、LED 照明、节能建筑以及电动汽车都出现了指数级的增长。这就是人们所说的冰球棍时刻，曲线突然加速向上。"

最后，同样重要的一点是，2007 年 DNA 测序的成本大幅下降，生物科学产业充分利用刚刚开始爆发式增长的计算机处理和存储能力，开始开发新的测序技术和平台。基因网（Genome.gov）认为，这一工具的改变对基因工程科学来说也是一个拐点，并引发了"DNA测序技术的革命"。2001年，对一个人的基因进行测序需要花费1亿美元。2015年9月30日，《大众科学》报道："昨天，个人基因公司伟瑞塔基因（Veritas Genetics）宣布它完成了一个里程碑式的跨越：其个人基因项目的参与者只需要花1000美元就可以完成全部的基因测序。这个项目的参与者虽然数量有限，但一直在稳步增长。"正如图2-1、图2-2、图2-3所显示的，拐点显然就出现在2007年前后。

技术的进步总是通过突然的重大飞跃而实现。所有这些提高计算机处理能力的因素——计算芯片、软件、存储芯片、网络和传感器——往往都会同步改进。当它们的能力改进达到了某一临界点之后，往往会相互融合，并形成一个新的平台，而这个平台可以扩展出一套新的能力，并成为新常态。从大型机、台式机、移动电脑再到具备移动应用能力的智能手机，每一代新技术的发展使得人们能够比以前更容易地应用这些技术。当第一代大型机问世时，你需要获得一个计算机科学的学位才会使用它。今天的智能手机就连小孩子和没有受过教育的人都会使用。

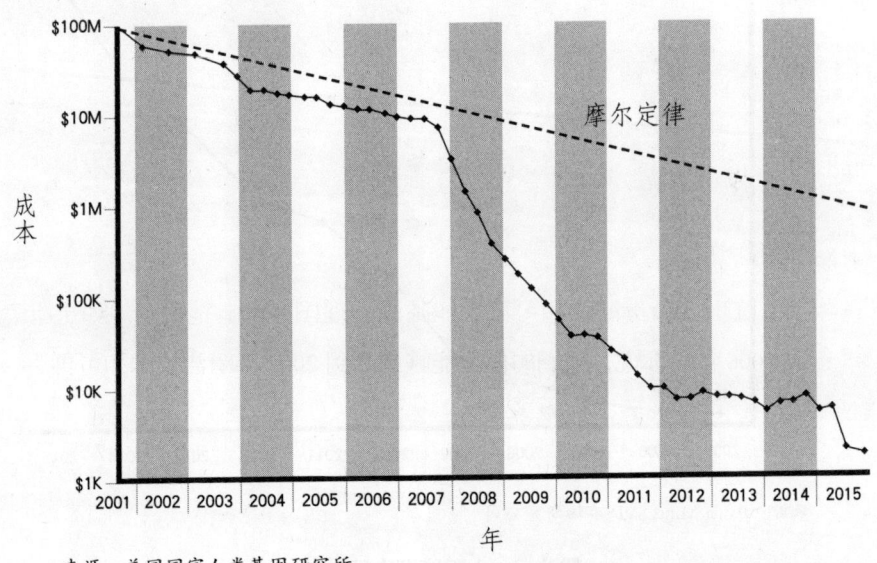

章源·美国国家人类基因研究所

图2-1　基因测序成本

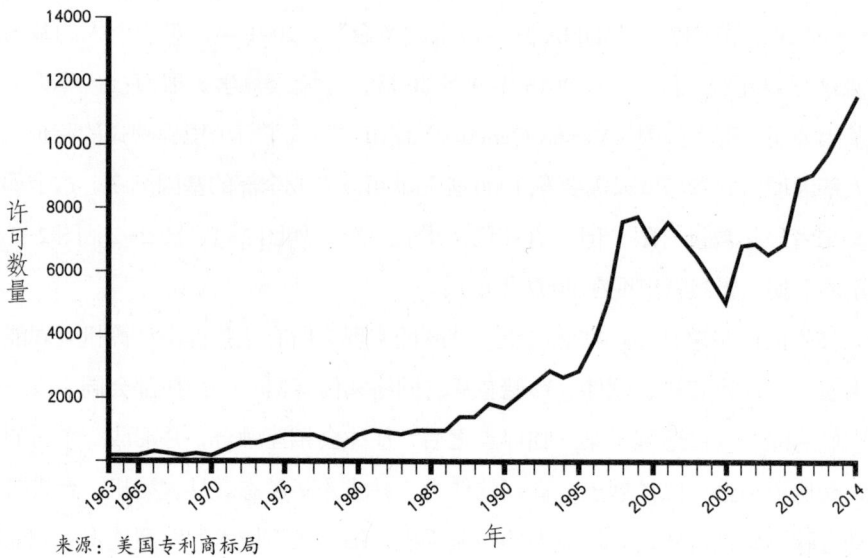

来源：美国专利商标局

**图 2-2　生物技术领域实用专利许可数量，1963—2014**

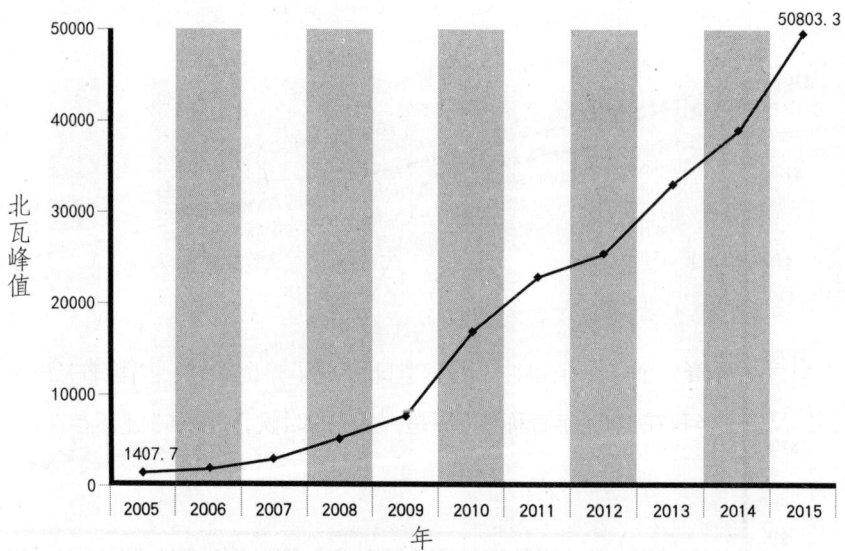

来源：Paula Mints.SVP 市场研究公司

**图 2-3　太阳能发电量增长**

　　技术不断发生飞跃式的进步，这个在 2007 年左右诞生的平台引发了有史以来最大的一次技术飞跃。它具备一整套新的能力，去连接、协作和创造生活、商业以及政府的方方面面。突然之间，越来越多的东西变得可以数字化了，存储能力得到大幅提升，可以容纳所有这些数据。计算机处理速度越来越快、软件创新日新月异，从而能够从这些数据中得出精准的分析和判断，并且有越来越多的机构和个人——大至跨国公司，小至印度农民——可以获取这些结论或见解，或对其作出贡献，无论他们身在何处，只要他们手中拿着一台被称作"智能手机"的电脑。

　　这就是驱动世界这台机器的核心技术引擎。它悄无声息地来到我们身边。2004 年，当时我正在写一本书，我认为世界的互联互通达到了一种很高的程度，从而使越来越多的地方、越来越多的人都能获得平等的机会，与更多的其他人去竞争、去连接、去协作，并且相比过去，实现这一切只需要花更少的钱、费更少的力。我将这本书的书名定为《世界是平的：21 世纪简史》。这本书的第一版是 2005 年出版的，2006 年和 2007 年我又做了两次更新。之后，我便停止了更新。我觉得自己已经搭建了一个相当牢靠的框架，足以支持我继续当一段时间的专栏作家了。

　　这真是大错特错！事实上，2007 年真的不是一个停止思考的好年份。

　　我第一次意识到这一点是在 2010 年，当时我正着手写另一本书，即我和迈克尔·曼德鲍姆合著的《曾经的辉煌：我们在新世界生存的关键》。回忆起来，当我开始写这本书时，我做的第一件事就是从书架上拿下一本第一版的《世界是平的》，目的是让自己回忆一下 2004 年我开始写作时脑子里在想些什么。我直接翻到索引页，顺着一个一个条目往下看，立即发现了一个问题："脸书"居然不在里面！是的，当我在 2004 年宣称"世界是平的"的时候，"脸书"还不存在，"推特"还是一个象声词，"云"还是天上的云，"领英"还不为人知以至于大部分人听到这个名字认为它是一家监狱，"大数据"听起来像是一个饶舌歌手的名字，至于 Skype，大部分人会认为这是一个毫无意义的拼写错误。所有这些技术都是在我写完《世界是平的》之后诞生的，大部分是在 2007 年左右。

　　所以几年后，我开始以一种迫切的心情更新自己的观点。对我来说，一个关键的动力是 2014 年我读过的一本书，即麻省理工学院商学院的两名教授埃里克·布莱恩约弗森和安德鲁·麦卡菲合著的《第二次机器革命：数字化技术将如何改变我们的经济与社会》。他们提出，第一次机器革命是 18 世纪晚期伴随蒸汽机的发明而出现的工业革命。麦卡菲在一次接受采访时解释道，这段时期的主旋律是"动力系统如何辅助和增强人类的肌力"。"那个时代的每一项发明都产生了越来越大的能量。但是无一例外地需要由人来做决策。"因此，那个时代的发明实际上使人的控制和劳动"更有价值、更为重要"。

劳动和机器总体而言是相互辅助、相互补充的，布莱恩约弗森继续说道。但是在第二次机器革命时代，"我们开始让越来越多认知型的工作自动化，越来越多的控制系统被自动化，这些系统可以决定如何使用那些能量。今天，在许多情况下，人工智能的机器能够做出优于人类的决策"。所以，人与由软件驱动的机器之间的关系由原先的相互补充逐渐演变为相互替代。

这种变化背后关键——但不是唯一——的驱动力，在两位作者看来，就是计算处理能力的指数级增长，其代表就是摩尔定律。摩尔定律是 1965 年由英特尔公司的联合创始人戈登·摩尔首先提出的。摩尔指出，芯片的速度和力量，也即其计算和处理能力，大体上每年可以翻一番，而制造每一代新产品的成本只会以极小的幅度上升。摩尔后来把翻一番的周期由 1 年调整为 2 年。在此后的 50 年，技术发展大体是沿着摩尔定律的路径前进的。

为了演示出这种指数级增长的效果，布莱恩约弗森和麦卡菲讲述了那个著名的国王与发明国际象棋的人的故事。国王对国际象棋非常感兴趣，并愿意给发明家任何东西作为奖励。那个发明国际象棋的人说，他只需要足够养活家人的大米。国王说道："没有问题，就照你说的办。你需要多少？"发明家请国王在国际象棋的第一格方块里放上 1 粒米，接着在第二格方块里放上 2 粒米，在下一格方块里放上 4 粒米，以此类推，每一格方块里放米的数量都是前一格的二次方。国王同意了。但他没有想到，2 的 63 次方是一个大到无法想象的数字，大约是 10 的 18 次方，也就是 1 后面加上 18 个 0。这就是指数级增长的强大力量。当一样东西在 50 年的时间里持续地翻倍增长，就会出现一些非常大的数字，最终你会看到一些此前从未见过的、非常令人惊恐的东西。

　　两位作者认为，摩尔定律刚刚"进入了棋盘的后半场"，此时翻番的结果是极为庞大和迅速的，以至于我们开始看到一些新的东西，一些能量和能力都发生了根本性变化的东西。这是我们此前从未见过甚至从未想象过的：自动驾驶汽车；具有自主思考能力的计算机，可以在国际象棋比赛、在《大冒险》（Jeopardy！）节目，甚至是在复杂性被认为远胜国际象棋、有着 2500 年历史的围棋比赛中战胜任何人类选手。这就是"当改变的速度和改变的加速度同时提高时"所发生的，麦卡菲说，而"我们还什么都没看见呢"！

　　所以，在一个层面上，我关于今天的世界是如何运行的观点，是站在布莱恩约弗森和麦卡菲的肩膀之上建立的。我认同他们的洞见，即摩尔定律的持续加速会对科技产生巨大影响。但是，我认为今天的世界机器更加复杂。因为并不仅仅只有技术变化进入了棋盘的下半场，还有其他两个巨大的力量也是如此：即市场和大自然。

　　"市场"是我对全球化加速的简称。商务、金融、信用、社交网络的全球流动以及互联互通的能力将市场、媒体、中央银行、公司、学校、社群以及个人紧密地编织在一起。信息和知识的流动使我们的世界不仅相互联系得越来越紧密，甚至过于紧密。无论一个人身处何处，都更容易受到身在他处的另一个人的影响和伤害，从而变得更加脆弱。

　　而"大自然"则是我对气候变化、人口增长以及生物多样性减少的简称。所有这些都在持续加速，并已经进入了棋盘的下半场。

　　这里，我又一次地站在了他人的肩膀上。"加速时代"这个词我是从威尔·斯蒂芬那里得来的。斯蒂芬是一名气候变化专家、澳大利亚国立大学的研究员，他领导的一个科学家团队率先制作了一系列的图表，并收录在 2004 年一本名为《全球改变与地球系统：一个承压的星球》的书中。这些图表显示了从 1750 年到 2000 年，技术、社会以及环境冲击持续加速并且互相提供能量的进程，这一进程在 1950 年之后尤为明显。2005 年，这批科学家还提出了"大加速"（Great Acceleration）的说法，旨在捕捉这些同步横扫全球、重构人类和地球生态系统生物图谱的变化所蕴含的那种整体的、综合的以及相互联系的本质特征。2015 年 3 月 2 日出版的《人类世评论》刊登了经过更新的图表。

欧文·加弗尼是斯德哥尔摩适应力中心的战略主任，也是大加速团队的一员。他说："当我们启动这个项目的时候，距离我们出版第一次加速的图表已经过去10年了，第一次的图表描述的是1750—2000年之间发生的变化。我们希望将这些图表更新至2010年，看一看发展的路径是否发生了变化。"它确实发生了变化，他说道：它加速了。

本书的一个核心观点是，市场、大自然和摩尔定律的同时加速构成了"加速时代"，这就是我们现在身处的时代。这些力量是今天驱动世界机器运转的核心部件。这三种力量的加速也在相互影响，摩尔定律的加速驱动了全球化的加速，全球化的加速驱动了气候变化的加速，而摩尔定律的加速也对气候变化和我们面临的许多其他挑战提供了更多的潜在解决方案，同时也在改变现代生活的方方面面。

格雷格·蒙迪是微软公司的前任首席战略研究员，也是一名超级计算机的设计师。他用简单的物理学术语来定义我们所处的这一时刻："速度在数学上的定义就是一阶导数，加速度是二阶导数。所以速度增减是加速度的函数。在我们今天身处的世界中，加速度似乎越来越大。这意味着变化的速度上升到了一个更高的水平，但还不止于此，变化的加速度也变得越来越快……当这种变化的加速度最终超过了人们适应能力的时候，你就会'陷入混乱'。如果有人以更聪明的方式完成了一件事，这会使你或你的公司看上去落伍了，这时候发生的是'扰乱'；如果整个环境迅速发生变化，以至于所有人都感觉落伍了，这就是'混乱'。"

现在就是这种情况。"世界不仅在发生快速的变化。"多弗·塞德曼补充道，"而且正在发生剧烈的重构，它开始以一种截然不同的方式运行。"这种剧烈变化发生在许多领域，而且是同时发生。"这种重构的速度要快于我们目前重构自己、重构领导力、重构体制机制、重构社会以及道德选择的能力。"

的确如此，变化的加速发生与我们自身的适应能力之间出现了不匹配，这种适应能力包括我们开发学习系统、培训系统、管理系统、社会安全保障网以及政府监管体系，以使人们能够从这些加速中获得最大收益，并缓冲这些变化对其造成的最恶劣冲击的能力。我们在下文中将要看到，这种不匹配是今天发达国家和发展中国家政治和社会动荡的根源。现在这很可能是全球所面临的最为重要的治理挑战。

## 阿斯托·特勒的曲线图

关于这种现象，埃里克·阿斯托·特勒为我画出了一张最具启发性的曲线图。特勒是谷歌 X 研发中心的首席执行官，X 研发中心的一项重大发明就是谷歌的无人驾驶汽车。特勒在 X 研发中心被称为"探月队长"，这称呼再合适不过了。他每天都要到办公室与他的同事们一道"探月"，把别人眼里的科学幻想变成能够改变我们生活和工作方式的产品和服务。他的爷爷是爱德华·特勒，氢弹设计师。他的外公是吉拉德·德布鲁，诺贝尔经济学奖得主。就像人们常常说的，基因优良。X 研发中心的总部由一座购物中心改建而成，我们坐在其中一间会议室里。特勒穿着旱冰鞋赶来接受我的采访，这是他每天准时奔赴各种会议的方式。

他没有说一句废话，立即向我解释摩尔定律的加速发展以及思想的加速流动如何形成合力，进而导致变化的加速发生，并对人类的适应能力构成挑战。

特勒先拿出了一张小号的 3M 黄色记事贴，说道："想象一下一张图上有两条曲线。"接着他画了一个坐标轴，Y 轴记录"变化的速率"，X 轴记录"时间"。第一条曲线刚开始的时候非常平缓，缓慢抬升，但后来斜率变陡，曲线朝着右上方极速攀升，看起来就像是一根冰球棍。特勒说："这条线代表了科学的进步。"最初，科学进步是缓慢而渐进的，随着创新不断积累，斜坡越来越陡，接着便开始直冲云霄。

这条线上的点代表什么呢？这条线上有印刷术、电报、人工打字机、传真机、大型机、第一台文字处理机、个人电脑、因特网、笔记本电脑、移动电话、网络搜索、移动应用、大数据、虚拟现实、人类基因测序、人工智能以及无人驾驶汽车，等等。

特勒说，1000 年前，这条代表科技进步的曲线爬升得非常缓慢，要让世界的面貌焕然一新，要让人们的感觉截然不同，可能需要 100 年的时间。例如，西方于 12 世纪发明了大弓，但直到 13 世纪中期才开始在战场上广泛应用。如果你生活在 12 世纪，你的基本生活与 11 世纪的人不会有太大区别。在欧洲或亚洲的城市里发生的改变，需要经过很久才能传至农村地区，更不用说传到遥远的非洲或者南美洲了。没有任何东西是同时在全球范围内传播和扩张的。

但是，到了 20 世纪，特勒注意到，科学与技术的变化"开始加速"。"这是因为技术是站在技术自己的肩膀上发展的，每一代的新发明都是建立在此前已有发明的基础之上。"特勒说道，"所以到了 20 世纪，重大科技进步的出现周期缩短到了 20 ～ 30 年。比如说汽车和飞机，只用了 20 ～ 30 年的时间就大行于世。"

接着，科技进步曲线的斜率几乎变成了直角，一飞冲天，突破了图表的边界。这一时期发生的变化是移动设备、宽带接入能力以及云计算同时出现。这些发明将创新的工具散布到世界的每个角落，为越来越多的人所使用，使他们能够以更低廉的成本驱动更为深远、更加迅速的改变。

"随着每一代技术在前一代的肩膀上继续演进，这个时间窗口变得越来越短。"他继续说道，"到了 2016 年，已经缩短到了 5 ～ 7 年的水平。也就是说，从某个东西刚刚发明，到它变得无处不在并让世界感受到冲击，只需要很短的时间。"

这种进程给人一种什么感觉呢？在我第一本关于全球化的书《凌志车与橄榄树》中，我记录了一个小故事。这个故事是著名经济学家劳伦斯·萨默斯告诉我的。1988 年，萨默斯是迈克尔·杜卡奇斯总统竞选团队的一员，有一次他被派往芝加哥发表演讲。到了机场，有一辆车来接他，上车之后，他发现车的后座安装了一部电话。"我第一次发现有一部蜂窝电话安装在车里，我可以用它给妻子打电话，并告诉她我是坐在一辆车里打的电话，这种感觉好极了。"萨默斯对我说。他还给所有他能够想到的人都打了电话，他们同样感到兴奋。

9 年之后，萨默斯当上了美国财政部副部长。有一次他出差前往西非的科特迪瓦，为一项由美国资助的医疗计划启动剪彩。这个活动是在科特迪瓦的主要城市阿比让上游的一个小村庄举行的，那个小村庄刚刚挖了第一口饮用水水井。令他记忆最深刻的是，当他从那个村落返程，乘坐一条独木舟顺流而下的时候，一个科特迪瓦官员递给他一部手机，说："华盛顿有事找你。"9 年前，萨默斯还在为在芝加哥的一辆车里有无线电话激动不已，9 年后，他在阿比让的独木舟上打手机都不再觉得新奇。改变的速度不仅加快了，而且现在是在全球范围内发生。

## 另一条线

以上就是科学和技术进步所带来的变化。但是，特勒还没有画完他的曲线图。他说过要画两条线，现在轮到第二条线了。第二条线是一条直线，以前这条直线一直位于科学进步曲线的上方，但还是以缓慢的速度攀升，速度之慢，以至于你都无法感觉到这是一条向右上方倾斜的直线。

"一个好消息就是，还有一条与科学技术曲线相竞争的曲线。"特勒解释道，"这就是人类——个人与社会——对环境变化的适应速度。"这些变化，他补充道，可以是技术的变化（移动互联），可以是地球物理的改变（例如地球变暖或变冷），可以是社会变迁（以前，至少是在美国，跨种族婚姻是被禁止的）。"许多重大改变是由社会驱动的，我们也已经适应了。有一些改变多少让人感觉有些不适。但我们最终适应了。"

的确如此。所以好的消息就是经过这么多个世纪之后，我们的适应能力变得更强了一点，这要归功于读写能力的提高和知识的广泛传播。特勒说："我们的适应速度提高了。1000 年前，可能需要两代人到三代人的时间才能适应新的东西。"到了 20 世纪初，适应变化的时间缩短到了一代人。"我们的适应能力现在已经非常强了，习惯一样新的事物只需要 10 ～ 15 年时间。"

但是，可能这还不够好。特勒说道，今天科技创新的加速变化（这里，我认为还应该加上新理念，例如同性婚姻）可能已经超过了普通人和我们社会组织结构的适应和消化能力。讲到这里，特勒在曲线图上又画了一个巨大的点。这个点就位于我们的适应曲线上，而科技进步曲线刚刚和适应曲线交叉，随后到了适应曲线的上方（图 2-4）。

他说："我们在这里。"

特勒解释道，这个点揭示出一个非常重要的事实：尽管人类及其社会已经逐渐适应了变化，但是总的来看，科技正在加速改变，已经超出了大多数人能够适应的平均水平。我们中的许多人已无法跟上脚步。

"这就给我们带来了文化焦虑。"特勒说道，"它也妨碍了我们充分利用这些日新月异的新科技……内燃机发明之后，还没有等到街道被大规模生产的汽车淹没之前，我们就逐渐订立了交通法规和习惯。直到今天，这些法规和习惯中的

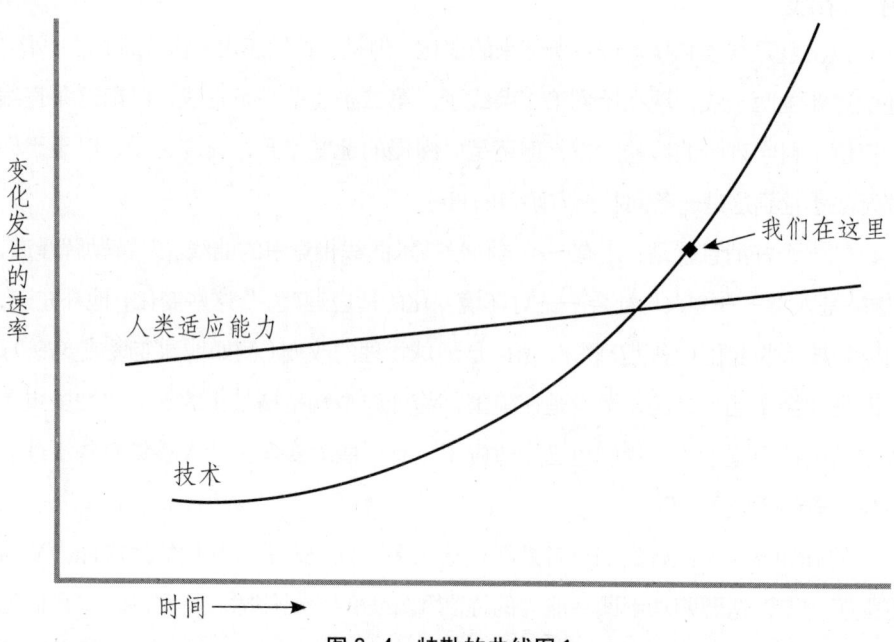

图 2-4 特勒的曲线图 1

许多具体内容仍然有用。在一个多世纪里，我们有充足的时间调整法律，使其适应新的发明，例如高速公路。但是今天，科学进步对我们的交通方式造成了剧烈的冲击，我们的立法机构和市政机构手忙脚乱，疲于应对；科技公司对过时的，甚至有时是不合理的规则诟病不已，而公众对此还浑然不知。智能手机技术催生了"优步"，我们还没有搞清楚如何管理共享乘车行为，无人驾驶汽车就会让这些监管措施变得过时了。

这是一个实实在在的问题。当"快"变得更快，适应得稍微"慢"，就会让你变得更慢，并且迷失方向。好比我们站在机场的自动人行道上，原本是以每小时 5 英里（1 英里 =1.609 千米）的速度自动前进，突然速度提高到每小时 25 英里，即使周围的一切还是大体上不变，对许多人来说，这的确让他们失去了方向感。

特勒说："如果社会的技术平台每隔 5 ～ 7 年就要发生一次颠覆性的改变，但却需要 10 ～ 15 年的时间才能适应，我们就会感到失控，因为我们无法适应一个变化如此之快的世界。等我们习惯了这些改变之后，世界又变了，我们又将面对更多的冲击。"

对许多人而言，这让他们感到迷失方向、焦躁不安，因为他们听到各种领域的进步，例如机器人手术、基因编辑、克隆或者人工智能，但却并不清楚这些变化会将我们领向何方。我们下面还将讲到，在社会领域也是如此，新的社会理念也在以更快的速度产生并传播，例如变性人如何使用卫生间的问题。

"没有一个人具备同时深刻理解多个领域的能力，人类知识的总和已经远超任何一个个人的学习能力，即使是这些领域的专家也无法预测下个 10 年或者下个世纪将发生什么。"特勒说道，"不能清楚地知道新技术在未来的潜力或者可能带来的意想不到的负面后果，就不可能提出监管措施，而我们又必须依靠监管措施推广重大的技术变化，同时避免各种负面冲击。"

现在，我们需要 10 ~ 15 年的时间才能理解一项新的技术并制定监管措施，但新的技术每隔 5 ~ 7 年就会更新换代。我们该怎么办呢？这是许多领域都面临的一个问题。

以专利体系为例。专利体系是为变化速度更加缓慢的社会设立的。特勒解释说，标准的专利安排是这样的，"我们将授予你一项思想垄断权，为期 20 年"。通常还要减去颁发专利所耗费的时间，"作为交换，人们将在专利过期后获得相关的信息"。但是，如果新的技术在 4 ~ 5 年之后就过时了呢？而且，如果专利的颁发就需要 4 ~ 5 年的时间呢？这就让专利在科技界变得越来越落伍了。

另一个重大挑战是我们的教育方式。我们在儿童和青少年时期通常会接受 12 年甚至是更长时间的教育，接下来就不用学习了。但是，当改变的速度变得如此之快时，唯一能够保持终身工作能力的办法就是终身学习。2016 年美国大选告诉我们，有一大群人在 20 岁进入劳动力市场的时候，并没有想到自己需要接受终身教育，他们现在对此很不开心。

所有这些都表明，"我们的社会组织结构落后于变革发生的速度。"他说道。每件事都像是在不停地追赶之中。应该怎么办？我们显然不想放慢科技进步的脚步或放弃监管。特勒说，唯一有效的回应就是，尽全力提高社会适应能力。这是唯一能够把我们从对科技的焦虑中解放出来的办法。"我们可以抗拒或推迟科技进步。"特勒说，"或者，我们也可以承认人类社会正在面临一个新的挑战：我们必须更新社会的工具和体制机制，以使其能够让我们跟上脚步。第一种选择——试图放慢技术进步——看似是对变化不适应症最简单的解决办法，但是人类正在面临一些由自己一手造成的灾难性的环境问题，像鸵鸟一样把头埋进沙堆里回避问题是不会有好结果的。解决世界所面临的这些大问题，大部分解决方案还是来自科技进步。"

"如果我们可以提高我们的适应能力，哪怕只提高一点点。"他继续说道，"就会有很大的不同。"他接着回到刚才那幅曲线图，又沿着适应曲线画了一条斜率更大的虚线（图2-5）。这条线模拟了我们学习和适应能力变得更快的情况，因此它与科技变化曲线的交点位于一个更高的位置。

特勒提出，加强人类的适应能力，90%在于"优化学习能力"。每一个机构，无论是专利局，还是其他监管部门，都必须变得更加敏锐，愿意快速试验，并从错误中学习。政府应不断重估其服务社会的方式方法，而不应幻想监管措施会在几十年后依然奏效。大学应该尝试着以更快、更加频繁的速度调整课程设置，以

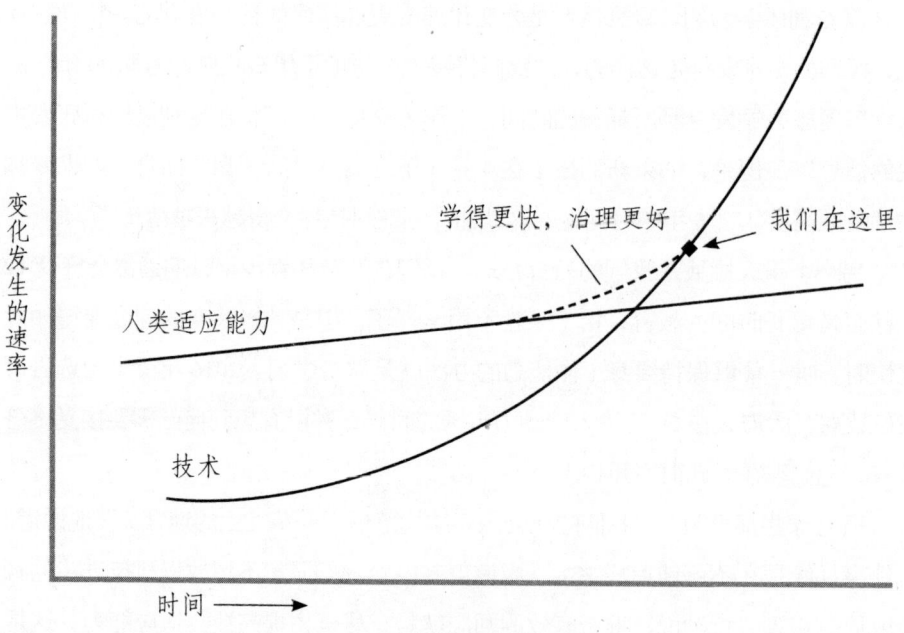

图2-5 科勒的曲线图2

便与变化的速度保持一致,例如在某些课程上可以标上"有效期"。政府监管者需要像创新者那样具有创新思维,他们需要以摩尔定律的速度运行。

"创新就是一个试验、学习、运用知识,而后评估成功或失败的循环。"特勒说道。当结果失败了,只不过是要重启这一循环,仅此而已。X研发中心的一句口号就是"快速失败"。特勒告诉自己的团队:"我不在乎你这个月取得了多少进展。我的工作就是推动你提高改进的速度,我们怎样才能用一半的钱、花一半的时间去犯错误。"

总而言之,特勒说,这就是我们今天所感受到的:创新的周期越来越短,学习和适应的时间越来越少。"这就是间歇性失衡和持续性失衡之间的区别。"静态稳定的时代已经离我们远去。但这并不意味着我们无法获得一种新的稳定。"这种新的稳定必须是一种动态的稳定。就像是骑自行车,你不能停止不动,但是当你开始运动时,其实它就会变得很简单。这不是我们自然的状态,但是人类必须学会在这种状态下生存。"

我们都必须学会骑自行车。

特勒说:"我们会以一种不可思议的方式再次感受到平静。但是要达到这一点,需要从头重新学习。我们还没有以一种动态平衡的方式来教育和训练我们的孩子。"

但是,我们需要这么做,并且做得越多越好——如果我们希望子孙后代能够生生不息、稳定发展。接下来的四章我们将讲述定义今天的世界机器运行方式的摩尔定律、市场以及大自然是如何加速的。如果我们要实现特勒所说的动态平衡,我们必须了解它们是如何重构我们的世界的,以及为什么它们从2007年左右开始变得特别有活力。

第 3 章

# 摩尔定律

*人际互联，改变生活；万物互联，改变生命。*

——高通格言

人类大脑最难理解指数级增长的威力——任何一个事物，如果多年保持 2 倍、3 倍或 4 倍的增长，将会发生什么？最终的数字会有多大？摩尔定律讲的就是指数级增长：每两年微芯片的处理能力就能翻一倍。如果摩尔定律持续 50 年，将会发生什么？每次英特尔公司的董事长布莱恩·克扎尼克试图解释摩尔定律的时候，他都会用下面这个例子：如果把英特尔 1971 年生产的第一代型号 4004 的微芯片与英特尔目前在市面上销售的最新型号的第六代英特尔酷睿处理器做一个对比，你会发现与第一代芯片相比，英特尔最新型号的芯片性能提高了 3500 倍，能效提高了 90000 倍，而成本则只有原先的 1/60000。

我们可以做一个类比：如果一台 1971 年的大众甲壳虫汽车像微芯片在摩尔定律下一样不断改进，那将会发生什么？英特尔的工程师做了一个粗略的计算。按照他们的估算，如果汽车业同样适用摩尔定律，那么到了今天，甲壳虫汽车的速度应该达到每小时 30 万英里，每加仑汽油可以跑 200 万英里，并且只要花 4 美分！英特尔的工程师还做了另一项测算：如果一辆汽车的能效按照摩尔定律的速率改进，那么，到了今天，你开一辈子车，只需消耗 1 箱油。

当今科技变化的速度之所以超乎寻常，是因为不仅微芯片的计算速度呈现出非线性增长，而且计算机的所有其他部件也是如此。如今每一部计算设备都有五个基本组成部分：

（1）集成电路，用来进行运算；

（2）存储单元，用来储存和检索信息；

（3）联网系统，在计算机内部以及在不同的计算机之间实现沟通；

（4）软件应用，使得不同计算机或独立，或共同地完成数不胜数的任务；

（5）传感器——摄像头和其他能够探测动作、语言、光线、热度、湿度和声音的微型设备，可以将其中任何一项信息转为数字化数据供深度挖掘和分析。

由于神奇的摩尔定律，这五个基本组成部分的处理能力稳步加速，这五个部分最终融合在一起，形成了我们现在称之为"云"的那个东西。我们现在已经被带到了一个新的疆界——也就是阿斯托·特勒所说的——科学和技术的变化速度超越了人类及其社会适应速度的临界点。

## 戈登·摩尔

我们先从微芯片开始说起。微芯片也被称为集成电路或微处理器，用来运行计算机的所有程序和存储的内容。在字典里，微处理器被形容为一个装在一块独立硅片上的迷你计算引擎，因此它们被简称为"微芯片"或"芯片"。微处理器是用晶体管制造而成，晶体管是许许多多可以控制电流通过的小型开关。一块微处理器的计算能力取决于晶体管开关的实际速度以及一片硅片上能够装下多少个晶体管。在晶体管发明之前，早期计算机设计者依靠灯管状的真空管——也就是老式二级显像管，电视机背后的那种东西——来控制电流开关并进行计算，但这种老式的真空管计算速度十分缓慢，并且制造难度很大。

在 1958 年的夏天，突然一切都改变了。得克萨斯州仪器公司的一名工程师杰克·奇尔比"找到了解决这个问题的办法"。诺贝尔奖官方网站报道：

> 奇尔比的想法是用同一块半导体材料来制造所有的组件和芯片……1958年 9 月，他制造出了他的第一块集成电路……
>
> 在同一块材料上制造所有组件，并且将连接不同组件的金属导线并为一层叠于其上方，不再需要单独的、分离的组件，也不再需要手动组装电线和组件。电路可以被制造得更加小巧，制造程序也可以实现自动化。

半年后，另一位工程师罗伯特·诺伊斯巧妙地解决了奇尔比的电路中存在的一些问题，从而可以在一个硅片上以更加无缝的方式连接所有组件。就这样，数字化革命诞生了。

诺伊斯于 1957 年与其他几位工程师联合创立了仙童半导体公司，开发生产这些芯片。他后来还成为英特尔公司的联合创始人之一。戈登·摩尔也是仙童半导体公司的创始人之一，他在加利福尼亚理工学院获得物理化学博士学位，并成为仙童半导体公司的研发实验室主任。该公司的一项巨大创新是开发了一种将微晶体管化学印刷到硅晶片上的工艺，使其更容易量产，更适合大规模生产。正如弗雷德·柯普兰在他的著作《1959 年：一切改变发生的那一年》中所指出的，如果没有大规模的政府计划，特别是登月竞赛和民兵洲际弹道导弹，微芯片可能无法迎来快速发展。 两者都需要精密的制导系统，而且这个系统要能装在非常小的弹头内。国防部的需求为微芯片的制造创造出规模效应，而第一个认识到这一点的就是戈登·摩尔。

"摩尔也许是第一个认识到，仙童半导体的化学印刷方法不仅能够使得芯片制造得更加小巧，更加可靠，比传统的电子电路更加节能，而且生产微芯片的成本也会更加低廉。"大卫·布洛克在 2015 年计算机历史博物馆杂志《核心》特刊中说道，"在 20 世纪 60 年代早期，全球半导体工业界都采用了仙童半导体公司的方法来制造硅片，而军事领域，特别是航天航空计算领域，则逐渐成为它们的市场。"

我于 2015 年 5 月在旧金山探索博物馆采访了摩尔，采访的主题是摩尔定律50 周年。尽管当年摩尔先生已经 86 岁了，但他大脑里所有的微处理器显然仍然状况良好，并且在高效运行！摩尔向我解释说，1964 年末，《电子学》杂志请求他为杂志创办 35 周年纪念刊撰写一篇文章，预测未来 10 年半导体元件行业将会发生什么。于是他拿出了笔记，调查了在此之前所发生的事情：仙童半导体公司从生产只有一个晶体管的芯片开始，现在已经可以生产有约 8 个元件（包括晶体管和电阻）的芯片，即将发布的新型芯片拥有 2 倍数量的元件，即 16 个；而他们的实验室正在试验 30 个元件的芯片，并在设想将如何使元件数量达到 60 个！摩尔把所有的一切制成散点图，记录在一本日志里，可以很清楚地看出，元件数量每年都在翻倍。摩尔在这篇文章里作了一个大胆的猜测，他预计这种翻倍式的增速将持续至少 10 年。

这篇如今无人不知的文章于 1965 年 4 月 19 日发表在《电子学》杂志上，题为《将更多的元件塞入集成电路中》。文章提出："（半导体芯片上）集成的元件数量将每年增加 1 倍……而且有理由相信这种增速在至少 10 年内将保持相对稳定。"摩尔的朋友、加利福尼亚理工学院的工程学教授卡弗·米德将其戏称为"摩尔定律"（图 3-1）。

摩尔向我解释道："我当时一直专注于集成电路——它们在当时还很新潮，才发展了短短几年——并且它们十分昂贵。有很多人认为它们永远无法变得廉价，然而作为实验室的领头人，我认为技术发展使我们可以在芯片上安装越来越多的东西，从而使电子产品变得更便宜……我并不知道它会变成一个精确的预言，但是我知道总体趋势是朝这个方向发展，并且我需要给出相应的理由解释为什么降低电子产品的成本十分重要。"这个最初的预测看的是未来 10 年时间。也就是说，在此期间一块集成电路上的元件数量将在 10 年内增长 1000 倍，即由 60 个增长到6 万个。这一预测最终成为现实。摩尔意识到这个速度不可能维持下去，于是他在 1975 年更新了这一预测，提出翻倍将大体上每两年发生一次，同时价格几乎保持不变。

而摩尔定律到现在一直持续了 50 年。

摩尔对我说："一个趋势能够持续 50 年，这确实非常神奇。我们一直认为，会有各种各样的障碍阻止摩尔定律，但当我们距离下一个关键时点越来越近时，工程师们总能找到解决问题的办法，这一趋势依然如故。"

摩尔在 1965 年的文章中还成功地预言了微芯片持续改善所产生的影响：

> 集成电路将带来各种神奇的事物，例如家用计算机（或者至少是各种连接在一台中心计算机上的终端）、汽车自动控制系统以及个人便携式通信设备。如今电子手表就差一个显示器就可以变为现实……
>
> 在电话通信中，电子滤波器中的集成电路将分离多路传输设备上的频道，也可以转接电话线路并且进行数据处理。

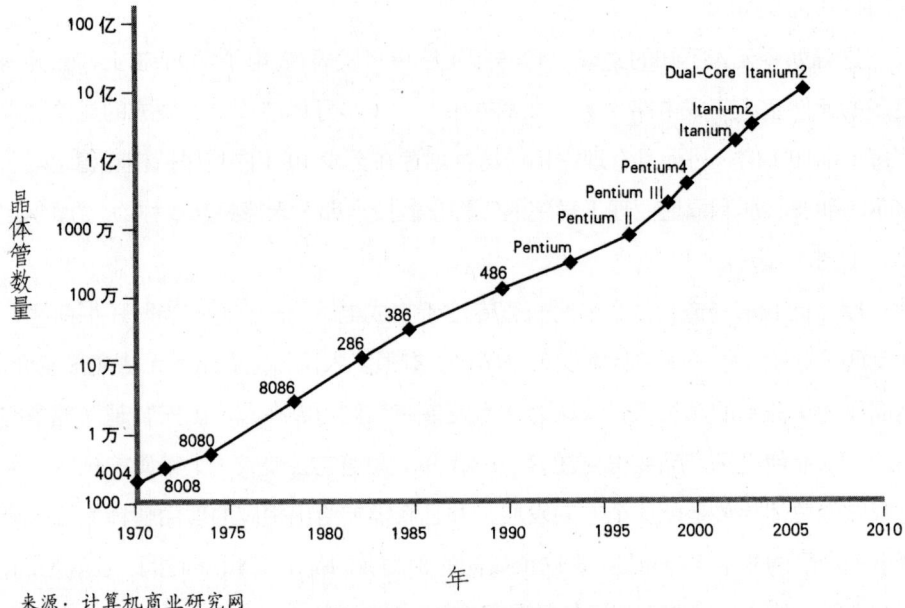

来源：计算机商业研究网

**图 3-1　英特尔处理器所验证的摩尔定律**

　　计算机将会变得更加强大，并且将会以完全不同的方式加以组织……那些和今天的机器看起来很相似的机器，其制造成本将会更低，更新周期将变得更快。

　　毫不夸张地说，摩尔预测到了个人计算机、手机、自动驾驶汽车、iPad、大数据、苹果手表的出现。我开玩笑地和他说，只有一件事他没有预料到，那就是"微波炉爆米花"。

　　我问摩尔，他是从什么时候告诉妻子贝蒂："亲爱的，他们以我的名字命名了一个定律。"

　　"在开始的 20 年里，我无法完全说出'摩尔定律'一词——这有些尴尬。"他回答道，"这不是一个定律。后来，我终于习惯了它，现在我能够很平静地把这个词说出来。"

　　除了摩尔定律，还有没有某些事情是他本来能够预测，却没有预测出来的？

我问他。

"因特网的重要性使我很吃惊。"摩尔说道，"它本来看起来像是另一个次级通信网络，只能解决特定的问题。我当时没有意识到它将会带来各种各样的机遇。我希望我曾预测到这会发生。"

现实中有很多关于摩尔定律的精彩案例，很难从中选择出一个最佳的例子。在我曾经遇到过的最佳案例中，有一个是科技专栏作家约翰·兰彻斯特于 2015 年 3 月 15 日在《伦敦书评》杂志中一篇题为《机器人来了》的文章中提出的。

兰彻斯特写道：

1992 年俄美达成了中止核实验的协议，为此，1996 年美国政府启动了一个名为'加速战略计算倡议'（ASCI）的项目。核试验的暂停提出了新的挑战，一方面，出于安全原因，需要用计算机程序模拟旧武器老化的情况；另一方面，我们毕竟生活在一个危险的世界，需要在不违反暂停核试验协议条款的前提下设计新的武器。

为了完成这项任务，兰彻斯特补充道：

ASCI 需要的计算能力超出了当时任何机器所能实现的水平。为此，ASCI 定制了一台名为"ASCI 红"的计算机，要将其设计为第一台超级计算机，进行每秒 1 万亿次浮点运算。浮点运算即涉及小数点的数字计算……（计算上比涉及整数的计算要求高得多）。到了 1997 年，"ASCI 红"已经组装完毕并开始全速运行。当时它确实独一无二，每秒能够处理 1.8 万亿次浮点运算。"ASCI 红"一直到 20 世纪末，始终是世界上最强大的超级计算机。

我昨天就在"ASCI 红"上玩游戏——其实我没有，但我的确操作了一台可以每秒处理 1.8 万亿次浮点计算的机器。这个和"ASCI 红"极其相似的机器叫作 PS3（PlayStation3），由索尼公司于 2005 年发布，并于 2006 年开始销售。"ASCI 红"的占地面积只比一个网球场略小一点，耗电量相当于 800 座房子的用电量，并且造价高达 5500 万美元。PS3 可放置在一台电视机的下面，使用正常的电源插座供电，并且一台机器只需要花费不到 200 英镑。10 年内，一台每秒能够处理 1.8 万亿次浮点计算的计算机，从一个只有世界上最有钱的政府出于实现计算能力极限的目的才能创造出来的东西，发展到一个小孩子可以期待得到的圣诞礼物。

如今摩尔定律已经进入下半场，它还能走多远？ 正如我们所说，微芯片是由晶体管组成的，这些晶体管是一些微型开关。这些开关用极细的铜制导线连接，构成了电子流动的管道。芯片的工作方式是推动电子以尽可能快的速度通过单个芯片上的许多铜线。当你将电子从一个晶体管发送到另一个晶体管时，就是在发送一个打开和关闭特定开关的信号，并借此执行某种计算功能或运算。随着每一代新型微芯片的研发，挑战也随即出现，即如何将导线制造得更薄更细，将开关设计得数量更多、体积更小，以更快的速度放行或阻挡电子流通，进而创造出更多的计算能力，并且尽可能将成本降至最低，将空间缩减至最小，同时消耗尽可能少的能量和热量。

"有一天这一进程终将停止。"摩尔说道，"像这样的指数级增长不可能永远持续下去。"

但是，那一天还没有到来。

50 年来，半导体行业一直在寻找新的方法，要么在维持大体相同制造成本的同时将晶体管尺寸缩小 50%，从而以相同的价格提供两倍数量的晶体管；要么将相同数量晶体管的制造成本降低一半。他们可以缩小晶体管体积并把导线造得更薄、布局更加紧密。工程师们也会尝试开发新的结构和材料。比如，最早的集成电路使用一层铝制导线管；而今天使用的是 13 层铜制导管线，每一层叠在另一层上面，使用纳米级的技术进行制造。

"摩尔定律被预测即将死亡已经不下十几次了。"英特尔公司的首席执行官布莱恩 · 克扎尼克告诉我："当我们在 3 微米级别进行生产和制造时（1 微米是 1/1000 毫米，约 0.000039 英寸），人们说道：'我们如何才能再缩小一些——我们可以生产出足够薄的薄膜来制造这样的设备么？我们能够缩短光的波长来模仿这些如此微小的特征吗？'但是每次我们都找到了突破。答案事先并不清晰，也并不总是第一次提出解决方案就能够取得突破。但是，每一次我们都突破了障碍。"

实话实说，克扎尼克说道，摩尔定律的最后两次迭代用了大约两年半的时间，而非两年，所以速度确实有所减慢。即便如此，无论指数增长是每 1 年、每 2 年或者每 3 年发生一次，最重要的是，由于芯片的持续改善，我们才能够不断地创造出机器、机器人、电话、手表、软件，以及更智能、更快速、更小巧、更便宜和更高效的电脑。

"我们现在处于 14 纳米时代，这远远小于人类可以用肉眼看到的任何东西。"克扎尼克解释道，他说的是英特尔最新的微芯片。"芯片可能只有你指甲盖的大小，但在那个芯片上将有超过 10 亿个晶体管。我们已经很清楚地知道如何达到 10 纳米，并且也基本上知道了如何达到 7 纳米甚至是 5 纳米。要是小于 5 纳米，人们也有一些初步的构想。历史一直就是这么过来的。"

英特尔公司负责技术和制造的副总裁比尔·霍尔特就是负责推动摩尔定律不断发展的人。他带我参观了位于俄勒冈州波特兰的英特尔芯片实验室，我透过窗户看到干净的房间里机器人 24 小时不停地将芯片从一个制造程序移向下一个，而穿着白色实验服的男士和女士的工作就是确保机器人运转顺利。霍尔特也对那些认为摩尔定律正在终结的人没有耐心。霍尔特说，现在大量的工作是用新材料做的，这些材料能够承载更多的晶体管，消耗更少的能量，产生更少的热量，因此他相信在 10 年的时间内"某些东西"将会到来并且引领下一代摩尔定律。

但是即使新的材料还未被发现，有很重要的一点需要记住，那就是从一开始，微芯片的处理能力不仅仅是通过改进硅片来提高的，还可以通过软件进步而加以改善。"更强大的芯片能够支持更复杂的软件，而那些更复杂软件中的一些可以反过来用于芯片制造，通过新的设计以及对芯片日益复杂的结构加以优化来使芯片运行更加快速。"克雷格·蒙迪评论道。

正是芯片设计和软件之间的这些相辅相成的突破性进展，为人工智能领域近期取得的突破打下了基础。如今的机器能够以之前无法想象的速率和数量吸收并处理数据，因此它们能够识别数据模式，并且可以像人类大脑一样进行学习。我们曾经认为只能由人类才能完成的任务——诸如开车和回答问题——如今也能被计算机和机器人完成。因为这些更加强大的计算机和软件程序能够在效仿和识别人类语言、视觉、听力和逻辑方面比之前做得更加出色，所以人机互动也变得大幅简化，用一个点触、一个声音命令或是手指或手掌一挥就可以了。终端用户的体验变得越来越简单。

但是这一切都始于第一块微芯片和摩尔定律。"很多人无数次地预测摩尔定律的终结。"霍尔特总结道，"尽管他们的预测出于不同的原因。但只有一件事他们是一致的，那就是他们都错了。"

## 传感器：为什么猜猜看的时代正式结束了

过去，你也许会称某人"愚蠢得像消防栓一样"或者"愚蠢得像垃圾桶一样"。

我再也不会这么说了。

科技加速发展的结果是，现在的消防栓和垃圾桶都变得非常聪明了。以特罗格消防栓压力记录仪为例，它被固定在一个消防栓上，并且可以将水压通过无线网络直接传输到当地供水部门的电脑桌面上，极大地减少了水管爆裂和消防栓故障的发生。和它有得一比的还有"大胃王"垃圾桶，它们装有无线传感器，当垃圾桶装满了需要清空时，传感器就会通过无线网络进行播报，清洁工就可以优化他们的服务路线，使整个城市花更少的钱并变得更加干净。是的，如今清洁工也变成了技术工人。大胃王的公司网站上写着："每个大胃王的容量为宽 25 英寸（1英寸 =2.54 厘米）× 长 26.8 英寸 × 高 49.8 英寸，并且装有通过内嵌式太阳能面板供电的压缩机，可以显著地压缩废弃物的体积，有助于营造更加绿色、更加清洁的街道……这些垃圾桶拥有内嵌式云计算技术，通过数字信号告诉清洁工，它们已经达到容积上限并且需要立即关注。"

看起来那个垃圾桶甚至能参加 SAT（美国学业能力倾向测验）考试！

使得消防栓和垃圾桶变得如此聪明的是另一个领域的加速发展，它和计算本身虽然没有直接的联系，但是对拓展计算范围至关重要，这个领域就是传感器。WhatIs.com 网站将传感器定义为："能够从物理环境中探测某些类别的输入信号并做出回应的设备。这些特定的输入信号可能是光、热、动作、湿度、压力或大量环境现象中的一个。而输出的通常是一个转换成可供人类读取的信号，这些输出信号或者是在传感器的所在地显示，或者通过网络电子传输到另一个地方可供人类读取或进一步操作。"

多亏了传感器小型化的加速发展，我们如今能够将四种感观数字化——视觉、声音、触觉和听觉——并且正在为第五个努力：嗅觉。消防栓压力传感器可以创建数字化监测结果，并通过无线网络与公共事业服务单位连接，当压力过高或过低时传感器会向后者报告。温度传感器可以跟踪温度计中液体的扩张和收缩，并创建数字化的温度显示。运动传感器有规律地释放能量流——微波、超声波或光束。当有人或车或动物进入能量流轨道并对其造成干扰时，传感器就会发出数字化信号。警方现在通过车身反射回来的传感光束来测量汽车的时速，通过建筑表面反射回来的声波来定位枪声来源。计算机上的灯光传感器测量你工作区域的灯光，然后据此调整屏幕亮度。你的 Fitbit 手环（一家美国科技公司的智能健康设备）其实是众多传感器的结合：测量你的步数、你行走的距离、你燃烧的卡路里，以及你四肢运动的活跃和激烈程度。你手机上的摄像头是一个照相机加摄像机，可将捕捉到的图像从一个地方传输到任何其他地方。

我们感知环境并将其转化为数字化数据的能力得到了极大延伸。得益于材料科学和纳米技术的突破，我们才制造出如此小巧、便宜、智能并且耐寒耐热的传感器，可以很方便地安装，并用来检测极端条件下的压力，然后传输数据。如今我们甚至能够通过喷涂——通过一个被称作3D打印的过程——把它们安在机器、建筑或引擎的任何部位。

为了更好地理解传感器的世界，我访问了通用电气公司位于加利福尼亚州圣拉蒙的规模巨大的软件中心，并采访了通用电气首席数字官比尔·鲁赫。这次采访本身就是一个很好的故事。通用电气正在变得越来越像软件公司，并在硅谷设有一个很大的基地。通用电气在其制造的工业设备上布满了传感器。忘了洗衣机吧，想象一下智能机器。通用电气在任何地方安装传感器的能力正在帮助"产业网络"成为可能，这也被称为"物联网"（Internet of things，简称 IoT）。通过给每件"物体"安装传感器，就可以及时调整这些物体的运行状况或预测其可能做出的反应。这个所谓的物联网，鲁赫解释道："正在创建一个神经系统，让人们能够紧跟变化的步伐，使得大量的信息变得更加可用"，并且基本上"使所有事物智能化"。

通用电气可以从超过 150 000 台通用医用设备、36 000 个通用喷射发动机、21 500 辆通用火车头、23 000 个风力涡轮机、3900 个燃气轮机以及 20 700 个油气设备零件上搜集数据，这些设备都可以向通用电气报告它们每一分钟的感受。

这个新型产业神经系统最初是由消费领域的进步所推动——比如带有全球定位系统和照相能力的智能手机。鲁赫说，它们对于 21 世纪的产业网络，就相当于登月探测对于 20 世纪的产业进步的影响一样，驱动了一系列相互关联的科技和材料向前飞跃了一大步，让它们变得更加小巧、智能、便宜、快速。"智能手机使传感器变得非常便宜，以至于我们能够把它们放在任何地方。"鲁赫说。

现在，这些传感器正在一个前所未有的细微层面为我们洞察先机。首先，所有传感器将它们的数据传输给中央数据库，然后通过处理能力越来越强大的软件应用在数据中寻找行为模式，这样我们就可以洞察先机，在出现问题之前观察到特定的行为模式。于是，我们就能够采取预防性措施，比如，在最佳时刻清空垃圾桶，或者在水管爆裂之前调消防栓的压力。我们因此节省了时间、金钱、精力和生命，总体上使人类变得更加高效，远超我们的想象。

"老方法叫作'状态检修'——如果它看起来很脏，那就清洗。"鲁赫解释道，"预防性维修是指：无论你是否高强度地开车，都要每行驶 6000 英里更换 1 次机油。"新的方法叫作"预见性维护"和"处方式维护"。我们现在几乎能够精确预测轮胎、引擎、汽车或卡车电池、涡轮扇风机或者其他小机械需要更换的准确时间，并且能够确定特定的引擎在不同情况运行时最适合的那一款清洁剂。

鲁赫讲道，过去的通用电气是基于机械工程师的信念，即可以通过物理学为整个世界建模并且洞察事物运转的规律。如果你看到燃气轮机和内燃机，你会想到如何运用物理学定律解释它们的原理，并预测它们将于何时发生故障。很多传统的工程师都不相信数据能够提供更多的信息。他们运用数据的时候，只是用来核实物理模型。新生代数据科学家说："你无需通过理解物理学来寻找和发现行为模式。有一些行为模式是人类无法找到的，因为信号弱到你根本无法看到。但是，现在我们拥有这么强大的处理能力，那些微弱的信号也能被我们发现。因此当你看到那个微弱的信号时，你就会清楚地知道这是一些事物发生故障或变得低效的早期迹象。"

在过去，我们检测微弱信号的方法是依靠直觉，只有那些对"处理数据有着丰富经验的人才能够从众多数据中发觉微弱的信号。那就是直觉。我们的大脑无时无刻不在处理那些信号微弱的数据"。但是现在，有了大数据，"具有更精细的精确度，我们可以让大海捞针变为一种常态"。"然后我们可以利用机器增强人类的工作，所以机器和人类就可以作为同事一起工作，使他们能够一起处理微弱信号并且在一夜之间，变得像一个有着 30 年经验的老将。"

过去，在工厂车间工作需要的是经验带来的直觉，当你工作了 30 多年后，你或许能够辨别机器发出的略有差异的声音信号，这些声音信号告诉你有些东西运行得不太正常。如今，有了传感器，一个新员工在上班的第一天便可发现微弱的信号，而无须任何直觉。传感器将会播放这些信号。

这种以更快的速度生成和应用知识的能力使我们不仅能够充分发挥人类的能力，而且也能够使母牛的潜力得到最大的开发。对于奶农而言，猜猜看的时代从此结束了，微软公司云服务和企业部的数据组副总裁约瑟夫·斯洛什解释道。他的工作听起来像是颇费脑子——管理比特和字节。但是当我坐下来向斯洛什了解传感技术的加速发展时，他选择了一个非常老的例子来向我进行解释，这个例子就是奶牛。

好吧，这并没有那么简单。他想要谈论的是"联网的奶牛"。

斯洛什讲述的故事大致是这样的：日本奶农向日本计算机巨头富士通公司提出了一个问题：他们能否提高在大型奶牛农场成功繁殖奶牛的概率？事实证明，奶牛进入发热期或发情期后，也就是它们的交配和生育时期，可以成功地人工授精。但这个时间窗口非常短：每 21 天有 12 ~ 18 小时，而且通常是在晚上。对于一个拥有一大群奶牛需要监控的小奶农而言，同时监控所有的奶牛并且要确定理想的时间来为每头奶牛人工授精，是非常困难的一件事。

富士通公司想出来的解决办法是给奶牛装上电子计步器。这些计步器通过无线电信号与农场相连。数据被传输到一个叫作 GYUHO SaaS 的机器学习软件系统，这个系统在微软 Azure 上运行，即微软的云端。富士通的研究表明，每小时步伐数的大幅增加是奶牛发情的信号，准确率为 95%。当 GYUHO 系统发现一头奶牛发情时，它会给农场上的手机发送一条短信，使农场主能够在正确的时间进行人工授精。

"结果显示，奶牛发情时有一个简单的秘密，那就是它所走的步数。"斯洛什说。这个隐藏的征兆"对检测奶牛发热（即奶牛排卵）的准确率为95%……这就是当人工智能遇上人工授精时发生的事"。有了这个系统在手边，农场主的生产效率就能不断提高，受孕率大大提高，而且节省了时间：农场主不必再依赖他们的眼睛、直觉、昂贵的农场劳动力或农夫年鉴来识别发情的奶牛。他们可以利用节约下的时间和资本用于其他方面，以便进一步提高生产效率。

奶牛的传感器所产生的大量数据还揭示出了另一个非常重要的规律，斯洛什说：富士通的研究人员发现，在开展人工授精最理想的16小时时间窗口内，如果你在前4小时开展这一活动，就会有"70%的可能性得到一头小母牛，而如果在接下来的4小时你就有更高的概率得到一头小公牛"。于是这就使得一个农民"可以根据他的需要调整畜群的公牛和母牛的比例"。

数据持续揭示了更多的规律。通过研究奶牛脚印的图形模式，农场主能在早期发现八种不同的奶牛疾病，从而能够开展早期治疗并且改善畜群整体的健康和寿命。"一个小的创造便可改变像畜牧业这样的最古老的行业。"斯洛什总结说。

一头装有传感器的奶牛使得畜牧工人成为天才，而火车上装了传感器，就不再是传统的火车，而是装了车轮的IT系统。它可以在运行中，每走100英尺（1英尺=30.48厘米）就感知和播报铁轨的质量。它还能够感知坡度的大小，以及在这样的地形下行驶每英里需要消耗多少能量，这就使得两地间运输的燃料效率或行驶速度最优化。如今所有通用电气的机车都装有摄像头，以便更好地监测司机在每一个转弯处是如何操作引擎的。通用如今还知道，如果你不得不在炎热天气下以120%效率让引擎高速工作，一些特定零件将会需要提前进行维修保养。

"我们不断地丰富和训练我们的神经系统，每个人都从数据中获益。"鲁赫说。你不仅可以用传感器和软件来学习，还可以通过运用传感器和软件来改变。今天，鲁赫解释道："我们不再需要对每件产品做出物理性改变来提高它们的性能，我们只需要用软件来实现。我给一辆无声的机车装上传感器和软件，突然间我就可以展开预见性维修了。我可以让其以最佳的速度行驶，节省更多的汽油。我可以更高效地编排所有火车的时刻表，甚至以更高效的方式对它们的停放做出安排。"

突然一辆无声的机车变得更加快速、便宜、智能——而无需更换螺丝钉、螺栓或引擎。"我可以运用传感器数据和软件来使机器运行更加高效，就好像是我们制造了全新一代的设备。"鲁赫补充道。

他补充说，在一个工厂，"你在工作时视野可能会很狭窄。但是如果机器也可以帮你注视着周围呢？我们可以在所有物品上安装摄像头，一切事物都有了眼睛和耳朵。我们谈论五种感知。但人们还没有意识到的是，这五种感知可以赋予机器，从而使其与人类互动，就像我们和同事之间互动一样"。

这将会带来无尽的利润，钱会堆成一座山。通用电气公司的首席执行官杰夫·伊梅尔特在 2015 年 10 月麦肯锡咨询公司的一次采访中解释道：

> 每一个铁路公司的首席执行官都能够告诉你他们列车的速度。速度为 20～25 英里/时。这基本上也是一台机车运行一天的平均时速——22 英里/时。似乎不是很好。举个例子，对于诺福克南方铁路公司来说，时速 22 英里和 23 英里，1 英里之差的影响年化之后相当于 2.5 亿美元的利润。这对于诺福克公司来说就是一个巨大的数字。这还只有 1 英里（每小时）的差距。所以关键就在于把时刻表编排得更科学，关键就在于减少停机维修时间。关键就在于车轮不要坏掉，并且更快速地通过芝加哥。这些都靠分析。

美国电话电报公司的首席战略官约翰·多诺万说，他们每天都在将越来越多的"数字尾气转换为数字燃料"。美国百货公司的业主约翰·沃纳梅克是 20 世纪早期零售和广告业的先行者。他曾经有过一个非常著名的评论："我花在广告上的钱一半都浪费了；问题是我不知道哪一半被浪费了。"这在现在看来已经不是问题了。

联邦贸易委员会的首席科技官员拉坦娅·斯威尼于 2014 年 6 月 16 日在国家公共广播电台上解释道，传感和软件正在改变零售业："很多人没有意识到的是，未来让你的手机与互联网相连，它会持续地发出一个内嵌在手机里的独特数字，即所谓的 MAC 地址，好像在说，'嗨，这里有无线网络吗？'……通过分析手机寻找无线网的这些经常性的探测请求，你能够监测手机的具体位置，这台手机到这个位置的次数有多频繁，并且位置可以精确到几英尺。"零售商可以利用这个信息来观察你在他们店里驻足浏览了哪些陈列，哪些物品最终诱使你决定购买，这使得他们在一天中定期调整商品的陈设。但是，这些还只是其中的一小部分应用——大数据如今允许零售商监测客户到他们的某店里购物前开车路过了哪个广告牌。

正如《波士顿环球报》在 2016 年 5 月 19 日报道的：

清晰渠道户外公司是全美国最大的户外广告牌公司，如今它们可以定制州际公路上的自动弹出式广告。它正在波士顿以及美国的其他 10 个城市展开"雷达"项目。这一项目使用的是美国电话电报公司从其 1.3 亿蜂窝手机用户那里收集到的数据，以及普雷斯特 IQ 公司和普雷斯特公司等其他两个公司的数据，这两家公司通过手机应用程序来跟踪数百万人的往来行踪。

清晰渠道户外公司知道什么类型的人会在周五下午六点半开车路过他们的某个广告牌——其中多少人是唐恩都乐甜甜圈的常客，有多少人在今年看过三次波士顿红袜队的比赛。

接着，它就可以准确地向他们投放广告。

对不起，沃纳梅克先生。你生活在错误的年代。猜测是 20 世纪的事情。猜猜看的时代已经正式结束了。

但是，个人隐私可能也成为过去。一想到那些大型公司——脸书、谷歌、亚马逊、苹果、阿里巴巴、腾讯、微软、IBM、奈飞（Netflix）、软件营销部队（软营）、通用电气、思科，以及所有的电话公司，他们像抽真空一样吸干了所有的数据，并且能够高效挖掘这些数据从而洞察先机，你不得不思考这样一个问题：人类怎样做才能与它们匹敌。没有人能够拥有如此之多的、可以作为原材料的数据，分析这些数据，并做出越来越准确的预测。如今，数据就是力量。我们需要密切关注大数据为大型公司所创造的垄断能力。他们不仅可以让他们的产品统治市场，而且还可以通过所收集的大量的数据来加强对市场的统治力。

## 存储 / 内存

正如我们所看到的，传感器拥有强大的力量。但是如果没有内存领域同步出现的突破性发展，那些传感器收集的海量数据会变得毫无用处。这些突破给我们提供了能够存储更多数据和软件的芯片，通过这些数据和软件可以与数以百万计的计算机相互连接，并且通过它们存储和运行数据，就好像是一台计算机一样。

那么存储空间需要多大？软件又需要变得多复杂？2014 年 5 月 11 日，联合包裹公司的工程主席兰迪·斯达什克在生产和运营管理协会会议上阐述了大数据的重要性。他从一个长度为 199 位的数字开始讲起。

"这个数字代表了什么？谁知道吗？"他问听众。

"让我来告诉你它不是哪些东西。"斯达什克继续说。

它不是与我们隔一条街的著名的瓦西提餐馆从 1928 年开张以来卖掉的热狗数量，也不是周五下午五点亚特兰大拥挤的州际公路上行驶的汽车数量。实际上，这个数字，总共 199 位，代表了联合包裹公司的一位司机每日送货平均停留 120 站的情况下，可能经过的不同的送货路线的数量。再想象一下，用那个数字乘以 5.5 万，得出来的数字是我们的司机每个工作日可能选择的美国公路路线的数目。如果要展示这个数字，我们可能需要位于达拉斯的美国电话电报公司体育场那块高清晰屏幕。但是不管怎样，联合包裹公司的司机们有办法每天给超过 900 万的顾客投递近 1700 万个包裹，从寄给得梅因的一名高中毕业生的 iPad 到寄给丹佛的一位糖尿病患者的胰岛素，还有那两只从北京运往亚特兰大动物园的大熊猫。他们是怎么做到的？答案就是运营研究。

装在车辆中的超过 200 个传感器会告诉我们司机是否系着安全带，车辆行驶有多快，刹车制动何时启动，发动机舱壁门是否打开，运货车是前行还是后退，行驶街道的名称，甚至车辆静止与行驶的时间对比。遗憾的是，我们不知道那只坐在门前、貌似天真无邪的狗会不会咬人。

对长达 199 位数字的不同送货路线做出安排，并同时考虑联合包裹公司卡车中 200 个传感器所传回的数据，这需要很大的内存空间、计算能力以及软件能力——对于一家普通的公司而言，这在 15 年前是不可获得，甚至是不可想象的。如今任何一家公司都可以获得这种能力。这背后有一个非常重要的故事，存储芯片和一个以玩具大象命名的突破性软件的结合，使人们得以对"大数据"进行"大"分析。

微芯片，正如我们上文提到的，是越来越多晶体管的简单集合。你可以对这些晶体管进行编程并用它们来计算、传输或存储。存储芯片有两种基本形式：一种是 DRAM，即动态随机存取存储器，用来处理和移动正在运行的临时数据；另一种是"闪存"存储器，当你点击"保存"按钮时就是用它来永久地存储数据。摩尔定律同样适用于存储芯片——我们持续地以更低的成本和更少的能量将存储能力更大、数量更多的晶体管安装到每一块芯片上。如今一台手机平均拥有 16G 内存，意味着它能够在一个闪存芯片上存储 160 亿个字节的信息（1 个字节是 8 位数字）。10 年前闪存密度甚至还不足以在手机上存储一张照片。这就是所有这一切加速的结果，其他很多事物也因此得以加速发展。

"没有摩尔定律就不会有大数据。"英特尔公司资深研究员马克·玻尔说，"它给了我们更大的内存、更高强度的运算，以及大型服务器集群处理如此强大的运行能力所需要的能量、效率和可靠性。如果那些服务器由真空管制造，那么就算是一个胡佛大坝也只能容纳一个服务器集群。"

但是，使数据变成"大数据"不仅依靠硬件的突破，还取决于软件创新——这也许是过去 10 年里出现的、但你从未听到过的最重要的事情。那种软件使数以百万计的计算机串在一起并像一台计算机一样运行，它还使得对数据进行大海捞针式的搜索变得简单可行。这个软件被它的创始人命名为哈度普（Hadoop），这也是他两岁的儿子最喜欢的玩具大象的名字，所以这个名字很容易被记住。记住这个名字：哈度普。它帮助改变世界，当然谷歌也为它提供了巨大的帮助。

那个小男孩的父亲，也就是哈度普的创始人是道格·卡丁，他将自己描述为一个软件创新的"催化师"。卡丁成长在加州纳帕郡的乡村地区——直到 1981 年他进入斯坦福大学才见到了第一台计算机，而且他需要贷款才上得起学。在那里，他学习的是语言学，也上了一些计算机科学的课程，并学会了如何编程。他发现编程很有趣，而且，他还发现编程是还清学生贷款的最好途径。所以他并没有攻读商学院，而是在传奇的施乐帕克研究中心找到了一份工作，在那里他加入了语言学团队来研究人工智能以及在那时一个相对新兴的领域——"搜索"。

人们忘记了在谷歌之前"搜索"就出现了。尽管有很多非常棒的科技想法，施乐还是错过了个人计算机商业市场。卡丁说，这个公司"试图搞清楚怎样从复印纸墨过渡到数字世界。它提出了一个想法，用复印机取代文件柜。你只需要扫描文件，就可以进行搜索。施乐对这个世界的看法始终是纸张取向的。这是一个公司无法抛弃它的稳定财源的典型案例——纸张是它的摇钱树。施乐曾试图搞清楚如何将纸张带进数字世界，那是它关注搜索的理由。这发生在万维网出现之前"。

当万维网出现后，以雅虎为首的一批公司开始为顾客实现搜索功能。雅虎最开始做的是众多名录目录的总目录。只要有人创建了一个新网站，雅虎便会将其添加到其索引名录中，接着它会将所有网页分成不同组别——金融、新闻、体育、商业、娱乐，等等。"然后搜索就出现了。"卡丁说，"万维网的搜索引擎纷纷出现，比如远景公司，它为 2000 万个网页编制了目录。这个数量很大——以至于一段时间内它超越了所有公司。这发生在 1995—1996 年。不久之后（1997 年），谷歌出现了，它拿出了一个小搜索引擎，并且声称有更好的方法。最终，谷歌胜出了。"

卡丁说"谷歌脱颖而出之后，我利用业余时间，写了一个开源搜索程序"，与谷歌的专有系统竞争。这个程序叫作"卢瑟恩"（Lucene）。几年后他和几位同事创建了"纳驰"（Nutch），这是第一个大型开源网页搜索引擎，并成为谷歌的竞争对手。

开源是软件开发的一种模式，在开源社区里任何人都可以对软件进行不断改进，并且通常在经过许可之后，可以免费使用大家集体努力的成果，只要他们与范围更广的群体分享他们的改进。这充分利用了集体的力量，所谓"三个臭皮匠，胜过一个诸葛亮"。如果每个人研究一个程序或产品，然后分享他们的改进，那么这个产品将会以更快速的方式得到改进，并继而更加快速地催生更多的改变。

卡丁要实现创建·个开源搜索程序的渴望，就不得不克服一个非常基础性的问题："如果你有一台计算机，你能够存储在这台计算机上的数据量受到硬盘的容量所限，并且你处理相关数据的速度和深度则要受到处理器的处理能力所限，这很自然地限制了你能够执行的运算规模和速率。"

但是随着雅虎和美国在线的出现，数十亿比特与字节的数据在网上累积起来，要驾驭这些数据需要持续扩大内存空间并不断提高计算能力。所以人们开始将多台计算机组合起来。如果你能够将两台计算机组合在一起，你将有两倍的存储空间和两倍的运行速度。多亏了摩尔定律，随着计算机内存硬盘和处理器变得越来越便宜，企业开始意识到它们可以建造足球场那么大的建筑，从地板到天花板堆满处理器和硬盘，这被称为服务器集群。

但是，卡丁说道，还缺少一样东西，即将硬盘和处理器连接在一起的能力，以使它们能够以一种协调的方式储存大量数据，并且对所有数据进行整体运算，所有的处理器都同步平行运行。真正难的部分是可靠性。如果你有 1 台计算机，它也许一星期死机 1 次，但是如果你有 1000 台，那么死机的频率将提高 1000 倍。所以，为了解决这个问题，你需要两个程序：一个可以使所有计算机联合起来无缝运行；另一个可以使计算机群所产生的海量数据变得可搜索，可以从中发现固定模式或规律。硅谷的工程师们喜欢把这样的问题称为 SMOP——因为，"我们拥有我们需要的所有硬件——我们只需克服这个'小小的编程问题'（Small Matter of Programming，简称 SMOP）"。

我们所有人都要感谢谷歌，它为扩大其搜索业务提出了解决方案。谷歌真正的天才之处，卡丁说，在于"它开发了一套存储系统，使得 1000 个硬盘看起来就像 1 个硬盘，所以如果有 1 个坏掉了你也注意不到"。谷歌同时还开发了一套软件处理硬盘上存储的大量数据。谷歌不得不自己开发这些软件，因为当时不存在商业性上可行的技术满足其存储、处理、搜索全世界信息的雄心。换句话说，谷歌不得不为了创建它认为全世界所需要的搜索引擎而进行创新，但是它是以一种专有的、排他的方式经营自己的业务，并且不对任何其他人进行授权。

然而，依照程序员界历史悠久的传统做法，谷歌决定将它引以为豪的创新中的一些基础性技术与公众分享。所以它发表了两篇文章，概括了两个能够使它一次性积聚并搜索大量数据的关键性程序。2003 年 10 月发表的一篇文章概述了谷歌档案系统（Google File System，GFS）。这个系统的用处是管理和获取存储于廉价的、标准化商业计算机硬盘中的大量数据。由于谷歌的抱负是组织和整理世界上的所有信息，这就要求能够存储和访问 PB 级（1PB 相当于 1000TB 或 100 万 GB）甚至是 EB 级（1EB=1000PB）的数据。

这就需要谷歌的第二个创新——2004 年 12 月发布的谷歌映射归纳（Google MapReduce）。阿帕奇网站（Apache.org）形容它是"一种软件框架，用它编写的应用程序能够以一种可靠的、容错的方式在多个标准化的商用硬盘集群上并行处理大量数据（多个 TB 数据集）"。简单来说，谷歌的两个设计创新意味着我们突然之间可以存储数量多得超乎想象的数据，并可以超乎想象的简单方式运用软件应用来探索这些堆积如山的数据。

在计算和搜索的世界里，谷歌向广大计算社群分享这两个基础性设计的决定——而非谷歌档案系统和谷歌映射归纳解决方案的实际的、谷歌专有的源代码——是一件非常了不起的事情。谷歌实际上邀请了整个开源社区在它的重大创新基础上添砖加瓦。这两篇论文形成了杀手级的组合，使大数据有能力改变几乎每个行业。它们还催生了哈度普。

"谷歌描述了一种能够轻松驾驭大量计算机的方法。"卡丁说道："它们并没有向我们提供源代码，但给了我们足够多的信息，一个技术娴熟的人足以照章复制，甚至可能对其做出改进。"哈度普就是这么做的。它编写的算法能够把数十万台计算机变成一台超级计算机。所以任何人都可以购买大量的标准化的硬件和存储设备，并在哈度普上运行，于是转眼之间，就可以开展海量运算。

不久，脸书、推特和领英都开始在哈度普上搭建自己的平台。这就是为什么它们同时出现在 2007 年！为什么？因为他们的平台上都有大量的数据流通，但他们知道自己还没有充分利用这些数据。他们可以购买硬盘驱动器存储数据，但没有工具最大限度地利用这些数据。雅虎和谷歌想做的是捕获网页并分析它们，以便人们进行搜索。雅虎、领英或脸书之类的公司能够做得更多，当他们看到并存储网页上的每一次点击，并能准确理解用户正在做些什么的时候，搜索将变得更加有效。这些点击可能已经被记录下来了，但在哈度普出现之前，除了谷歌之外，没有人能有效利用这些数据。

"有了哈度普，他们可以将所有数据存储在一个地方，并按用户和时间排序，突然之间，他们就可以看到每个用户在一段时间内做了些什么。"卡丁说道，"他们可以了解人们是怎样从网站的一个部分跳转到另一个部分。雅虎不仅会记录你对某个网页的点击，还会记录该网页上可点击的所有内容。然后，他们可以看到你点击了什么，以及跳过而没有点击什么，这些都位于网页的什么位置，包含了什么内容。这就是大数据分析：当你看到更多，你就可以了解更多；而如果你了解更多，你就可以做出更好的决定。因此，数据与分析相结合为我们提供了更广的视野。哈度普让谷歌以外的公司也能做到这一点。于是，大家围绕哈度普编写更多的程序，这就启动了一种良性的能力升级。"

所以现在我们既拥有谷歌系统，这是一个专有的闭源系统，只在谷歌的数据中心运行，人们可以用谷歌的系统做任何事情，从基本搜索到面部识别、拼写校正、翻译和图像识别等。同时，我们还拥有哈度普，它是开源的，由所有人共同运行，利用数以百万计的廉价服务器进行大数据分析。如今，IBM和甲骨文公司等技术巨头已经在哈度普技术上实现了标准化，并为其开源社区做出了贡献。与专有系统相比，开源平台上不仅没有摩擦和冲突，而且有更多的人一起开发，于是其扩张的速度更快。

哈度普扩大了大数据的应用范围，这还得益于另一个关键性突破：非结构化数据的转换。

在哈度普之前，大多数大公司很少关注非结构化数据。相反，他们依靠甲骨文公司的SQL——这是20世纪70年代IBM发布的一种计算机语言——来存储、管理和查询大量的结构化数据和电子表格。"SQL"的意思是"结构化查询语言"（Structured Query Language）。在一个结构化数据库中，这个软件会告诉你每一条数据是什么。在银行系统中，它会告诉你"这是一张支票""那是一笔交易""这是一项余额"。所有这些信息都在一个结构里，所以软件可以快速找到您的最新支票存款。

非结构化数据是那些你无法使用SQL查询的内容。非结构化数据是一团糟。这意味着你把所有可以数字化和存储的信息都一股脑地吸了进来，没有任何特定的结构。但哈度普使数据分析人员能够搜索大量的非结构化数据并从中找到模式。这种在不知道要找什么的情况下从堆积如山的非结构化数据中进行筛选、查询并获得答案以及识别模式的能力，是一个意义深远的突破。

正如卡丁所说，哈度普来了，它告诉用户们："给我你的结构化和非结构化数据，我们会从中找到意义所在。"例如，像维萨这样的信用卡公司不断地寻找欺诈线索，它的软件可以在 30 天或 60 天的时间窗口内进行查询，但不能再延长查询周期了。哈度普给维萨公司带来了以前没有的规模。一旦维萨安装了哈度普，它就可以查询 4 年或 5 年的数据，于是突然之间，在一个更长的时间窗口下，它发现了迄今为止最大的欺诈行为模式。哈度普使人们可以在前所未有的更大规模和更低成本基础上运行那些他们已经知道如何使用的工具。

这就是为什么哈度普现在成了结构化和非结构化数据分析的主要操作系统。我们曾经丢弃数据，因为它的存储成本太高，尤其是非结构化数据。现在我们可以存储它并找到蕴含在其中的模式，一切都值得吸收和保存。"如果你看一看人们正在创建和连接的数据数量以及用于分析这些数据的新软件工具，你会发现它们至少都呈现出了指数级增长。"卡丁说道。

之前，"小"意味着快速但无关痛痒，而"大"意味着具有规模经济和效率，但是缺乏敏捷度。美国电话电报公司的约翰·多诺万解释道："如果我们现在可以把大规模变得更敏捷，那么将会怎么样？"他问道。过去，"大规模，就意味着失去敏捷度、个性化和定制化，但现在大数据允许你实现这三个方面的要求"。它让你可以从 100 万次非个人的、大规模和无法采取行动的互动中得到 100 万个独特的解决方案，实现的方式是对每一块数据加以分析、利用、梳理并用软件加以定义。

这绝非一件小事。优达学城的创始人、大规模在线开放课程的开拓者之一塞巴斯蒂安·图恩曾是斯坦福大学教授，他曾经在 2013 年 11/12 月的《外交》杂志的一次采访中评论道：

随着数字信息的出现，信息的记录、存储、传输实际上已经变得完全自由。上一次在传输信息的成本结构方面发生如此重大的改变还是书本变得流行起来的时候。印刷术在 15 世纪发明，几个世纪后流行开来，并产生了重大影响，使我们得以将文化知识从人脑转移至印刷品。此刻，我们正面临着同样类型的革命，它方兴未艾，正在影响着人类生活的方方面面。

我们才刚刚处于开始阶段。哈度普之所以能够出现，是因为摩尔定律使得硬件存储芯片更加便宜，因为谷歌分享了它的一些核心技术并且向开源社区发出了挑战，看看其他人是否能够赶上并且超越它，还因为开源社区通过哈度普不断克服这些挑战。哈度普的开源资源从来不是单纯地复制谷歌，它在很多方面的创新已经偏离了谷歌的模式。正如卡丁所说："想法很重要，但是把想法变为现实并交付公众的实施过程同样重要。"施乐公司帕克研究中心发明了图形式用户界面（带有视窗和鼠标），发明了网络工作站、激光打印，等等，但还是要靠苹果和微软提出的更加容易市场化的实施方案，使这些想法最终能够改变世界。

这就是哈度普的故事和大数据革命——但是这是在谷歌的巨大帮助下发生的。很具讽刺意味的是，由于哈度普利用这些大数据工具打造了一个全新的行业，现在就连谷歌都希望将它的大数据工具推销给公众。

"谷歌生活在未来几年。"卡丁总结道，"他们从未来以信件的形式把这些文件寄给我们，我们所有人都在跟随着它；而现在他们也在跟随我们，这一切都开始成为双向的了。"

## 软件：使复杂变得不复存在

如果要讨论软件发展和传播的加速，就不能不谈及比尔·盖茨以及与他共同创建微软的保罗·艾伦。在比尔·盖茨之前，软件就已经存在很长时间了。只是计算机用户从未注意到，因为软件已经被装在了你所买的计算机内，成为一种与闪闪发光的硬件同在的必不可少的东西。盖茨和艾伦改变了这一切。这始于 20 世纪 80 年代早期，他们的第一次冒险是为一个叫作 BASIC 的编程语言编写了注释器，然后创建了 DOS 操作系统。

当时，硬件公司大多会外包或自己编写专用的软件，他们在自己的机器上运行自己的操作系统和专属应用程序。比尔·盖茨相信，如果有一个可以在所有类型的机器上都能运行的软件系统——这些机器未来将会包括宏碁、戴尔、IBM 以及上百个其他品牌，那么这个软件本身将会具有价值。如今人们很难理解这在当时是一个多么激进的想法。但微软公司就是在这个主张的基础上诞生的，即人们不应该在买机器的时候一次付款，就得到了软件，每个用户都应该为软件程序单独付费。DOS 操作系统从本质上所做的就是消除了不同计算机之间的硬件差异。无论你买了戴尔、宏碁还是 IBM 的计算机，都没有关系。它们都拥有相同的操作系统。这使得台式计算机和笔记本电脑成为标准化的商品——而这是计算机制造商最不想看到的事情。真正有价值的是各种各样的软件，而这些软件都依赖 DOS 操作系统。微软就是这样变得非常富有的。

我们如今天天要用软件，以至于我们忘记了它实际是做什么的。"什么是软件的经营之道？"克雷格·蒙迪问道。很多年来，他一直是微软的首席研究和策略官，也是我时常求教的老师。"软件是个神奇的东西，它将出现的每一种复杂形式都加以抽象和简单化。这就创造了一个新的基准线，人们可以在此基础上着手解决问题，不必劳神掌握更基础层面的复杂性。你只需要在新的层面开始，并添加你的价值。每次你将基准线提高，人们就会创造新的事物，这种复合作用导致软件如今可以将各种复杂事物简单化。"

花几秒钟想象一个软件应用，比如"谷歌相片"。它能够非常好地识别你存储在电脑里的照片。20 年前，如果你的配偶对你说："亲爱的，给我找一些我们在佛罗里达度假的照片。"你将不得不一个相册接着一个相册，翻箱倒柜地找。当相册被电子化之后，你就可以将你的所有照片上传到网上。今天，谷歌相册备份了你所有的电子照片；一一整理并对它们作了标记。利用图像识别软件，你只要点击几下鼠标或使用几个手势，就可以找到想要找的任何一张照片，或者甚至发一条语音，电脑就能帮你找到想要的照片。换句话说，软件可以抽象并简化分类检索过程中所有的复杂步骤，简化到只用几个按键、触碰或语音命令。

再想一想 5 年前我们是如何叫出租车的。"出租车！出租车！"你在路边大喊，也许还站在雨中，看着一辆辆出租车载着别的乘客呼啸而过。于是，你在附近一个电话亭里或用手机给出租车公司打电话，等了 5 分钟之后，他们告诉你还要继续等 20 分钟——你不相信他们说的，其实他们自己也不相信自己。今天，我们都知道事情变得大不一样了：所有与呼叫、定位、排班、派车、付款甚至与给出租车司机打分相关联的复杂步骤都变得简单了。如今简化到只需在你的智能手机上点击几下"优步"软件应用即可。

蒙迪解释道，计算机和软件的历史"其实就是软件和硬件相结合，共同将越来越多的复杂事物简化的历史"。应用程序员之所以能够完成这项魔法，靠的是APIs（application programming interfaces），即应用程序接口。APIs 是计算机为实现你的每一个愿望而实际执行的应用命令。如果你想给正在编写的应用程序加一个"保存"按钮，当你按下它时，你的文件就会被储存在闪存硬盘里，你可以通过一系列的 APIs 来做到这一点。如果你要"创建文档""打开文档""发送文档"或者进行其他动作，也可以如此效法。

如今，来自许多不同方面和系统的 APIs 已经变得越来越无缝交互。公司之间相互分享它们的 APIs，这样开发者就可以设计出能与其他应用和服务交互、可以在其他应用和服务上操作的应用和服务。所以，当人们点击我的网站（ThomasLFriedman.com）购买书籍时，实际上是在通过亚马逊购买——我也在用亚马逊网站的 APIs。

"APIs 使得越来越多的网络服务的混搭成为可能，开发人员使用来自谷歌、脸书或推特等公司的 APIs，通过对它们进行混搭，创建全新的应用和服务。"开发者网站"读写网"（ReadWrite.com）解释道："在许多方面，主要服务活动APIs 的广泛可用性造就了我们今天的网络体验。比如，当你在安卓系统里用 Yelp（点评软件）搜索附近的餐馆时，它会通过与谷歌地图的 API 进行交互，将餐馆的位置标注在谷歌地图上。Yelp 无须创建它自己的地图。"

蒙迪解释道，这种类型的集成被称为"无缝"集成，因为用户从来没有注意到软件功能是从一个底层的网页服务器转移到另一个网页服务上的……一层一层的 APIs 将单个计算机内部正在运行的复杂程序隐藏了起来，传输协议和信息传递格式让你看不到将所有这些计算机融入一个网络之中的复杂之处。"这种垂直堆叠和水平相互连接创造了你在计算机、平板电脑或手机上每天享受的体验。微软云、惠普公司，以及脸书、推特、谷歌、优步、爱彼迎（Airbnb）、Skype、亚马逊、猫途鹰、Yelp、Tinder（交友软件）或《纽约时报》的所有服务，它们都是运行在数以百万计的计算机上的上千个垂直和水平的 APIs 及协议通过网络来回对话的产物。"

软件生产正在加速，不仅仅是因为编写软件的工具以指数级的速度增加，而且这些工具还使得越来越多的公司和人能够合作编写更加复杂的软件和 API 代码。现在并不仅仅是 100 万个聪明人在写代码，而是 100 万个聪明人在一起合作写代码。

这自然而然就引出了吉特港——当今最前沿的软件编写平台之一。吉特港是一个通过协作创造软件的最受欢迎的平台。这些创造活动可以采取任何形式——个人与个人合作，公司内部的封闭团队，或非常开放的开源社区。自 2007 年起，吉特港出现了爆发式的增长。众人拾柴火焰高，于是，越来越多的个人和公司依赖吉特港平台。它使人们能够充分利用通过合作产生的最优的、已经具有特定商业价值的软件，实现更快速的学习，然后在此基础上与公司内部和外部的智力资源开展团队协作，以进一步创新。

今天，有超过 1200 万名程序员使用吉特港来编写、改进、简化、存储和共享软件应用程序，并且这一人数还在快速增长。在我 2015 年初的第一次采访到 2016 年初的最后一次采访之间，它增加了 100 万用户。

想象一下，有这样一个地方，它是维基百科和亚马逊的混血儿。你上网来到吉特港数字图书馆，并且从书架中挑选出你所需要的软件——例如，库存管理系统、信用卡处理系统、人力资源管理系统、视频游戏引擎、无人机控制软件或机器人管理软件。然后将其下载到公司或自己的计算机上，根据你自己的特定需求调整和改进，再将你的改进上传回吉特港数字图书馆，以便下一个人可以使用这个新的改良版本。现在想象一下，世界各地的最好的程序员都做着同样一件事情。这就形成了一个良性循环，可以快速学习和改进软件程序，进而推动越来越快的创新。

吉特港最初由三个优秀的怪才创立——汤姆·普雷斯顿·维尔纳、克里斯·万斯特拉斯和 P.J. 海耶特，现在已经成为世界上最大的代码主机。现在我找不到任何一家不使用吉特港平台开展协作的大公司，于是我决定去探访吉特港位于旧金山的总部，探索一下诸多源代码的源头。巧合的是，我在一个星期前刚在椭圆形办公室就伊朗问题采访了奥巴马总统。我之所以这么说，只是因为吉特港的访客大厅一模一样地复制了椭圆形办公室，甚至连地毯都一样！

他们喜欢让他们的客人感到很特别。

吉特港的首席执行官克里斯·万斯特拉斯给我讲述了 "Git" 如何成为 Github 的故事。他解释道，Git 是一个"分布式的版本控制系统"，是由林纳斯·托瓦兹于 2005 年发明的，他是我们这个时代最伟大的但却被忽视的创新者之一。托瓦兹是开源精神的布道士，他创造了 Linux 操作系统，这是第一个能够与微软的视窗操作系统竞争的开源操作系统。托瓦兹的 Git 程序允许一组程序员一起工作，所有人都使用相同的文件，每个程序员可以在其他人的工作基础上或旁边编写自己的代码，同时每个人还可以看到谁做了什么改变，并保存、撤销、改进和验证这些改变。

"以维基百科为例，它是一个用于编写开源百科全书的版本控制系统。"托瓦兹解释道。人们为每个条目做出了他们的贡献，你还可以随时查看、改进和撤销任何更改。唯一的规则是任何改进必须与整个社区分享。专有软件（如微软的视窗操作系统或苹果的 iOS 操作系统）也是由一个版本控制系统生成的，但它是一个闭源系统，其源代码不会与公司外部的群体分享。

吉特港的开源模式是"一个分布式的版本控制系统：任何人都可以做出贡献，这个开源社区每天决定谁做出了最好的版本"。万斯特拉斯说道："在这里编程具有社会属性，最好的程序能够自动置顶，就像书籍在亚马逊上被买家打分评级一样。在吉特港上，开源社区对不同的版本进行评估并给出星星或点赞，或者你可以跟踪下载的数量来看看谁的版本被接受的次数最多。你编写的软件版本可能周四的时候最受欢迎，然后我加入进来并在你的版本基础上进行加工，那么我的版本在周五就可能到排行榜首，整个社区将会从中受益，消费者可以有更多的选择。"

我问 31 岁的万斯特拉斯，他是如何进入这个领域工作的。他说："我 12 岁或 13 岁的时候开始编程。我想制作视频游戏。我热爱视频游戏。我的第一个程序是一个伪人工智能程序。但视频游戏编程当时对于我来说太难了，所以我学会了如何制作网站。"万斯特拉斯在辛辛那提大学学习英语专业，但他花了大部分时间编写代码，而不是阅读莎士比亚，并参加了网上的基础性开源社区。"我渴望获得指导，并寻找需要帮助的项目，这就把我引到了创建开发者工具的道路上去了。"

万斯特拉斯将他的简历和工作样本发送给了硅谷的很多软件作坊，想找一份初级编程工作。最后，科技资讯网（CNET.com）——一个媒体平台的宿主网站——的一位经理决定给他一个机会，不是基于他的大学成绩，而是基于他所编写的程序在不同开源社区获得的点赞数量。"我不了解旧金山。"他说道，"我以为那里满是沙滩和旱冰鞋。"他很快发现那里都是比特和字节。

2007 年时，万斯特拉斯是一名软件工程师，使用开源软件为科技资讯网做产品。那一年，托瓦兹去了谷歌，并且就他编写的协作编码工具 Git 做了一次演讲。万斯特拉斯回忆说："托瓦兹的演讲被放在了视频网站 YouTube 上，于是我的一些同事说：'我们想用这个 Git 工具，不再用那些服务不同社区的不同服务器了。'"

到那时为止，开源社区非常开放，但也非常碎片化。"当时开源的群体还没有形成一个社区。"万斯特拉斯回忆道，"不同的开源社区是以项目为基础的。这就是当时的文化。所有的工具、所有的想法，都专注于你如何运行和下载这个项目，而并不关注人们如何一起工作或彼此如何交流。"万斯特拉斯的新想法是：为什么不能在同一地方、同一时间做 10 个项目，并且它们都共享一个底层语言，所以它们之间可以互相说话，程序员也可以在项目之间来回穿插呢？

因此，他与科技资讯网的同事 P.J. 海耶特一起琢磨一个不同的方法。海耶特拥有计算机科学学位。同时还有汤姆·普雷斯顿·维尔纳，他在与万斯特拉斯第一次见面之前，就早已开始合作开源项目了。

"我们对自己说：'用这个 Git 实在是难度太高了。但是，如果我们制作一个网站使它更容易使用呢？'"万斯特拉斯回忆道，"我们想：'如果我们可以让每个人都使用 Git，那么我们就不必担心用什么工具编程了，并可以专注于正在编写的内容。'我想要通过在网页上点击一下的方式就实现这一切。我可以对一个程序进行评论，并且像在推特中关注别人一样，以同样的方式和简易程度在网站上关注他人和他们所写的代码。"那样的话，如果你想做 100 个不同的软件项目，你不必学习 100 种不同的方法。你只需要学会 Git 就可以很轻松地处理它们了。

2007 年 10 月，他们三人创建了一个 Git 中心——"吉特港"诞生了。它于

2008 年 4 月份正式启动。"它的核心是分布式的版本控制系统，这个系统带有一个社交层面，可以连接所有的人和所有的项目。"万斯特拉斯说。当时的主要竞争对手"铸源"（SourceForge）需要 5 天时间来决定是否接受你的开源软件。相比之下，吉特港是一个与全世界分享你的代码的地方。

"比方说，你想发表一个名为'如何写专栏'的程序。"他对我解释道，"你只需要以你的名字将它公开发布在吉特港上。我会在网上看到并说：'嘿，我想补充几点。'在过去，我可能会写出我想做改变的代码，然后以摘要的形式对社区进行推销。而如今我会将你的代码放入我的沙盒里。这就是所谓的'分支'（fork）。我对它进行修改，并且我的更改完全是公开的——这是我的版本。如果我把我的更改返回给你，即原作者，我会发出一个请求。你会看到我所设计的'如何写专栏'的新方法，可以看到所有更改。如果你喜欢它，你可以按下'合并'按钮。然后下一个浏览者会看到整合后的版本。如果你不喜欢它的某些部分，我们可以讨论、评论和审查每一行代码。这就是有组织地集合众人的智慧。但最终会有一个专家——那个编写了原始程序'如何写专栏'的人——他决定接受什么以及拒绝什么。吉特港将会显示我在上面做了修改，但是你可以控制什么可以和你的原始版本合并。这就是现在创建软件的方式。"

15 年前，微软创造了一项叫作".NET"的技术——一个为银行和保险公司开发重大企业软件的专有闭源平台。2014 年 9 月，微软决定将其在吉特港上开源，来看看开源社区有什么可以补充的。6 个月内，有非常多的人无偿地为微软改进".NET"，人数之多要超过自".NET"创立以来微软公司内部负责该项目的工作人员总数。

"开源并不是让人们随心所欲地做事情。"他很快又补充道。微软为它的程序制定了一系列的战略目标，并告诉社区他们想要做什么，开源社区会提出修改和改进，然后微软接受。他们的平台最先只在微软"视窗"系统上运行。直到有一天，微软宣布未来将实现在苹果的 Mac 系统和 Linux 系统上运行。第二天社区就说："很好，非常感谢你。我们将为你完成其中一项。" 吉特港社区自己创建了一个 Mac 版本——并且是一夜之间完成的！这是给微软慷慨分享的一个回馈。

万斯特拉斯总结道："使用优步时我想的是要去哪里，而不是怎样到达那里。

这同样适用于吉特港。现在你只需要思考想要解决什么问题，而不是使用什么工具。"你可以去吉特港书架找到你需要的，取下它，改进它，然后放回书架以便下一个人浏览。在这个过程中，他补充说："我们避免了所有的摩擦。你从吉特港上看到的，也正在每一个其他行业中发生。"

当这个世界是平的，你可以将所有的工具陈列出来，供每个人使用，但是这个系统仍然充满摩擦。但当这个世界变快了，工具消失了，你所需要想的所有事情就是项目本身。"在20世纪，硬件是最大的约束，人们都在思考怎样使硬件变快：更快的处理器，更多的服务器。"万斯特拉斯说道，"21世纪的关键是软件。我们不能创造更多的人，但是我们可以培养更多的软件开发者，我们希望赋予人们力量，创建更好的软件，提升已有软件的能力。我们希望开放软件开发的世界，培养更多的程序员，这样，他们就可以创造下一个伟大的创业企业或创新项目。"

在开源社区里，有一些非常棒的人。究其本源，驱动开源社区的是人性深处对协作的渴望以及对工作得到认可和肯定的渴望，而不是金钱奖励。"嘿，你补充的非常酷。做得非常好。加油！"这些话语能创造出神奇的价值。通过激发人们内心深处想要创新、分享并获得认可的渴望，无数的免费劳动被释放出来。

事实上，今天最令人激动的是，万斯特拉斯说："项目背后的那些人在吉特港上发现了彼此。公司发现了开发人员，开发人员发现了彼此，学生发现了导师，业余爱好者发现了志同道合的人。它正在成为一个真真正正的社区。人们在吉特港上遇到彼此，发现他们住在同一个小镇，然后一起出来吃披萨，并一整晚讨论编程。"

当然，即使是开源社区也需要资金来运作，特别是当你拥有1200万用户的时候，所以吉特港设计了一个商业模式。它向公司设立的私人商业账户收取平台使用费，使用这个账户的公司可以用其专有的业务代码创建私人软件存储库，并决定与谁合作。现在许多大公司在吉特港上拥有私人和公共资源库，这样他们能够利用最多的智慧大脑。

"我们用名为'开放堆栈'（OpenStack）的开源软件构建了云架构。我们有10万名开发人员，尽管他们并不为我们工作，但他们一周做的东西我们1年也无法完成。"惠普公司总裁兼首席执行官梅格·惠特曼说道，"我相信，人们渴望证明自己，这是推动世界发展的动力。这就是这些开源社区如此强大的原因。人们希望社区中的其他人认可自己的作品。你喜欢我吗？真的吗？我们大多数人无法得到很多来自他人的认可。我在易趣公司了解到了这一点。人们对他们获得的反馈几近疯狂。还有什么地方能够让你在醒来之后发现每个人有多爱你！？"

过去，公司会等待下一代芯片下线。现在，他们可以用软件让已有的硬件焕发新的活力。人们现在等待的是新的软件。这就是为什么美国电话电报公司的约翰·多诺万会说："对我们来说，摩尔定律已经是过去的美好时光了。每 12 个月到 24 个月，我们可以设计出一款新的芯片，我们知道它要来了，所以我们可以测试它，并为它做计划。"如今更重要的是下一个出现的会是什么软件。"变化的速度是由谁编写的软件所决定的，当那些开卡车和爬梯子的家伙爬上电线杆对你说：'多诺万，我们现在是一家软件公司了。'你就知道，重要的事情发生了。软件曾经是瓶颈，现在它正在超越一切。它已经成为摩尔定律的复合乘数。"

## 网络：带宽和移动性

尽管处理器、传感器、内存、软件的加速发展都非常重要，但它们发展到目前这种程度离不开连接性的加速进步——那就是，世界陆地以及海底光纤和无线网络的容量和速度，这些都是互联网和移动电话的主干。在过去的 20 年里，这个领域的进步也接近摩尔定律的速度。

在 2013 年，我访问了田纳西州的查塔努加，当时这个地方被戏称为"千兆之城"（Gig City），因为这里有全美国速度最快的互联网服务。这是一个超高速光纤网络，每秒可以传输 1000 兆位的数据，这大约是美国一个标准城市平均网速的 30 倍。根据《纽约时报》2014 年 2 月 3 日刊登的一篇报道："在查塔努加下载一部 2 小时的高清晰电影只需要 33 秒，而在全国其他地区使用平均高速宽带连接的用户则需要 25 分钟。"当我到那里采访的时候，人们正在谈论 10 月 13 日的一场不同寻常的二重奏。这场演奏会采用了具有超低延时的视频会议技术。延时越低，两个人在两地之间互相交谈时的延迟越不明显。查塔努加的新网络使这种延迟已经短到人耳无法识别的程度。在这场演奏会上，格莱美奖得主 T. 伯恩·波奈特与 BR549 乐队的创始人查克·米德一起为 4000 名听众演奏了一曲《生活狂野的一面》。

但这不是寻常的二重奏。波奈特在洛杉矶的工作室里演奏，而米德则在查塔努加登台演出。当地网站 Chattanoogan.com 报道说，这场贯穿美洲大陆的二重奏之所以成为可能，是因为查塔努加的新光纤网络的延迟是 67 毫秒，这意味着在不到一眨眼的时间里，音频和视频就穿越 2100 英里，从查塔努加到了洛杉矶。这一传输速度如此之快，以至于人耳无法识别声音传输中的轻微延迟。

斯坦福大学物理系自然科学教授菲尔·巴克斯鲍姆解释道，这场二重奏同样也是光纤科学领域加速突破的一个副产品，这场突破就发生在过去几年里。巴克斯鲍姆是光学学会的前任主席，他专攻激光科学，这是光通信的基础。20 世纪 80 年代，他曾在贝尔实验室工作。在那些日子里，计算机科学家使用一个叫作"Ping"的命令来确认他们想要通信的、位于贝尔实验室大楼另一端的那台计算机是否"清醒"。"Ping"会发出一个电子消息并从另一台计算机弹回来，来显示后者是否已"清醒"着以及是否准备好进行双向对话。"Ping"也带有一个时钟，它会告诉你电脉冲在电线里往返所用的时长。

"我 10 多年没有使用'Ping'了。" 2015 年 9 月我与巴克斯鲍姆共进早餐时他告诉我，但是出于好玩的目的，"有一天，我坐在位于门罗帕克家中的电脑前，向全世界的一些电脑发送了'Ping'指令。"目的就是要看看脉冲来回有多快。"我从密歇根州安娜堡计算机所的计算机开始'Ping'，接着是伦敦的帝国学院、以色列的魏茨曼研究所以及澳大利亚的阿德莱德大学。结果是惊人的——脉冲速度达到了光速的一半以上，也就是 2 亿米 / 秒。"脉冲从巴克斯鲍姆敲击计算机键盘再到他的本地光纤电缆，然后进入地面和海底光纤，接着以达到光速一半以上的速度进入地球另一半的一台电脑里。

"我们已经达到了物理学所允许的极限速度的一半那么快，但是进一步加速会遇到收益递减定律。"他解释道，"过去 20 年来，我们从这可能是一个好主意到不断突破物理的限制……通过'Ping'我发现了我们距离物理极限是多么近，这非常令人吃惊。这是一个伟大的革命。"

巴克斯鲍姆解释，这次革命之所以会发生，是由于数据和语音通过光纤电缆传输的速度也遵循了一种类似摩尔定律的规律。"我们通过海底电缆传输数据的速度不断加速。"巴克斯鲍姆说。他解释道，故事的简短版本是这样的：我们开始的时候使用的是数字射频通过同轴电缆——主要是铜线——发送语音和数据。这就是你的第一个电视公司／电话公司铺设到你的房子并且进入你的电视机机顶盒的东西。他们还曾经使用同样的同轴电缆通过海洋底部将语音和数据传送到地球的每个角落。

然后，贝尔实验室和斯坦福大学等地的科学家们开始研究使用激光器，通过光纤发送光脉冲形式的声音和数据。这些光纤通常是长长的、纤细的、柔软的玻璃管。从 20 世纪 80 年代末和 90 年代初开始，光纤又发生了新的演变。最初光纤光缆是由一节一节的电缆链接而成，每一节电缆长度有限。由于信号在行进一定距离之后会衰减，因此必须在信号放大器处停留，信号放大器会将光信号转换成电子信号并放大，然后再转换回光信号并再次发送。随着时间的推移，行业发明了新的方法，即使用化学物质对光纤进行拼接，这样既增加了语音和数据的容量，传输的光信号也不会衰减。

"这是一个巨大的突破。"巴克斯鲍姆解释道，"通过内部的扩容和放大，可以摆脱电子放大器箱，并端到端地连续铺设光纤电缆。"不管是从美洲大陆到夏威夷，从中国到非洲，或是从洛杉矶到查塔努加，"这带来了更多的加速增长"。它使宽带互联网成为可能。

"一旦不再需要中断激光信号，传输信息的速度就不再受电的属性所约束，而只是由光的属性所决定。"他解释道，"然后我们这些研究激光的家伙就可以做一些很酷的东西了。"他们找到了各种新的方法用激光和玻璃传输更多的信息。一种方法叫时分复用（time division multiplexing，TDM），即分时段打开或关闭发光器或脉冲激光器，以释放更多的容量。还有一种方法叫波分复用（wavelength division multiplexing，WDM），即使用不同颜色的光同时传输不同的语音通话；还有些方法是尝试将以上两种方法结合起来。

加速还没有结束。巴克斯鲍姆说："在过去 20 年里，我们不断地找到用更快、更好的方式，分割光的不同属性，以此承载更多的信息。现在海底电缆的数据传输速率是每秒上万亿比特。"到了某个时点，你最终会碰到"物理定律"的天花板，但现在还没到那个时候。各个公司不仅在试验改变脉冲或光的颜色，还在以新的方式塑造光，以使其可以在纤细的光纤线路上以每秒传送超过 100 万亿比特的速率传输数据。

"我们几乎可以以接近零的成本传输无限量的信息，这就是你所说的非线性加速度的结果。"巴克斯鲍姆说道。大多数人现在正在使用这种新技术下载电影，但它终将会无处不在。巴克斯鲍姆告诉我："我今天凌晨 5 点订购了一本书，亚马逊今天就会送过来。"

## 美国电话电报公司的赌注

尽管陆路光纤和海底光缆已经变得非常强大，但它们仍然只是互联互通的一部分。要释放手机革命所产生的力量，还需要提高无线网络的速度，扩大其覆盖范围。

许多企业都参与其中，但故事要从美国电话电报公司的一个不为人知的巨大赌注说起。那是在 2006 年，兰德尔·斯蒂芬森当时是公司的首席运营官，后来成了首席执行官。他悄悄地与史蒂夫·乔布斯达成了一笔交易，美国电话电报公司将成为 iPhone 在美国的独家服务提供商。斯蒂芬森知道这笔交易将使美国电话电报公司遇到网络容量的压力，但他并不知道压力有多大。iPhone 用户迅速增加，而且，随着手机应用软件的革命，对网络容量的需求也发生了爆炸式增长，美国电话电报公司面临着巨大的挑战。它必须在几乎一夜之间，用原有的线路和无线基础设施扩大网络容量。否则，iPhone 用户会在通话时掉线，美国电话电报公司会声誉扫地，乔布斯也会为此不开心。为了处理这个问题，斯蒂芬森找到了他的战略主管约翰·多诺万，多诺万则找来了克里什·普拉布——他现在是美国电话电报公司实验室的总裁。

多诺万说："那是在 2006 年，苹果正在为 iPhone 的服务合同进行谈判。没有人见过这部手机究竟长什么样。我们决定把宝押在史蒂夫·乔布斯身上。当 iPhone 在 2007 年推出的时候，手机上只运行苹果的应用程序，并且使用 2G 网络。由于人们只想使用手机附带的少量应用程序，当时的网络还是够用的。"但是后来，乔布斯接受了风险资本家约翰·多尔的建议，决定向全球各地的应用开发者开放。

美国电话电报公司，你好！能听到我说话吗？

多诺万说："在 2008 年和 2009 年，随着 app 商店的推出，对数据和语音的需求出现了爆发式的增长，而我们签署了独家合同，为 iPhone 用户提供带宽。没有人预计到规模会变得如此之大。在接下来的数年中，需求增长了 1000 倍。 想象一下，湾区大桥的交通流量增加 1000 倍会发生什么。所以我们遇到了一个问题。我们有一根小吸管，原来喂养的是一只老鼠，现在要喂养一头大象；iPhone 原来是个新鲜玩意儿，现在成为人们的必需品。"斯蒂芬森坚持让美国电话电报公司提供无限的数据、文本和语音流量的服务套餐。欧洲人则采取另一种方式，他们的服务套餐限制更多。这是一着臭棋，最后，他们被无数的数据、文本和声音流量踩踏，就像路上被车流压死的动物。斯蒂芬森是对的，但美国电话电报公司必须解决一个问题：如何实现无限流量的承诺，同时又不必在一夜之间极大地扩展其基础设施。

"兰德尔要求我们：不要挡着需求的道。"多诺万说道。接受它，拥抱它，但要弄清楚如何快速满足它，不要让美国电话电报公司的牌子被掉线的电话砸烂。公众不知道正在发生什么，但对美国电话电报公司来说，这是一个孤注一掷的时刻，而乔布斯正在苹果总部观察它的一举一动。

"我们预料到需要应对一些指数级的变化。"多诺万说道，"我知道不能单独依靠硬件的改进。要大规模改进硬件需要花费太长时间。我需要一个更快速的解决方案，所以只能靠软件。 我们开创了软件支持网络（software—enabled networking）。我们把公司里可以找到的每一个人都放进软件开发团队，然后告诉我们的基础设施供应商，'我们要改进软件'。"

我让普拉布解释一下什么是软件支持网络。他举了一个简单的例子："想想你手机上的计算器。它通过使用软件，创造出了虚拟的硬件效果，手机变成了计算器。或者想想你 iPhone 上的手电筒，这是借助软件，创建了一个虚拟手电筒。"

在网络方面，普拉布解释说，这意味着用和原来一样的网络交换机、电线、芯片和电缆传输数据、文本和语音，并利用软件的神奇魔力进行各种虚拟的操作，从而让它们更好、更快地工作，创造出大量的新增容量。理解这一点最好的办法是把电话线当作高速公路，然后想象这条高速公路上行驶的汽车都是由电脑控制的自动驾驶汽车，所以它们永远不会相互碰撞。如果是这样的话，你可以在这条高速公路上行驶更多的汽车，因为它们可以以每小时 100 英里的速度行进，彼此间隔 6 英尺（1 英尺 =30.48 厘米）、后车保险杠可以贴着前车保险杠。当电流通过铜线或光纤电缆或蜂窝发射器时，你可以用软件对电子信号进行操作，并在内置的原始硬件中创造超出传统限制和安全冗余的容量。

正如你可以让自动驾驶汽车以每小时 100 英里、相互间隔 6 英寸（1 英寸 =2.45 厘米）的距离在高速公路上行驶一样，多诺万说："你可以对原本设计可以承载两路语音通话的铜线进行调试，通过使比特流性能最优化的方式，让同样一根铜线承载八股视频流。软件可以适应和学习，但硬件不能。因此，我们把硬件组件折散，并迫使每个人想出新点子。我们基本上把硬件变成了标准化的商品，为每个路由器创建一个基准的操作系统，并称之为 ONOS，即开放网络操作系统（Open Network Operating System）。"人们用它来编写程序并不断改进性能。

多诺万最后说，软件"拥有超越一切物质材料的力量和灵活性。与物质材料相比，软件能够更好地捕捉和利用新智慧。我们基本做到了"用软件加强和放大摩尔定律"。摩尔定律被视为我们飞行的魔毯，我们可以使用软件，让摩尔定律继续加速。

## 欧文·雅各布斯：造手机的家伙

这些网络领域的突破接二连三地发生，这非常好，但还需要有人把它们安装在可以随身携带的手机里，这样才能引爆最前端的革命。在这场手机革命中，没有人比欧文·雅各布斯贡献更大。引领互联网时代的伟大创新者的万神殿中，我们能找到比尔·盖茨、保罗·艾伦、史蒂夫·乔布斯、戈登·摩尔、鲍勃·诺伊斯、迈克尔·戴尔、杰夫·贝佐斯、马克·安德森、安迪·格罗夫、温特·瑟夫、鲍勃·卡恩、拉里·佩奇、谢尔盖·布林和马克·扎克伯格，但我们还要为欧文·雅各布斯留下一个位置。高通公司也是功勋卓著的重要公司之一。

在手机行业里，高通公司的重要性就像在计算机行业里的英特尔和微软。高通是智能手机和平板电脑的微芯片和软件的主要发明者、设计师和制造商。高通的总部位于加州的圣地亚哥。在高通公司总部的博物馆里，你能看到它们在 1988 年制造的第一部手机：那是一个小手提箱，上面安装了一部电话。这么多年来，高通一路走过摩尔定律之旅。由于高通不向消费者销售产品，只面向手机制造商和服务提供商，所以大多数人不知道雅各布斯，也不知道他在移动电话产业发展过程中带来的影响。这个故事值得一提。

雅各布斯在高通总部大厅的咖啡馆接受了我的采访。他说，他有一个人生奋斗目标："让地球上的每个人都有自己的电话号码。"

雅各布斯已经 82 岁了，在慈祥的微笑和和蔼的风度之下，藏不住他钢铁般的意志。这是伟大的创新者所共有的特征，但人们往往会误解为一种疯狂：见到你很荣幸！现在你可以滚了，我已经颠覆了你的整个业务。对了，祝你有愉快的一天！

今天我们每人都有自己的手机，都有自己的手机号码，但在 20 世纪 80 年代，这是想都不敢想的事情。雅各布斯曾是麻省理工学院的工程学教授，他与人合著过一本关于数字通信的教科书。1966 年，他被西部宜人天气吸引，投奔加州大学圣地亚哥分校。到了加州不久，他就与几位同事创建了一个电信咨询的创业企业，名叫"临客比特"（Linkabit）。这家企业于 1968 年开业，后来转手售出。

20 世纪 80 年代，手机业务刚刚出现。第一代手机，即所谓的 1G 手机，是像 FM 收音机一样接收和传输信号的模拟设备。每个国家都制定了自己的标准，这使得手机信号难以从一个国家漫游到另一个国家，在该技术的原始领导者欧洲尤其如此。第二代移动通信电话，即 2G 手机，是基于欧洲新兴的数字蜂窝网络标准，又被称为 GSM（Global System for Mobile，全球移动通信系统），并且使用 TDMA 技术（Time Division Multiple Access，时分多址）作为其通信协议。欧洲共同市场于 1987 年颁布了 GSM 标准，使用户能够在任何西欧国家漫游，使用手机接听电话。欧盟随后试图游说世界其他国家使用该标准，背后的推手是爱立信和诺基亚等欧洲公司。

就在此时，雅各布斯和他的同事在 1985 年创立了一个新的电信公司，名为高通。他们的第一批客户之一是休斯飞机公司。"休斯飞机公司找到我们商谈一个项目。"雅各布斯回忆道，"他们向联邦通信委员会提交了一个移动卫星通信系统的提案，然后他们找到高通，问我们是否可以对他们的建议提出技术改进。"

根据他以前的研究，雅各布斯认为一种称为码分多址（Code Division Multiple Access，简称 CDMA）的协议可能是未来发展的最佳模式，因为它可以大大增加无线网络的容量，从而使移动电话为更多人所用。相比欧洲人使用的 TDMA 协议，CDMA 协议使每颗卫星可以支持数量更多的用户。当时，几乎每个人都认为 CDMA 是一种不可行、不必要的替代方案。

当时，欧洲的 GSM 和基于 TDMA 协议的美国同类产品正处于初始增长阶段，于是，几乎每个投资人都向雅各布斯提出了同样的问题："GSM 和 TDMA 不是很好吗，为什么我们需要另一种无线技术？"

雅各布斯解释道，CDMA 和 TDMA 都通过在单个无线电波上发送多个对话的方式进行工作。然而，CDMA 可以利用人们说话的自然停顿，从而允许同时进行数量更多的对话。这被称为"频谱扩展"：通过复杂的软件编码和其他技术，每个通话都分配一段代码，这段代码在宽频谱上进行加扰，然后在接收端重构，从而允许多个用户同时占用相同的频谱。频谱扩展降低了来自其他蜂窝基站的其他会话所产生的干扰。相比之下，使用 TDMA 协议时，每个电话呼叫都占用了自己的时隙，这限制了它的扩展能力。如果太多的人试图在同一时间打电话，移动网络运营商最终将耗尽时隙。每种网络都可能过载，但是 TDMA 更容易发生过载，能容纳的用户数量更少。CDMA 可以更高效地使用频谱，它还将支持通过无线网络传输宽带数据。简而言之，TDMA 开启的是一个面积有限的房间，而 CDMA 可以打开一个几乎是无限空间的房间。雅各布斯脑海中的模糊概念有朝一日会变得非常重要。

早在"临客比特"公司时代，雅各布斯和他的同事就曾经参加过 1977 年的互联网第一次演示，当时有三个演示的网络，雅各布斯他们负责其中的一个。因此，他已经想到了，有一天蜂窝电话可能被用来连接互联网。当雅各布斯和他的同事克莱恩·吉尔豪森提出了他们的替代方案时，电话产业说它太复杂、太昂贵，并且可能产生不了额外的容量。在 20 世纪 90 年代初，有多少人会想到用手机访问互联网？只要通话不掉线，人们就已经很满足了。与此同时，休斯飞机公司终止了与高通合作的项目，但允许高通保留为移动电话开发的知识产权和专利。

这是休斯飞机公司的败笔，雅各布斯是不会放弃的。

雅各布斯说："我们在 1993 年夏天发布了 CDMA 的临时标准，但我们不能说服任何手机制造商制造 CDMA 手机。我们制造了芯片、软件、手机和基站基础设施，完全依靠我们自己，因为其他人不愿意做。" 1995 年 9 月，雅各布斯说服了香港电话公司和记电信采用高通的 CDMA 协议和手机，使其成为世界上第一个运营该项技术的大型商业电信运营商。

"在此之前，每个人都非常怀疑 CDMA 能否在商业环境中运行。"他说道，"1996 年，韩国也加入进来，使用了我们在圣地亚哥制造的手机。这些手机的语音质量更好，掉线率更低，并可以同时承载一定规模的语音和数据，而这是 TDMA 做不到的。"

CDMA 协议和 TDMA 协议之间展开了决斗。虽然 2G 手机可以传输语音和少许文字，但随着互联网的普及，运营商和制造商意识到要以无线方式高效接入互联网的需求。第三代蜂窝通信，即 3G，需要高效地传输大量的数据和语音。谁将设定 3G 标准？全球掀起了一场战争。

结果，雅各布斯赢了，而基于 GSM／TDMA 的欧洲标准输了。他们输了，因为他们的技术只能容纳有限的频谱数量，而 CDMA 能够在同样数量的频谱范围内做更多的事，由于互联网的出现，很快就会有更多的内容需要承载。我们今天已经不记得这场战争了，但这一过程是残酷而血腥的。美国发明的标准占了上风，不仅仅因为它的标准更好，而且因为美国不像欧洲政府那样规定强制实施某项标准。在美国，政府允许市场做出选择，许多人选择雅各布斯的 CDMA 路径。虽然你可能错过了这场大战，但它的巨大影响至今仍在。当今世界绝大多数人接入互联网是通过电话而不是笔记本电脑或台式机。这一切之所以能够发生，智能手机之所以能够成为历史上增长速度最快的技术平台，其原因就是雅各布斯很早就认识到 CDMA 将有效地支持互联网接入以及语音传输。

当然，你可以说，最终一切都会被发明，肯定有人会以自己的方式发现作为移动互联网基础的 CDMA 技术。也许吧。但是，这一切之所以能够以更快的速度、更广的覆盖面以及更便宜的价格发生，是由于雅各布斯以一种极为固执、百折不挠的态度推动 CDMA 标准，而当时欧洲已经有了现成的标准，所以没有人认为有另起炉灶的必要。雅各布斯如此坚持，才使得美国的电话公司在 3G 和 4G 上遥遥领先。与此同时，随着其协议和软件被大规模采用，高通放弃了手机和传输平台制造业务，只专注于技术、芯片和软件。

今天，雅各布斯说道："世界各地的人们都拥有了语音通话和有效接入互联网的途径，这支持了教育、经济增长、健康和良治。"他补充说："我们胜出的一个关键原因是，虽然 CDMA 实施起来更加复杂，但人们只考虑到了当时的芯片所具备的处理能力。他们没有考虑到摩尔定律将使技术每两年进步一次，并最终使 CDMA 的高效率变为现实。"人们常常说，在打冰球的时候，你不应该奔着球去，而应该奔着冰球前进的方向去。高通就是朝着冰球要去的地方，也就是摩尔定律上那个冰球棒拐弯处的曲线上。雅各布斯说："在 21 世纪初，我们试图把业务扩展到印度和中国的时候，我当时做了一个大胆的预测，有一天我们会看到 100 美元的手机。现在，印度的手机售价还不到 30 美元。"

雅各布斯家族的发明并没有停止。保罗·雅各布斯是欧文·雅各布斯的儿子，他后来接替父亲担任了高通的首席执行官。1997 年底，保罗·雅各布斯举行了一场头脑风暴会议。有一天，他在圣地亚哥参加一场内部会议，他拿着一部高通手机，并把它和一部奔迈（Palm）掌上电脑手机用胶带缠在一起。他告诉他的团队："这就是我们要做的。"他的想法是将奔迈掌上电脑——当时它基本上包括了日历、备忘录、通信录和日程规划器等多项功能，同时还可以用来记笔记，并带有一个无线网络文本浏览器——与一台 3G 手机合二为一。这样，当你在奔迈掌上电脑的地址簿中调出一个电话号码时，你可以点击一下，手机就会自动拨打。你还可以使用相同的设备上网冲浪。雅各布斯与苹果公司进行了接触，看看他们是否有兴趣与高通合作，让苹果公司制造的牛顿掌上电脑和奔迈竞争。

但苹果公司拒绝了他们，并最终终止了牛顿系列产品。这是在史蒂夫·乔布斯回归之前发生的事情。于是雅各布斯找到了奔迈，他们在 1998 年创造了第一台"智能手机"——高通 pdQ 1900。这是第一台不仅可用于编辑文字信息，而且包含数字无线移动宽带连接互联网功能、触摸屏和一个日后可运行下载应用的开放式的操作系统的手机。高通后来创建了第一个基于移动电话的应用商店，名为布鲁（Brew），由威瑞森通信公司 2001 年在市场上推出。

保罗·雅各布斯回忆起一场革命即将发生的确切时刻。那是 1998 年的圣诞节，他坐在毛伊岛的海滩上。"我拿出了他们送给我的 pdQ 1900 的原型，在远景公司的搜索引擎中输入了'毛伊寿司'。我当时使用的是斯普林特通信公司提供的无线连接。浏览器显示了毛伊岛的一家寿司店。我不记得餐厅的名字了，但它的寿司非常棒！当时，我本能地认识到，我的想法，即让一个具有奔迈掌上电脑的组织管理能力的手机连接到互联网上，将改变一切。掌上电脑不能连接互联网的时代结束了。我搜索了我关心的、与技术没有任何关系的东西。这一切在今天看起来好像理所当然，但当时这是一种新奇的体验——你可以坐在毛伊岛的海滩上找到当地最好的寿司。"

保罗·雅各布斯直言不讳地说："我们引领了智能手机革命。"但他很快补充道，他们既领先于他们所处的时代，同时也落后于这个时代。他们初期制造的设备相当不好用：它没有简单易用的用户界面，也没有美丽的外观设计，比史蒂夫·乔布斯 2007 年推出的苹果 iPhone 手机差远了，而且它出现的时候，互联网带宽还不足以做许多事情。

因此，高通再次将精力集中于智能手机内部元件的制造。通过软件和硬件技术，高通得以以更高的密度打包和压缩比特，而雅各布斯相信在达到极限之前，它还有进一步提高的空间——可能还能提高 1000 倍。大多数人认为他们可以在手机上观看《权力的游戏》，是因为苹果出了一款更好的手机。其实不是这样，苹果给了你一个更大的屏幕和更好的显示效果，但没有出现播放延时和缓冲的原因，是因为高通和美国电话电报公司以及其他人投资了数十亿美元，使无线网络和手机更高效。

回顾一下这个加速的过程：第二代无线通信技术（2G）传输的是语音和数据，可以发简单的短信但不能连接互联网；第三代无线通信技术（3G）可以连接互联网，但其速度和简陋的程度，让你回想起需要通过调制解调器拨号上网的日子；第四代无线通信技术（4G），也就是目前的标准，其宽带连接能力堪比固网电信的宽带，特别是对于那些数据传输需求极大的应用程序（如视频）而言，网络连接非常流畅。第五代无线通信技术（5G）又会是什么样？高通工程师将其描述为一个无需代词的阶段——不再需要"你"和"我"——手机会了解你是谁，你喜欢去哪里，以及你喜欢与谁取得联系，然后可以对大部分活动做出预测，并为你做完这一切。

正如科技作家克里斯·安德森在 2013 年 4 月 29 日的《外交政策》杂志上所说的：

很难说我们并非处于一个技术创新呈指数级发展的时期。个人无人机基本上是智能手机战争的和平红利。也就是说，智能手机的组件——传感器、全球定位系统、摄像头、ARM 核心处理器、无线连接模块、存储器以及电池——所有这些东西现在花几美元就可以买到，这是拜苹果、谷歌和其他公司不可思议的规模经济和创新能力所赐。这些东西在 10 年前基本上是"无法获得的"。它曾经是军事工业级的技术；现在你可以在"无线电器材公司"（RadioShack）买到。我从来没有见过技术比现在发展得更快，这正是因为你的口袋里那台超级计算机。

但是在欧文·雅各布斯看来，还有很多东西是你还没有见到的。在我离开之前，他对我说："我们还处在当年那个汽车有着长尾翼的时代。"❶

## 云技术

今天，指数级增长的技术还能继续保持加速增长，这在很大程度上要归功于一个事实，即它们都融合在了一个被称为"云"的东西里，这个"云"进一步加强和放大了这些作为个体或组合的技术。"云"不是一个特殊的地方或建筑。这个术语是指不在计算机硬盘驱动器上运行，而是在互联网上运行的软件和服务。例如，Netflix 或微软的办公软件 Office 365 就运行在云端。云的美丽之处在于，如果你所有的软件应用程序都住在那里，你所有的"东西"就存储在那里，而非存放在你的计算机或手机里。你最喜欢的照片、健康记录、书稿草稿、股票投资组合、即将发表的演讲、最喜欢的手机游戏以及设计或编程应用都存在云端，只要连接互联网，你就可以通过任何计算机、智能手机或平板电脑在任何地方访问它们。

换句话说，云实际上是遍布世界各地的庞大的计算机服务器网络，可以通过

---

❶ 译注：汽车尾翼的造型在20世纪50年代到60年代风靡美国。

亚马逊、微软、谷歌、惠普、IBM 等公司进行访问，就像是一个位于空中的硕大的公共设施。由于通过云提供的服务和应用程序就存储在云端，而非硬盘驱动器或智能手机上，因此供应商可以不断进行更新。程序应用接口（API）允许每个组件以难以置信的高效率无缝地与其他组件互送信息。所有这一切意味着任何地方的任何一个人，只要有了智能手机，就可以访问一个装满各种最好的软件、有着无限存储能力并且不断更新的工具箱，来完成几乎任何任务。所以云是真正的力量倍增器。

对于许多人来说，这一点也许是难以理解的：从这个位于以太空间的云端居然可以下载如此强大的力量。"商业内幕"网站 2012 年 8 月 30 日报道，2012 年思杰系统公司委托韦克菲尔德研究中心进行的一项全国调查发现，"大多数受调查者认为云与天气有关……例如，51% 的受访者，包括千禧一代的大多数人，认为暴风雨天气可能会干扰云计算。只有 16% 的受访者能够理解云是一个"用连接互联网的设备进行存储并访问和共享数据的网络"。

我能够准确地知道"云"的内涵，但是我不喜欢用这个词。不是因为它会引起误解，而是因为它带有一些柔软、轻飘、蓬松、被动和善良的意思。它让我想起了琼尼·米切尔的那首歌："我已经把云看了个透 / 从上到下，从下到上 / 但是不知为何 / 我回忆起的都是云的幻象 / 我真的完全不知云是何物。"

这幅图景完全无法捕获这个被创造出的新事物所具备的改天换地的能力。当你将机器人、大数据、传感器、宽带网络、合成生物学和纳米技术相结合，并将其无缝集成到云中，它便开始自我喂哺。当你将云的力量与无线或固定电信宽带连接的能力相结合，所产生的移动性、连接性和稳定性增强的计算处理能力是史无前例的。它释放了巨大的能量，让人们去竞争、设计、思考、想象、连接，并和任何地方的任何人开展合作。

如果你回顾人类历史，只有屈指可数的几种能源能够从根本上为大多数人改变一切——火、电和计算。而现在，考虑到计算已放在了云端，毫不夸张地说，它的影响将变得比火和电更深远。火和电是大规模能源的重要来源。它们可以温暖你的家，赋予你的工具以能量，或把你从一个地方运到另一个地方。但是它们不能帮助你思考，也无法为你思考。它们不能把你与世界上所有的知识或人相连接。 事实上，我们从来没有过一个这样的工具，可以通过智能手机为全世界各地的人同时使用。

此外，20 年前，只有政府才拥有这种位于云端的计算能力。接着，企业获得了这种能力。 现在你只需要一张信用卡就可以租用它。今天，地球上相互连接的移动设备的数量已经超过人口总数，虽然这部分是由于发达国家的许多人拥有两个移动设备。世界上大约一半的人仍然没有手机、智能手机或平板电脑。但是这个数字每天都在减少。一旦每个人都连接起来——我们将在 10 年内看到这一天的到来——我相信所产生的集体脑力和智慧将是惊人的。

这绝不是云，朋友们！

因此，我不想把这种新的创造性的能源称为"云"。本书将使用微软的计算机设计师克雷格·蒙迪曾经提出的术语，我们将称之为"超新星"——一个计算的超新星。

美国国家航空航天局将超新星定义为"一颗恒星的爆炸……在宇宙中所能发生的最大规模的爆炸"。唯一的区别是，一颗恒星所产生的超新星只能一次性释放出不可思议的能量，技术的超新星可以不断以指数级的变化加速释放能量。所有关键部件的成本都按照摩尔定律的指数级增长速率不断下降，而性能则不断提高。"这种能量释放正在重塑由人类建立的、作为现代社会基础的几乎所有的系统，这个地球上的每一个人都拥有了这种能力。"蒙迪说道，"一切都在变化，每个人都受到正反两方面的影响。"

不，不，不，这不是柔软、蓬松的云。

第 4 章

# 超新星

"我感受到原力的扰动。"——在视频游戏《星球大战:绝地武士》中,卢克·天行者对凯尔·卡特恩说道。

"你总是能感受到原力的扰动。不过,这次连我也感受到了。"——卡特恩对天行者说道。

是的,连我也感受到了。

2011 年 2 月 14 日,美国最经久不衰的电视节目《大冒险》(*Jeopardy!*)似乎碰触了人类历史的转折点。那天下午,一位名叫沃森(Watson)的竞赛选手与两位《大冒险》历史上最伟大的冠军选手肯·詹宁斯和布拉特·鲁特同台对决。沃森先生在出现第一条提示信息的时候并没有抢答,但是在第二条提示信息出现后第一个按了抢答铃。

这条提示信息是:"马蹄上的铁制装置或赌场里发牌的盒子。"

沃森以标准的《大冒险》方式回答出了这个问题:"鞋子!"❶

这句回答应该像 1876 年 3 月 10 日人类通过电话所说的第一句话一样被载入史册。当时,发明家亚历山大·格雷厄姆·贝尔给他的助手打了一个电话。贝尔说:"沃森先生,请过来一下,我想见你。" 是的,无巧不成书,他助手的名字就叫托马斯·沃森。在我看来,"鞋子!"这个回答的重要性堪比 1969 年 7 月 20 日尼尔·阿姆斯特朗第一次登月时所说的那句话:"老鹰已经着陆。这是个人的一小步,人类的一大步。"

---

❶ 译注:在英文中,shoe既是鞋子的意思,也表示马掌和赌场的发牌盒子。

这是沃森迈出的一小步，也是计算机和人类共同迈出的一大步。这位叫沃森的选手并不是人类，而是一台由 IBM 公司设计和制造的电脑。它在为期 3 天的《大冒险》节目中，击败了节目历史上最厉害的人类冠军。就像我的同事约翰·马可夫在 2011 年 2 月 16 日《纽约时报》对这场竞赛的报道中所写的那样，沃森证明了"人工智能研究者为之奋斗了数十年的问题"终于得到了解决，他们终于创造出"一个类似《星际迷航》电影里的那台计算机，可以理解用自然语言提出的问题并回答它们"。

顺便说一句，沃森赢得非常轻松，在处理一些相当复杂、很容易难倒人类的提示信息时表现得游刃有余。比如这个问题："你就是需要小睡一下。你并没有得那种会让人站着时突然睡着的睡眠疾病。"

沃森第一个按下了抢答铃，只用了不到 2.5 秒的时间，它答道："发作性睡病！"

回顾沃森的表现和它取得的进步，IBM 负责认知解决方案和研究并监督"沃森计划"实施的高级副总裁约翰·凯利三世对我说道："很多年来，我可以在脑海中想象一些事情，但我从未想过我会在有生之年看到它们变为现实。后来，我开始觉得，嗯，也许在我退休之后，我会看到它们变为现实。现在，我意识到在我退休之前，我就能看见它们了。"

克雷格·蒙迪的话更加精辟，让人联想起阿斯托·特勒画的那幅图："我们已经跳跃到了另一条曲线上。"

凯利和蒙迪所说的，都是人们称之为"云"、我称之为"超新星"的东西，是如何创造并释放出能量的。"云"或"超新星"，将所有不同形式的能力，包括机器的处理能力、个人的力量、思想流动的威力，以及全人类的力量，都提升到了前所未有的水平。

机器的力量已经跨越了一个临界点。无论是计算机、机器人、汽车、手机、平板电脑还是手表，都已经不同于以往。许多机器现在能够拥有人类的五种感觉，还拥有处理这些感觉的大脑。在很多情况下，机器现在可以自己思考。很多机器拥有视觉，可以辨识并比较图像；拥有听觉，可以辨认讲话的内容；拥有声音，可以当导游或译员，将一种语言翻译成另一种语言。它们可以移动和触摸物体，并对触摸做出反应；它们可以当你的司机，帮你提行李，甚至可以灵巧地用 3D

打印机打印出人体器官。还有一些机器甚至已经学会如何辨识气味和味道。

这颗超新星正在极速地扩大并加速流量的力量。知识、新思想、诊疗建议、发明创新、诽谤、八卦、协作、匹配、借贷、贸易、交友、商务以及学习，都可以在全球范围内传播和流动，并且正以一种前所未见的速度和广度发生。这些数字的流动将超新星的能量、服务和工具带到了全世界，任何人都可以融入这种全球流动，开办新的企业、参加全球辩论、学会新的技能，或是分享他们的作品和爱好。

所有这些变化又极大地增强了个人的力量。一个人，独自一个人，所能创造或者毁灭的东西，都已经达到了一个新的量级。过去，一个人能杀死另一个人。以后，可能会有这样一天，一个人能杀死世界上所有的人。"9·11"事件已经让我们领教了这一点。19个愤怒的人被技术武装起来，就可以改变美国历史，甚至世界历史的走向。这还是发生在15年之前的事情！但是，另一方面，一个人现在也可以帮助越来越多的人。一个人可以通过网络学习平台给上百万人传授知识，一个人可以娱乐或激励百万受众，一个人可以向全世界传递一种新的思想、一款新的疫苗或者一个新的应用程序。

最后，这颗超新星还增强了众人的力量。这也跨越了一个临界点。人类作为一个整体，已经不仅仅是自然的一部分，还成为自然的一种力量，这种力量正在扰动和改变气候以及我们星球的生态系统，其速度和广度在人类历史上前所未见。另一方面，在超新星的助力下，我们所有人携手，也可以以一种前所未见的速度和广度完成善举。我们可以扭转环境恶化的趋势，我们可以为这个星球上的每个人提供食物、居所和衣物，只要大家下定决心。作为一个物种，我们此前从未拥有过这种集体的力量。

人类过去一直在制造更好的工具，但在此之前从未制造出像超新星一样的工具。克雷格·蒙迪说道："在过去，一些工具可以为人们所广泛使用，但能力不够强大；而另一些工具能力足够强大，但是只有少数人可以使用。"随着超新星的出现，"我们拥有了兼具广泛使用和能力强大这两个特征的工具。"

即使人们不能完全理解这一点，他们仍然可以感受得到它的存在。这就是为什么在为撰写本书而采访的过程中，我经常从工程师那里听到的一句话就是"就在过去短短的几年中……"。许许多多的人向我解释道，他们做了从未想象过的事情，或者一些从未想象过的事情在他们身上发生了——"就在过去短短的几年中"。

本章将要解释超新星是如何使这一切发生的，以及它如何使得个人和个体公司能够通过技术实现一些令人大开眼界的创新。接下来的两章将讨论这颗超新星是如何增强并加速全球流动，以及人类对大自然母亲的影响。这三章放在一起，将表明技术、全球化以及环境的加速变化构成了那个重构一切事物的世界机器。这不是一场商业表演。

## 复杂的简单了

我发现，要理解超新星是如何增强机器、人类和流量的力量，最好的办法就是尽可能地接近超新星的边界，就像靠近火山口一样。对我来说，这就意味着要进入那些庞大而不断变动的跨国公司的内部。与政府不同，这些公司不能随意停摆，不能像国会那样一怒之下把政府关门大吉，也不能错过任何一个技术周期。如果他们这么做了就会完蛋，而且会很快完蛋。因此，他们必须非常接近超新星的边界，站在最前沿。他们要从中汲取能量，同时也推动其向前发展。他们最先感受到超新星的热量，每天都要关注报纸上的破产新闻，以确保自己没有被超新星的热量融化。通过采访这些公司的工程师、研究人员和领导层，你可以了解到即将出现的新技术和新服务，了解到什么东西已经到来以及它们将如何改变其他事物。

事实上，当我访问这些实验室的时候，我感觉好像是在《007》电影的开头，詹姆斯·邦德来到英国安全局"Q"实验室，装备最先进的可以下毒的笔或是可以飞行的阿斯顿·马丁跑车。你总是能够看到一些你认为不可能出现的事物。

2014 年我就有了这样的一次体验。当时我决定要写一篇关于通用电气设在纽约州尼斯卡宇纳的研发中心的专栏文章。通用电气的实验室就好像是一个迷你的联合国。每一支工程师团队都像贝纳通的广告一样多姿多彩❶。但是，这并不是

---

❶ 译注：贝纳通（Benetton）服饰以"贝纳通色彩联合国"（United Colors of Benetton）系列广告最为著名，该系列广告聚焦于种族主义、战争、饥荒、艾滋病、安全性行为、环保等社会问题，而非服装产品本身。

种族平权的结果，而是残酷的英才主义的产物。当你每天都在全球技术的奥林匹克运动会上竞争时，你必须聘用在全球各地可以找到的最优秀的人才。在那次采访中，时任通用电气3D制造单元主任的卢阿娜·艾奥利奥带我参观了她的实验室。她向我介绍，在过去，如果通用电气要制造一个飞机引擎零件，会先由设计师画出产品图纸，然后通用电气需要制造出一台机床生产这个部件的原型，这一过程需要耗费长达1年的时间。接着，通用电气会制造并测试这个零件，每次测试都需要花费几个月的时间。从第一次提出关于这些复杂部件的想法，到最终开发出产品，整个过程经常要花费两年多的时间。

艾奥利奥告诉我，现在，工程师使用3D电脑辅助设计软件，就可以在计算机屏幕上完成零件设计，并将其发送至一台3D打印机，打印机内注入了纤细的金属粉末，并配有一台激光仪，可以照葫芦画瓢地用金属粉末制造——或者说"打印"——出这个部件，就在你的眼皮底下，并且与设计的规格尺寸分毫不差。接着，你可以立即对它进行测试，每天测试4次、5次或者6次，每一次测试结束后都可以通过计算机和3D打印机进行调整。当取得完美的测试结果后，转眼之间，这个新部件就制造好了。当然，更加复杂的零件需要更多的时间，但是这个新的生产系统，与自1892年托马斯·爱迪生创建公司时起通用电气就开始使用的那套制造零部件的方法相比已经是天壤之别，有了根本性的不同。

"现在的反馈周期已经非常短了。"艾奥利奥解释道，"在几天时间里，你就可以把这些事情统统完成，提出一个想法，做出一个零件设计，制造出来，进行返工，测试是否有效。"并且"在一周之内，你就可以完成生产制造……这既提高了性能，也加快了速度"。在过去，性能和速度是成反比的：为了实现最优性能所做的测试次数越多，耗时就越长。仅仅在几年之前还需要两年多时间完成的工作，现在被缩短到了一周。这就是增强后机器的力量。

接着，艾奥利奥用一句话总结了以上种种新鲜事物，她告诉我："复杂的简单了。"

我问她："你刚才说什么？"

"复杂的简单了。"

我当时觉得眼前一亮。我再也没有忘记这句话。但是，直到我写作这本书的时候，才真正充分理解她所说的这句话的重要性。就像之前提到的，在过去的 50年中，微处理器、传感器、存储设备、软件、网络连接性以及移动设备的性能不断加速改进。在不同的阶段，它们相互融合并创造出了我们所谓的平台。随着每一代平台的诞生，计算能力、带宽、软件功能等融为一体，改变了我们的工作方法、成本、能力或速度，让我们能够创造出此前从未想象过的全新事物。现在，这些飞跃式的发展出现得越来越快，间隔越来越短。

2000 年，技术平台出现过一次飞跃式升级。这次升级背后的驱动力是网络连接方面所发生的质变。在那段时间，高科技公司的繁荣发展、泡沫化以及随后的崩溃导致承载因特网带宽的光纤领域形成了巨大的过度投资。但是，泡沫未必是坏事。泡沫形成以及 2000 年后科技公司的泡沫破灭，极大幅度地降低了语音和数据连接的价格，并以一种令人意想不到的方式将全世界的网络连接性提高到了一个前所未有的水平。宽带连接的价格急剧下滑，以至于突然之间，一家美国公司可以把一家位于印度班加罗尔的公司作为其后台。换言之，2000 年左右的这些突破性发展令网络连接变得迅速、简单、免费，并且无处不在了。突然之间，从未与我们取得联系的人可以联系到我们。我将这种感觉称为"世界是平的"。越来越多的人可以就越来越多的事展开竞争、相互联通、互相协作，并且比以往成本更低、更加便捷、更加平等。那个我们熟知的世界发生了重构。

我认为 2007 年所发生的事以及随之而来的超新星的出现，是技术平台的又一次飞跃式发展。只不过这一次发展的方向是令复杂的事物变得简单。当硬件和软件领域的进步被融入超新星之后，数据的数字化存储的速度和范围、对数据进行分析并转化为知识的速度、从超新星向任何地方的任何一个拥有计算机或移动设备的人传输数据的有效距离和速度，这些统统得到了大幅提升和扩展。突然之间，复杂性对你来说变得快速、免费、简单，并且似乎再也不存在了。

突然之间，呼叫出租车、租用位于澳大利亚的一间空置的卧室、设计引擎的零件，或者在网上购买草坪家具并当日送达，所有这些复杂的事情都变得简单了。你只需要使用优步、爱彼迎（Airbnb）或亚马逊上的应用程序就行了，或是采用通用电气实验室里的创新。亚马逊发明的"一键购买"就是此类科技创新的典范。追踪电子商务发展的 Rejoiner.com 网站注意到，由于"一键购买"的创新，"亚马逊实现了对现有客户的极高转化率。因为客户的支付和配送信息都已经存储在亚马逊的服务器上，它创造了一个非常顺滑、毫无摩擦的结账程序"。

下面的两幅图有助于显示出复杂是如何变得简单的。第一幅图（图4-1）显示了数据传输的最高速度大幅提升，这扩展了移动式设备的处理能力并吸引了更多的客户。与此同时，用户使用数据的成本大幅下降，越来越多的人可以更加频繁地使用超新星的力量。这两条线在2007—2008年发生了交叉。第二幅图（图4-2）显示出超新星／云恰好出现在2007年之后。

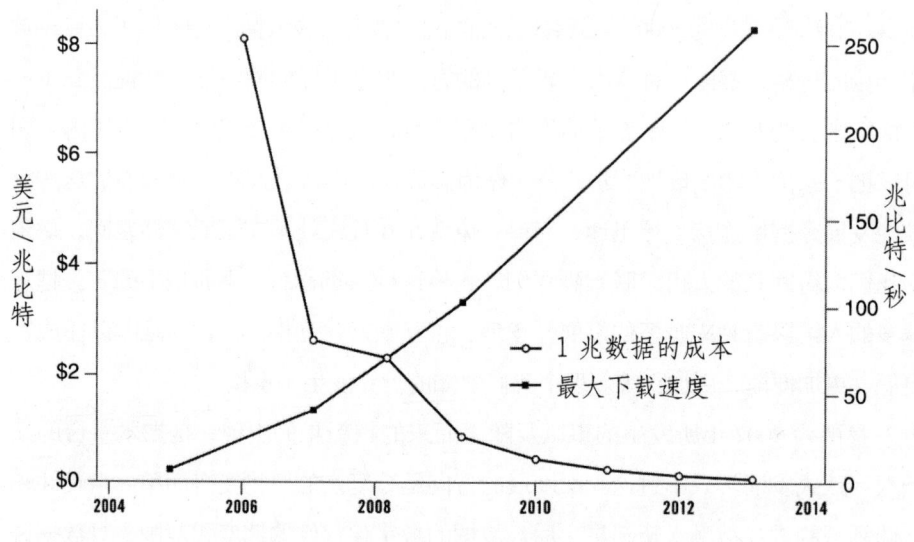

**图4-1　每兆数据的消费成本及传输速度**

注释：数据传输速度表示最大下载速度，而非观测到的平均下载速度。观测到的平均下载速度取决于许多因素，包括基础设施、用户数量密度以及设备的软硬件性能。

感谢BCG公司及其报告《移动革命：移动技术如何带来万亿美元影响》。
来源：GSCO可视网络指数，国际电联，IE市场研究公司、摩托罗拉、德意志银行、高通公司。

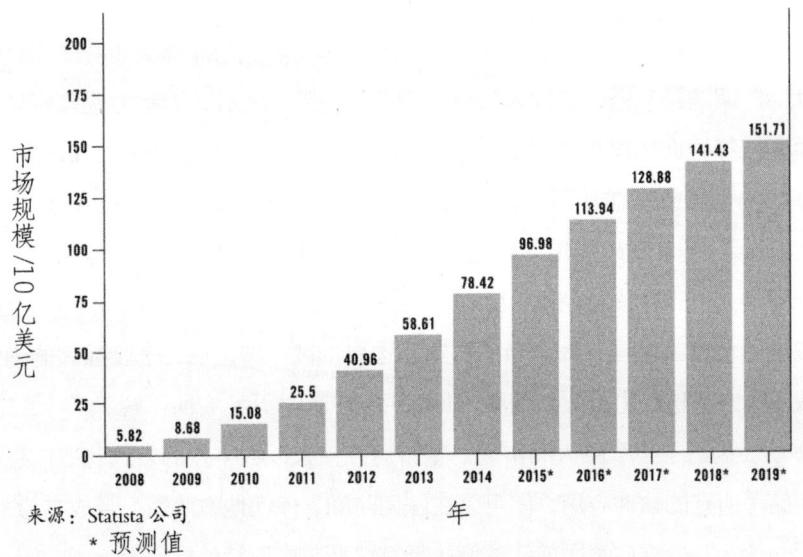

来源：Statista 公司
＊ 预测值

**图 4-2  公共云计算市场的总规模，2008—2019**

2007 年苹果公司发布 iPhone 手机的那份新闻稿，讲到苹果如何将复杂的应用、互动和操作——发电邮、地图搜索、照相、打电话或浏览网页——加以简化，如何通过使用软件将这些复杂的工作简化为 "iPhone 手机令人赞叹、容易使用的触摸界面上" 的一次简单触碰。或者，用当时史蒂夫·乔布斯的话说："我们生来自带终极的触碰设备，那就是我们的手指。iPhone 用它们创造出了自鼠标发明以来最具革命性的用户界面。"

## 相变

在 2000 年到 2007 年之间发生了一系列变化，使得我们进入了一个新世界：网络连接变得快速、免费、简单，并且无处不在；而复杂性变得快速、免费、简单，并且好似隐形一般再也不复存在了。你不仅可以联络那些从未联络过的人，还可以轻轻一触，就完成许多神奇、复杂的事情。这些新的进展都得益于那颗超新星的力量，得益于所有这些科技发展。这颗超新星把自己渗透 "进了我们生活和我们社会的每一台设备和每一个方面"。克雷格·蒙迪说道："它不仅仅让这个世界变平了，而且让它变快了。这些科技融合在一起，自然而然地让速度加快，而后它就变得无处不在。"

超新星使越来越多的商业和工业流程以及人际交流变得摩擦更小。"它就像是润滑油。"蒙迪补充道,"渗入每一个角落、缝隙和毛孔,万事万物都好像装上了滑轮和杠杆,你用很少的力量就可以撬动。"无论是巨石、国家、数据、机器人、呼叫出租车或是在地图的尽头租住一个房间。所有这些都发生在 21 世纪的头一个 10 年。随着从超新星下载或上传数据的速度极速飙升,随着史蒂夫·乔布斯给世界奉上了一台移动设备,随着应用程序的急剧增加, 感知、产生、存储和处理数据的价格大幅度下降。当所有这些边界都被突破之后,一股强大的力量就被释放了出来,这股力量我们前所未见,并且刚刚才开始有所了解。

"移动性创造了一个巨大的市场,宽带可以使人以数字化的方式获取信息,而云则存储了所有的软件应用,你可以在任何时间、任何地方使用,且成本为零。它改变了一切。"爱立信集团前任首席执行官汉斯·维斯特伯格说道。

这就相当于化学中所说的从固态到液态的"相变"(phase change)。固体有哪些特征? 摩擦力很大。液体呢? 感觉就像毫无摩擦一样。当我们能够减少事物的摩擦力和复杂性,并提供互动式、一键触碰式的解决方案,人与人、企业与客户、企业与企业间的互动就从固态变为液态,从缓慢变得快速,从复杂、麻烦和充满摩擦变为毫不复杂、毫无摩擦。无论你想要移动、计算、分析或者沟通什么,都可以花更少的力气完成。

在硅谷有一个格言:凡是可模拟的东西皆可数字化,凡是可数字化的东西皆可存储,凡是可存储的东西皆可用更强大的计算机系统及软件进行分析,从中学到的东西皆可立即获得应用,旧事物能做得更好,新事物将成为可能。例如,优步出租车服务的发明就做到了上述三个方面:它创造了一支有竞争力的出租车车队,还创造了一个颠覆性的、全新的、更好的方式呼叫出租车、收集乘客的需求、对出行进行支付,并对驾驶员和乘客的行为进行评分。

现在这类转变正在各行各业发生,这要感谢超新星所释放的力量。很多时候,一个问题之所以很复杂、解决方案非常昂贵,是因为你需要的信息无法获得,或无法将其变为可以应用的知识。但是,当感知、收集和存储数据,将其上传至超新星,通过软件应用对其进行分析的这些活动变得几乎免费之后,一个关键性的突破就发生了：现在，任何系统都可以进行优化而达到最佳性能，而且花费的力气比以前少很多。

举一个例子：想一想风力发电面临的老问题。风是间歇性的，风力产生的电能无法大规模存储，所以风力发电厂不能百分之百地保证能够供应充足的电力，风力发电取代燃煤发电的能力因此受到限制。现在，使用大数据分析的天气预测软件可以准确地告诉你在几点会刮风、会下雨或会升温。于是，在像休斯敦这样的城市，风力发电厂可以提前 24 小时知道，明天会非常炎热，空调的用电量将会激增，这意味着对风力发电的需求可能超过其发电能力。于是，风力发电厂可以通知休斯敦市的各座建筑物在上午 6 点至 9 点之间打开他们的空调，这是风力发电能力的高峰期，同时也能赶在员工们上班之前。由于事先打开了空调，室内的凉爽温度可以让人在一天中大部分时间感觉舒适。于是，风力发电厂产生的风电，非但不会不够用，反而能非常完美地匹配用电需求，无须再将其存储在电池里或调度火力发电厂发的电。这一极为复杂的需求与供应的匹配就这样通过使机器智能化解决了，成本几乎为零。软件将所有的复杂问题都进行了抽象处理并加以简化，这样的事情在各个地方每天都在发生。

## 用数据说话

但是，如果这些转变是真实的，为什么过了这么久还没能在生产力数据上得到反映呢？按照经济学家的定义，生产力数据就是指产出的货物和服务与生产这些产出所需劳动时间之间的比率。生产力的改进驱动了增长，因此这是一个重要的问题，也是经济学家激烈争论的问题。经济学家罗伯特·戈登在他的著作《美国增长的崛起与衰落：内战以来美国的生活水平》一书中提出了一个有说服力的观点，他认为经济持续增长的日子很可能已经一去不复返了。他认为，所有的重大进步，类似汽车、无线电、电视机、室内管道、电气化、疫苗、洁净水、航空旅行、中央供暖、女权运动、空调以及抗生素，都发生在那个"特殊的世纪"——从 1870 年到 1970 年。戈登对今天的新技术能否推动生产力再次实现与那个特殊的世纪相当的跨越式发展表示怀疑。

但是，麻省理工学院的布莱恩约弗森对戈登的悲观论调提出了反驳，我认为他的观点更有说服力。随着我们从工业经济过渡到由计算机、因特网、移动、宽带驱动的经济，亦即超新星驱动的经济，我们正在经历成长的烦恼，不得不作出适应和调整。经理人和工人都必须学习这些新的技术，不仅要学习技术的运行，还要学习如何根据新技术重新设计工厂、商业流程和政府规制。布莱恩约弗森注意到，120年前曾经发生过同样的事情，当时出现了电气化革命，这相当于那个时代的超新星。老旧的工厂不仅需要实现电气化以提升生产效率，它们还需要重新设计，商业流程也需要重新设计。这一过程持续了30年，直到老一代经理人和工人退休、新一代人崛起，才使得这一新技术真正带来了生产力的极大改进。

2015年12月，麦肯锡全球研究院的一份关于美国工业的研究报告发现。"那些高度数字化的部门与经济的其他部门之间长期存在着巨大的技术鸿沟，尽管新技术在短时间内得到了大规模应用，但大多数部门在过去的10年中并没有缩小这一鸿沟……由于数字化水平较低的部门在GDP和就业中所占的份额最大，我们发现美国经济作为一个整体只实现了18%的数字化潜力……美国需要调整机制，改进培训体系，帮助工人获得相关的技能，引导他们度过这一动荡的过渡时期。"

这颗超新星是新的能量源，但我们的社会还需要过一段时间才能完成自身的重构，以充分吸收超新星的潜力。我相信布莱恩约弗森的观点最终将被证明是正确的，我们将看到超新星带来的各种好处：健康、学习、城市规划、交通、创新和商务都会出现一系列新发明，增长也会随之而来。当然，这场辩论的主角应当是经济学家，这一主题超出了本书的范畴，但是我非常迫切地期盼早日看到这场辩论的结果。

有一点是非常清楚的，虽然超新星没有从数据上显示出对生产率提高的贡献，但它确实使得各种技术变得更加强大，并因此使得个人、公司、思想、机器和各个群体变得更加强大。我们只需花费更少的气力，便能以一种前所未见的方式去影响和塑造周围的世界。

如果你想成为创造者、创业者、发明家或是创新家，这就是你的时代。有了超新星，你可以在拥有极为有限资源的情况下做越来越多的事情。哈瓦斯媒体公司负责战略和创新的高级副总裁汤姆·古德温2015年3月3日在TechCrunch.com网站上发表了一篇文章，他说："优步是全球最大的出租车公司，但不拥有任何车辆。脸书是全球最受欢迎的媒体公司，但不创造任何内容。阿里巴巴是全球最有价值的零售商，却没有任何存货。爱彼迎（Airbnb）是全球最大的住宿供应商，却没有任何房产。这个世界变得越来越有意思了。"

的确如此。本章的剩余部分就是关于那些大大小小的创造者的，我们会讲到他们是如何利用超新星释放出来的新能量，做出一些全新的事情，并以更快、更聪明的方式去做那些已经很老很老的事。这与你的身份无关，无论你是癌症专科医生、传统的零售商、时髦的设计师、身居土耳其东部遥远山区的创新者，还是你希望把自己后院的树屋通过网络出租给来自纽约或巴布亚新几内亚的游客。在这个超新星的时代，创造者们遇到了前所未有的好时候，无论他们身在何处。

## 沃森博士现在可以见你

我在访问 IBM 位于纽约州约克城高地的托马斯·J. 沃森研发中心时，见到了最初那个沃森，并与他合影留念。他没说话。他现在已经退休了。实际上，他已经不插电源了，但他和成排的服务器堆满了一间很大的房间。

我还见到了沃森的孙子。他大概有一个大号行李箱那么大。但他其实是一个模型，要是按照摩尔定律迭代，两代之后，沃森应该长成这个模样。当然，从技术上说，今天的沃森并不是那个大号行李箱，因为沃森已经搬到超新星上了。

"沃森不会是一个无法跟互联网相连的箱子，事实上，沃森现在是互联网的一部分。" IBM 负责通信的副总裁大卫·姚恩解释道，"IBM 之所以组装了一个迷你的沃森模型，目的是为了展示，如果把参加《大冒险》节目的那个沃森的所有计算能力都塞进来，需要一个很大的箱子。但是沃森自己已经成为超新星的一部分，从 20 世纪的箱子或服务器里解放出来了。"

而且，沃森的孙子是不会再把他的时间浪费在《大冒险》节目中击败人类的。那是 2011 年的事情了，太落后了。现在的沃森正忙于学习关于癌症诊断和治疗等问题。当我们在沃森的老家用午餐时，姚恩对我透露："我们正在考虑让沃森参加放射医疗学会的考试，让他领个证，这样他就可以读 X 线片了。嗯，我自己也曾考虑过做相同的事。是的！沃森可以在他的业余时间完成这件事，同时还可以通过美国各州的司法考试，通过牙医学会、病理学会、泌尿学会的考试，并且在《大冒险》节目中把你打得满地找牙！"

超新星可以为世界各地的每一个人提供超强的计算能力。沃森可以为世界各地的每一个人提供深度知识。沃森已经不再是一个大型搜索引擎或是数字助理。它不会做类似关键字搜索这样的操作。它也不再仅仅是一台由软件工程师设计的超级电脑，专门用于处理一些特定的任务。沃森是与众不同的。你以前只能在《星际迷航》电影里看到它。约翰·凯利三世把计算的历史分为三个阶段。沃森代表了"认知计算时代"的曙光。

第一个阶段是"表格时代"。这一阶段发生在 20 世纪初到 20 世纪 40 年代。这个时代的代表是基于单一用途的机械式计算系统，这些系统可以算数，并通过使用打孔卡片来计算、分类、核对和解读数据。第二个阶段是"程序时代"，即从 20 世纪 50 年代至今。"随着人口增长，经济和社会系统变得越来越复杂，手工的、机械式的系统已经不够用了。我们转而使用由人类编写的程序，通过使用'如果……那么……'这样的条件逻辑和不断重复来模拟预设情景下可能出现的结果。这种技术随着摩尔定律的浪潮不断发展，给我们带来了个人计算机、因特网和智能电话。但问题在于，尽管这些技术突破都非常巨大，并且可以持续很长一段时间，但编程技术面临着内生的障碍，它受到了我们设计能力的限制。"

从 2007 年起，我们看到了"认知计算时代"的降临。这一阶段只有在摩尔定律已经进入了下半场之后才可能发生，它能让我们把一切可以想象得到的事物全部数字化——文字、图片、数据、表格、语音、视频和音乐，并且可以把它们上传到计算机上。它赋予了我们强大的联网能力，可以将数据高速传输。它还赋予了我们强大的软件能力，能编写各种算法并教会计算机理解非结构化数据。计算机变得更像人脑，它能帮助加强人类决策的方方面面。

凯利对我说，当 IDM 最初设计让沃森参加《大冒险》节目时，他们研究了这个节目以及人类的竞赛选手，准确地知道理解和消化提问按铃抢答可以用多少时间。要成功抢答，沃森大概可以有 1 秒钟的时间来理解题目，半秒钟的时间来决定答案，1 秒钟的时间去按铃。这就意味着"惜毫秒如金"，凯利说道。沃森的反应速度能够如此之快，并且能够回答得如此准确，并不是因为它真的在"学"，而是因为它可以不断自我改进，通过使用大数据分析能力以及网络连接能力，在越来越多的原始材料基础上建立越来越快的数据关联。

"沃森所取得的成就显示出机器学习已经取得了长足的进步。机器学习指的是计算机算法在涉及分析和预测的任务中不断自我改进的过程。"约翰·兰彻斯特在 2015 年 3 月 5 日的《伦敦书评》杂志上写道："其中所涉及的技术主要是统计方面的：通过试错，机器知道了哪个答案正确的概率最高。这一解释听起来很浅陋，但是，在摩尔定律下，计算机已经拥有了令人震惊的处理能力，试错的环节可以在一瞬间完成，机器可以很快地发生天翻地覆的改进。"

这就是一台认知计算机和一台可编程计算机的区别。凯利在 2015 年 IBM 研究院的一篇题为《计算、认知与知识的未来》的文章中指出，可编程计算机"是基于一套规则，这套规则可以引导数据穿过一系列预先设定进程得出结论。虽然它们非常强大和复杂，但是它们是基于决定论的，依靠的是结构化的数据，无法处理定性的或不可预测的信息输入。这种僵化的特点限制了它们在一个复杂的、时有意外、充满了模糊和不确定性的世界中解决问题的能力"。

另一方面，他解释道，认知系统是"基于概率论的，意思就是它们被设计成可以适应并理解复杂的、不可预测的非结构化信息。它们可以'读'文字，'看'图案，并'听'人说话。而且它们可以解释这些信息，组织并提炼出内在的含义，还可以说明其得出有关结论的理由。它们不提供确定性的答案。事实上，它们并不'知道'答案。确切地说，它们被设计成可以权衡来自不同渠道的信息和思想，进行推理，而后提出可供考虑的假设"。这些系统会为每一个可能的结论或答案分配一个置信水平。它们还可以从自己的错误中学习。

凯利指出，在制造那台在《大冒险》节目中胜出的沃森时，他们首先建立了一整套算法，帮助计算机解析问题，方法就和语文老师教你分解句子一样。"计算机算法将语言分解，并以这种方式去理解问题是什么：问的是一个名字，一个日期，还是一种动物？我要寻找什么？"凯利说道。IBM 还为沃森设计了第二套算法，可以迅速地搜索上传的所有文献，从维基百科到《圣经》，无所不包，以找到所有与这个领域、人或日期相关的信息。"计算机将寻找许许多多的证据，并形成一份初步的可能答案的清单，接着为每一个可能的答案寻找支持性的证据。比如，他们在找一个在 IBM 工作的人，我知道汤姆在这里工作。"

接着，通过另一套算法，沃森将对它认为正确的答案进行排序，为所有答案分配一个置信水平。如果它算出了一个足够高的置信水平，就会按铃抢答。

为了更好地解释可编程计算机和认知计算机的不同，IBM 负责科学与解决方案的副总裁达里奥·吉尔给我举了两个例子。第一次开发翻译软件的时候，IBM 成立了一个团队，来开发一套能够将英语翻译成西班牙语的算法。"我们以为做这件事的最佳方法就是雇佣语言学家来教我们语法，一旦我们理解了自然语言，我们就可以弄明白如何编写翻译程序。"吉尔说道。但是他们失败了。他们先是招聘了很多语言学家，然后又叫他们走人了。IBM 开始尝试一种不同的方法。

"这一次，我们对自己说，不如我们尝试一下统计学的方法，拿两段由人类翻译的文字进行比较，看哪一段更加准确？"由于计算能力和存储能力发生了爆炸式的增长，这么做突然变得可行了。IBM 由此得出了一个深刻见解："每一次我们赶走一位语言学家，我们的准确性就提高了一些。"吉尔说道："所以现在我们都在使用统计学算法。"它们可以通过比较海量的文本寻找可以重复的模式。"我们现在可以毫不费力地将乌尔都语翻译成中文，尽管我们团队中没有一个人懂这两种语言。现在你可以通过例子来进行训练。"如果你给计算机足够多的正确和错误的示例——在超新星的时代，你几乎可以有无限多的这样的例子——计算机将会弄明白如何恰当地权衡各种答案，并在这一过程中进一步学习。而且，它永远不用去学习语法、乌尔都语或者中文，一切都不过是统计数据。

沃森就是这样赢得《大冒险》的。"可编程系统在过去的 60 年彻底改变了我们的生活，但它永远不可能理解参加《大冒险》节目所需要理解的混乱的非结构化数据。"凯利写道，"沃森能够准确回答出那些狡猾的、复杂的、语意双关的问题，这就清楚地预告了计算的新纪元即将到来。"

这一观点的最佳例证反映在第一天竞赛的最后一个问题上，这个问题沃森回答错了。在《大冒险·终极篇》中，所有参赛选手都获得同样的提示信息。在类别为"美国的城市"的问题环节，提示信息是"其最大的机场是以第二次世界大战时的一个英雄的名字命名的；其第二大机场是以第二次世界大战时的一场战役命名的"。答案是芝加哥（因为芝加哥有奥海厄和中途岛两个机场）。但是沃森猜的是："多伦多？？？？？"。这些问号也是沃森答案的一部分。

"有很多原因导致沃森被搞混了。比如，这个问题的语法结构，伊利诺伊州有一个城市名叫多伦多，以及多伦多蓝鸟队参加过美国职业棒球大联盟的比赛。"凯利说道，"但是这个问题揭示出沃森工作方式的一个重要真相。计算机系统并不是因为它'知道'才回答问题。准确的说法是，它被设计成可以评估和权衡来自不同渠道的信息，接着提出可供考虑的建议。它为每一个回答都分配了置信水平。在《大冒险·终极篇》中，沃森给这个答案分配的置信水平相当低，只有14%，这相当于沃森在说'不要相信这个答案'。从某种意义上，它知道它不知道。"

因为认知计算是一个非常新鲜的事物，人们写了很多关于认知计算时代的恐怖故事，诸如认知计算机将接管人类世界之类。IBM 并不这么认为。"大众对人工智能和认知计算的理解——所谓计算机系统拥有了意识和感知能力，并按照它们所学到的东西自行做出决策，这套想法与真实世界相去甚远。"IBM 高级副总裁、研究中心主任阿文·克里什那说："我们可以在一些狭窄的领域，比如肿瘤学、地质学、地理学等，通过编写算法、通过多重的模式识别系统让计算机'学习'这些学科。但是，如果一台计算机是以理解肿瘤学为目标制造的，那么它就只能做这一件事，它可以不断学习该领域的新文献。但是说，突然有一天它开始设计汽车了，这种可能性为零。"

2016 年 6 月，沃森已经被全球 15 家领先的癌症治疗机构雇佣。沃森存储了超过 1200 万页的医学文章、300 本医学杂志、200 本教科书，数以千万计的病例，这些数字每天都在不断增加。沃森不会最终取代医生，它将成为医生们的神奇助手。医生这个职业一直以来都面临不断更新知识、了解最新的医学文献和新发现的挑战。超新星的出现，使完成这一任务变得更加艰巨。一个主治医生每个月需要花超过 630 小时，才能跟上他或她执业领域如潮水般涌现的新文献。

通往未来的桥梁就是沃森，它可以让大量的诊断变得不再复杂。在过去，当你被诊断患有癌症之后，癌症专科医生会在已知的三种不同治疗手段之间做出决定，这一决定可能是基于他们读过的十几篇最新的医学文章。到了今天，IBM 的团队指出，实验室可以在 1 小时的时间内测出所患肿瘤的基因排序，而你的医生在沃森的帮助下，可以精准地确定根据目前所知的信息判断哪些药物对于治疗这种特定肿瘤的效果最好，并且也只需要 1 小时。今天，IBM 会给沃森医生上传

3000 张图像，其中 200 张是关于黑色素瘤的，其余 2800 张不是。接下来沃森就会运用它的算法，学习黑色素瘤的颜色、局部特征以及边界。在看过成千上万张图片并理解其共同特征之后，它可以比人类更快地指认出哪些是患有癌症的图片。这种能力解放了医生，使他们可以专注于病人及其需求。

换言之，当沃森与人类医生的独特能力——例如直觉、同理心和判断力——相结合的时候，沃森的神奇魔力就发生了。两者的结合可以创造知识并运用知识，其结果要远甚于两者各自独立能够做到的。凯利说，在《大冒险》节目里，有两名人类冠军与计算机同台竞争；而未来的关键则在于沃森和医生，即人和机器之间的合作。计算机科学将"快速地进化，而医学也将随之进化。这就是共同进化。我们将互相帮助。我可以想象得到，有一天我自己、病人、计算机、我的护士以及我的研究院同仁都在同一间诊疗室里互动交流"。

假以时日，这些变化将重构医学，并改变我们对何谓"聪明"的想法。凯利表示："21 世纪，知道所有问题的答案将不再成为某人智力水平突出的表现；相反，能够提出正确的问题才是天才的表现。"

的确如此，每天我们都读到，人工智能是如何被植入越来越多的机器之中，使其变得更具适应能力和直觉，就像人一样，并可以通过一个触碰、一个手势或者一句话加以控制。很快，只要每个人想要，他们都能拥有一个私人的智慧助理。通过每一次互动，他们自己的小沃森、Siri 或者 Alexa 就可以更多地了解他们的偏好和兴趣，能够提供的日常协助也会变得更加精准、更有价值。这不是科幻。这些事就在我们身边发生。

所以，我对约翰·凯利三世在结束采访时候的话丝毫不感到惊讶。他说："你知道，车辆的后视镜会显示'后视镜中的物体与你的实际距离比看起来要近'的字样，其实，现在前挡风玻璃上也应该写上同样的话，因为未来与你的距离比你想象的要近得多。"

## 设计师

在棋盘的下半场，你能够遇到那些真正的创造者，看他们是如何通过运用超新星提供的强大工具，创造出新的、富于创意的事物。这是一种非常有趣的经历。

我在旧金山探索博物馆的一场活动中见到了汤姆·武耶奇。我们觉得彼此有很多共同点，便答应活动之后找时间通一次 Skype 电话。武耶奇是欧特克（Autodesk）公司的一名研究员，也是 3D 设计、工程以及娱乐软件领域的全球领军人物。虽然他的公司听起来像是设计汽车轮毂盖的，但是实际上这是一家不为大众所知但却非常重要的公司，它生产的软件可供建筑师、汽车设计师、游戏设计师和电影工作室使用。它就是设计界的微软公司。欧特克公司提供大约 180 种不同的工具软件，其用户包括约 2000 万名职业设计师，以及超过 2 亿人的业余设计师。这些工具每年不断更新，会把复杂的任务变得更加简化。武耶奇是商业可视化领域的专家，通过设计师思维帮助各种人群解决难缠的问题。当我们第一次通电话的时候，他在一块信号共享白板上向我实时展示了我们的通话。我惊呆了。

在我们交谈中，武耶奇告诉了我他最喜欢的故事，即技术的力量如何改变了他作为一个设计师和创造者的职业。他说：

　　1995 年，我是皇家安大略博物馆的创意总监，这是加拿大最大的博物馆。在我加入私营部门前，我在那里做的最大的一个项目是还原一只名叫玛雅萨拉的恐龙。这一程序非常复杂。首先，要把一块 2 吨重、大约有一张桌子那么大的石板从野外运到博物馆。在长达几个月的时间里，几位古生物学者小心翼翼地把两个样本的化石凿刻出来，一只成年恐龙，一只幼年恐龙。当时认为这两只恐龙是家长和孩子的关系。玛雅萨拉的意思就是"蜥蜴妈妈"。骨架的化石逐渐显露，接下来就是我们的工作了，我们要扫描它们。我们使用手持数字化工具精确地测量化石表面成百上千个点的三维坐标。用我们手中的笨拙工具，这一过程似乎一辈子也干不完。于是我们意识到需要换高端的工具了。

　　所以，我们升级了工具。我们获得了一笔拨款，可以用 20 万美元购买软件，用 34 万美元采购硬件。当化石完全暴露出来之后，我们聘请了一名艺术家为这只成年恐龙制作一具 3 英尺（1 英尺=30.48 厘米）长的等比例实体模型。首先是用泥巴塑，接着用铜浇铸。这座雕塑成了我们数字化模型的另一个参照物。但是，要创造一个数字化模型并不简单。我们花了数月的时间，小心翼翼地测量各个细节特征，并手动将所有数据输入我们的电脑。软件并不稳定，每一次系统崩溃，我们就必须返工。最后，我们终于完成了初步的数字模型。在更多专家的帮助下，我们为这套模型安装道具、增加骨肉、点亮投影，并使之动了起来，我们制作了一部高分辨率的电影。这些努力是值得的：博物馆访问者可以通过按动展板上的按钮，观看原始大小的恐龙。它相当于一辆越野汽车那么大。恐龙会在屏幕上，按照考古学家的想象，动了起来。考古学家告诉我们："它们是这么走路的。它们是这么进食的。它们可能是这样用两只后腿站立的。"在展览开始后，我想："我的老天爷，这真是一个浩大的工程。"

从开始到结束，这项工程耗时 2 年，并花费超过 50 万美元。

现在，让我们快进到 2015 年 5 月。大约 20 年过去了。武耶奇又一次回到了阔别多年的博物馆，参加鸡尾酒招待会，看到工作人员把他做的那只玛雅萨拉恐龙等比例铜铸模型拿出来进行展示。他回忆道：

我很惊讶能够看到这尊雕塑。我很好奇，如果用现代的工具，完成这项数字化工程会有多难。于是，在那个周五的晚上，我一手拿着杯红酒，一手拿出了 iPhone 手机，绕着这尊雕塑走了一圈，花了大约 90 秒钟的时间，拍摄了大约 20 张照片，并将其上传到我们公司制作的名为"123—3D 捕捉"（123D Catch）的免费云应用上。这个应用可以把任何事物的图片转换成一个 3D 模型。4 分钟后，它就返回了一个栩栩如生的数字 3D 模型，比我们 20 年前制作的更好。那天晚上，我认识到这项软硬件投资 50 万美元、花费数月心血、非常技术化和专业型的工作，居然可以被一个一手拿着红酒、一手拿着智能手机的人，用应用软件轻易地完成。在几分钟的时间里，我就免费复制出了这个数字模型，只不过它的质量更高……我多么希望当年能有这样一个应用软件啊……

这就是关键所在。武耶奇说，随着传感、数字、计算、存储、联网以及软件能力的进步，"所有的产业都变得可以计算了。当一个产业变得可以计算时，它就会经历一系列可以预测的改变：从数字化，到被破坏和颠覆，再到大众化"。有了优步，在一座陌生的城市叫出租车的处理过程就能被数字化了。接着，整个产业都被颠覆了。时至今日，整个产业都被大众化了，任何地方的任何人都可以成为一名出租车司机，任何人都可以轻松地成立一家出租车公司。当重现一只恐龙的模拟设计过程被数字化后，拜超新星之力所赐，设计行业也被颠覆了，而且正在变得大众化，任何一个拿着智能手机的人都可以做到，这极大地增强了个人的力量。你现在可以提出一个想法，借此获得一笔融资，然后把这个想法变为现实，并轻松地、以很快的速度和很低的成本大规模推广，让越来越多的人能够接触到。

这就是为什么武耶奇常常说："20 世纪的主题是如何让你喜欢上我们制作的东西；而 21 世纪的主题是如何让你制作你喜欢的东西。"

我们进入了一个创造者的乐园。你知道下一代儿童玩具长什么样？自己做吧，做你自己喜欢的玩具。以后，你很快就能生产针对自己的 DNA 特殊需求的药物。或者，正如欧特克公司著名的研发科学家安德鲁·海瑟尔所说的："科幻与科学之间的距离变得越来越近了，只要有人有了一个想法，并能够清晰地表达出来，就能够在非常短的时间内将其实现。"

欧特克公司的业务就是将设计过程所涉及的复杂性加以简化，简化成简单的触碰，这极大地增强了设计师的能力。欧特克公司的首席执行官卡尔·巴斯向我展示了他们为建筑师设计的最新软件。通过一个被称为"建筑信息建模"的概念，当年的数字绘图工具演变成了今天的软件与设计师或建筑师的伙伴关系。

首先，设计流程从绘制一系列样图搬进了互动式的数据库。当设计师在计算机屏幕上绘图时，系统可以计算出建筑物的属性，甚至可以提出从节能到人流设计等方方面面的改进建议，同时还可以为每一套可选方案计算出施工成本。每一个变量都已经内生在软件之中，如果设计师改变地板的形状或改变建筑物的整体外形，软件可以立即告诉他或她，改变这一项内容要花费多少钱，会节约或增加多少能耗，以及会对使用这座建筑物的人产生哪些影响。

"建筑师不再仅仅通过绘图来工作，而是使用一套数据模型。这套数据模型把建筑物理解为一个三维的、有生命力的系统，而且能够分析窗户、空调、日光、照明、电梯以及各个要素之间的互动。"巴斯解释道。为同一座建筑物设计的不同团队还可以进行互动和协作，他们所做的每一项改动都可以被动态地纳入其他人的设计，并相应地进行最优化处理。

当技术使设计程序有了如此大的飞跃之后，它就加强了设计师的力量，使其能够立即看到他或她的想法所带来的潜在影响。与此同时，这套程序还摆脱了许多的猜测以及随之而来的各种误差、损失的时间和金钱。它还提供了更多的实验机会，并带来了更多的创造性。

而下一个阶段更是令人"惊掉下巴"。巴斯解释道："我们可以将其称为生成设计。"计算机变成了设计师真正的伙伴。"比方说我想要设计一把椅子，我会找到一个家具设计师并对他说：'请为我设计一把椅子。'如果我是对我们中的任何一个人说：'请为我设计一把椅子。'我们就会设计出一个看起来像是椅子模样的东西。"但是，如果你使用欧特克公司的"项目捉梦人"软件，你只需要说："我需要一个这么高的平台，能够支持这么重的重量，并且自重尽可能轻，使用的材料尽可能少，但是仍然能够在这个高度以这个面积的平面支持这个重量。"计算机会自己设计出一些神奇的变形。欧特克公司在其旧金山办公室中展出了其中一些成品，它们个个与众不同，但是你坐进去仍然会感觉很舒服。

和沃森的例子一样，机器的力量变得强大了，"一个人的力量"也随之发生了质变，创造性意味着提出最佳问题的能力。"设计师的世界改变了。"巴斯解释道，"设计师不再需要设计具体的形态，他们只需要提出设计的目标，并讲清楚设计的约束条件。设计师不需要自己动手，只需要从各种可能的设计图样中做出选择。我们从过去的单点解决方案，转变为更多地依靠人和机器之间的合作解决方案。有了计算机的帮助，设计师现在可以全面地理解任何一个系统，超出了原先人类思维自身能够理解的范围。"

## 出租屋的信任创造者

就像我们所说的，超新星在成本、速度、做事方式以及可做的事等方面可以催生激进的转变，那些曾经默默无闻的个人或小团体有能力做出不可思议的事情。他们能够在一夜之间改变所有这些方面。爱彼迎就是一个很好的例子。它在几年时间里就全面改造了一个历史悠久的产业。爱彼迎是超新星的孩子，没有超新星，爱彼迎的故事是不可思议的。有了超新星，它的存在就变得完全合乎逻辑，并且势不可当。

这一切都要从空气床垫说起。

布莱恩·切斯基是爱彼迎的联合创始人之一。他的父母对他只有一个要求，就是希望他从罗德岛设计学院毕业之后能够找到一份有医疗保险的工作。切斯基很听父母的话，他在洛杉矶找了一家设计公司工作。干了一段时间，切斯基实在觉得很烦，他把行李一收拾，开着自己的本田思域，一路向北开到旧金山，投奔他的朋友乔·戈比亚。戈比亚同意与切斯基分担房租。

在我第一次采访切斯基时，他对我说："不幸的是，我要分担的那部分房租有 1150 美元，而我的银行账户里只剩下 1000 美元了，而且我又没有工作。"但是他们有了一个想法。2007 年 10 月初，就是切斯基来到旧金山的那一周，当地正在举办美国工业设计师协会会议。会议网站上所有的酒店房间都被预订一空。于是切斯基和戈比亚想，为什么不把他们的房子变成一个"住宿加早餐"（Bed and Breakfast）的简易旅馆，供参会人员借宿呢？

问题在于，"我们没有床"。但是戈比亚有三个空气床垫，"于是我们给床垫打好气，并称为'空气床加早餐'（Airbed and Breakfast）。"当时只有 34 岁的切斯基在采访中回忆道："有 3 个人在我们这里留宿，我们每人每晚收取 80 美元。我们还为他们做早饭，并成了他们的当地导游。"同时，他们也挣到了付房租的钱。但是，更重要的是，他们酝酿了一个更大的想法，一种让人们既能挣钱又能环游世界的新方法，后来，这个想法变成了一家市值数十亿美元的公司。这个想法就是创造一个全球网络平台，任何地方的任何人都可以出租他们家里的空房间挣钱。为了对这个想法的起源表示敬意，他们将公司命名为爱彼迎（英文名直译过来就是空气床加早餐）。现在爱彼迎的规模已经极为庞大，比所有主要连锁酒店加在一起都大。爱彼迎的规模超过了希尔顿和万豪，但是和希尔顿、万豪不同的是，它连一张客床都没有。它引领了一股新的潮流："共享经济"。

我第一次听切斯基描述他的公司时，心里是有些怀疑的：有多少人真想把走廊尽头孩子的房间租给一个完全陌生的、通过因特网找来的人呢？又有多少陌生人愿意住在别人的屋子里呢？

答案是：非常多！2016 年，就在巴黎一个城市里，商业酒店一共有 6.8 万间客房，而爱彼迎（Airbnb）上的房源超过了 8 万间。

今天，如果你登录爱彼迎（Airbnb）的网站，你可以选择住在城堡、蒙古包、印第安帐篷或者山洞里，而且它们都安装了电视。你也可以住在水塔、房车、私人岛屿、玻璃屋、灯塔、因纽特人的拱形圆顶小屋里，而且它们都安装了无线网络。你还可以住在树屋里，在爱彼迎（Airbnb）平台上，树屋是利润率最高的住房。

"在佛蒙特州的林肯地区，住在树屋里比住在普通住房里更贵。"切斯基说道，"佛蒙特州有些树屋要提前 6 个月之前才能预约得上。人们根据这些树屋可预定的时间来安排他们的假期！"事实上，爱彼迎（Airbnb）自成立以来最热门房屋排名前三的都是树屋，其中两座树屋给其主人带来的收入足以支付其住房的月供。汉斯·亚当二世王子将他在列支敦士登的整个封邑都挂在爱彼迎（Airbnb）网站上对外出租。根据《卫报》2011 年 4 月 15 日的报道，住在这里每晚需要付 7 万美元，而且可以定制街标，以及临时性的货币。你可以睡在"门户乐队"主唱吉姆·莫里森曾经拥有的房屋里，或是选择入住美国设计师弗兰克·劳埃德·赖特的家，也可以在柏林花 13 美元挤在只有 1 平方米的房间里凑合一个晚上。

2014 年 7 月，世界杯足球赛在巴西举行。多亏了爱彼迎（Airbnb），所有来访的球迷和游客才有地方可住，因为巴西没有足够的酒店客房接待所有前来观看比赛的人。切斯基说："在巴西世界杯期间，大约有 12 万人住在通过爱彼迎（Airbnb）租来的房间里，也就是每 5 个国际访客中就有 1 人，他们来自超过 150 个不同的国家和地区。巴西的爱彼迎（Airbnb）房东在世界杯期间获得了大约 3800 万美元的收入。在为期一个月的比赛期间，里约热内卢的房东平均收入约为 4000 美元，大概相当于里约人均月工资的 4 倍。在德国和巴西半决赛的那天晚上，还有 189 个德国客人大大方方地住在巴西人的家里。"

原来我们每个人都可以成为旅店老板！但是，这一方面要归功于切斯基和他的伙伴的远见卓识；另一方面，更重要的是，他们创业的时点可谓恰逢其时。为什么这么说？因为他们正好是在 2007 年创业。如果没有当年诞生的那些技术，就不会有爱彼迎（Airbnb）。首先，网络连接变得快速、便宜、简单，以及无处不在，这一切发生在 21 世纪初期。其次，人们必须习惯在线提交他们的信用卡信息，习惯在线支付和在线交易。人们也许忘记了，当易趣（eBay）刚刚成立时，人们曾经通过普通邮件的方式寄送支票，每天易趣都会收到一大袋一大袋的支票。必须有一大批在世界各地的人，都有一定的电子商务经验，同时还要有一个点对点的支付系统，例如宝贝（Paypal），这样人们就可以在没有信用卡的情况下在爱彼迎（Airbnb）上进行支付。21 世纪初的全球化使这些成为可能。人们还需要以真实身份信息在网络上相互连接，2007 年前后，脸书在高中和大学里流行，在脸书的帮助下，这一点也成为现实，于是出租房子的人和希望租住房子的人就可以相当确定地知道对方是什么人。因为你不是仅仅在易趣上买一本书或者把一根二手高尔夫球杆卖给一个陌生人，甚至也不是要在城市信息分类广告网站 Craigslist 上给你的房间寻找一个室友。你是要住在别人闲置的卧室里，或者把你的卧室出租出去。

切斯基说，你还需要一套评价系统，这样双方就可以相互评价并积累信誉。信誉已经成了某种形式的货币，这套评价体系是在易趣和爱彼迎（Airbnb）的帮助下创立并普及的。你还需要带有照相功能的手机，这样人们就可以很轻松地给出租屋拍照，并上传到网上，而无须雇佣一个摄影师（尽管很多人还是这么做了）。史蒂夫·乔布斯 2007 年解决了这个问题。而且，你还需要一个即时信息系统，就像是 2009 年成立的 WhatsApp，这样在爱彼迎（Airbnb）上房东和房客就可以免费沟通，交流包括什么时间把钥匙放在什么地方之类的细节问题，就像切斯基所说的："这样他们就可以把那个'陌生人'从交易中赶走了，并在虚拟的世界提前见面。"

最后，你还需要把所有这些纳入一个设计得非常好的界面之中。切斯基和他的同伴都是学设计的。这样，你就可以通过一次触碰完成所有事情。所有这些要素在 2007 年都已经诞生，随后几年则快速扩张，于是，爱彼迎（Airbnb）就起飞了。原来的复杂交易——比如，一个明尼苏达人要从一个蒙古人那里租住一个蒙古包——变得非常容易完成，而且，人们能够以互相信任的方式完成这些交易。

事实上，切斯基和他的伙伴在爱彼迎（Airbnb）上创造的最有趣的东西就是：信任。他们大规模地建立了像信任这样复杂的东西。

爱彼迎（Airbnb）的创始人知道，这个世界正在变得相互依赖。技术条件已经具备了，任何一个房东和这个星球上任何一个地方的游客或者在外出差的商业人士之间都能建立联系。如果有人能够创造一个信任的平台把他们联系在一起，就会为所有当事方创造出巨大的价值。这才是爱彼迎（Airbnb）的真正创新：一个信任的平台。在这个平台上，不但每个人可以知道其他人的身份信息，而且可以对他们的房东或房客做出评价。这就意味着每个用户都能建立起自己的"信誉"，并且可以被系统中所有其他人看见。借助技术超新星的力量，突然之间，爱彼迎（Airbnb）平台上登记出租的房间就已经超过了 300 万个，超过了希尔顿、万豪和喜达屋这三家酒店集团所拥有的客房数的总和。要知道希尔顿可是从 1919 年就开业了！

"我们曾经只相信机构和公司，因为他们有信誉和品牌。"切斯基最后说道，"我们曾经只相信自己社区里的人。你认识社区的人，社区之外的所有人都是陌生人。爱彼迎（Airbnb）所做的是给陌生人可信任的身份和品牌。你会希望一个陌生人住在你家里么？不会。但是你会喜欢哈佛大学毕业、在银行工作并在爱彼迎（Airbnb）上拥有五星好评的米歇尔做你的房客么？当然！"

切斯基希望把爱彼迎（Airbnb）关于共享经济的知识运用到其他领域中。他曾经对我说："美国有 8000 万只电钻，平均每只的使用时间只有 13 分钟。每个人真正需要自己买一只电钻么？"

从想象一件事，到进行设计和制造，再到全球销售，其间的距离从未像今天这样变得更短、更快、更便宜和更便捷，对工程师来说是这样，对非工程师也是如此。

坦率地说，如果这还没有发生，是因为你还没有这么做。

## 零售商

如果说超新星能够赋予创新者以能量，建立起新的、激进的、破坏性的商业模式，并在一夜之间在全球范围铺开，那么它同时也能帮助已经站稳脚跟的大公司更好地参与竞争，当然它们要敢于颠覆自我。沃尔玛就是个很好的案例。沃尔玛总部位于阿肯色州的小镇，是最有代表性的实体公司，它的对手是加速时代的产物、零售巨头亚马逊。与亚马逊开展竞争，面临的挑战不是一点半点。大多数人已经对亚马逊的传奇故事非常熟悉，我决定潜心研究一下沃尔玛重获新生的故事，看一看它是如何撬动超新星的力量，与亚马逊在网络空间齐头并进的。

2015 年 4 月，沃尔玛的首席执行官道格·麦克米伦邀请我在沃尔玛公司久负盛名的周六晨会上致辞。周六晨会包括一系列的节目表演和公司布道，总体来说很有趣，地点就在阿肯色州本顿维尔的沃尔玛总部，听众有 3000 人之多，场面相当之大。按照安排我是为影星凯文·科斯纳暖场的。我对麦克米伦说，我很愿意参加他们的活动，但得有回报，而且他们得付我"很多"，不过，《纽约时报》不允许我接受公司的钱款。他问我想要什么，我说我想要的回报就是让沃尔玛的工程师向我展示一下幕后的情况，当我想要用 iPhone 手机在沃尔玛的移动应用上购买某样东西时，沃尔玛是怎么处理我的订单的。我们决定试买一台 32 英寸的电视机。这次旅行让我不虚此行。

沃尔玛的网站 Walmart.com 于 2000 年上线，这是一个利用当时的技术设立的在线电子商务平台，它根本就不是亚马逊的对手。2011 年，沃尔玛开始重视这一问题。当世界上最大的零售商开始重视的时候，他们就是要动真格的了。沃尔玛在硅谷成立了一个大型软件公司，雇佣了上千名工程师。沃尔玛负责电子商务的尼尔·阿什说，招聘这些工程师并不难。"我们对他们说，如果你想挑战难题，我们这里有；如果你对规模感兴趣，我们也有"！作为一家公司，"我们每周要与 2 亿人到 3 亿人'对话'"。

让我感到惊讶的是，沃尔玛能以如此快的速度和如此低廉的成本完成了它的移动应用，这在很大程度上要归功于 2007 年所发生的那些事。哈度普（Hadoop）公司使他们可以充分利用大数据。吉特港（Github）平台使他们可以从其他人发明的零售软件中获益，应用程序接口（APIs）使他们可以和任何人合作。而摩尔定律在存储、计算和电信等领域已经进入棋盘的后半场，使他们能够在一夜之间具备竞争力。

杰瑞米·金是沃尔玛电子商务公司的首席技术官，他曾经是打造易趣电子商务平台的技术团队的一员。当时超新星还不存在，一切必须从零开始。"10 年前（2005 年）我在易趣公司，我们打造了一个非常相似的平台。当时我们用了 200

名软件工程师，花费了几年时间，才完成这项工作。"现在已经不是这样了，从2007年之后就不是了。2011年，沃尔玛打造了一个类似的平台，只用了12个人，花了不到24个月时间。公司雇佣的上千名软件工程师，将信息技术融入沃尔玛商业模式的每一个方面。

"在吉特港（Github）的时代，"阿什说，"要打造自己的搜索引擎，我们选择了在可检索数据索引方面最优的开源技术——Solr，在其基础之上，我们编写了自己的关联引擎。"在过去，编写程序的代码都属于公司的内部信息，但是现在它们成了吉特港（Github）上的公开信息。现在，所有这些工具箱和零部件都在云端，由于开源而变得容易获得，并且因为应用程序接口的存在而可以与其他应用信息互通、交互操作。阿什说："那么你要做的就是把它们放在一起，并创造出商业价值。"

现在说说我想买的那台32英寸电视机。我在手机上沃尔玛应用的搜索引擎中输入了32这个数字，它的算法和数据库立即根据以往经验得知我很可能是在找一台"32英寸的电视机"。即便是我错误地拼写了"英寸"和"电视机"。接着，在几毫秒的时间里，它就展示了一系列有现货的不同品牌的32英寸电视机。

"顾客要的是一种没有摩擦的购物体验。"阿什解释道，"人们现在很没有耐心。"沃尔玛知道，在几百毫秒的时间里人们就会失去耐心。"他们会因为半秒钟的延迟而放弃购买。将数据从我们在科罗拉多州的数据中心转移到本顿维尔的数据中心，需要7毫秒的时间，一个来回就是14毫秒。所以我们不能使用科罗拉多州的数据库来完成某些交易，必须依靠本顿维尔的数据。"

事实上，沃尔玛发现客户的确能够在几毫秒内，也就是千分之一秒的时间内感觉到差别，当他们点击购买、发送或搜索的按钮时，他们期待在10毫秒的时间里得到反馈。沃尔玛的搜索引擎发现，一个客户在线购物获得反馈信息的时间每延长半秒钟，它在每天上百万次交易中就会流失2%～3%。这是实实在在的钱。

我选了一台32英寸的三星电视机，把它放进了虚拟购物车，并点击"购买"按钮。连接沃尔玛和维萨卡的应用程序接口处理了这次交易。在我点击"购买"按钮之后，系统使用我的邮编确定在我住所附近的沃尔玛超市有没有现货，我可以开车去自取，也可以由这个区域的某家沃尔玛商店送货，或者必须通过沃尔玛针对在线订单专门设立的大型运营中心来配送。对于某些特定产品，沃尔玛的系统已经可以预判需求的增加并提前备货，以便为各地的客户提供最低的价格，比如密歇根州冬天的雪铲、佛罗里达州的高尔夫球，以及美式橄榄球"超级碗星期日"前一周的大屏幕电视和"立体脆"零食。

"于是，当你按下'购买'按钮的时候，我们就可以承诺一个送达日期。"杰瑞米·金说，"我们曾经用的方法是概率演算。"现在，沃尔玛的系统会进行一整套的优化计算，提出最佳的送达或自取方案，或是这两种方式的某种结合。这种优化计算是基于你的地址、除 32 英寸电视机外其他你可能会购买的东西，以及这些东西会来自哪里，它们需要多大或多少个盒子来装等因素作出的。考虑到沃尔玛有 4000 家商店以及许多运营中心，这需要对海量的排列组合进行分析和排序。

金说："这大约有 40 万种组合。"既然顾客已经完成了购买，无需在线等候。他说："我们就可以有充分的时间计算了。我们可以在不到 1 秒钟的时间里完成这个计算。"

我笑了。"你说什么？"我以一种难以置信的语气问他，"一旦我按了'购买'按钮，你们就有充足时间了。你用了不到 1 秒？"

他也笑了。

在今天沃尔玛的超新星上，1 秒钟的时间就可以算是"有充足的时间"。在不到 1 秒的时间内，系统可以对 40 万种递送组合进行分析排序。当连接无处不在，当复杂的问题变得简单，世界就加速了。

## 蝙蝠侠创业公司

2016 年 3 月，我正在伊拉克库尔德斯坦的苏莱曼尼亚访问，一个朋友把我引荐给了沙迪克·伊尔迪兹。他的家族经营了许多家信息技术公司，其中一家叫作 Yeni Medya，翻译过来就是新媒体公司。这家公司就是一个例子，显示出一个地处偏僻的小创造者是如何通过借助超新星的力量，在相当短时间内极速扩张的。

新媒体公司是沙迪克的侄子伊克雷姆·泰姆尔创立的，公司开展的各项业务中，有一项是为土耳其政府、其他国家政府以及私营部门进行大数据分析和媒体监控。他们实时跟踪所有的媒体，包括社交媒体，并向他们的客户报告在任何一处媒体上出现的关于他们的报道。他们还可以实时通知客户，什么是人们正在谈论的最热门的 20 个话题，以及各自所占的比例。这些全都显示在一个仪表盘上的各种彩色的盒子中，每个盒子都有一个标题和相应的百分比数字。

"土耳其总统府是我们的一个客户，通过我们的系统他们可以接收实时的调查服务——每一分钟你都可以进行民意测验。"沙迪克对我解释道，"大数据让所有的事情都变得更加简单。我们自行开发的软件每隔 5 分钟就会汇总土耳其和美国所有消息来源发布的信息，就连谷歌新闻也不可能一直按照这种频率完成对所有信息源的追踪。我们跟踪推特上所有已有的故事，并且我们把跟踪的所有故事都存档，每天 100 万篇；就算是在美国也没有人做这么大规模的存档。这样，即使某个消息源删除它们已经发表和传播了的故事，你仍然可以利用我们的系统把它找回来，并用于司法目的。任何政府或公司都可以用这套系统来跟踪媒体上关于它们的消息。"

你怎么赚钱呢？

"公司从用户订阅中收取费用，根据你希望追踪的关键字数量以及用户数量收取不同的费用。"沙迪克解释道，"'托马斯·弗里德曼'将只算作一个关键词。"（我占大便宜了！）"我们还可以对关于你的消息进行分析，按照地理位置进行细分，消息出自哪里，哪个城市有多少人正在阅读，谁首先发起了这个关于你的故事或谁引发了这个趋势——也就是，谁是那些有影响力的人——以及有多少关注前者的人使用了相同的词汇，或者原始的词汇是如何演变和改变的。"

我感到很好奇。原来低声耳语的时代也已经结束了。"土耳其议会的所有议员都在使用这个服务追踪关于他们自己的信息。"沙迪克说道，"还有一些新闻机构也这么做，它们可以通过分析谁写的故事读者数量最多来考核它们的记者。"

我不希望听到关于我自己的所有事情，但是我对他们制造的工具很好奇。订阅他们的产品需要花多少钱呢？沙迪克说，从 1000 美元到 2 万美元不等，看购买什么套餐，希望跟踪多少关键字。

这家公司有这么神奇的技术和广泛的触角。我问，那么，你在哪里成立的这家公司呢？

"蝙蝠侠市。"他答道。

"这是一个真实的地方么？"我问。"是的！"沙迪克答道，"实际上这个城市的市长已经起诉了《蝙蝠侠》电影在未经许可的情况下使用了这个名字！"沙迪克是土耳其库尔德人。他们家的公司位于土耳其库尔德地区。他们的老家就叫蝙蝠侠市。他们还经营其他生意，比如建筑和水处理。但是，他们真正的成功源于在蝙蝠侠市撬动了超新星的力量。他们是怎么做到的呢？当超新星所带来的全球浪潮传到了他们的家乡，这个生意就在家族内部涌现出来了。

"我的侄子伊克雷姆·泰姆尔是公司的创始人和幕后的首席工程师，他今年42 岁。"沙迪克解释道，"他出生于蝙蝠侠市，是土耳其最厉害的数据工程师，成立这家公司就是他的主意。"新媒体公司有 100 名员工，"我们可以在蝙蝠侠市与世界上最大的公司开展竞争。公司里大多数关键职位是由家庭成员出任的。伊克雷姆和他的 6 个姐妹们都出生在蝙蝠侠市。这些姐妹们虽然大多数只接受过初等教育，但现在都已经干起了总编辑、销售经理和应用产品经理的工作。在一个大多数妇女因家人反对而不能工作的城市，这真是一个令人叹为观止的场面"。

然而，他们把主要的商业办公室设在了伊斯坦布尔。沙迪克说："我们仍然在蝙蝠侠市雇佣了许多人。"感谢今天无所不在的网络连接能力，他们"可以坐在家中的电脑前为我们工作，这样就创造了许多就业机会"。除了蝙蝠侠市和伊斯坦布尔，他们还在都柏林、迪拜、贝鲁特和帕罗阿尔托设有办公室。为什么不呢？

"现在已经没有所谓的'缺少机会的穷人'的概念了。"沙迪克说道，"你所需要的就是一个能够思考的大脑、一些短期的培训，然后就可以在任何地方把你的想法变成一笔神奇的生意。"

沙迪克·伊尔迪兹的故事是一个生动的例子，在过去的 10 年中，我还遇到过许许多多和他一样的人。教育加上网络，再加上超新星的力量，意味着"越来越多的低收入人群都能有过去所不具备的力量，于是他们去思考和行动，就好像他们已经迈入中产阶级一样，要求获得人身安全、尊严和市民权利"。联合国人类开发署前任报告官员卡里德·马里克解释道："这相当于一场地壳板块构造的变迁。工业革命是一个 1000 万人的故事。今天的变迁则是一个数十亿人的故事。"而且我们才刚刚开始。

　　我在本书接下来的内容中还有很多这方面的介绍。但是，我确实还有最后一个问题要问沙迪克："你的家庭是从什么时候开创这家公司的？"

　　"2007 年。"他说道。

# 第 5 章

# 市　场

凯翁·贝克波尔是"潜望镜"（Periscope）的创始人和首席执行官。这款在线视频应用于 2014 年 3 月推出，在 4 个月的时间里便拥有了上千万的用户。推特很快就收购了"潜望镜"，因为推特明白，这个应用就是一个视频版的推特。"潜望镜"之所以能在短时间内风靡全球，是因为它建立了一个平台，在这个平台上用户可以利用他们的智能手机与世界上的任何人分享任何事件：无论他们是亲历者还是旁观者；无论是飓风、地震、洪水，还是唐纳德·特朗普的支持者大会；无论是在迪士尼世界的惊险之旅，还是警察对峙或者美国民主党的议员们在众议院静坐示威。贝克波尔将"潜望镜"的使命描述为使所有人都可以"通过别人的眼睛去探索世界"，并在此过程中"建立同理心并发现真理"。使人们设身处地与他人相互接触建立同理心，通过视频直播发现真理。你看到一切都是原始而未经编辑的。

究竟有多么原始？贝克波尔给我讲述了下面这则故事：

2015 年 7 月，我搭乘飞机从旧金山前往伦敦，去观看温布尔登网球赛。我坐在美联航的飞机上，发现居然忘记用 iPad 从 iTunes 媒体商店上下载电影了。9 小时的飞行，我该做点什么呢？这让我有些抓狂。于是，我决定试一试美联航的机上无线网络信号，是不是足够让我在"潜望镜"上看视频。我登录了"潜望镜"，成功了！我做的第一件事就是看我的女朋友在旧金山金门大桥附近的克里斯场海滩溜狗，而且是现场直播。接着，我想看看还有什么人也在"潜望镜"上。当你登录应用平台后，你会看到一幅世界地图，如果有人在线直播，地图相应的地方就显示出一个小点。点击一下这个点，你就可以看其他人的直播了（你还可以看直播的重播）。我在纽约的哈德逊河边找到了一个点。我想："这会是什么内容呢？"我点击进入，原来是一位女士正在暴风雨中搭乘渡轮横渡哈德逊河。她当时正在说："我遇到了一场很大的风暴，真的吓坏了。"她说话的时候，外面很黑。她坐在渡轮的前排。你能看见船长的背影，他正转动舵轮。外面大雨倾盆，重重地砸在玻璃上。你能感受到河水湍急、船身震荡。这位女士吓坏了。

同时还有其他 7 个人也在网站上观看这段直播，我们所有人都在安慰她不会有事的。我的飞机此时大约正在格陵兰岛上空，也正在遭遇气流颠簸。其他人身处世界各地，我们都是陌生人，但我们都在安慰她。我看了 10 ~ 15 分钟。后来我心里想："我们居然发明了这样一个东西，能够如此身临其境，就好像具备了超能力一样。"当你通过其他人的眼睛看外面的时候，你就会情不自禁地拥有同情心，特别是那些平常你没有机会去接触的人。想象一下，你是一个叙利亚难民，坐在一艘船上，直播穿越地中海或是走进塞尔维亚的场景……

贝克波尔的体验证明了全球化正在加速。在这本书中，我用"市场"这个词总括全球化的方方面面。很长一段时间以来，许多经济学家一直主张，度量全球化的标准就是货物贸易、服务贸易和金融交易的总和。这一定义过于狭窄。对我而言，全球化意味着任何个人或公司在全球范围内竞争、联系、交换或协作的能力。按照这个定义，全球化正在爆发。我们现在可以让许许多多的东西数字化，并且借助超新星可以将这些数据流发向任何一个地方，或从任何一个地方接收数据。这些数据流驱动了更深层次全球化：友谊与仇恨，商业与金融，教育与新闻，八卦与谣言，等等。虽然近年来，货物贸易、服务贸易和金融交易的增长已经放缓，甚至有所下降，但是，以流量（flow）度量的全球化正在飞速发展，并以前所未有的方式在全球范围内传递信息、思想和创新，并进一步扩大全球经济的参与度。麦肯锡全球研究所 2016 年 3 月发布了《数字全球化：全球流动的新时代》。这份研究报告认为："世界正在以前所未见的方式深度互联。"

想一想脸书上的朋友，爱彼迎（Airbnb）上的租客，推特上的各种意见和观点，通过亚马逊、腾讯以及阿里巴巴实现的电子交易，通过 Kickstarter、Indiegogo 和 GoFundMe 等众筹网站募集到的资金，WhatsApp 和微信上思想和即时信息的交流，Paypal 和 Venmo 上点对点的支付和信用信息，Instagram 上的图片，可汗学院上的教育课程，大规模开放式网络课程（MOOCs）上的大学课程，欧特克公司提供的设计工具，苹果、Pandora 和 Spotify 上的音乐，Netflix 上的视频，纽约时报网站或 BuzzFeed.com 网站上的新闻，软件营销部队上的云基工具，谷歌上的知识搜索，潜望镜和脸书上的视频。所有这些信息流量都证明了麦肯锡公司的观点，即世界确实比之前联系得更紧了。

这些数字化的流量变得日益汹涌澎湃。21 世纪，数字化流量的重要性，就像古代的河流对当地文明和城市的重要性一样。在古代，人们会把村镇或工厂建在河流两岸，例如亚马孙河。奔流不息的河水给人们带来能量，养育了人们，并带着人们去往远方，认识他们的邻居，探索外边的世界。今天超新星上流入和流出的数字化河流也是如此。古代穿城而过的河流到了现代变成了亚马逊网络服务平台（Amazon Web Services，AWS）或是微软 Azure 平台（源于法语，语意为像天空一样蔚蓝）。这些连接器能够使你、你的生意或你的国家获得超新星里所有的计算能力和应用。在这颗超新星上，你可以与世界上你想要参与的任何一股流动建立联系。

当这么多的领域开始以前所未见的广度和深度进行互联，世界不可能不进行重构。全世界越来越多的人开始使用超新星的技术百宝箱，成为创造者或破坏者；全球各国在金融层面的相互依存度越来越深，以至于每个国家都更容易受到其他国家经济状况的冲击；陌生人之间的联系以一种前所未见的速度、广度和规模不断加强，以至于各种思想，无论好坏，都通过互联网在大范围内快速传播，以更迅速的方式消灭或制造偏见；每位领导人的一举一动都变得更加透明，暴露于公众的监督之下；各国在国外的一举一动，都变得代价更大，这形成了一种新的地缘政治约束条件。

## 互联互通 v.s. 人际交流？

随着越来越多的人使用手机接入这颗超新星，数据河流也将变得更加混杂，流速越来越湍急。2015 年 1 月，波士顿咨询集团发布了一份由高通公司资助的研究报告，题为《移动革命：移动技术如何产生上万亿美元的影响》。他们的一项结论就是：人们已经变得越来越离不开自己的手机了。波士顿咨询集团做了一项调查，他们问美国、德国、韩国、巴西、中国和印度的受调查者一个共同的问题："如果让你选择放弃某样东西 1 年时间，以换得在个人生活中继续使用手机的权利，你会放弃什么？"外出用餐：64% 的受调查者选择放弃这项活动；饲养宠物：51% 的受调查者选了它；外出度假：50%；每周少休息 1 天：51%；拜访朋友：大约有 45% 的受调查者准备放弃。接着，就是一个更加严肃的问题：你的手机，或是性生活，如果两者中必须有一个放弃 1 年时间，你怎么选择？

38% 的受调查者说，他们宁愿放弃性生活 1 年，也不愿交出他们的手机。

按照国别进行细分，韩国最不愿意放弃手机。60% 的韩国受调查者表示愿意用语音和数据交流代替人际交流！他们的理由不难理解。瑞典电信巨头爱立信注意到：

> 移动技术已经彻底改变了我们生活、工作、学习、旅行、购物以及保持联系的方式。今天，全球技术创新和经济增长发生了迅速而剧烈的大爆炸，其程度远超过工业革命。手机几乎能够做所有的事情，而且让几乎所有的事情都发生了革命性的变化。在不到 15 年的时间里，3G 和 4G 使用者的数量已经达到 30 亿之多（图 5-1），移动通信技术也成了历史上消费者适应和应用得最快的技术。

如果是在 10 年之前，我们会说像是生活在一个拥挤的村落。多弗·塞德曼说道："现在我们就像生活在一个拥挤的剧场。世界不仅仅互联互通了，而且变得相互依存。我们比以往更加荣辱与共、休戚相关。今天，一小部分人就可以轻易地对远方的大众产生深远的影响……我们能够更加直接、更加真切地体验他人的抱负、期许、挫败或伤痛。"就好像是贝克波尔在飞越大西洋时与一位陌生人共乘渡轮的感觉一样。

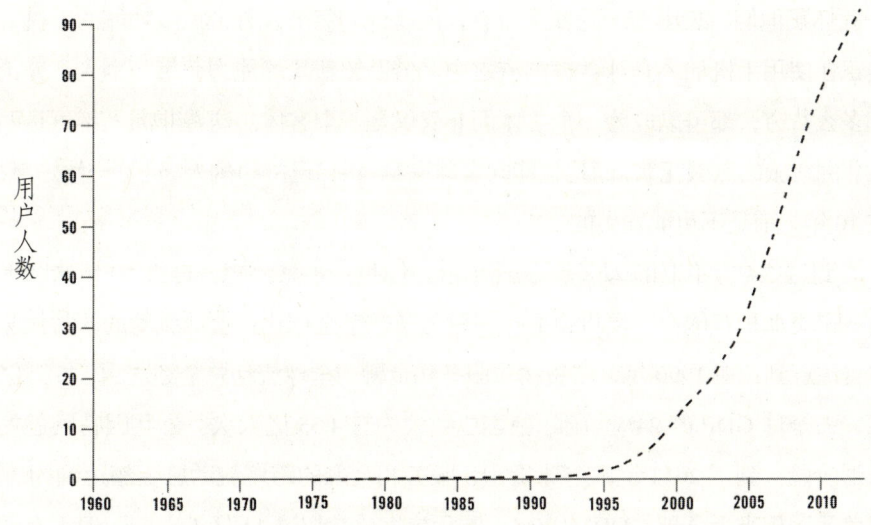

来源：国际电联，世界电信 /ICT 发展报告数据库

**图 5-1　每 100 人中移动蜂窝电话用户数，1960—2010**

2015 年 9 月，法国总统奥朗德在联合国大会期间，召集了一场专栏作家的小范围早餐会，讨论的主题是从中东和非洲涌进欧洲的难民潮。会议结束后，奥朗德的一名随从对我说：这些难民之间传播信息的速度快得惊人；他们在不停地移动，试图跨越地中海，同时还通过社交网络保持信息高度灵通，能够知道所有他们需要知道的事情。

这名法国外交官说："有一天，我们调整了法规，规定任何船上只要有一名残疾人士，就不得将这艘船驱离欧洲海岸。"第二天，从各个方向抵达的船只上便都搭乘了坐在轮椅上的人。"就是这么的快。"

2016 年 4 月，我前往西非国家尼日尔，为国家地理频道的《多灾凶年》系列拍摄纪录片。我们摄制组沿着移民路线，经过尼日尔，穿过撒哈拉沙漠，来到利比亚，再渡海前往欧洲。我们来到尼日尔北部城市德库，这里距离利比亚边境大约 100 英里。我们采访了那些未能穿越利比亚到欧洲去、身无分文回到祖国的尼日尔人。他们站在一辆装满了干货的卡车旁边。在完成拍摄之后，我问他们，能否用我的 iPhone 手机给他们拍一张照片。他们都点头同意。接着，他们都拿出了他们的手机给我拍照。所以，我就有了一张我拍摄他们给我拍照的照片。

我怀疑他们口袋里连一毛钱都没有，但是他们每个人有带摄像功能的手机，并且正在使用手机加入全球数据洪流之中。借助超新星的能力，每一个人，无论他们多么贫穷，都可以成为一个主体而非仅仅是一个客体。这些非洲人不再是西方人非洲之旅的点缀花絮，而是也能向全球发声、讲自己故事的人。这是一件好事，但在 10 年之前是不可能发生的。

看到这些数字化因流动不断加速扩散，你也许不禁会想，再过 10 年这个世界会变得更加相互依存。麦肯锡的一份题为《数字全球化：全球流动的新时代》的报告注意到：在 1990 年，"货物、服务和金融的全球流动总金额达到了 5 万亿美元，占全球 GDP 的 24%。国际旅客总数大约有 4.35 亿人次。公共因特网还处于雏形阶段。到了 2014 年，全球货物、服务和金融的跨境流动总金额达到约 30 万亿美元，相当于全球 GDP 的 39%。国际旅客总数超过 11 亿人次。"但更有趣的还是下面这段：

> 跨境带宽（以每秒 1TB 计算，即 1 万亿比特）自 2005 年起增长了 45 倍。据预测，在接下来的 5 年中，随着商务、信息、搜索、视频、通信以及公司内部流量的不断激增，跨境带宽还将再增长 9 倍……

> 因为有了社交媒体和其他因特网平台，个人与个人之间也在建立他们自己的跨境联系。我们估计，全球约有 9.14 亿人在社交媒体上至少拥有一个国际联系人，约 3.61 亿人参与了跨境电子商务活动……在脸书上，50% 的用户拥有至少一个国际友人。在新兴经济体的用户中，这一比例甚至更高，并且增长得更快。

所有这些相互的联系导致"虚拟物品即时交易"的数量急剧扩张：

> 电子书、应用程序、在线游戏、MP3 音乐文件、流媒体服务、软件、云计算，只要在有因特网接入的地方，这些就能够传送到消费者手中。许多主流媒体网站正在由面向国内受众向面向全球逐步转型；包括英国《卫报》、美国《时尚杂志》、英国广播公司（BBC）、美国新闻聚合网站 BuzzFeed 在内的许多

媒体，在线访问流量的一半以上来自外国。Netflix 网络电视将自己的商业模式从邮递 DVD 光碟转型为在线订阅流媒体服务，其服务范围也随之急剧扩张到全球 190 多个国家。如果说媒体、音乐、书籍和游戏代表了第一波数字贸易，那么 3D 打印技术终将把数字贸易扩张到更多的产品类别。

还有比脸书上有越来越多的朋友更加神奇的事情。听说过"物体"也可以相互交朋友吗？如果你要欣赏数据流的壮观，且等"物联网"发展到一定规模，等到机器开始与位于全世界其他地方的机器相连的时候，再回来看吧！思科公司的著名 IT 工程师普拉门·内德尔契夫 2015 年 9 月 29 日在思科网站上发表了一篇题为《不可避免，已经到来，我们准备好了么？》的文章。他写道："今天，只有 0.6% 的物品是互联的。"1984 年，全世界只有 1000 台设备通过因特网互相连接。1992 年这一数字增长到 100 万，2008 年为 100 亿。预计到了 2020 年，将有 500 亿台设备实现互联。2011 年，新接入因特网的物品数量超过了因特网的新增用户数。

麦肯锡发现，数据流"对增长的影响已经超过了传统的货物贸易流。这是一项令人叹为观止的进步。要知道，全球货物贸易网络已经发展了几个世纪，而跨境数据流动 15 年前才刚刚发生"。报告注意到，它还将继续增长，因为大公司过去都是建设自己的数字平台，管理供应商、联系客户并为全球各地的员工提供内部通信和数据共享服务。现在各种不同的公共因特网平台出现了，包括脸书、YouTube、WhatsApp、微信、阿里巴巴、腾讯、Instagram、推特、Skype、易趣、谷歌、苹果和亚马逊等。在这些平台上，人们通过手机，可以和身处全球任何地方的任何人联系起来。

一些通信应用，例如脸书的即时通信软件 Messenger 和微信，不仅用户数量发生了爆炸式的增长，而且正在逐步取代电子邮件，成为人们更加青睐的通信方式，并承载了越来越多的互动功能。它们正在成为电子商务、电子银行、旅行预定、即时通信的平台。这一现象被人称为"对话式商务"，它有望通过使越来越多的复杂互动变得更加简化和迅速，将世界更加紧密地编织在一起。例如，通过 Venmo 移动支付应用，今天的年轻人可以毫不费力地使用他们的手机（以及与之相连的银行账户）平分晚餐的账单，还可以同步分享他们关于食物和对话的想法，用同一条账单短信就可以实现这些功能。

麦肯锡的商业咨询顾问伊莲诺拉·沙雷夫说道，在她的办公室，诸如 Slack、HipChat 等即时通信软件迅速流行起来，它们就好像是一个"有生命的仪表盘，全天不间歇地给你发送关于你的工作的所有相关信息，同时还可以让你在一种愉快的环境下谈论你的工作……所有这些聊天软件都可以安装在你的手机上，所以你可以一直与员工保持快速的联系，不分白天黑夜地查看图表和统计——并成为工作的奴隶"！

对我们的孩子而言，这些即时通信软件正在使电子邮件变得过时。孩子们看待电子邮件，就像当年第一代电子邮件使用者看待传统邮件。大卫·马库斯负责运营脸书的 Messenger，他也曾负责运营 Paypal。他说，移动即时通信应用就是"下一个平台，他们将改变许多事物"。"如果我们成功了，你日常生活中的许多内容都会在即时通信应用上进行。它将成为日常商业和服务互动的中枢。电子邮件还将存在一段时间，但主要是进行一些时效性不那么强的联系。"当我们在 2016 年 5 月见面时，脸书 Messenger 月用户数即将跨越 10 亿大关。如果什么东西有 10 亿个用户在使用，你就应该注意了。

"想想吧！"马库斯在一篇博客文章中详细阐述了即时通信平台的崛起意味着什么：

> 短消息和文字短信在翻盖机时代走到了舞台前端。现在，我们可以用手机做更多的事，从打电话、发文字短信到把电脑装进衣服口袋。就像翻盖机正在逐渐消失一样，过去的通信方式也在逐渐消失。通过脸书 Messenger 应用，我们可以提供文字短信所能提供的全部功能，而且远不止这些。你可以发送文字短信，还可以发送各种表情包、图片、视频、语音留言、GIF 动图、你的地理位置，并可以给他人转账。你可以在无须知道他人电话号码的情况下与他视频聊天或语音通话。

> 移动通信应用当然是基于电话号码的，但是马库斯想通过脸书 Messenger 令

电话号码消失。你只需要点击脸书图标中的人或公司的名称，而不再需要记住他们的电话号码。他说道："渐渐地，电话号码就会变得过时了。"想象一下这又会使数据流动增加多少？

随着所有这些工具的用户规模不断扩大，跨境通信和交易的成本也在不断下降，以至于设立一家业务面向全球的公司的成本低得令人难以置信。麦肯锡注意到截至 2016 年，脸书上大约有 5000 万家小企业。"这一数量比 2 年前翻了一番……在中国，阿里巴巴拥有 1000 万家中小企业，向全世界出售产品。亚马逊上有 200 万家小企业……大约 9 亿人在社交媒体上拥有国际联系人，约 3.6 亿人参与了跨境电子商务。"

出于同样的原因，麦肯锡补充道："产品可以通过互联网快速和广泛地扩张，其规模增长之快前所未闻。2015 年，阿黛尔的新歌《Hello》在发布后的 2 天内，在 YouTube 上的浏览量就超过了 5000 万；仅一周时间她的专辑《25》在美国的销量就创下 338 万份的纪录，超过了历史上的其他任何专辑。2012 年，米歇尔·奥巴马穿了一件从英国网络时尚零售商 ASOS 那里购买的礼服，它的照片在推特上被转发了 81.6 万次，在脸书上被分享了超过 400 万次；这件衣服也立即售罄。"

与此同时，所有这些宏观和微观的流动正在从根本上改变我们对经济力量的看法。什么是经济力量？谁拥有经济力量？

## 大变迁

这就是为什么管理学专家约翰·黑格尔三世、约翰·西里·布朗和朗·戴维森发明了"大变迁"（the Big Shift）一词。所谓的"大变迁"指的是，我们正在从一个历史长周期向另一个不同的世界迁移。在前一个历史长周期，度量财富、驱动增长的是存量，即你有多少资源可以存储起来供提取和利用；在后一个历史长周期，流经一个国家或社区的流量数据是其比较优势的最根本的来源。这些数据流量有多大、有多么丰富，有多少训练有素的民众能够熟练地利用这些数据流？

"在我们生活的这个时代，流量压倒一切，并能掀翻一切阻碍其行进的障碍物。"黑格尔在一次采访中对我说，"随着流动的速度加快，它会渐渐掏空过去给我们带来安全和财富的存量知识。它要求我们通过协作的方式更快地学习，要求我们更加充分地发挥个体和集体的真实潜力。它以种种可能和希望激发我们，只有参与到更广泛的流动之中，这些可能和希望才会变为现实。这就是'大变迁'的本质。"

黑格尔、西里·布朗以及戴维森在2009年1月27日发表于《哈佛商业评论》的一篇题为《抛弃存量，拥抱流量》的文章中进一步阐述了这一主题。"钱从哪里来？"他们问道：

> 过去答案很简单：从存量知识中来。如果你知道某些东西有价值，而其他人无法获得，那么你就相当于拥有了一张印钞许可证。你所要做的就是为这些知识提供保护和防御，并以尽可能快的速度、在尽可能广的范围内提供基于相关知识的产品或服务。可口可乐的专有配方、制药行业保护畅销药的专利，都是这种例子。
>
> 这一模式能量巨大、简单清晰，易于成功，因此给很多公司高管留下了深刻的印象……
>
> 不仅公司如此，个人亦然。作为个人，我们通常会在人生早期接受程式化的教育。毕业之后，我们走上工作岗位，坚信学到的技术和知识能确保自己在职业生涯中终身受益。不错，我们会在工作的过程中获得新的知识，但是获得新知识的关键在于有效地利用在受教育阶段已经获得的存量知识。

但是，如果超新星的崛起已经使这一模式完全过时了呢？用三位作者的话说：

> 如果一种截然不同的价值源变得越来越强大，这将会怎样呢？我们认为有足够的理由相信价值的来源已经从知识存量向知识流量转移。简而言之，我们认为流量将胜过存量……
>
> 随着世界的加速，存量知识正在以更快的速度贬值。一个简单的例子就是，全球范围内诸多产业的产品生命周期迅速缩短。即使是最成功的产品也会以更快的速度落伍，因为新一代的产品正在以越来越快的速度生产出来。在过去那个更加稳定的时代，我们一旦学到了有价值的东西，就可以停下来

休息和放松，因为我们确信在相当一段时间内这些知识都能产生价值。这种好日子已经不在了。

现在，如果要成功，我们就必须持续更新存量知识，置身于相关领域新知识的流动之中。

但是，你要做的不仅仅是从知识的河流中接一杯水。你还必须做出贡献，这样才是真正地"置身于知识的流动之中"。"如果不能贡献我们自己的知识，我们就不能有效地置身于知识的流动之中，至少不能长时间这样。"三位作者注意到，"这是因为这些知识流量的创造者们不喜欢搭便车的人；他们希望与那些能够贡献自己知识的人和机构发展关系。"

你可以从类似吉特港（Github）之类的开源软件社区中清晰地看到这一特点，它在更广的范围内依然适用。"虽然共享知识当然会产生一些连带风险，但是知识产权遭盗窃的损失会随着知识陈旧率的上升而逐渐降低。"他们提出，"与此同时，分享知识的回报会显著上升。"

这方面一个很好的例子就是通用电气。现在，当通用电气希望开发一个新零件的时候，它不再仅仅依靠公司自己在印度、中国、以色列和美国的工程师们，而是越来越多地通过从全世界的知识海洋中汲取能量，比如，他们会通过举办"竞赛"的方式，激励世界各地最强大的大脑一同参与通用电气的创新。

每一台飞机的引擎都需要用一些核心部件来固定其位置，例如支架和吊架。航空业一直努力让这些部件变得更强、重量变得更轻，因为重量越轻，飞机的油耗就越低。2013 年，通用电气挑选了一种支架，描述了其工作条件和功能定位，然后在网上发起了一场"通用电气引擎支架挑战赛"。无论身在何处，只要能够运用 3D 打印技术设计出重量最轻的引擎支架，便将胜出并获得公司颁发的奖金。在数周的时间里，通用电气便收到了来自全球各地的 697 份设计方案，参赛者包括公司、个人、研究生和设计师。

通用电气的网站是这么写的：

2013 年 9 月，合伙企业选出了 10 名决赛选手，并给每人颁发了 1000

美元的奖金。

航空 3D 公司在其位于俄亥俄州辛辛那提市的增材制造工厂打印出了入选的 10 件设计作品。通用电气的工人使用激光金属直焊机对钛合金进行加工，用激光将一层一层的金属粉末熔化后塑形，生产出这些支架。

这些制成的支架被寄往位于纽约州尼斯卡宇纳的通用电气全球研发中心进行破坏性测试。全球研发中心的工程师们将支架绑在 MTS 伺服液压控制测试机上，并用相当于 8000～9500 磅的轴负荷对其进行了测试。

只有一件支架未能通过测试，其余的产品都进入了扭转压力测试阶段，并经受了相当于 5000 磅／英寸的扭矩压力。

没有一个决赛选手来自美国，也没有一个是空气动力学工程师。通用电气告诉我，最佳设计来自一名匈牙利的大学三年级学生——阿尔敏·芬德利克。这是他第一次用 3D 打印技术做设计。但是后来发现他此前在通用电气的布达佩斯办公室当过实习生，因此他不能领取奖金。于是，一等奖 7000 美元的奖金就给了 M. 艾利·库尼阿万，一名来自印度尼西亚中爪哇岛萨拉迪迦的年仅 21 岁的工程师。通用电气称，库尼阿万设计的支架"在强度和轻量化的组合方面做得最好。原始的支架重 2033 克（4.48 磅），库尼阿万做到了将重量减轻了近 84%，降至仅有 327 克（0.72 磅）"。通用电气的管理层告诉我，负责此项竞赛的经理在通用电气工作的时间比这个孩子的年纪都大。

通用电气的网站引用库尼阿万的话："很快，人人都会使用 3D 打印技术。"库尼阿万接着说："因此，我希望尽可能地使自己熟悉增材制造技术。"他和他的兄弟合伙开设了一家小型工程设计公司，名为"DTECHENGINEERING"。

最终，通用电气向那位匈牙利的实习生提供了一份工作。他显然在此领域天资甚高，但据通用电气增材制造实验室的高级机械工程师比尔·卡特说，这名匈牙利学生在学校期间连工程结构分析课的结业考试都没有通过。"这件事表明，如果你能够激发起年轻人对某件事物的兴趣，使他们有一种归属感，他们就会变得兴奋。与其在课堂里学习，不如让他们到课堂外，比如参加我们的竞赛。他会向外界学习，而原本他根本不会和这些人对话。"

普拉布约特·辛格是通用电气增材制造实验室的经理，在谈论起两年前的这个项目时，他向我介绍，如今像通用电气这样的公司都会在全球范围内充分利用各种人才。"当你在寻找新创意的时候，可以在全球范围内寻找各种不同的答案，你可以通过与这一群体接触来提高速度。我可以在短时间内扩大或缩小研究团队的规模，这完全取决于我希望在多大的程度上利用这一群体。这有助于我们一直保持在科技的最前沿。"

这也意味着，随着这些四面八方涌来的能量，竞争也更加激烈。麦肯锡报告的另一位作者詹姆斯·马尼卡注意到，在过去，公司会紧盯着"看起来像它们，与它们处于同一个行业、同一个地域"的竞争对手。现在不再是这样了。谷歌开始时是一个搜索引擎，现在还成了一家汽车公司和一个家庭能源管理系统。苹果是一个计算机制造商，现在则成为全球最大的音乐销售商，并且也开始进入汽车行业；它还发明了苹果支付并正在成为一家银行。亚马逊作为一家零售商，居然在云计算领域对 IBM 和惠普偷袭成功。10 年前，这两家公司无论如何也不会把亚马逊当作自己的竞争对手。亚马逊发现其需要更多的云计算能力来经营自己的生意，接着就决定把云计算当作一门生意！而且现在，亚马逊还是一家好莱坞的工作室。

2016 年 1 月 12 日，CNNMoney.com（CNN 网站的金融新闻板块）刊登了一则关于金球奖颁奖典礼的新闻，开头是这么写的：

"我要感谢亚马逊，感谢杰夫·贝佐斯……"

这些话是导演吉尔·索罗威在周日的好莱坞颁奖典礼上说的，也是有史以来第一次。因为亚马逊的系列喜剧片《透明家庭》击败了 HBO 电视台、Netflix 和 CW 电视网制作的电视剧，摘得两项金球奖桂冠。

这些奖项再次证明电视行业正在不断拓宽，像 Netflix 和亚马逊 Prime 即时视频（Prime Instant Video）等流媒体服务也能像电视台一样，制作和播放能获大奖的节目……

过了一会儿，《透明家庭》的明星杰弗里·坦波尔又荣获了电视喜剧最佳男主角的奖项。他将亚马逊称为"我新任的最佳朋友"。

不知道 HBO 电视台听到后会有何感想?

出于以上种种原因,麦肯锡提出了关于全球化的新度量指标,其实就是询问一个国家、一家公司或者一个人这样一个问题:你置身于全球流量之中了吗?这个指标被称为"麦肯锡全球研究院连接指数"(MGI Connectedness Index)。它对各国在全球各种不同类型的流动中的参与程度进行排名,同时这个指标也相当准确地反映出了各国的繁荣和增长程度。新加坡位居榜首,荷兰、美国和德国紧随其后。

这一排名背后传递出一则信息:新加坡在基础设施和教育上作了大量投资。投资基础设施以确保它能够参加各种数字的流动;投资教育以确保其劳动者队伍能够充分利用这些数字流量。只有这样去做的城市,才能充分从中获益。道理并不复杂:受教育程度越高,所介入的流动流量越大,享受的治理和基础设施越好,这样的人就能够胜出。他们拥有数量最多的数据可供挖掘;他们可以第一时间了解最新的思想;他们将最先遭到质疑,也能够最先回应。置身于全球流量之中,将成为一项重大的战略和经济优势。

2013 年 2 月《国际商业、人类和科技》杂志发表了一篇研究文章,指出 GDP 高与"因特网普及率高"存在相关性,并且不仅仅是在那些高度发展的、因特网已经饱和的北欧国家,在其他国家也是如此。"一种模式渐渐地开始显现:信息通信技术首先开始发展,之后,人口越来越适应新技术,生产力变得越来越高,GDP 水平也相应开始增长"。

这是一次大变迁。但这就是新的全球化时代的全部内涵。

## 无处不在的大变迁

流动全球化的加速发展最激动人心之处就在于,数字的河流正在流向四面八方,每一个拥有手机或平板电脑的人都可以接触到这些河流,借助河流的力量开展竞争、取得联系、共同协作并发明创新。2011 年 11 月,我到印度访问,目睹全世界最贫穷的人民是如何置身这条数字洪流之中的。我受时任印度理工学院拉贾斯坦邦分院的院长普雷姆·卡尔拉的邀请,前往印度理工学院作报告。印度理工学院拉贾斯坦邦分院位于焦特布尔市,是一座精英学校,被印度人誉为当地的麻省理工学院。卡尔拉邀请我去他的学校做一场访谈，与学生见面，并看一看他正在开展的一个项目，项目的宗旨是将印度最贫穷的人与全球的数字洪流连接起来。

卡尔拉向我解释，在电信领域有一个概念叫作"最后一英里"，也就是从主干线接入人们家庭的那段距离，这是最难的一段距离。印度理工学院开展的项目致力于克服一个类似的挑战：与"最后一个人"建立联系。怎么才能与最后一个人，也就是印度最贫穷的人建立联系？印度"经济上最贫穷的人"能否被"赋予能量"？也就是说，能否给他最基本的工具，使其能够获取足够的知识来摆脱赤贫状态？在一个 75% 的人口日均生活水平不足 2 美元的国家，还有比这个问题更大的问题吗？

这个项目是这样来的。印度人力资源发展部提出了一项具有挑战性的任务，卡尔拉和他的学院决定接受这项挑战：有没有人能够设计并制造出一个功能简化的类似 iPad 一样的平板电脑，基于因特网并能够接入无线网络，从而使一个最贫穷的印度家庭（每个月只有 2.5 美元的结余）在接受了政府补助之后能够负担得起。这个简单的平板电脑应该可以用于远程教育、英语和数学教学或者用来跟踪大宗商品价格，而售价不得超过 50 美元，还要让制造商有钱赚。能否利用这样的廉价平板电脑，让数以百万计的、边缘化的印度穷人加入全球知识洪流？

卡尔拉的团队由两名印度理工学院的电气工程教授领导，其中一人来自一个至今仍然不通电的村庄，他们最终赢得了这项挑战并发布了 Aakash 平板电脑。Aakash 是印地语"天空"的意思。最原始的版本基于安卓操作系统 2.2 版，有一个 7 英寸的触摸屏，电池可以支撑 3 小时，可以下载 YouTube 视频、PDF 文件和教育软件。卡尔拉说，如果印度人只能去买西方制造的平板电脑，价格将非常昂贵，印度贫穷的"最后一个人"肯定买不起，所以必须打破这个价格。他们通过借助全球化，成功地做到了这一点：他们从中国和韩国进口零部件，使用开源软件和协作工具，利用数据风公司和康奈森系统公司这两家西方公司以及印度本土的四方公司的设计、制造和组装能力。

但是，这次访问给我留下最深刻印象的是卡尔拉的夫人乌米拉讲的一个故事。2011 年 10 月 5 日，印度的报纸上刊登了 Aakash 平板电脑发布的消息。乌米拉的女佣找到了她，这个女佣有两个年纪尚小的孩子。她说，她听值夜人说起，卡尔拉先生生产了一台非常便宜的电脑，就连她都能够负担得起。值夜人给了她一张从报纸上剪下的图片，她问乌米拉这是不是真的。

乌米拉对她的女佣说，是的，这是真的。这台机器就是为那些负担不起一台大电脑的人设计的。

她问："那它要卖多少钱呢？"

乌米拉说："大概需要 1500 卢比（30 美元）。"

这个价格低得让女佣有些不敢相信。她问："是 15000 卢比，还是 1500 卢比？"

乌米拉说："1500 卢比。"但是，乌米拉继续对我说道："女佣非常确信如果政府真的是在为穷人做一件这么好的事情，那背后一定有什么圈套。'我能用它做些什么呢？'她问我。我说：'如果你的女儿去上学，就可以用它来下载课堂教学的视频。'就像她曾经看到我的儿子每周从麻省理工学院的网站上下载物理课视频一样。"

乌米拉的儿子已经在麻省理工学院的网络开放课程平台上听课了，也就是大型开放式网络课程"慕课"（MOOC）的前身。"慕课"后来由麻省理工学院免费设立并放到了因特网上。乌米拉对她的女佣说："你看到过我的儿子坐在电脑旁边听老师讲课。这个老师实际上人在美国。"

女佣的眼睛"越张越大"。乌米拉回忆道："接着她问我，她的孩子能否用这台电脑学习英语。我说：'是的，他们当然可以学英语。'英语是当地人向上爬的通行证。我说：'它非常便宜，你可以给你儿子买一台，再给你女儿也买一台！'"

乌米拉的儿子已经开始从全球的知识洪流中获益了，他可以在焦特布尔市的家中登录麻省理工学院的在线平台学习，而女佣的孩子们也不会落后很远。你与发达世界的大城市距离越远，就能够越清晰地看到今天的全球化正在快速地将能量传递给"最后一个人"。

这绝非夸大其辞。这也是让我感到无比乐观的重要原因。

现代数字全球化在其初期阶段往往都是与"外包"有关，美国和欧洲的公司充分利用了快速、免费、便利和触角遍及世界各地的网络，在世界各地雇佣了大量廉价的工程师来解决美国的问题。20 世纪 90 年代晚期，大规模外包第一次成为可能，当时大多数人想要解决的大问题是"千禧虫"问题——许多电脑将在 2000 年 1 月 1 日停止工作，因为其内部时钟存在一个程序错误。数以百万计的计算机系统需要打补丁修复，而印度有数十万廉价的工程师能做这份工作。很快，问题就解决了。

然而，随着超新星的出现，复杂问题也能够得到快速、免费以及便利的解决，全球化意味着任何地方的任何人只要有因特网连接就可以接入全球数字洪流，于是一些激动人心的事就发生了：印度、墨西哥、巴基斯坦、印度尼西亚和乌克兰的工程师，以及许许多多其他人，开始接入数字洪流来解决他们的问题。而现在，那些低成本的创新中有一些已经开始向我们回流，并使我们获益。印度长期以来在数学、科学和工程学教育领域有着优良的传统，而美国曾经是这种教育最大的受益者。在 20 世纪 50 年代、60 年代和 70 年代，当这种全球的流动在许多国家还不存在或只有涓涓细流时，那些在印度受过高等教育的毕业生在当地找不到工作，于是他们成群地来到美国，帮助美国弥补劳动力队伍的不足。现在，随着超新星将这些数字洪流推往他们的方向，他们可以留在家中，同时参与全球合作。因此，越来越多的人开始获得全球最重要的机会，并参与解决那些最重大的问题。

我每到一处都能看到这样的场景。每一次我为专栏写作访问印度，我都会去拜访高科技企业协会 NASSCOM，与印度最新的一批创新者对话。他们只是印度 12 亿人口中微不足道的一小部分，其中大多数人仍然十分贫穷，但是我关注这些创新者，因为他们中的许多人正致力于使印度摆脱贫困。

2011 年，NASSCOM 团队把我介绍给了艾洛克·巴吉帕。和他年轻团队里的其他人一样，巴吉帕曾经为西方的科技公司工作，后来回到印度，决心自己做一番事业，虽然他并不确定自己该干什么。后来，他们做出了 Ixigo.com，这个网站可以提供旅行搜索服务，并且可以在最便宜的手机上运行，为印度人预定最廉价的出行方式，无论是希望花几个卢比乘坐大巴或火车从金奈赶往班加罗尔的农民，还是希望搭乘飞机前往巴黎的百万富翁。Ixigo 现在是印度最大的旅行搜索平台，有上百万的用户。巴吉帕在打造这个平台时，充分利用了超新星，他们使用免费的开源软件、Skype 以及基于云端的办公软件（例如谷歌的各项应用），并在脸书上通过社交媒体开展推广和营销。这些"使我们在没有一分钱的情况下就能快速发展",他对我说。

如果你去了墨西哥的蒙特雷,也会为之感到振奋。这里是墨西哥的科技中心,聚集了数量众多的"不听话"的年轻人:他们不相信墨西哥政府已经陷入混乱,不相信中国会夺走他们的午餐,也不相信墨西哥街头到处都很危险。他们利用全球数据洪流,来做自己的事情。蒙特雷的棚户区聚集了数以万计的穷人,他们在那里生活了几十年。现在,这一切都要改变。因为一群年轻、自信的创新者,立志要通过利用科技和全球化解决墨西哥的问题。

2013年我来过蒙特雷,并写了一个专栏。我讲了我遇到的几位年轻人的故事,劳尔·马尔多纳多就是其中之一。他是 Enova 的创始人。Enova 是一个课后学习计划,通过"教师+因特网"的方式教穷孩子数学和阅读,教成年人计算机语言。"在过去的3年中,有8万人从我们这里毕业。"他对我说,"我们计划在接下来的3年中开设700个中心,并在接下来的5年里覆盖600万人。"另一个年轻人来自艾利维奥资本公司,他叫帕特里西奥·赞布拉诺。他建立了一个牙科、眼科和耳科援助诊疗中心,提供低成本的补充医疗,还为那些没有保险的人提供医疗贷款。还有安纳金公司的小安德雷斯·穆诺兹,他向我展示了自己发明的太阳能加热器,不仅能够净化饮用水,还可以用来煮肉。还有 CEDIM 的管理员,这是一家新成立的大学,开设"商业创新的硕士学位课程"。还有阿图罗·加尔万,他是橙子公司(Naranya)的创始人,这是一家移动互联网公司,可以提供一系列服务,包括为身处社会金字塔底层的消费者提供小额支付功能。"我们在这里已经很多年了,但是我认为我们刚刚开始建立信心。"加尔万解释道,"你开始看到各种各样的榜样,他们从零开始,现在已经公开上市。我们是相当有创造力的。我们也必须面对诸多挑战。"他补充道:"我们认为,我们现在变得强大了,而且创新的生态环境也形成了。""Naranya"是从西班牙语的"橙子"一词(naranja)而来。"为什么取这个名字?"我问加尔万。"因为苹果已经被注册了。"他说。

但是,我们要讲的并不仅仅是发展中国家的人们如何能够更方便地利用数据洪流,发明新的产品并出口到国外市场。全球数据洪流也能够惠及地球上最穷苦的人群。马达加斯加的3—2—1服务公司创始人、国际人类网络的首席执行官大卫·麦卡菲说道：

有手机的人可以从网上获得各种各样的有用信息。通话人可以在任何时候、任何地方拨打免费电话，并按照菜单选项选择想听的内容："你需要了解哪方面的信息：健康问题，请按 1。农业问题，请按 2。环境问题，请按 3。水及卫生问题，请按 4。土地使用权问题，请按 5。小微金融问题，请按 6。计划生育问题，请按 7。"

我们所用的 800 电话都在使用现成软件——"英语请按 1。西班牙语请按 2。"但是我们重新设置了命令，那些目不识丁的听众也可以用手机收听事先录制好的信息，不用花任何钱。这里的创新之处在于随时接听。只要通话人有需求，就可以随时接听有关的信息。到目前为止，发展机构和人道组织一直在努力寻找什么才是这些穷人"有需求的时刻"。有些发展项目希望改变穷人的行为方式，例如，鼓励母亲让孩子在蚊帐内睡觉。负责实施项目的工作人员使用大众媒体，比如无线电、电视或人际交流，甚至用挨家挨户敲门的方式传递他们的信息。但是这些"直接推送"信息的渠道并不适合用来满足人们个性化的即时需求。人们只有在需要的时候才需要获得知识，并且是在他们自己需要的时候，这听起来可能非常傻，而且不言自明。但是，当人们需要信息的时候，他们不能把信息从收音机中"拉出"来！……在项目启动后的 6 年中，有超过 500 万人提出了 6000 万项信息请求……都是对最终用户免费提供的。

3—2—1 服务现在已经在柬埔寨、加纳、马达加斯加和马拉维上线，并计划在 2016 年底将服务扩大到其他 11 个非洲和亚洲国家。一旦 3—2—1 服务在这 15 个国家启动后，将有 1.2 亿用户可以接收免费的、按需点播的公共服务信息。2016 年，每个月平均有 40 万人联系 3—2—1 服务，提出了 170 万次信息查询。这就是大量的信息在"推"和"拉"。麦卡菲的团队接着对这些数据的流动进行挖掘，并在此基础上改进服务。与非洲的广播站和电视台不一样，麦卡菲注意到，"我们准确地知道有多少人在听取我们的关键信息。我们对每一次通话都进行大数据分析：电话号码、日期和时间、菜单选择以及关键信息选择"。

需要特别强调但往往容易被忽视的一点是，我们现在还处于这种信息加速流动的早期阶段。下一个阶段正在逐步形成，比如，成立清算中心式的平台，有效地将来自发展中世界的信息流与希望进入发展中世界的信息流相匹配，从而更紧密地将全世界编织在一起。在这个领域，我所见过的最有趣的创业企业就是全球网（Globality.com）。这是由乔尔·海亚特和莱尔·德尔哥于 2015 年 3 月创立的一家企业。他们致力于建立一个使用人工智能和人类智能的平台，助力中小企业成为"跨国企业"，帮助它们像大型企业一样轻松地参与全球经济。

举个例子，你是一个美国的小型制造商，需要在秘鲁的利玛找一家律师事务所和一家市场营销公司；或者你是印度的一家数据服务公司，要购买一家在休斯敦的 3 人创业企业。你可以登录全球网的平台，运用网站的技术仪表盘创立一个项目简介。"我们将使用人工智能和手工管理，免费挑选出一些最适合你需求的公司，我们做出的选择是基于我们的行业专业、研究以及匹配算法。"海亚特解释道。

全球网接着为你和你选择的公司建立联系，通过在其网站上召开视频会议的方式为双方谈判合同细节和敲定法律框架提供技术支持，接着它还会进行背景调查，订立合同并生成所有的账单，最后还有一个评级系统让双方互评，就像优步、爱彼迎（Airbnb）和易趣一样。一家公司在全球开展经营所需的任何事情，"从第一分钟到最后一分钟都在一个平台上，以一种简单、统一的格式完成。"海亚特说道。全球网的盈利方式是向服务提供商（卖方）收取基于交易金额一定比例的佣金。它把自己比作爱彼迎（Airbnb）。爱彼迎（Airbnb）帮助小业主在全球出租他们的房子，并帮助那些自助游客在全球旅行时寻找一种住家的体验。全球网致力于为那些希望在全球开展业务的公司提供类似的服务。它希望在陌生人之间建立一种信任，使全球商务更多地在小企业之间流动。这就是数字全球化的进一步加速。

现在已经有一些大型跨国公司利用全球网平台寻找中小型公司。相比大型国际企业，后者可以以更低的价格提供高质量的服务。当大家伙不再只与大家伙进行交易，开始接受越来越多的小企业参加全球商业活动时，全球化的另一个加速器便启动了。

## 当大变迁触及金融流

全球化一直以来都是金融流动所驱动的，拜超新星所赐，这些数字化的金融流动现在正以不可思议的速度前进，并成为世界由"超级互联"向"相互依存"转变背后最大的推动力。2015 年 8 月 26 日，CNN 网站报道了以下一则新闻：

> 过去 6 天，市场混乱的后果令人大吃一惊，美国股票市场的市值减少了 2.1 万亿美元。

> 如此巨大的损失反映出一种深深的恐惧。市场担心中国经济增速放缓会进一步冲击全球经济。

> 道琼斯、标准普尔 500 指数和纳斯达克都已经跌入了修正阶段，自 2011 年创下新高以来第一次出现 10% 的跌幅。

> 根据标准普尔道琼斯指数，标准普尔 500 指数——美国大公司的最佳晴雨表——在自上周二以来连续 6 天的抛售过程中损失了上万亿的市值……

> 这就好像是整个英国版的标准普尔 500 的市值都被清零了，英国版的标准普尔 500 指数又被称为 S&P BMI U.K.……

> 华尔街这次戏剧性的大回撤受到了中国经济增速放缓的影响，市场对其可能产生的后果非常担心。

每时每刻，都会有新的方式，使得货币流通日益数字化，不管是贷款、存款、提款、支票、交易，还是账单支付。于是，全球的相互依存将变得更加紧密。这个问题本身就值得写一本书进行讨论，这里我只能浅尝辄止。我讲的故事就从 2010 年 5 月 6 日上午 9 时 30 分开始。

这一天开盘时，道琼斯工业平均指数站在了 10862 点上。看起来似乎是平淡无奇的一天。但是 5 小时之后，历史将被创造。下午 2 时 32 分，道琼斯指数开始跳水；到了 2 时 47 分，已经下跌了 9%，创下了有史以来日内指数下跌之最，下跌了 998.5 点至 9880 点。1 小时 13 分钟后，在 4 时收市时，它又回到 10517 点，收复了当天大部分的失地。如果你是在这 90 分钟里进行了买卖的交易，你或者挣得或者损失了相当于中等规模国家的 GDP：股市下跌在 30 分钟内就导致超过 1 万亿的市值灰飞烟灭。

为何市场情绪在短时间内变化得如此之快？人们在想些什么？

人并没有在思考，是机器在思考。这是在加速和相互依存的时代，由计算机驱动的算法导致的擦枪走火事件。

人们花了一段时间才弄清楚究竟发生了什么。2015 年 4 月 21 日，英国当局应美国检察官的请求逮捕了 36 岁的纳文德·辛格·萨罗。美国检察官指控他协助导致了这场暴跌并从中获利 87.5 万美元。令人惊讶的是，萨罗是在他父母位于伦敦西部豪恩斯洛区的家中进行的计算机操作。在一个超级互联互通的世界里，他成功地使用计算机算法操纵了市场，通过提交虚假指令欺骗了芝加哥商品交易。调查当局认为他的所作所为引发了一连串的链条反应。

"电子欺诈是一种不合法的手段。"彭博商业新闻网站 2015 年 6 月 9 日的一篇文章解释道："利用大量虚假的买入或卖出指令，驱动价格的变化。这种做法的核心思想是欺骗其他交易商，无论是人类还是计算机，从而使犯罪分子可以低买高卖……调查当局称萨罗于 2009 年 6 月开发了这一计算机算法，以改变其他计算机对他所下指令的认知……（他创造的）算法能够让人形成存在大量抛售指令的错误印象。"

他的方法与其他使用高频交易方法的公司不同，但正是由于市场上有这么多高频交易公司以及由计算机驱动的高速全球交易，萨罗的欺诈才会被如此放大。在摩尔定律的刺激下，这些公司之间开展了一场军备竞赛，看谁能够以更快的速度执行更多的交易。人们追求实现的速度如此之快，我所能找到的最有帮助的背景材料并非来自金融期刊，而是来自科学和物理学的期刊。

《自然》杂志是全球知名的科学周刊。2015 年 2 月 11 日它发表了一篇题为《金融物理：以光速开展交易》的文章，里面提出：

（金融交易员）正在开展一场不断提高交易速度的竞赛。在今天的高科技交易条件下，公司可以在 1 秒钟的时间里为一个客户执行超过 10 万笔交易。

　　这个夏天，随着造价 3 亿美元的跨大西洋光缆"海伯尼亚快车"的开通，伦敦和纽约的金融中心可以以比过去快 2.6 毫秒的速度（提速 10%）进行通信。随着技术的进步，交易的速度越来越仅受限于根本性的物理条件的限制，也就是终极的障碍，即光速……

　　高频交易依赖高速的计算机和算法，根据交易所提供的实时金融数据信息，来决定什么时候买卖什么标的。每一微秒的优势都必须争取。与交易所之间更快的数据连接可以使进行交易的时间缩至最短；公司之间相互争夺谁能够将其计算机安置在最接近的位置上；交易员们则争抢离通信管道最近的位置。这些都需要花钱，租用快速连接的每月成本大约是 10000 美元。

　　《自然》杂志报道，这种竞赛已经到了白热化的程度，交易员认识到"光缆可以承载的数据量最大，但是却无法实现需要的速度。最快的连接是沿着大地曲线传递信息，也就是地球上两点之间最近的距离。所以视距微波是一个更好的选择；而微米波和激光就更好，因为它们的数据密度更大"。更快的交易速度确实可以使市场充满流动性，《自然》杂志注意到，这"可以使交易获益，就好像自由流动的交通有益于运输一样。这样的市场往往'点差'会比较小。点差就是股票买和卖的价格差。点差反映了交易商的费用，亦即投资者的交易成本"。

　　文章继续写道，这也有非常不利的一面，"使他们获益颇丰的交易算法也会制造更多的错误。当市场波动过于激烈时程序设定就要完全撤出。由于数量众多的高频交易公司使用的算法高度相似，他们会在同一时间抛售，这样问题就被进一步放大。这就是 2010 年闪崩时发生的情况"。人也会做出同样的事，但是机器能够做得更快，规模更大，而且更容易被电子欺诈并造成巨额损失。"2012 年，美国最大的高频交易公司之一骑士资本公司所用算法中的一个缺陷，在短短 45 分钟内造成了 4.4 亿美元的损失，因为计算机执行的买入价格高于卖出价格。"

　　《自然》杂志这篇文章接下来的内容是我最喜欢的。文章指出："在美国，一些大型交易公司成立了私人交易场所，来消灭高频交易商的时间优势。例如，于 2013 年上线的另类交易系统 IEX 设置了所谓的交易'减速带'，为交易自动延时 350 微秒，这样交易商就不可能从更快的速度中牟利了。"

没有看错吧？今天的市场里，350 微秒已经足以构成"减速带"了。我立即想起沃尔玛的工程师曾经告诉我，当我点击"购买"的图标时，他们的计算机可以从容地在不到 1 秒钟的时间里算出如何将电视送到我家。

难怪《自然》杂志的这篇文章得出了如下结论："金融交易也许有一个最优的执行速度，但是今天的市场早超过了这个最优速度。"但没有什么迹象表明"减速带"能够逆转全球市场变得相互依存的趋势。摩尔定律不断驱动创新，将买方、卖方、储蓄者和投资人编织进一张越来越紧密的网络。花旗集团首席执行官迈克尔·L. 柯白特举了一个我最喜欢的例子。

如果你是一个拿着英国养老金但生活在澳大利亚的人，英国财政部一贯的做法是给你写一张支票，装在一辆邮政卡车上拖到希斯罗机场，在那里经过分拣后搭乘飞机前往悉尼，倒进一个分拣筐里，再由澳大利亚邮政局寄送，最终经过 7～10 个月的时间，寄到养老金领取人的邮箱。他或她需要把支票存入银行，并兑换成澳大利亚元。在每个月 12 号左右，兑换后的澳元金额才能够转到他们的户头上，当然还要扣去一些手续费。

柯白特说，花旗银行提出："我们可以第二天就把钱打进他们的银行账户，费用更低并且立即可用。我们可以用当地货币进行电子转账。"于是英国政府委托花旗银行开展这项工作，接着欧洲其他国家政府也如法效仿，然后亚洲和全世界的其他国家也这么做了。有一天，柯白特回忆道："意大利政府找到我们，说'我们有一些养老金领取人已经 100 多岁了'，他们生活在非常偏远的地方，'我们怎么给他们汇款呢？'为了通过电子方式提供服务，我们需要证明他们仍然健在。过去的传统做法是填表和公证。可是现在我们已经无纸化了。"幸运的是后来找到了一个解决方案。上了年纪的养老金领取人现在可以通过门户网站确认他们的身份并且领取养老金，钱直接打入他们的账户。这是怎么做到的呢？柯白特解释道，后来他们发现，一个人的声音记号实际上比他们的指纹、虹膜或者其他身份确认方式更加准确。随着越来越多的消费者使用智能手机进行日常支付、获取数据、检查账户，密码和 PIN 码也变得越来越不可靠了。所以你的声音特征现在成了打开所有大门的钥匙。"当一个信用卡持卡人致电服务中心，你可以选择不再输入密码、PIN 码或者社会保障号码。"柯白特说，"你只需要说'你好，我是托马斯·弗里德曼'，而我们从你的声音中就可以知道你就是你。系统就会答道，'汤姆，你好，你是要查询账户余额么？'系统不仅知道你是你，而且它还了解你想要做什么。"所有的这些交流全部都数字化和自动化了，其中的一些已经可以由语音激活。柯白特说道："这就让我们有更多的时间和资源处理那些令客户不满意的问题。"

今天金融数字化背后最重要的推动者之一就是 PayPal。它是一个电子支付平台，最初是二手交易平台易趣的一部分，专门负责各类金融交易的安全、高速的电子传输，它可以覆盖所有卖家和买家，从最偏远地区到最四通八达的城市。

PayPal 的首席执行官丹·舒尔曼说，公司的目标是"使金融服务大众化，使移动钱财和管理钱财的机会成为每一个人都能做到的事，而不仅仅是富人们的特权"。他继续说："银行是建立在实体存在而非电子流动占据统治地位的时代的，实体世界需要昂贵的基础设施。一家支行需要 3000 万美元的存款才能盈利。于是，哪里的银行正在关门呢？在那些平均收入水平低于全国中位数的社区。"是那里吸纳不到足够的存款。

舒尔曼说道："随着移动电话和智能手机的大爆发，现在一家银行能做的事情就都在消费者的股掌之上。当软件的应用规模足够大之后，新增一个消费者的成本几乎为零。突然之间，兑现支票、支付账单、获得贷款或给你爱的人汇款，都变得简单和方便了，并且变得几乎免费了。过去，人们需要排 3 小时的队才能兑换货币，然后还需要接着去排另外一个队伍去支付账单，并且还被收取了 10% 的手续费。技术极大地改善了他们的状况。"

例如，PayPal 成立了一个名为"运营资本"（Working Capital）的全球贷款平台，可以在几分钟的时间内为 PayPal 的用户签发贷款，而银行通常需要几周时间做相同的事。这对需要补充库存或面临发展机遇的小企业来说有巨大的区别。在不到 3 年的时间里，该项产品已经发放了 20 亿美元的贷款。他们怎么做到的呢？

大数据。

舒尔曼解释道：

关键就在于现在可供分析的数据量。我可以对平台上的所有数据进行分析。我们的平台上每年有 60 亿次交易，并且还在呈指数级增长，这样我们就可以做出更好的决定。你需要贷款么？如果你是 PayPal 的常客，我们就了解你。我们了解每一个和你一样的人。我们了解你没有变，但是你的遭遇可能发生了变化，例如你丢掉了工作或者遇到了天灾，我们知道你会找到另一份工作。在 1 秒钟的时间里，利用我们的算法，我们可以把你和全世界其他像你的人进行比较，因为我们拥有所有这些数据和建模能力，我们可以基于这些模型给你发放贷款。

PayPal 的"运营资本"平台不仅依靠 FICO 信用评分。FICO 是银行和信用卡公司使用的传统的信用评分系统，FICO 评分代表了一个人的信用等级以及他们归还一笔贷款的可能性。有可能有些人曾经宣布过破产，于是在他们的 FICO 记录上就有了一个永久的污点。PayPal 发现，它自己基于客户在其网站进行真实金融交易记录的大数据分析，往往能够给出比 FICO 评分更加可靠的信用评估结果。通过这种方法，他们可以对全世界更多的人即时发放贷款，并且偿还率也更高。

使用同样的大数据分析方法，PayPal 还可以对在其网站开展的每一笔交易进行担保。如果一个印度的小商人开设了一个网站销售印度民族服装纱丽，有一个欧洲的客户想从这个印度商人那里买两套纱丽，并通过 PayPal 付款。这个客户"如果无法收到预定的纱丽，我们就会给他退款"。舒尔曼说道："我们之所以能够提供这种担保，还是因为我们了解你，并且我们拥有所有的数据……我们在全世界有 1.7 亿用户，每 1 年新增用户 1500 万到 2000 万。"这些担保也正在驱动更多的全球化。

慢慢地，但是毫无疑问地，人们就开始更多使用 PayPal 而不用现金了。

和所有大型金融企业一样，PayPal 也在实验"区块链"这一新兴技术，即通过多个计算机来验证并传递全球交易数据。区块链以在虚拟货币比特币领域的应用而著名。"它是一种在金融交易的双方之间建立绝对信任的方法。"舒尔曼解释道："它使用因特网协议，使全世界任何一个地方的交易都对所有的参加方公开，无须任何中间商和监管机构，因此能进一步降低成本。"以货币数字化进程的速度计算，我确信在本书的下一版中，我会写一段关于区块链的内容。

## 当陌生人遭遇大变迁

2016 年 2 月 24 日，脸书宣布启动"朋友世界"倡议，其中一个组成部分是跟踪长期敌对国家的民众在其网站上结成好友的情况。脸书说，在一天之内，印度和巴基斯坦有 2 031 779 人、以色列和巴勒斯坦有 154 260 人，乌克兰和俄罗斯有 137 182 人相互之间建立了连接。当然，通过这些交流是否能够形成感情深厚的友谊，能维持多久，是否有助于克服长期的敌意，这是一个完全不同的问题。但是，如果你看到这些数字，却没有感受到这象征着陌生人和敌人之间建立了令人印象深刻的联系，那你一定是一个心存偏见、非常固执的人。

流动的加速显然也使各种形式的人际交往加速，特别是陌生人之间的交往。与人类此前的历史相比，现在无论你身在何处，只要不是这个星球上那些最偏远的地区，你都很可能直接或间接地接触到更多不同的想法和人。我曾经找来已故的历史学家威廉·H. 麦克尼尔的作品来读，麦克尼尔是经典历史著作《西方的崛起》的作者。1995 年 5 月，在那本书出版 25 周年的时候，麦克尼尔为《历史与理论杂志》写了一篇题为《世界历史正在改变的形状》的文章，再一次提出并回答了对历史学家而言最为复杂、同时也是激发他 25 年前写那本书的那个问题：历史的发动机是什么？在诸多因素中，哪一个对历史的推动力更大？

是不是他曾经描述过的"偶发但不可避免的自由的进步"驱动了历史的进步？"这种'自由'让那些带有民族偏见的历史学家形成了一种欧洲中心论的历史观。他们总是按照政治制度定义'自由'。这是他们唯一熟悉的政体，因为在欧洲各国，'自由'是司空见惯的。"按照这种观点："世界的其他部分，在被欧洲人发现、定居或征服之后，便加入了这一历史的主流。"

不是这样的。麦克尼尔认为，这不是历史的引擎。第一次世界大战宣告了这一理论的破产。19 世纪历史学家认为，自由政体应当带来的自由，并不是在战壕中选择生存或死亡的自由。

于是，他又提出了另一种流行的解释。"斯宾格勒和汤因比是两个最重要的历史学家，他们回应了……第一次世界大战期间自由体制所遭遇的奇怪死亡。"麦克尼尔写道。他们的观点是：

理解人类历史的一个最佳角度是将其视作不同文明或多或少命中注定的崛起和衰落。每一个文明似乎都在重复更古老的文明或同时代的其他文明所走过的路径……对于许多善于思考的人来说，他们的作品为那些意料之外、令人压抑的历史事件，诸如第一次世界大战、1918年德国的崩溃、第二次世界大战的爆发以及两次战争后胜利方联盟的瓦解，给出了一个全新的、冷静的解释。今天，当这些政治事件已经消逝，他们作品中另一个截然不同的角度变得更加重要（至少对我而言）：在探索有历史记载的时候，斯宾格勒和汤因比将欧洲文明和非欧洲文明放在同等的位置，这是对19世纪流行的那种聚焦欧洲光荣历史的"近视史观"的一次真正变革；而且，至少是潜在地，将我们时代的历史编纂学与之前的时代区分开来。

麦克尼尔提出的第三个解释，是回答他自己在《西方的崛起》书中提出的理论。随着时间的推移，他对这个理论的信念也越来越坚定："推动具有重要历史意义的社会变革的最主要的因素就是接触那些拥有新的、不为你熟知的技术的陌生人。"他认为，这一理论的一个推论就是：

拥有高技术的中心（即各个文明）往往会让他们的邻居感到不快，因为邻居们不得不面对各种新奇事物的诱惑。那些先进技术为其拥有者带来了财富、权势、真知和美好。于是，出于自身的追求渴望，高技术中心周围的那些技术相对不发达的民族被迫试图自己掌握这些新奇事物。但是，这种努力也带来了一种痛苦的矛盾心理，一方面是模仿的强烈动力，另一方面是保留习俗和体制的那种同样强烈的渴望。这种习俗和体制试图保护模仿者不会受到文明生活中的腐败和不公平的腐蚀。

麦克尼尔解释道：

尽管学者们对如何定义"文明"莫衷一是，而且对于哪里是文明之间的"交换区域"也没有公认的一致意见……我相信，我们必须承认跨文明的遭遇是存在的，而且是非常重要的，这种跨文明的遭遇已经变得越来越多，并将成为未来世界历史的主流……

当我写作《西方的崛起》时，我决心要在汤因比的基础上更进一步，展现出这样一幅图景：欧亚大陆上的各种文明从一开始就是互相影响的，它们从别的文明获取关键的技术，并不断地进行改变，因为学习外来的新知识和保护本国的旧传统变成了一种必需……

人类多样性是我们能发明新想法、新做法和新体制的源泉。但是这些发明最为繁盛之际，往往是在与陌生人接触并迫使人们通过不同的想法和不同的做法竞逐注意力的时候，所以选择变成了有意识的，对过去做法进行修修补补变成了常态，而且实际上常常是不可避免的。

## 打了兴奋剂的交流

我是麦克尼尔这一史观的坚定追随者，因为这一理论与我作为一个国际记者的所见所闻完全吻合。就像气候变化会导致空气环流改变一样，全球化正在改变思想传播和改变的速度。这一点给我们的适应能力提出了一些真实的挑战。随着这些流动的加速，今天陌生人之间的交流就像打了兴奋剂一样，文明与个人通过脸书、电子游戏、卫星电视、推特、即时信息应用、移动电话和平板电脑等无数种新的途径发生遭遇、碰撞，相互吸收或拒绝对方的思想。一些文化、社会和个人倾向于吸收与陌生人接触的结果，向他们学习，取其精华，去其糟粕。其他一些文化、社会和个人可能更脆弱一些，这样的接触会给他们造成威胁，或令他们感到羞辱，因为在他们眼中自己原本的高等文化现在需要适应他人，向他人学习。

一方面是能够处理并善于利用与陌生人的接触、陌生人的思想，对这种与陌生人交流的大爆炸来者不拒的文化，另一方面是那些不适应这种大爆炸的文化。这两者之间的差异在这个加速的时代将成为许多历史事件的推动力，甚至比麦克尼尔笔下的那些时代影响还要大。特别是，那些对贸易、信息、金融、文化或者教育的流动最为开放、最愿意从中学习并做出贡献的社会，将最有可能在加速的时代繁荣发展，而那些做不到的则将痛苦挣扎。

置身洪流之中的益处可以举一个例子加以说明。霍萨姆·海克是以色列理工大学的教授。他是一个以色列人，一个阿拉伯裔的以色列人，也是一名以色列纳米科技专家。而且，他还是第一个在一所以色列大学，用阿拉伯语在大规模在线开放课程"慕课"上讲授纳米科学的阿拉伯裔以色列教授。

2014 年 2 月，我为了撰写专栏去以色列海法市采访他。他对我说，注册他"慕课"课程的学生遍布整个阿拉伯世界，他们给他发了许多有趣的电子邮件，其中的问题包括：你是一个真人么？你是一个阿拉伯人，还是一个会说阿拉伯语的犹太人假扮阿拉伯人？海克是来自拿撒勒的基督教阿拉伯人，他在以色列的高等科技学府理工大学教书。

他讲授的这门课程的名称是"纳米技术和纳米传感器"。海克的专长是新型传感工具。这些工具利用纳米技术来过滤、探测并监控我们个人或职业生活中的不同事件。这门课程对任何感兴趣的人开放。课程表包括 10 节课程，每节课分成 3 ~ 4 个短视频，用英语和阿拉伯语双语授课。任何人只要能够接入因特网就可以收看，并免费参加每周测试和论坛活动，参与终期项目。

如果你对今日中东地区对教育的渴望还有任何怀疑，不确信它能否克服陌生人之间的隔阂乃至民族间的世仇，海克的"慕课"课程可以打消这些疑虑。他的阿拉伯语课程有近 5000 名注册学员，他们来自埃及、叙利亚、沙特阿拉伯、约旦、伊拉克、科威特、阿尔及利亚、摩洛哥、苏丹、突尼斯、也门、阿联酋和加沙河西岸。伊朗人则注册听取英文版的课程。因为注册是在位于美国的 Coursera "慕课"网站上完成的，许多注册用户刚开始并没有意识到讲授这门课程的是一名以色列理工大学的阿拉伯裔以色列科学家。海克说，当他们发现这一点时，一些教授和学生退出了，但大部分人留了下来。

我问他，为什么他的课程在中东地区广受欢迎。海克对我说："因为纳米技术和纳米传感器被认为是未来的学科，人们对理解未来的模样总是充满好奇心。"当时海克只有 40 岁，是一名科学神童。他是以色列理工大学的博士毕业生。他的父亲也毕业于该所学校。海克与以色列理工大学共同成立了一个创业企业，开发一种被他称为"电子鼻"的产品。这是一组阵列传感器，模仿狗鼻子的工作方式来进行探测，探测的对象是人体呼出的气体。海克及其团队研究发现，人呼出的气体中含有独特的标记，能够显示出人体内不同部位的癌症。在创业开发和在学校讲授化学工程的同时，以色列理工大学校长皮雷斯·拉维建议海克带领学校踏入流动的大潮之中，开设"慕课"课程。

海克解释道，拉维认为"非常有必要令科学跨越国家的边界。他告诉我有这么一个叫作'慕课'的东西。我当时并不知道'慕课'是什么。他说这是一门可以在网上对上千人讲授的课程。他问我能否用阿拉伯语在'慕课'上开设以色列理工大学的第一门课程"。以色列理工大学资助了该项目，并耗时 9 个月进行准备，海克则贡献出了他的讲座。海克告诉我："有阿拉伯世界的年轻人对我说：'你已经成为我们的榜样。请告诉我们如何才能成为像你一样的人。'"

2016 年 2 月 23 日，美联社采访了埃及学生扎伊德·舍哈塔，他完成了海克课程。"有人让我从简历中把完成这门课程的证书拿掉，"舍哈塔说，"他们说我可能会面临一些麻烦。我并不关心这是不是一所以色列大学，但是我为海克教授而骄傲。我视他为一个领袖。"

在加速的时代，不要试图阻止渴求学问的学生获得知识的甘泉。

## 思想的融合

陌生人之间的接触，以及社交网络上思想的加速流动，是导致公共舆论观点剧变的根本原因。传统的智慧和观点看似像冰山一样亘古不化，现在可能会在突然之间融化。一天之内发生的改变，过去可能需要一代人的时间才能发生。

象征美国南部的邦联旗已经在南卡罗来纳州议会门前飘扬了 54 年。但是 2015 年 7 月 10 日，一支南卡罗来纳高速公路巡警护卫队永远地把这面旗帜降了下来。几周前，南卡罗来纳州州府查尔斯顿的一座历史悠久的黑人教堂发生了一起枪击案，一名支持白人至上的狂热分子枪杀了 9 名信徒。这个枪击犯曾经有一张和这面邦联旗合影的照片。这起枪击案在社交网络上掀起了巨大的波澜，很快，这面邦联旗就从州议会的门前消失了。

2008 年 4 月 17 日，当时正在竞选总统的巴拉克·奥巴马宣布："我认为婚姻是男人和女人之间的联合。那么，对于像我这样的基督徒而言，这是一个神圣的联合。上帝在我们其中。"仅仅过了 3 年，2011 年 10 月 1 日，奥巴马总统在非政府组织人权战线的年度晚宴上，谈到男人与女人这一历史上最古老的关系时说，他支持同性婚姻。他说："每一个美国人，无论是男同性恋、异性恋、女同性恋、双性恋还是变性人，每一个美国人都应当在法律和社会面前获得平等对待。这是一个非常简单的命题。"

过去的 5 年，人们对于女同性恋、男同性恋、双性恋和变性人的态度发生了迅速改变。帕洛阿尔托未来学院的执行主任玛瑞纳·戈比斯认为："你不得不承认，这是因为越来越多的年轻人投入了一场全球范围内关于人生价值的讨论。这一交流放大了人际关系。有人利用这种交流去欺负别人，但这一交流也创造出更多的交流机会，原本仇视同性恋的人可以接触到更多的同性恋者。人际互动可以产生同情心，这个体系为同情心的产生创造了越来越多的机会。"

我采访玛瑞纳的时候，未来学院的一位研究员贝蒂纳·瓦伯格告诉了我一个她最近在旧金山地区通勤时发生的故事："有一天我用 Lyft 应用与前往同一方向的其他人拼车。我的司机和我聊了一会儿天，他说上一个乘客被大家'投票赶下了车'，因为他讲了一些仇视同性恋者的极端观点。"他说，"在旧金山，要是你这么仇视同性恋，没人愿意让你搭车，你来错地方了。当时，车里有一个黑人、一个西班牙裔和一位女性，我们正在谈论一个看重参与的平台，这和狭隘、偏激是格格不入的。"

现在，科技提供了数不清的机会让陌生人互相接触。"社区的概念也在演变"，脸书负责全球运营和媒体伙伴关系的副总裁贾斯丁·奥索夫斯基说道。在还没有脸书的时候，在社交网络还没有出现的时代，社区的概念"局限在你的周围，局限在当时当地"。现在，有了社交网络，你"有能力与你生活的各个阶段维持关系，只要你愿意"，这在 10 年前是无法想象的。"如果没有这种高水平的互联互通，每个人的生活实际上是相互割裂的。"他解释道，"现在，你可以和别人互相联通，跨越地域限制去寻找和你志同道合的人。""我们的使命是连接整个世界。随着世界的连接，'社区的性质'也将发生变化。在过去，你基本上只有两种人生选择，留在一个社区或者离开它。今天，如果你在一个安装了脸书的手机世界长大，那么，不管你是留在社区，还是离开社区，一样能够和大家保持紧密的联系。"

奥索夫斯基说："如果你是个关于厄立特里亚政治问题的专家，你可以找到更多与你志趣相投的听众。在没有脸书之前，如果你或你的孩子得了某种罕见的疾病，你会感到孤独和失落。现在，你可以迅速地找到有同样经历的互助小组。"

这就是全球数据流动带来的最好的一面：在志同道合的陌生人之间建立联系，使已成陌路人的老友重拾旧日情谊和社区生活。

不幸的是，如果志同道合的人越来越容易走到一起，也有不好的一面。有些人希望成立新纳粹主义或自杀式圣战分子的互助小组。社交网络成为极端分子之间相互联系、招募年轻人和容易轻信的陌生人的天赐良机，而超新星还在不断加强他们的火力。这令人不安，但却是在所难免的（我会在第 9 章讨论"破坏者"时进一步谈及此问题）。但是，目前我看到的正面效应要大于负面影响。

当你看到我们能够轻松地利用这种全球流动召唤美好的事物、打击邪恶的力量时，你会感到非常振奋。本·拉特雷在 2007 年成立了改变网（Change.org），这是一个可以让任何数字化的大卫挑战巨人歌利亚的平台，无论这个巨人是公司、政府还是其他组织。2013 年 8 月 5 日，改变网被《快公司》称为"各种各样的业余活动家的大本营"。现在，它已经在全球拥有超过 1.5 亿的用户，并且数量还在稳步增长。他们每天要发起超过 1000 个请愿。改变网既就如何发起在线请愿提供咨询建议，同时也是一个发起倡议并吸引支持者注意的全球平台。

发生在南非的纽米·方达事件证明，改变网可以迅速改变潮流，推动社会变革。方达是南非的一名女同性恋者，她的未婚妻被 5 个男人轮奸了。他们因为她的性取向而对她实施了所谓"矫正性强奸"。此次性侵导致她的未婚妻患上了隐球菌脑膜炎，这是一种脑部和脊柱的感染，并于 2007 年 12 月 16 日不幸去世。"矫正性强奸是一个相对新出现的名词。"2011 年，方达在接受女性新闻网（WomenNewsNetwork.net）采访时说道，"这种'充满仇恨'的强奸在全世界都发生过。这种性侵是强迫女同性恋者与男性发生性关系，强奸者声称这将使她从'变异的人生'中'康复'过来。这种性侵还常常伴有极端的暴力。"

2010 年 12 月，方达在开普敦市的一家网吧通过改变网发起了一项请愿，要求政府采取行动阻止在南非的棚户区对女同性恋的"矫正性强奸"行为再次发生。这份请愿立即在全球获得了 17 万个签名。根据女性新闻网报道，数字化活动家网站 Avaaz.org 发起了另一项请愿。这两项请愿加起来在全球获得了近 100 万的签名支持。南非议会感到非常尴尬，不得不成立一个全国特别小组来取缔这一做法。自 2007 年起，同性婚姻在南非已经合法，尽管"矫正性强奸"的问题仍然存在，但是犯罪分子已经不再为公众所容忍。

我曾经问过拉特雷，他和他在改变网的团队从这一经历中学到了什么。他答道："如果你跟人们讨论一个像强奸这样的重大社会问题，他们会告诉你他们反对它，但是他们很少会为此做些什么。但是如果你告诉他们一个活生生的故事，有个活生生的人受到了直接的侵害，并给他们机会参加进来，一起推动变革，他们会立即用行动予以回应。"

## 打好地基，不要砌墙

全球化一直都是一切事物及其对立面的合体。它可以赋予普罗大众难以想象的影响力，也可以将无限的权力集中在巨大的跨国公司手中；它可以对微小之物大书特书，令最小的声音可以传播到每个角落，也可以让不同事物变得雷同，使大品牌淹没任何地方的一切事物；它可以赋予难以想象的巨大能量，使小公司和个人可以在一夜之间设立全球性的公司，在全球拓展客户、寻找供应商和协作者；它可以令你在一夜之间失去一切，一股不知从哪里来的巨大力量会把你压成齑粉。全球化往哪个方向倾斜，取决于我们注入何种价值观并怎样使用这些工具。

在难以控制、愈演愈烈的移民潮面前，全球化感受到了比以往更大的威胁。我们在英国投票脱离欧盟事件中看到了这一点，也在特朗普竞选美国总统的过程中看到了这一点。但是与这个数字互联程度不断加深的世界断开联系，绝非促进经济增长的良策，因为这些数字的流动将成为智力、创新和商业能力的核心源泉。

尽管如此，人既有肉体，又有灵魂，如果你只为其中之一提供了营养，却忽视了另一个，就会遇到麻烦。当人们感到他们的身份、家园遭到威胁时，他们会将经济利益放在一旁，不假思索地选择砌墙而非联网。不是每个人都会做出这个选择，但是相当多的人会这样。

挑战就在于如何找到平衡点。在太多的方面，我们的西方民主工业化国家在过去的几十年中都未能找到平衡点。如果许多美国人现在感受到了全球化的压力，那是因为驱动全球化（移民、贸易、数据流动）的技术变革走在了社会变革（学习和适应的工具）的前面，而且把后者甩开了一大截。这些社会变革是缓冲全球化冲击所必需的。当变革的巨浪袭来，当各种陌生的思想和陌生人不请自来，我们需要社会变革，让人们能够依然扎根于自己熟悉的健康社区，不会被雨打风吹去。在加速的时代，如果一个社会不能为人们提供能够站稳的地板，他们就会要求砌墙，而砌墙的结果只能适得其反。避免出现这种情况是我们今天的政治领导层面临的最重要的挑战之一。我在本书的后半部分，特别是第 9 章关于政治的部分将着重讨论。

与此同时，如果要找一个最重要的理由，让我们对未来保持乐观，那就是这个由移动通信和宽带搭建的超新星正在创造越来越多的流量，能够让越来越多的人摆脱贫困，并置身于全球重大问题的解决。我们能够使全球化的收益最大化，并缓冲最激烈的冲击。我们可以借助越来越多的智慧，把人们都纳入全球神经网络，使他们成为"创造者"。这无疑是今天的世界最积极的趋势，但也是讨论得最少、理解得最少的。如今，人们总是把贸易和失业联系起来，"全球化"在西方世界已经成了一个贬义词。

这就是为什么我要在本章结尾引用华盛顿大学圣路易斯医学院神经科学与技术创新中心的主任埃里克·C.洛伊特哈德的话。在他的"大脑与机器"的博客中，他问了一个问题："为什么这个世界变化得如此之快？"他的回答是：

> 我认为变化加速的原因与联网后计算机变得强大的原因是相似的。给定一项工作，核心处理器数量越多，完成该项工作的速度就越快。同样，人类一体化的程度越高，交换观点的速度越快，就越有能力获得新颖的洞见。摩尔定律是通过汇集物理单元来完成更快的分析功能，与摩尔定律不同，沟通的增加是汇集创造性单元（即人类）来完成更加有创造性的任务。

第 6 章

# 大自然

上帝总是宽恕，人类常常谅解，而自然从不饶恕。

——古语

我们极不擅长处理复合数学的隐含之意。

——杰里米·格兰瑟姆，投资者

2015 年 7 月 31 日，《今日美国》报道，在伊朗西南部毗邻波斯湾的一个拥有 10 万人口的城市班达尔马沙尔，热感指数飙升至惊人的 72.8℃：

持续的热浪烘烤着中东这个早已成为地球上最为炎热的地域之一。

AccuWeather 气象预报公司气象学家安东尼·萨格里阿尼在一份报告里说："这是我见过的最不可思议的温度监测数据，堪称全球最为极端的数据之一。"

尽管气温表上的温度只有 46.1℃，但露点❶高达 32.2℃。湿热交加，构成了高的热感指数，即室外的体感温度。

"7 月的大部分时间里，中东地区都受到高压脊控制，导致世界最热地区出现极热热浪。"萨格里阿尼说道。

当我读到这则新闻报道，不禁使我回想起 1 年前去澳大利亚悉尼参加世界公

---

❶ 译者注：固定气压之下，空气中所含的气态水达到饱和而凝结成液态水所需要降至的温度称为露点。

园大会时学到的一个新词——"黑大象"。

伦敦的投资人、环保主义者亚当·斯维丹向我解释，"黑大象"是"黑天鹅"与"房间里的大象"的结合。"黑天鹅"是指罕见的、低概率、难以预料的不寻常事件，通常会引发巨大的连锁负面反应；"房间里的大象"是指每个人都能看到的问题，却没有人想要解决。即使所有人都清楚，有朝一日这个问题会变得越来越严重，最终带来如黑天鹅一般的恶果。

斯维丹对我说："目前，有一群黑色的环境大象正在聚集。"举四个例子：全球变暖、森林退化、海洋酸化以及大规模物种灭绝。"当它们向我们袭来，我们称其为无法预料的黑天鹅，但事实上它们是黑色大象，现在已显而易见"，只是我们没有采取必要的应对之策。

伊朗高达 72.8℃ 的热感指数，事实上就是一头黑色大象：你能看到它就坐在房间里，你能感觉到，你能从报纸中读到它。与所有黑色大象一样，你很清楚它的影响远超一般正常水平。像黑天鹅一样，它是一种征兆，我们的气候系统正面临着巨大的、不可预测的改变，这种改变或许是人类无法控制的。然而，不知何故，华盛顿上下，尤其是美国的共和党并未意识到这一点。"在冷战期间，为阻遏一场后果严重的小概率事件，即核战争的发生，我们花钱不计其数，"威尔逊中心副总裁、克林顿总统前核扩散顾问罗伯特·利特瓦克指出，"而现在，气候变化将是一场后果严重的大概率事件，而我们甚至舍不得对汽油加一星半点的税。"

固然，从单一的天气事件中，我们无法得出任何有关气候变化的确定性结论。但是，越来越多的异常天气事件和气候数据清晰地告诉我们，气候出现异常变化、物种正在加速灭绝、最贫穷国家的人口增长带来了巨大压力，就像摩尔定律和市场已经进入了下半场一样，大自然也进入了棋局的下半场。而且在许多方面，大自然是被加速变化的技术、全球化推着前行。

地球上的人越来越多，如果能够放大每个人所能产生的影响，集"众人之力"朝着正确的目标努力，将会产生难以置信的建设性影响。但如果不加任何限制，不以任何伦理道德约束，"众人之力"也将具备难以置信的破坏力。这正是眼下所发生的事。人类与机器的力量以及全球数据洪流正在不断改造我们的工作环境、政治、地缘政治、经济，甚至我们的道德观。"众人之力"正在推动大自然加速前进，这改变了整个生物圈和全球生态系统。它正在改变地球——我们唯一的家园——的物理轮廓及气候特征。

## 学会谈论气候

实际上，在你目睹这些变化之前，你早已听说过它们。去听听人们都在说什么吧。人们其实知道，有些异常的事情正在发生，我称之为"气候之谈"。许多国家都开始谈论这个问题，我们的孩子必然对这些讨论耳熟能详。很可能你自己就在谈论这个话题，只是你还没有意识到。

我第一次学到如何谈论气候是在 2008 年 8 月，当时我为了撰写专栏文章与时任丹麦气候与能源部长的康妮·赫德嘉德一起探访了格陵兰岛的冰盖。格陵兰岛是研究气候变化影响的最佳观测地之一。它是世界上最大的岛屿，岛上只有 5.5 万名居民，并且没有工业。其巨大的冰盖以及气温、降水、风力的条件受到汇聚于此的全球大气环流与洋流的高度影响。无论中国、巴西发生怎样的变化，在格陵兰岛都能感受到。格陵兰岛人与自然的距离很近，他们是行走的气候变化风向标，因此善于谈论气候。

很容易就能学会如何谈论气候。你只需学会四句话。

第一句话是："就在几年前……但此后事情发生了变化……"以格陵兰岛为例：就在几年前，你还能在冬天坐着狗拉雪橇横跨长达 40 英里的冰河前往迪斯科岛。但是此后，格陵兰岛冬季的温度不断上升，连接两地的冰河融化了。现在迪斯科岛与格陵兰岛隔海相望，那些狗拉雪橇也可以进博物馆了。根据 2015 年 12 月《自然》杂志发表的一项由 15 位科学家完成的研究显示，格陵兰岛的冰正在加速融化。"我们发现，2003 年至 2010 年融化的冰不仅比 1983 年至 2003 年期间的多了一倍多，而且比整个 20 世纪损失的净质量都多。"《华盛顿邮报》2015 年 12 月 16 日的一篇报道指出，美国航空航天局表示，格陵兰岛每年融化的冰重达 2870 亿吨。而我 2008 年造访这里时，这个数字还"只有"每年 2000 亿吨。

第二句话是："哇，我之前从来没见过……"在我访问格陵兰岛那年，伊卢

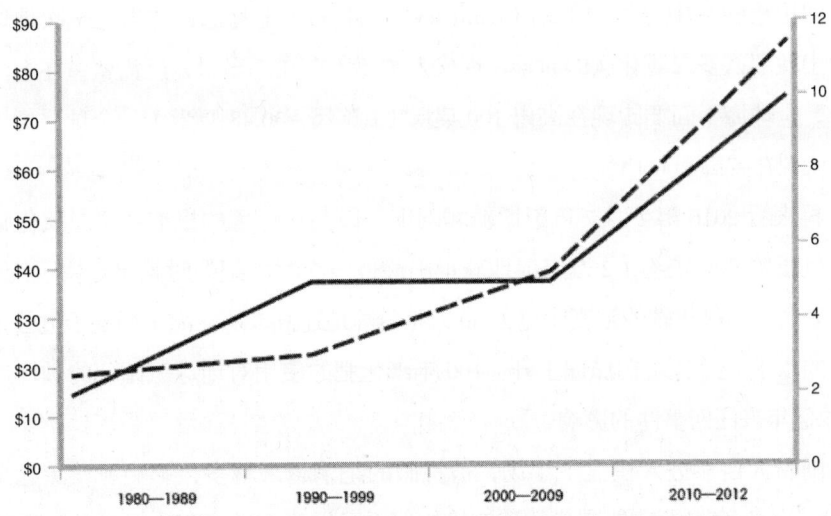

损失超过 10 亿美元气候事件的年度平均总成本（以 2012 年 10 亿美元计算）

损失超过 10 亿美元气候事件的年度平均发生次数

来源：美国国家海洋和大气管理局

**图 6-1　造成数十亿美元损失的极端天气事件，1980—2012**

利萨特 12 月和 1 月下起了雨。这里位于北极圈深处，冬天是不应下雨的。时任科罗拉多大学环境科学研究合作研究所的主任、长期检测冰盖情况的康拉德·斯蒂芬告诉我说：“20 年前，如果我告诉伊卢利萨特的人说，2007 年的圣诞节会下雨，他们会笑话我，但现在这已成为现实。”

第三句话是：“嗯，通常是这样，但现在我也不清楚了……”格陵兰岛传统的气候模式发生了快速的改变。当地的老人们曾经在传统的气候中生活了一辈子，现在他们毕生经验所积累的智慧与直觉已经不像以前那么有价值了。一直流淌的河水已经干枯，终年覆盖山丘的冰川已经融化。每年 8 月 1 日狩猎季开始时总能见到的驯鹿，今年已不见踪影……

最后一句话是：“自……之后我们再没见到过类似的东西。”在省略号的部分可以填上一个要多早有多早的年份。今天，没有人比严肃的气候科学家更善于谈论气候问题。2013 年 5 月 3 日，就在夏威夷冒纳罗亚观测站首次报告称观测到的大气二氧化碳浓度达到了人类有史以来的最高水平 $400 \times 10^{-6}$ 浓度之后，安德鲁·弗里德曼在中央气候网站（ClimateCentral.org）上写道："当上一次地球大气中出现那么多二氧化碳的时候，现代人类还不存在。当时，巨齿鲨鱼在海洋中巡游，全球海平面要比现在高出 100 英尺（1 英尺 =30.48 厘米），全球平均地表温度比现在要高出 6.1℃。"

再来看 2016 年 1 月 7 日彭博新闻网上一段关于环境的报道："二氧化碳进入大气层的速度较约 1.2 万年前地球走出最近一次冰河纪的时候足足快了约 100 倍。大气中二氧化碳的浓度比过去 80 万年的峰值还高 35%。海平面高于过去 11.5 万年的水平，并且还在加速上升。100 年来化肥的使用对地球氮循环的破坏远甚于 25 亿年来任何事件的影响。"

随着大自然进入棋盘下半场，被打破的纪录越来越多，影响愈发深远（图 6-1）。负责追踪大自然变化的政府机构似乎已经不知道该怎么描述他们所看到的黑色大象。美国国家海洋和大气管理局 2016 年 4 月发布的报告指出："3 月，全球平均气温比 20 世纪均值高出 1.2℃。这不仅是 1880 年至 2016 年有记录以来 3 月气温的最高值，同时也是所有记录在案月份中的温度偏离最大的，比上个月创造的历史新高还要高出 0.01℃。此外，2016 年 3 月还标志着全球每月最高温度纪录连续第 11 个月被打破，是美国国家海洋和大气管理局 137 年气候记录中最长的一段。"

这些都是谈论气候的语言——"超越""最高""纪录""打破""最大""最长"……这些数字令人震惊。它们都在告诉你，一些重大的、性质上完全不同的事情正在发生，一些我们人类很久没有经历过的事情正在发生。"众人之力"的强大力量正在改变我们的星球，我们生物圈数千年来的边界正在次第遭到破坏或即将被破坏。

## 我们的伊甸园

要从环境的角度理解此时此刻的重要性，我们需要先停下来，快速地了解一下地质时代。

科学史网站"科学观点"（ScienceViews.com）说："研究地球从创世之初直至今日所发生的变化，一直是地质学家们的任务，他们试图阐明地球演进的驱动力量。地球的岩层中保存着地质活动的历史……通过将所有这些岩层放在一起，科学家们绘制出了所谓的地层柱，也就是不同年代的岩石记录。"这一记录追溯了地球 46 亿年的历史。为了对浩瀚无穷的地质信息进行简化，地质学家将地球的历史进行了划分。

地球大约于 46 亿年前形成，但化石记录显示，大约 38 亿年前才出现了简单生命的迹象；直到 6 亿年前，复杂的生命形式才开始形成。随着地质年代的推移，生命的形式不断改变和演化。地质学家告诉我们，从过去 1 万年到现在，我们生活在全新世。全新世之前是更新世，又被称为"伟大的冰河时代"。

为什么我们要关心这个？因为如果全新世离我们远去，我们会怀念它的。但全新世似乎正准备离我们而去。

斯德哥尔摩适应力中心主任约翰·罗克斯特伦告诉我：在地球 46 亿年历史中，大部分时期的气候都不适宜人类生存。他是全球地球科学的领军人物之一，也是我关于气候知识的老师。他说，地球上的气候一直在"惩罚性的冰河时代与郁郁葱葱的温暖时期"之间来回摇摆，"将人类锁定在半游牧的生活方式中"。只有在过去的 1 万年中，我们才得以享受到平静与稳定的气候条件，我们的祖先才得以走出旧石器时代的洞穴，才出现了农业、畜牧业、建造城镇，最终出现了文艺复兴、工业革命和信息技术革命。

《大世界，小星球》的作者罗克斯特伦说道，这个被地质学家命名为全新世的时期是一个"奇迹般稳定、温暖的间冰期，适宜的气候造就了我们所熟悉的现代世界。这是我们科学家所知的，唯一能够支持现代社会的气候状态"。它赋予了我们构建文明所需的"森林、草原、珊瑚礁、草地、鱼、哺乳动物、细菌、空气质量、冰盖、温度、淡水、生产性土壤"的理想平衡。

全新世一直是我们人类的"伊甸园"。在全新世，大气中二氧化碳浓度和海洋酸度适中，海里有珊瑚，赤道被森林覆盖，两极有冰盖。这些冰能储存水并反射太阳光线，这一平衡的状态维持了人类的生存和世界人口稳步增长。所有要素的平衡决定了我们的气候以及我们的天气。当这些系统中任何一项失去平衡时，大自然会以其惊人的力量去吸收、缓冲、削弱对地球整体最糟糕的影响。

但凡事总有极限。大自然的保险杠、减振器、备胎并非取之不尽。如今，我们正在逼近自然的极限，即将突破生态系统中多个子系统的界限，而这些系统为我们塑造了我们所知的最稳定、最温和的地质时代——全新世。

说到重塑世界……

罗克斯特伦说："我们正在迫使地球远离最适宜点。"我们即将进入一个与全新世全然不同、不适宜人类生活和不文明的时代。这就是当今这场辩论的要旨所在。

辩论的核心观点是，自工业革命以来，尤其是自 1950 年以来，人类对所有地球上的主要生态系统和稳定器的影响急剧加速，这些生态系统和稳定器长期以来维护着全新世的平衡状态。近年来，人类的影响已经开始改变许多独立系统的运行。许多科学家认为，这些改变正将我们从相对温和的全新世推向一个全新的、未知的地质时代。

这就是我所说的"众人之力"。作为一个物种，我们现在已经同时成为一种属于大自然、置身大自然、影响大自然的巨大力量。在 20 世纪以前，从来没有人这么评价人类。但自 20 世纪 60 年代、70 年代以来，当工业革命开始遍及全球，尤其是在中国、印度、巴西等新兴市场国家，人口与中产阶级的数量开始一同扩大。全球有越来越多的人开始过上了美国中产阶级的生活——汽车、小洋楼、高速公路、航空旅行以及高蛋白饮食。

接着，从 21 世纪初开始，超新星激起了另一波全球工业制造、城市化、电信、旅游和贸易的浪潮。所有这些趋势汇聚在一起之后，开始对地球上每一个主要生态系统施加压力，并且压力之大在地球历史上未曾遭遇过。结论就是：我们的伊甸园生活现在岌岌可危。

## 大加速

我们的地球母亲正在面临不断加速的重重压力，这些压力几乎确定无疑地要把地球赶出舒适区域，超出正常边界。地球科学家试图对这些压力进行量化研究，以确定这种影响究竟有多大。他们给这些压力起名为"大加速"。正如我在第 2 章中指出的那样，在 2004 年出版的《全球改变与地球系统：一个承压的星球》一书中，就已经出现了"大加速"的图表。这本书是由美国化学家、前澳大利亚国立大学气候变化研究所执行主任威尔·斯蒂芬领导的一个科学家团队编写的。

这些图表生动地展现了"众人之力"：从 1750 年到 2000 年，尤其是自 1950 年以来，越来越多的人掌控了科技、社会与环境的力量，并对大自然产生了加速影响。斯蒂芬和他的同事温蒂·布劳德盖特、丽莎·道意驰、欧文·加夫尼、科妮莉亚·路德维希在 2015 年 3 月 2 日的《人类世》杂志上发表了大加速图表的更新版，将覆盖范围扩大至从 1750 年至 2010 年的情况。他们深信这些加速的变化正在将我们推离全新世，推向未知领域。

他们是这样说的：

> 大加速标志着全球社会经济系统——也就是地球系统中的人类部分——出现了惊人的增长。再怎么高估这一变化的规模与速度都不为过。在过去两代多人的时间里，亦即在一个人的一生中，人类（或者说，直到近期，一小部分人类）已经成为一个影响波及整个星球的地质力量。在此之前，与地球生物物理系统相比，人类活动的影响尚微不足道。自然和人类可以独立运行。但现在很难将两者分开了。通过全球化的进程，大加速的趋势反映出社会经济系统和地球生物物理系统之间在整个星球范围内出现了耦合。我们已经达到一个阶段，即许多生物物理指标已经明显超过全新世的波动范围。我们正处于一个前所未有的世界。

让我们再重复一遍。我们现在身处于一个前所未有的世界。这意味着人类作为一个物种正处于一种我们未曾经历过的处境。我们已经将地球所有的关键系统推至全新世安全运行的边界，甚至可能已经超越了这个边界。"一个前所未有的世界"……我一定要将这个词收录到我自己的气候词典中去。

这些图（图 6-2、图 6-3）看起来是这样的：

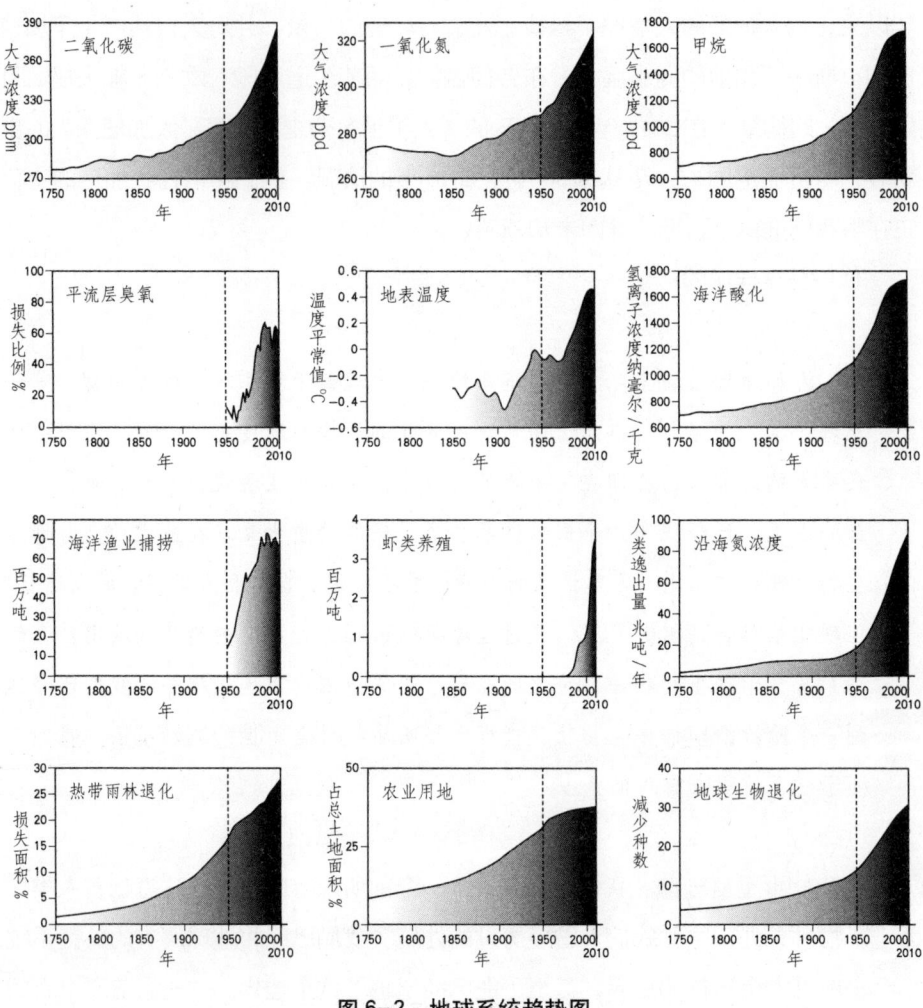

图6-2 地球系统趋势图

来源：Steffen.W.,Broadgate,W.,Deutsch,L,Gffney,O.,Ludwig,C.,"The Trajectory of the Anthropocene:The Great Acceleration"Anthropocene Review(vo1.2,no.1),PP.81-98.,2015

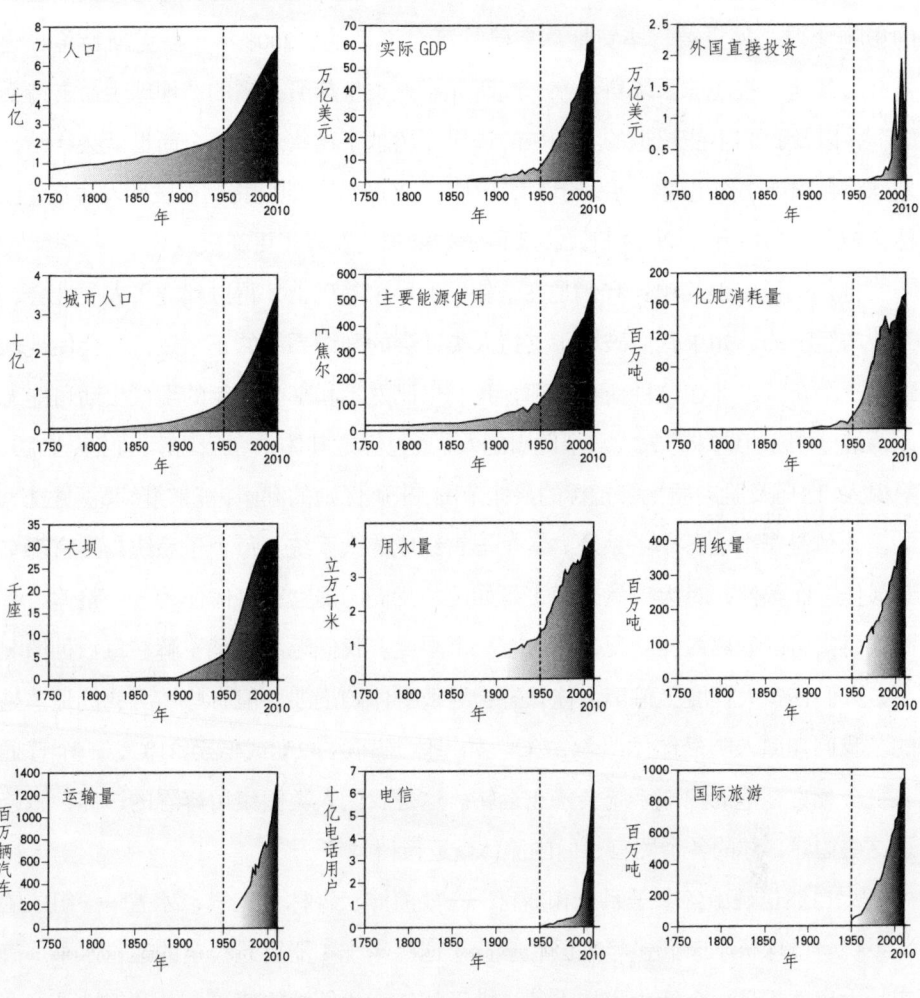

图6-3 社会经济趋势图

来　源：Steffen.W.,Broadgate,W.,Deutsch,L,Gffney,O.,Ludwig,C.,"The Trajectory of the Anthropocene:The Great Acceleration"Anthropocene Review(vo1.2,no.1),PP.81-98.,2015

## 地球的边界

我们已经确知进入了加速时代，那么，如何量化这些加速变化对大自然造成的影响变得至关重要，毕竟地球自己是不会说话的。2008 年，罗克斯特伦、史蒂芬与其他一些地球系统科学家一起研究了人类生存所必需的"地球生命支持系统"，以及我们不能超越的各领域的边界，超越了这些边界，全新世就会终结，地球将会出现"不可逆、突发的环境变化"。2009 年，他们将这些发现发表在《自然》杂志，2015 年 2 月 13 日又在《科学》杂志上发表了更新版。

他们的论点很简单：我们是在全新世的环境基础上才得以建立了人类社会、工业与经济的。如果我们破坏了支持人类社会的环境系统的正常运行，会使地球进入一个新状态。在这种新状态下，我们早已熟悉和享受多年的现代生活可能无以为继。可以将地球想象成一个健康的人，通过界定其体重、胆固醇、血糖、脂肪、氧摄入、血压及肌肉质量等指标的最佳范围，来确保她的健康，能够继续跑马拉松。

人体是一个由各个子系统、各个器官组成的大系统。每个子系统与器官都有其最佳运作条件，对大自然来说也是如此。我们的器官和身体作为一个整体，有时候确实可以偏离最佳状况，但这有一个限度。我们无法清楚了解在每一种情况下，我们在多大程度上偏离最佳状态会导致身体的崩溃，但有些情况我们是清楚的。我们知道人类最佳体温为 37℃。如果体温高达 42℃ 或低至 21℃，一个普通人就会死亡，他的内部系统会停止运转。这是我们人类健康可容忍的边界，越趋近这些边界，你的各个器官、体内流体就运行得越差。

大自然也是由各个子系统和器官——如海洋、森林、大气、冰盖——组成的大系统。地球科学家们多年来已经掌握了这些系统和器官最稳定的运行水平。确实，大自然不是一个活生生的人——她无法告诉我们她的感受——"但她是一个按照生物、地理、物理学规律合理运行的复杂单元"，就像人体一样。罗克斯特伦说："我们不知道她运行的边界确切在哪儿，因为我们对地球母亲的了解还不如对人体的了解来得准确，但她自己清楚地知道这些边界何在。一旦跨越临界，就无法复原。格陵兰岛的冰盖过了临界点就会融化，亚马孙雨林过了临界点就会退化。我们不会等身体到了临界点才想起来照顾自己，同样，我们也不能这样对待我们的地球。"

大自然无法告诉我们她的系统感受，但罗克斯特伦、史蒂芬以及他们的团队试图对这些临界点做一些有根据的估测。他们确定了地球的九大关键边界，人类必须确保其不被破坏（或者说不被进一步破坏，因为我们已经破坏了好几个）。破坏这些边界可能会引发连锁反应，使地球进入一个新的状态，而我们的现代文明将万劫不复。

这是他们在 2015 年给地球开出的健康诊断报告。情况看上去不太妙。

第一个边界是气候变化。我们已经破坏了它。和很多气候科学家的普遍看法一致，地球边界界定团队认为，我们需要保持工业革命以来全球平均气温涨幅小于 2℃的水平。大多数气候学家认为，超过这条红线，我们将面临失控的冰川融化、海平面上升、极端温度变化以及更为严重的风暴、干旱风险。如果要控制全球气温升高，我们需要将地球大气层中的二氧化碳浓度保持在 $350 \times 10^{-6}$ 浓度以下。现在大气中的二氧化碳含量已经超过 $400 \times 10^{-6}$ 浓度。大气中的二氧化碳已经非常稠密，并且还在加速变得更加稠密。高二氧化碳含量已经使全球陆地和海洋表面的综合平均温度升高至自工业革命以来观测到的最高水平。

大自然知道她发热了。2015 年底，美国航空航天局《地球的关键迹象》年度报告指出："134 年记录中的最热的 10 个年份，除了 1998 年，都发生在 2000 年以后。2015 年是自有记录以来最热的 1 年。"气候系统决定了所有生物物种的生长环境。这个环境正朝着一个远离地球边界的区域前进，地球会变成一个人类此前从未经历过的大温室。

他们确定的第二个边界是生物多样性，包括生物圈中生存着的所有生物物种和覆盖地球的所有自然物质，即森林、草原、湿地、珊瑚礁等。地球边界界定团队认为，我们应该保持相当于工业化前 90% 水平的生物多样性。目前，非洲部分地区的生物多样性水平已经降至 84%，并且还在进一步下降。

罗克斯特伦指出，人们忘记了如果没有生物多样性，就无法调节气候。如果空气中没有传粉媒介，土壤中没有微生物，如果没有鸟类和其他动物通过排泄为新树木播种，就没有森林。如果没有森林，也就没有树木来吸收二氧化碳。如果没有树木吸收二氧化碳，二氧化碳就会进入大气层，加剧全球变暖，或进入海洋，改变海洋构成。物种的自然消失率为在每 100 万个物种中，每年会消失 1 种或不到 1 种。"我们将消失率的边界设定为每年 10 种"，罗克斯特伦解释道，但随着全球化，这个边界常常被打破。现在，在每 100 万个物种中，每 1 年会消失 10 ~ 100 种。我们的生物多样性正在大致以这样的速度迅速减少。

第三个我们地球的边界是森林退化，而我们已经打破了这一边界。这个边界是说，我们必须在陆地上维持雨林、寒带森林、温带森林等关键生态群落的最低水平，才能保持一个平衡的、有节制的全新世。科学家估计，我们必须保存约 75% 的地球原始森林。目前该水平已经下降到 62%，一些森林的碳吸收能力已经出现弱化的迹象。

第四个已被我们打破了的边界是地球上的生物化学流。罗克斯特伦解释道："我们现在向世界作物系统添加了太多的磷、氮及其他元素。"我们正在通过化肥和农药"毒害地球"。这些化学物质接着流向海洋，伤害那里的植物与鱼类。"要让吸收和创造蛋白质的植物与动物生长发育，它们需要一个氮磷平衡环境。"罗克斯特伦接着解释道："氮和磷的含量决定了海洋形态及大陆地貌。氮与磷的含量太多了，会令生物窒息，而太少了又会导致它们无法生长。我们必须尽可能地少用化肥与农药，不要影响到其他植物的生长。"气候变化带来的是自上而下的颠覆，而化肥与农药则会造成自下而上的颠覆。现在，罗克斯特伦说道："我们必须把使用量降至目前水平的 25%。"

在其他四个领域，我们已经设法维持在由地球边界界定团队设定的水平之内，但是剩余的空间也不多了。

一个是海洋酸化在不断上升。我们释放出的二氧化碳中一部分进入了大气层，但大量二氧化碳事实上都是被海洋吸收。这对鱼类及珊瑚礁造成了越来越大的伤害。鱼类和珊瑚礁相当于海洋中的热带雨林。当二氧化碳被水吸收后，便会形成碳酸，而碳酸会溶解碳酸钙，碳酸钙是所有海洋生物的主要构成物质，尤其是贝壳类动物和珊瑚礁。在发生这种情况的时候，"海洋已经不再是海洋生物的家园，而是在分解和破坏它们。"罗克斯特伦说，"我们能够破坏的碳酸钙是有限度的，超过了这个限度，海洋系统就会被彻底颠覆，不能再像此前全新世时代那样充当鱼类与珊瑚礁的家园。"

地球边界界定团队认为，第二个我们勉强维持在可控范围边界的是淡水的使用，即我们能从世界的河流与地下水中抽取出来的最大水量。我们需要保障湿地、雨林依旧维持全新世的状态，与此同时支持我们大规模的农业生产。

第三个我们尚未逾越的边界是大气气溶胶的负荷。大气气溶胶是我们的工厂、发电厂、车辆等传统污染源释放到大气里的微小颗粒物。生物质的不完全燃烧（大部分是由做饭的炉灶所产生）和化石燃料的低效燃烧生成了一层雾霾，阻挡了阳光并进而危害植物生命，还导致人类出现哮喘及其他肺部疾病。

第四个我们尚能维持在边界内的领域被称作"新物质的引进"，即我们所发明创造的化学物质、化合物、塑料、核废料等类似的东西。它们来自大自然之外，并渗入土壤与水中。我们并不完全了解它们所导致的诡异后果，但我们担心，有朝一日，它们甚至会改变包括人类在内的不同物种的基因密码。

还有一个领域我们曾打破过它的边界，但现在已经安全返回，这就是平流臭氧层的厚度。平流臭氧层确保我们免受导致皮肤癌的危险紫外线辐射。没有臭氧层，地球上大面积地方将不适宜居住。在科学家发现人造化学品氯氟烃导致臭氧层空洞不断扩大之后，全球各国聚在一起共同商议，并于 1989 年实施了《蒙特利尔协定书》，严禁氟氯碳化合物。臭氧层因此才得以维持在地球边界的限度之内，损失的臭氧层未超出工业化之前水平的 5%。

地球边界界定团队并未声称其确定的边界是精确而固定不变的，也没说一旦突破了这些边界我们将直接被推落悬崖。他们设定的红线是根据已知情况作的预测，一旦越过，我们就将进入"未知区域"：在那里没有人知道会发生什么，因为人类从来没有进入过这个区域。

罗克斯特伦说，到目前为止，对我们来说唯一的幸事是，大自然一直以来都很善于找到方法适应这些压力。海洋、森林吸收了增长的二氧化碳排放；亚马孙流域等生态系统适应了森林砍伐和退化，并仍然为地球供给雨水与淡水；北极的冰层在收缩，但不会消失。地球自身确实有很多缓冲区并具备适应能力。但最终，我们会把这些缓冲能力也消耗殆尽。眼下我们正是这么做的，尤其是在过去的半个世纪。

罗克斯特伦补充道："地球用尽了其百宝袋中的各种法宝来缓和人类行为的影响并维持当前所处的状态，她的这种维持平衡的能力令人印象深刻。"但是，如果我们继续突破这些地球的边界，"我们可能会将地球从朋友变为敌人"。在那样的世界里，亚马孙流域将会变成大草原，北极圈将会终年变成海洋，非但不再反射太阳热量，而且还要吸收这些热量。可以很肯定，这将给人类创造出"一个与温和、友善的全新世截然不同的世界，而全新世是我们所知唯一稳定的地球状态，也是我们所知的唯一的文明赖以生存的状态"。

已经有许多科学家站出来说，我们目前所处的地质时代已经称不上是全新世了。他们认为，我们已经离开了它，进入了一个由我们一手造成的新时代。他们将这个新时代起名为"人新世"（Anthropocene）。"anthropo"即"人"的意思，"cene"即"新"的意思。这是给"众人之力"起了一个时髦的科学名词。

"人类活动正在地球上留下广泛而无法磨灭的印记。"科林·沃特斯说道。沃特斯就职于英国地质调查局，2016年1月8日他与其他作者在《科学》杂志上发表了一篇文章，提出人新世应该被定义为继全新世后出现的另一个全新的地质时代。

作者们承认："就地质时代的范畴而言，能否正式认定地球已经进入人新世，取决于人们是否已经大范围地改变了地球系统，足以使地质沉积物与冰芯传递出全然不同于全新世时代的地层标识。"他们认为，现在就是这样的情况。从我们浇筑在地球表面的数亿吨水泥，到原子弹测试所释放的放射性核元素，这些在未来的许多年中都将对我们的星球产生影响。

正如歌手乔妮·米切尔在《黄色大出租车》中唱道："他们给天堂铺上了地砖，把它变成了一个停车场。"

沃特斯及其同事只不过是将这几句歌词转换成了科学语言：

近来，人类活动的沉积物中出现了新型矿物及岩石种类，包括铝元素、混凝土和塑料等新物质在全球范围内快速扩散，逐渐形成了大量的、形态不断发生变化的"技术化石"。化石燃料的燃烧导致黑碳、无机灰球和球形碳质颗粒在全世界范围内扩散，相关物质的浓度从1950年左右开始，出现了全球范围的增长。人类活动沉积物不断增长，其表征之一就是由砍伐森林、道路建设导致的水土流失不断加剧。大量泥沙被大坝拦截，加剧了三角洲的下沉。

　　一想到未来地质学家将从我们的地质沉积层里找出 iPods、带尾翼的凯迪拉克轿车以及自拍杆，就给人一种怪怪的感觉。即使有一天，地质学家能够公认这是一个新的地质年代，他们也会争论，这个新的地质年代是从什么时候开始的。有人说，应当是在数千年以前农业刚刚开始的时候；也有人说应该是始于 17 世纪早期西方殖民主义跨洋活动开始之时。史蒂芬与大加速团队写道："在人新世开始时间的所有候选答案中，最具说服力的版本是大加速开始的时候。"直到 20 世纪中叶前，才有明显的证据表明地球系统的状态与功能发生了根本性变化：（1）超出全新世波动的范围；（2）是由人类活动所驱动，而非自然变化所导致。

　　由于存在争议，负责命名地质年代的国际地层委员会仍然将我们所处的时代算作全新世。但就本书观点而言，我们已经身处人新世了。人类的力量已经成为影响、重塑地球系统并将我们逼出地球边界的主要推手。

　　无论我们现在身处什么时代，罗克斯特伦坚持认为："我们有责任让我们的星球保持在一个尽可能接近全新世的状态。"然而这并不容易，因为"众人之力"中的"众人"正在以超出我们想象的加速度向更多的地方扩张。

## 许许多多人的力量

　　2016 年 4 月，我为制作一部关于气候变化对非洲移民影响的纪录片来到尼日尔。我们的第一站是德库，这是一个位于撒哈拉沙漠中部的尼日尔北方小镇。当地 4 月气温为 41.7℃。我采访了当地的非洲人，他们大多是尼日尔人，曾前往利比亚寻找工作，其中少数运气好的人还乘坐漏水的船只前往欧洲。然而，大部分人既没有找到工作，也没找到船只。相反，他们受到了利比亚人的咒骂和虐待。利比亚正在经历经济和政治灾难，利比亚人不希望看到移民出现在自己的国家。

　　我们在德库看到了数百名来自尼日尔和其他西非国家的人，他们陷于孤立无援的困境，没有工作，没有收入，既不能北上务工，又无法南下回家。他们受到国际移民组织的照顾。在灼灼烈日下，我在装满货物南下的卡车旁采访了他们。他们大部分人离开家乡已 1 年有余，我问其中的一个人，他是来自尼日尔的马蒂·阿尔马尼克："你的家人现在过得怎么样？"

　　他告诉我，他离开留在村里的 3 个妻子和 17 个孩子前往利比亚或欧洲寻找工作，但却不得不心灰意冷地回来。阿尔马尼克说，他为家里留下了许多食物，但他很清楚，这些食物现在应该吃得差不多了。"现在，他们的命在上帝的手上。"这就是生活在社会底层的人的处境。站在他身旁的另一位同行伙伴告诉我，他把12个孩子留在了家中。这不是什么不寻常的事。在尼日尔，每个母亲平均有7个孩子。

我将这些都写到了《纽约时报》的专栏里。第二天我收到了我的朋友、人口研究所主任罗伯特·沃克尔的邮件。他指出：1950年尼日尔的人口仅为250万，今天人口已经达到1900万。联合国最新人口预测表明，尽管生育率在下降，尼日尔的人口仍将于2050年前达到7200万。考虑到气候变化、区域冲突与不稳定等因素，不难想象尼日尔将难以为继。而令情况变得更糟的是，尼日尔的童婚情况非常普遍，童婚率高居世界第一。

尼日尔是许多个国家中的一个，这些国家并不全在非洲。那些地方的人口仍在不断增长。我将人口不断增长也列为大自然加速变化的一个现象。这种增长将导致"自然资源"消耗不断加剧，给本国之内和之外的河流、湖泊、土壤和森林造成损害。尽管在世界许多其他地区，人口增长已经变缓甚至出现逆转，但根据最新的联合国报告，地球上的总人口已经达到了72亿，到2050年之前将进一步增长至97亿。这意味着，仅仅30多年之后，这个星球还会多出额外的20亿人口。

想一想这个数字：多出20亿人口。

更重要的是，对地球自然系统和气候的破坏性影响也将呈指数级上升。因为97亿人口中越来越多的人涌向大城市，随着他们社会经济地位提高，并成为中产阶级，他们将开更多的汽车、住更大的房子、消耗更多的水和电以及食用更多蛋白质。他们对地球的人均影响将会大很多。当下，大约86%的美国人的家中和公寓里都安装了空调。但在巴西只有7%的人家中有空调，在印度这一比例还要更低。但一旦他们的基本需求得到满足，他们也会对空调有需求。他们与住在日本、欧洲或美国的任何人一样，都有权提出这些需求。

我出生于1953年，属于婴儿潮一代，这使我成为不同寻常的一代人的一分子。自亚当遇见夏娃，生下该隐与亚伯以来，人类历史上任何一代人都无法像我和我的婴儿潮一代一样说出下面的话：世界人口在我们有生之年翻了一番。事实上，如果我们喝足够多的酸奶，好好运动，练习瑜伽，我们的寿命将长到足以使我们活着目睹世界人口数量翻 3 倍。1959 年世界人口为 30 亿，1999 年为 60 亿，而到 2050 年世界人口预计将达到 97 亿。

人口研究所在其 2015 年报告中强调了一点：全球总体而言正在经历由高死亡率、高生育率到低死亡率、低生育率的转变；在世界许多地方，这一转变早已出现。在欧洲、北美以及拉丁美洲和东亚的大部分地区，死亡率与生育率快速下降，以至于现在已经跌至或低于人口替代率的水平。在德国、日本等国以及中国台湾地区，人口事实上已开始下降。不过这还不是故事的全部。

"在全球'人口鸿沟'的另一边，"人口研究所指出，"死亡率和生育率仍然相对较高，但死亡率下降得更快。因此，人口正在增长，而且在某些情况下迅速增长。按照目前的增长速度，近 40 个国家可能将在未来 35 年内人口翻一番。"

虽然没有得到太多关注，但联合国负责人口的机构，即经济与社会事务部人口司，每年都在悄悄地提高其对全球人口的预测。2015 年 7 月 29 日，人口司发布《世界人口前景：2015 修订版》，上调了两年前刚刚做出的预测数据。报告指出，世界人口预计将由当前的 73 亿增长至 2030 年的 85 亿（此前预测值为 84 亿），于 2050 年达到 97 亿（此前预测值为 95.5 亿），并在 2100 年达到 112 亿（此前预测值为 108 亿）。

联合国指出：

> 据预测，全球人口增长主要归因于一小部分高生育率的国家，主要是在非洲，以及一些人口规模已经很庞大的国家。在 2015 年至 2050 年，全球一半的人口增长会集中在 9 个国家：印度、尼日利亚、巴基斯坦、刚果民主共和国、埃塞俄比亚、坦桑尼亚、美国、印度尼西亚和乌干达……
>
> 中国和印度依旧是世界上人口最多的两个国家，各有超过 10 亿的人口，分别占世界人口的 19% 和 18%。但到 2022 年，印度人口预计将超过中国。
>
> 目前，全球人口最多的 10 个国家，1 个在非洲（尼日利亚），5 个在亚洲（孟加拉国、中国、印度、印度尼西亚和巴基斯坦），2 个在拉丁美洲（巴西和墨西哥），1 个在北美洲（美国），还有 1 个在欧洲（俄罗斯）。在这些国

家中，目前人口总数排名世界第七的尼日利亚增长最快。因此，预计尼日利亚的人口将在2050年前超过美国，届时将成为世界人口第三大国。到2050年，预计有6个国家的人口将超过3亿：中国、印度、印度尼西亚、尼日利亚、巴基斯坦和美国……

由于人口增长率最高，2015年至2050年，非洲预计将为全球人口增长做出一半以上的贡献。

在此期间，预计28个非洲国家人口将翻一番。

人口研究所注意到：预测中的人口增长大部分将出现在已经在饥饿与赤贫中挣扎的国家。许多人口迅速增长的国家都饱受水资源短缺或森林退化的威胁。而另一部分国家则在与区域冲突或政治不稳定作斗争。虽然不能排除取得进展的可能，但这些国家迅速增长的人口数量是一个不断升级的挑战。这些国家的民生易受人口因素的影响，且更有可能遭遇饥饿、贫困、水资源短缺、环境退化以及政治动荡。

换言之，如果死亡率降低的同时生育率却居高不下，就会产生巨大的压力。如果一个女人生育20个孩子，而这20个孩子全部存活并且同样育有20个孩子，那么一个家庭就会有400个孙辈后代。这种情况正在尼日尔这样的地方发生。这些因为生育率居高不下、死亡率有所降低而导致人口持续膨胀的国家，同时也是"性别不平等最严重、童婚率最高的国家"。沃克尔解释道："尼日尔是全球总生育率最高的国家。"沙特阿拉伯、埃及和巴基斯坦也名列前茅。这并非由于缺乏避孕手段所导致，而是因为缺少现代化的性别观念和社会规范，以及男性对计划生育的固执的、强烈的反对。在这些国家依旧流行这样一句祝福语："祝福你育有七儿七女。"同样流行的还有贫困以及学校教育与基础设施的缺乏。

这样的组合从来就没有好的结果。当摩尔定律与全球化以目前的速度加速变化，而你的国家在教育和基础设施领域落后他国，这种落后的差距也会越拉越大。如此一来，就会有越来越多的人无法参与到全球流动中。于是他们将生育更多的孩子视作一种社会保障。由此会进一步影响到气候变化，而农业生产又因此受到冲击。当人口越来越多，而政府却没有解决危机的对策时，就会滋生越来越多的混乱与无序（这一点我们将稍后展开讨论）。阿富汗、中东地区和西非正在经历这样一个可怕的恶性循环。

前英国金融服务局主席、现任新经济思维研究所主席、《债务和魔鬼——货币、信贷和全球金融体系重建》一书作者阿代尔·特纳在 2015 年 8 月 21 日发表在"辛迪加项目"（Project Syndicate）网站上的一篇文章简明扼要地指出了这个问题。他注意到，尽管联合国最新人口预测表明，欧洲、俄罗斯、日本由于低生育率而面临相当严重的人口老龄化问题，但这是一个可控的问题。

那么，什么是不可控的问题？他写道："从 1950 年到 2050 年，乌干达和尼日尔人口将分别增长 20 倍和 30 倍。无论是 19 世纪正处于工业化进程之中的国家，还是 20 世纪后半程成功完成经济追赶的亚洲经济体，都未曾接近过这样的人口增长率。这样的增长率将导致人均资本存量无法快速提高，劳动力的工作技能也无法迅速改进，导致无法实现经济追赶，也无法在短时间内创造足够的就业机会来避免长期不充分就业的出现。"所有这些事情现在正在发生，而且这里还没有考虑机器与机器人逐渐增长的力量。机器和机器人将取代发展中国家底层蓝领和白领的工作，发达国家就更不用提了。

特纳还指出：

> 如果自动化的发展使发达经济体利用几乎无人的工厂开展制造成为可能，这将切断此前所有成功的东亚经济体所遵循的出口导向的增长道路。由此造成的高失业率，尤其是年轻人失业，可能导致出现政局动荡。恐怖组织"伊斯兰国"（ISIS）极端暴力的源头有许多，但在过去 50 年中北非和中东人口翻了 3 倍，显然是原因之一……

> 鉴于非洲人口很有可能会在未来 85 年里增长 30 多亿，欧盟可能面临一波移民大潮。相比之下，目前关于接纳数十万寻求避难的难民的辩论似乎变得无关紧要了……

> 寿命的增长以及生育率的下降是人类福利的巨大积极进步……

> 要实现这一目标，无需效仿中国实施的独生子女政策，只需要确保女性可以接受高水平的教育，不限制避孕用品的供应，以及允许妇女自由做出自

己的生育选择，免受保守宗教权威的道德束缚，也不受迷信人口快速增长将推动国家经济成功的政治家的道德压迫。

英国环保组织"第三代环保主义"（E3G）的主席汤姆·伯克喜欢把问题简化成四个数字——10、15、20和25。伯克说：

> 现在，地球上有10亿人口已经跻身中产阶级或以上，拥有安全的资产以及较高的、可靠的收入。有15亿人口正处于转型期。这些是新兴经济体的民众，他们在大约15年前移居至城市。现在，他们拥有一定的资产、稳定的收入，但开始感到紧张。因为，他们中许多人都在公共部门供职，并且受到全球化与科技进步的挤压。还有另外20亿人刚刚搬到城市，他们几乎没有任何资产，也没有稳定收入，你会看到他们坐在路边售卖小物件。此外，还有25亿人口是农村贫困人口，他们土里刨食，仅能果腹而已，完全没有融入全球经济。如果气候发生变化，一部分人会迁移，其余的人会死去。

已经进城的15亿人和刚刚进城的20亿人居住在这个已经超级互联的世界上的都市里，他们能够看到各种想拥有但自己不具有的东西。如果我们无法满足这15亿人和20亿人的愿望，他们将动摇这些国家的中产阶级。他们将成为恐怖组织"伊斯兰国"（ISIS）及其他带有不满情绪的群众运动的基础。未来的增长和稳定很大程度上取决于城市中最底层的那一半人口能否提高其实际收入。他们是那些数着手里的钱才敢去买东西的群体，是遭受食品价格上涨、水价上涨、极端天气事件打击最严重的群体。2010年末发生"阿拉伯之春"的主要原因之一就是刚刚步入城市化的这15亿人和20亿人。

"就像有人否认气候变化一样，也总有人拒绝承认人口增长对地球造成的影响。"罗伯特·沃克尔在2015年1月30日首发《赫芬顿邮报》网站上的一篇文章中写道："人口因素，以各种各样的形式引起科学界的担心，其中包括对气候变化的担心……如果世界人口如目前预测的那样，将在未来35年中从74亿增长至96亿，很难想象我们能成功避免气候变化带来的最恶劣影响。"

我们不是在指责发展中国家，虽然有些国家的特定文化风俗确实存在对女性的歧视，就算是为了本国的利益，他们也应该改变这些习俗。当谈及气候影响时，我们西方人在更长的时间里做得更糟。我们有更大的责任来发明清洁能源，提高能效，发现能源保护的新模式，使地球在中产阶级人数越来越多的情况下，依然能不跨越临界点。

## 雨屋

2015 年 11 月 1 日，NPR 周末版上有一则新闻报道。洛杉矶郡艺术博物馆举办了一场不同寻常的展览。展览的名称叫"雨屋"。在一次采访中，制作展品的艺术家之一汉尼斯·柯奇说，他和他的艺术家同伴们想探讨艺术、自然与科技之间的关系。

于是他们创造了"雨屋"。Artnet.com 网站 2015 年 10 月 30 日的一篇文章将其描述为一个巨大的黑色房间，里面下着人造雨，屋子里有一束光亮，打在角落里。进去参观的人们会惊奇地发现，无论他们站在哪里，传感器都会确保所到之处雨水停止。或者如这篇文章所说的："人们被邀请进入一个大雨滂沱的房间，他们必须相信科学和艺术能够保证自己寸衣不湿，即使风暴毫不减弱……每一次，只能允许 7 个人进入房间，而且参观时间不得超过 15 分钟。这对游客而言或许是个令人沮丧的消息，但事实上这也是为他们着想：传感器检测到游客后，就会停止他们头顶的降雨，形成一个方圆 6 英尺（1 英尺 =30.48 厘米）的无雨区间。如果人太多了，也就看不到雨了。"

我很喜欢这句话：人太多了，就看不到雨了。

这就是众人之力的影响。虽然摩尔定律及全球化极大地扩大了机器的力量、个人的力量和流动的力量，但它们也极大地加强了众人之力。这意味着在人类历史上以及地球历史上，人类首次在数量上变得足够庞大，并借超新星之力获得更大的能量，从而使人类不仅成为自然的力量，同时也成为一股作用于自然的强大力量。

毫不夸张地说，我们今天的各种活动比此前任何时候都能更加有力地影响雨水的开和关。气候变化意味着出现更多极端天气，部分地区出现更严重的特大风暴，而另一些地方面临持续的旱灾。这一新生的力量如此陌生，以至于人们很难去想明白它。"好吧,"一些怀疑者会说,"我同意你说的,气候会变,但我不认为人类与此有何关联。"我们的经历让我们坚信自然是无穷无尽的,因为这么多年来自然确实看似无穷无尽。我们只不过是沧海一粟,人类在大自然面前轻若鸿毛;为什么我们不能想怎么享受就怎么享受呢?但是,苍天可鉴,人类现在已经数量很大了,人口数量还会变得更大,越来越多的人口会拥有越来越大的力量,人类的消耗也会比以前多得多。

正如著名的全球投资人杰里米·格兰萨姆说的:我们人类"极不擅长理解复合数学的含义"。当市场、大自然和摩尔定律同时持续加速,进入棋盘下半场时,我们很难意识到自己对环境产生了如此强大的影响。

亚当·斯维丹补充道:"我们收获了技术进步的好处,却没有对其引发的后果给予足够的关注。"他在他的博客上解释道:"所有生物都生存于生态系统中,并作为生态系统存在。"这些生态系统是所有生活和商业的基础,"基础遭到侵蚀最终会导致金字塔崩塌"。而如果我们不留心地球的边界,今天的这台世界机器就会把我们引向毁灭。"今天这个系统看上去已失去控制。"斯维丹补充道:"对商品越来越多的需求导致对更先进、更具侵入性的技术的使用,人们不断向自然索取,以保持经济增长。这些技术糟蹋了土地,破坏了自然生态系统,同时还加剧了不平等、人民流离失所和社会动荡。"

而且"一切发生得如此之快"。罗克斯特伦在他的著作《大世界,小星球》中写道:"仅仅用了两代人的时间,人类已经令地球不堪重负。我们从大星球上的一个小世界,变成了一个小星球上的大世界。现在,地球回应经济全球化的方式就是带给我们更多的环境冲击。这是个巨大的转折点。"

但故事的结尾未必需要以这种方式结束。全新世的大门未必一定会对我们关闭。或者,即使关闭了,如罗克斯特伦曾对我说的,即使我们进入了人新世,也不一定必然陷入水深火热,或是处于永久的失衡。

但我们可以肯定的是,现在已经到了转折点。此时此刻,我们的选择将塑造我们的未来。我们必须选择:要让加速时代变成我们的亲密朋友还是致命敌人。超新星能够放大我们的破坏能力,但也会加强我们保护世界的能力。

我们必须让新发现的个人之力、机器之力、众人之力以及流动之力成为我们的朋友，成为我们在不逾越地球边界的情况下创造丰富资源的工具，而不是我们的敌人。但是要组织起来，并以上述方式运用这些力量，需要一定的意志力、管理能力以及我们从未在人类身上见到过的、让全人类作为一个整体集体行动的能力。每天，在太阳能、风力发电、电池和能源效率上都有新的突破。这些突破给了我们希望，即我们能够在大规模范围内提供数十亿人口能够消费得起的清洁能源——只要我们有意愿给碳贴上一个价签，来帮助这些技术实现快速的大规模部署并进一步降低成本。

正如环保主义者常说的，我们在发生大规模地缘政治动荡后——希特勒入侵邻国、珍珠港事件、"9·11"袭击——总是能够奋起直面挑战并成功应对。但是，这是人类历史上第一次，我们必须对由自己的行为导致的人类全体面临的威胁采取行动，要抢在局面一发不可收拾之前采取行动，为还未出生的下一代采取行动，在地球的各项边界还未被打破前采取行动。

这是人类当前所面临的挑战，这个挑战就摆在我们这代人面前。我们可以在第二次世界大战后重建欧洲，在世贸中心原址重建大楼，在 1929 年、2008 年危机后重建经济，但是我们一旦跨越大自然所确定的地球边界，有些东西就永远无法重建了。我们无法复原格陵兰岛的冰盖、亚马孙流域的雨林，也无法让大堡礁恢复原貌。犀牛、珊瑚礁也是如此。3D 打印机是无法令它们起死回生的。

这就是为什么，在这些多重威胁令地球向错误的方向倾斜之前，应对这些威胁的唯一方法是集体行动起来，一同开展研究并对清洁能源生产和能效领域进行集体投资。与此同时，还需要有意愿，至少美国需要有意愿，对碳排放征税。我们需要在全球范围内共同致力于加强妇女教育，增强女性权利。如果在这诸多方面不能携手行动起来，以应对巨大的挑战，我们就会失去保护这个地球的最后机会。

我之前说过，在有生之年我还会继续这么说：我们是第一代面临这种局面的人。不要再提"以后再说"，对我们这代人来说，这意味着大自然的缓冲能力和恢复能力将消耗殆尽。如果我们不能快速采取一致行动，"以后再说"在我们这一代就会变成"为时已晚"。

著名的海洋学者席尔瓦·厄文精辟地说过："我们现在做什么，或者不做什么，将决定未来，不仅是对我们而言，对地球上的全部生命都是如此。"

# PART 3
# INNOVATING

第三部分
# 创 新

第 7 章

# 实在是太快了

我们正在加入一个加速时代。我们社会各个层面的基础模型大部分都是基于线性变化模型，现在都需要重新定义。得益于指数级增长所带来的爆炸性威力，21 世纪人类可取得的进步，要是按照过去的进步速度，可能需要 2 万年。各种组织必须以不断加速的步伐重新定义自己。

——雷·库兹威尔，谷歌公司工程总监

我的另一辆车是无人驾驶的。

——硅谷一辆汽车保险杠上的车贴

**现**在我们已经介绍了加速时代，紧接着就要回答两个问题：一个是简单的问题；另一个是需要艰难思考的问题。简单的问题就是：事物变化的速度是不是太快了？需要艰难思考的问题就是：既然推动科技加速变化的力量不可能放缓，那么我们应该如何适应？

或许，你对第一个问题的回答是"是的"。你不是唯一这么想的人。埃里克·布莱恩约弗森和安德鲁·麦卡菲在《第二次机器革命》中讲过一个故事：有人问荷兰国际象棋特级大师扬·海恩·多纳尔，要是他去跟电脑下棋，比如 IBM 的"深蓝"，他会提前做什么准备。

多纳尔说："我会带上一把铁锤。"

多纳尔想要把软件和人工智能领域的最新进步砸个稀巴烂。有这种想法的不止他一个人。技术进步不仅替代了蓝领工人的工作岗位，而且还开始替代白领精英，甚至包括国际象棋特级大师。技术进步总是创造性毁灭，因此很多工作岗位来了又去，起起伏伏。如果马匹可以投票，就绝对不会出现汽车。随着技术不断进步，我们不得不从一个平台迁移至另一个平台，对劳动力市场的影响范围也越来越广，技术带来的冲击日益迅猛。

我自己深有体会。作为一名 63 岁的记者，我经历了几场巨大的变化，而且，我看到这种改变的速度越来越快。我已经准备好了，有这么一天，我的孙辈们会问我："爷爷，打字机是什么呀？"

下面我要讲述的是我个人经历和感受到技术快速变革冲击的故事。我相信很多读者也会感同身受。

1978 年春天，我获得了牛津大学阿拉伯语和现代中东研究硕士学位。毕业之后，我被合众国际新闻社的伦敦记者站雇佣，这是我的第一份工作，在伦敦的舰队街上班。在合众国际新闻社的伦敦记者站，我们使用桌面手动打字机和早期的文字处理器工作。很多年轻的读者可能都不知道打字机是什么东西。About.com 网站对"打字机"的解释是："一台小型的、用于打字的机器，有些是手动的，有些是电动的，每按一下按键，该机器就能在塞入滚筒的打印纸上打下一个字母。"维基百科称，打字机是"19 世纪 60 年代"发明的，并且"迅速成为除个人通信之外的其他各种形式写作必不可少的工具。在职业作家、办公室以及商业信函领域内广泛使用"。到 20 世纪 80 年代末，"文字处理器和个人电脑……大体上取代了……西方世界的……打字机"。

想一想：在大约一个世纪的时间内，无论是作家、企业，还是政府，都在使用打字机撰写文稿。一个世纪相当于三代人的时间。尽管工业革命已经过去很多年了，但当时技术进步的速度就是这么慢。当我开始记者职业生涯时，我已经处于工业革命时代的末期了，打字机的时代行将结束，信息技术革命即将到来。当然，我当时对此毫无所知。

到了 20 世纪晚期，技术进步的速度显著加快。但是作为一个从工业革命时代起步的人，我首先还需要学会如何在一台打字机上快速打字！所以，在 1978 年被合众国际新闻社雇佣之后，我做的第一件事就是在伦敦报名参加了一所秘书夜校，学习速记法以及如何更熟练地使用双手快速打字。班上的大多数同学都是正在寻找入门级秘书工作的年轻女性。

当时也没有手机。因为这一点，我尝到了职业生涯第一个重大教训。这是在我加入合众国际新闻社伦敦记者站后被派出的第一个真正的采访任务。这个教训就是：永远不要让你的竞争对手帮你拿着电话。

当时伊朗刚刚爆发伊斯兰革命。一些支持霍梅尼的伊朗学生在伦敦占领了伊朗驻英国大使馆，驱逐了伊朗国王的外交官，把自己锁在使馆主楼内。我设法说通学生进入使馆采访，我采访了一些学生革命分子。我已经不记得当时他们说了什么，但我很兴奋，拿着记得满满的笔记本冲向使馆旁边的电话亭，给办公室打电话。那是一个经典的英式红色电话亭。当时有六七个记者正在排队，都在等着用电话报告他们了解到的情况，他们都是舰队街久经沙场的老兵。我耐心地等了20分钟，终于轮到我了。我钻进电话亭，激动地对编辑讲述我从使馆内部的伊朗学生那里看到和听到的情况，来回翻看我的笔记本，以确保没有遗漏任何细节。正在记录我口述内容的编辑忽然问了我一个关于使馆大楼的细节问题，我不知道答案，于是说："等一分钟，我去看一下。"

接着，我推开了红色电话亭的门，并对排在我身后的那个记者说道："帮个忙，帮我拿一下这个电话。"接着我冲出电话亭，去为编辑确认这个小细节。

我刚冲出去两步，就听见我身后的那个家伙钻进了电话亭，重重地挂上了电话听筒，中断了我的通话，并开始给他自己的报馆打电话。只见他转过身来，对我说了一句令我终身难忘的话："伙计，对不起了。"

从此以后，我再也没有让竞争对手为我拿过电话。

当然，在这个手机无处不在的时代，世界上也不会再有记者吸取学习这个教训了。

1年之后，1979年，合众国际新闻社将我派到贝鲁特担任当地记者站的二号记者。当时，黎巴嫩正处于内战之中。那时候，我们用一台大型桌面手动式打字机写作新闻报道，用电传机把新闻报道发回伦敦总部。有些年纪太轻的读者可能不知道什么是电传机。《韦氏字典》对电传机的定义是："一套通信系统，通过电话系统长距离传送信息，并在接收端用一种名为电报打字机的特殊机器打印出来。"我们发送新闻报道的方式是：首先，在一张普通的白色打印纸上把报道的内容打印下来，双倍行距，每次只打三段文字；接着，我们将这张印有三段文字的纸条交给一个电传机操作员，他会以打孔的方式把文字敲进电传纸带，接着将这些编码完毕的电传纸带塞进办公室里一个叮当作响的电传机。然后，信息从我们这里上传，通过全球电话电报线路，穿过大洋，最后在世界另一头的合众国际新闻社伦敦总部或者后来的《纽约时报》曼哈顿总部的电传打印机上传输出来。

写新闻报道的时候，每次只能写三段话，并且不能调整段落顺序、删除或者检查拼写，这是一个挑战。不信你也可以试一试！我的做法是，我会把整篇报道或新闻分析先用打字机打出来，反复检查、修改，然后再打一遍。一旦我对段落文字和顺序感到满意了，知道故事梗概和走向了，我会再敲第三遍。这一次每打出来三段，就交给电传机操作员。贝鲁特的电传系统需要通过黎巴嫩邮电局中转，邮电局就位于贝鲁特中心城区，旁边就是内战的分界线。

1981 年，我开始为《纽约时报》工作。我在纽约担任了 1 年的商业新闻记者。1982 年《纽约时报》又把我派回贝鲁特担任记者站站长。这一次，我带了一台移动式打字机。我记得非常清楚，这是一台德国造的阿德勒打字机，装在一个白色的箱子里。阿德勒移动式手动打印机是当时能够买到的最好的产品，可能花了我 300 美元。当我拿到这台机器的时候，我记得我对自己说道："现在我就是一个真正的国际新闻记者了！"这台打字机让我感到非常骄傲。当你敲击键盘时，你能够感受到按键的厚重的手感，每一个字母都敲得很稳重。

在写作本书的时候，我在谷歌上搜索"阿德勒移动式打字机"，想要回忆起它的模样，搜索结果的第三个条目抓住了我的眼球，它写着："稀有品种古董德国小型阿德勒移动式打印机，易趣上出售。"

原来如此！真不敢相信 40 年前我开始记者生涯时用来写作的机器现在已经是"稀有品种古董"了。这听起来像是 1878 年的物件。我希望能让你看一下我那台机器的样子，但是可惜它已经不在了。1982 年 6 月，巴以战争刚刚打响的头几天，它就和我在贝鲁特的公寓一起被炸飞了。当时，来自黎巴嫩南部的两股难民为了争夺布里斯街上我所在大楼内的空置公寓打了起来，打败了的那一方炸毁了整座大楼。当时我司机的妻子和他的两个女儿正在我的办公室，不幸身亡。

　　1982 年 6 月初以色列入侵时，我正在黎巴嫩南部，整个夏天我都待在贝鲁特。我与《纽约时报》的约定是，我将一直待在那里，直到阿拉法特和他的巴勒斯坦解放组织战士们乘船从贝鲁特港撤离。当时谈判商定的撤离时间是 1982 年 8 月 30 日。我想把这两篇长篇报道的标题当作我剪贴本的封面和封底——"以色列入侵""阿拉法特撤离"。接着，这一天到来了。那是一个风和日丽的周六早晨，我与已故的 ABC 新闻记者皮特·詹宁斯一道站在港口，观看了事件的全过程：卡车运来一车车巴勒斯坦游击队员，他们朝天扣动卡拉什尼科夫冲锋枪的扳机，飞舞的弹壳如雨点般落在我们周围。他们就这样撤离了贝鲁特，前往阿尔及利亚和突尼斯，前往一个未知的未来。这一幕是戏剧性的，令人心酸但同时又阳光灿烂。随后，我前往路透社的贝鲁特记者站。我在那里有一张办公桌，我拿出打字机，三段三段地敲着，将这一个夏天的激情和能量都倾注到故事的结尾之中。

　　当我写完之后，我把它交给电传机操作员。他以打孔的方式把文字敲进电传纸带，但是他还来不及把整个新闻报道发送给位于纽约市的《纽约时报》办公室，贝鲁特和世界其他地方的通信就被切断了。那段时间，所有的通信都必须通过邮电局唯一的一台电报交换机才能发出，不知为何它突然坏掉了。我整夜坐在电传机旁边，等它重新恢复工作，好把故事发到纽约。但是，它再也没有恢复。是的，孩子们，有的时候就是会发生这样的事情。没有电话，没有电传机，没有因特网，什么都没有。直到今天，我仍然将当时打好孔的电传纸带保存在我家地下室的鞋盒里。1982 年 8 月 31 日早晨，《纽约时报》刊登了一则关于阿拉法特撤离贝鲁特的长篇特稿，结尾处的一行小字写着"美联社供稿"。美联社抢在我和邮电局出问题之前把它的报道发了回去。

　　1984 年，我结束在贝鲁特的任期之后，数字信息技术革命开始渐露端倪。纽约时报社给我寄来了一个叫作"电传电话移动终端"的机器。这是一个大约行李箱大小的文字处理机，有一块非常小的屏幕，屏幕上方有接口可以插入一台电话，通过声波的方式将新闻报道传回纽约时报社位于时代广场的第一代电脑中。离开贝鲁特后，我来到了耶路撒冷，在那里从 1984 年待到了 1988 年。最初，我使用电传电话移动终端工作。在那里的最后一年，我们用上了第一台 IBM 桌面式电脑，可以插大号的移动式软盘。改变的速度开始一点一点加快了。我的技术平台的改进也越来越快。

在耶路撒冷任期结束后，我来到了华盛顿记者站。从 1989 年开始，我担任《纽约时报》的外交跑口记者。我曾经与时任国务卿詹姆斯·贝克尔一同前往德国，近距离目睹柏林墙的倒塌和冷战的结束。在那些旅途中，我们使用"坦迪"移动式笔记本电脑，写作新闻报道并通过电话线进行远距离传输。我们这些记者已经成为专家，可以娴熟地把酒店房间的电话机拆开，并把电话线直接连接到我们的坦迪电脑上。那段时间出行，除了带上记者的笔记本之外，你还要带上一把小螺丝刀。

1992 年比尔·克林顿总统上台之后，我开始担任白宫跑口记者。当时我认识的人还没有人拥有电子邮箱。到克林顿第二个任期结束时，几乎所有我认识的人都有电子邮箱了。1993 年到 1994 年，我担任《纽约时报》的国际新闻记者。从 1995 年 1 月起，我开始担任专栏作家。同年，1995 年 8 月 9 日，一家名为网景的初创公司上市，它推出了一种被称作因特网"浏览器"的产品。这个产品和之前的都不一样，它最终将因特网、电子邮件以及万维网都搬上电脑屏幕。网景公司上市时，每股价格是 28 美元，当天盘中就飙升到了 74.75 美元，收市时的价格停留在 58.25 美元，因特网的繁荣和泡沫也随之开始。

此后，我更换计算机的速度越来越快，戴尔和苹果的笔记本电脑和台式机轮流更换，无线接入网络的速度也越来越快。大约在 10 年前，新闻行业越来越不景气了，越来越多的报社关门，越来越多的广告转移到了网上，越来越多的人开始在移动设备上看报纸。我看着记者们从每天为印刷版的《纽约时报》写一篇报道，到每天写好几篇报道以使网页版随时保持更新，还需要同时发推特和脸书，并编辑和解说视频。这让我想起了在贝鲁特担任电报服务记者的那段时光——发送突发新闻报道，发送图片，做广播现场直播——并且这些令人手忙脚乱的工作必须同时完成。当时，我多么想成为一名只有一个截稿期限的新闻记者。现在的新闻记者就像当年的电报服务记者那样，每一秒钟都有一个截稿期限。

但是，其他各个白领行业也都像新闻记者一样遭到了超新星的挑战。我走到哪里都会采访当地的人。2013 年 5 月的一天，我站在伦敦希斯罗机场的入境关口排队等待移民局查验护照。排队的时候，我前面的人转过身来对我说，他是我的读者。我们进行了一番友好的交谈。我问他是做什么的。他说他的名字叫约翰·劳德，从事软件行业。

"什么软件？"我问道。他说他公司的目标是尽可能地"淘汰律师"。他们的软件应用可以让个人在没有律师辅助的情况下完成越来越多的法律工作。事实上，尼奥塔逻辑公司——这是他公司的名字——的网站上写道，其目标是为"那些超过美国人口 40% 的、有需要但负担不起律师费的"人服务，极大地改善他们的境遇，帮助他们接受法律建议和获得正义。例如，当他们需要订立遗嘱或基本法律文件，甚至是在处理人生中诸如房产止赎、家庭暴力或儿童保护等关键事件的时候。

尼奥塔逻辑是现在被称作"专家系统"的一类新潮软件中的一个。它们致力于找到那些客户有大量法律需求、律师收费提供，但实际上可以通过软件完成的服务，类似于法律行业里的报税软件"TurboCharge"。公司的网站援引了一位评论员对尼奥塔逻辑所用技术的批评："它不能理解字里行间的微妙含义……也不能紧握客户的双手并擦去他们的泪水。"对此，尼奥塔逻辑回应道："当我们做到这一点的时候，你会在新闻上读到的。"劳德后来对我说："我一直对庭审律师有特殊的敬意，希望计算机算法取代他们和陪审员的那个日子要过很长一段时间才到来。"但他补充道："这并非不可能完成的事，但目前不是尼奥塔的使命。"

突然之间，我感到庆幸：我的女儿们没有当律师的计划。

但是打击接连而至，一而再、再而三地来临。我发现自己亲眼见证了一些做梦都想不到的事情，这提醒我那个超新星正在彻底颠覆我们的世界。2015 年初，我发现自己坐在一辆无人驾驶汽车的后座，用手机相机进行拍摄和报道。当时，我正在参观谷歌的 X 研发和创新实验室，并乘坐无人驾驶的雷克萨斯 RX450h 型 SUV 汽车溜了一圈。X 研发中心的两名员工坐在前排，坐在副驾驶位置的是谷歌的一名工程师，她的腿上放了一台打开的笔记本电脑；坐在驾驶员位置上的是另一名员工，但是他的手并没有放在方向盘上。他坐在那里就是充当一个假人，目的是遇到红灯停车时，让在我们旁边车辆的驾驶员觉得有人在开车，尽管他并没有！我坐在后座。

我们开了出去，在加利福尼亚州山景城的住宅和商业区穿行。路线是事先设定好的，车辆是自动驾驶，或者说是软件在驾驶，即"自动模式"。5 分钟的时间里，车辆平静地驶过了每个路口，完美地左右转，等待行人通过，小心地超过骑行的自行车。我看着这一切，突然意识到自己也跨越了一条线，有了一种从未预料到的感觉：我觉得软件驾驶比我自己或者任何驾驶员开车都要安全。

　　这是有道理的：X 研发中心的网站报道，在美国的大街上，每天都要发生数千起小型交通事故，其中 94% 是人在犯错，并且其中 55% 没有向交警上报。到 2016 年，谷歌的 53 辆自动驾驶汽车已经行驶了超过 140 万英里，只发生了 17 起碰撞，并且没有一起是谷歌无人驾驶汽车的责任，也没有发生任何人员伤亡。当然，谷歌也承认，有超过十几次驾驶人员不得不进行干预，以避免即将发生的碰撞。（2016 年 2 月 14 日，一辆谷歌自动驾驶汽车在试图避让路中间的一个沙袋时，以不到每小时 2 英里的时速与一辆公交车发生了刮蹭。按照 6 年的驾龄，这应该是很好的驾驶记录了。）

　　我对坐在前座的谷歌工程师说，我感到非常放松，而她平静地合上了笔记本电脑——它负责跟踪车辆的一举一动——并对我说了一句我当记者这么多年从来没有听说过的话：

　　她说道："弗里德曼先生，这辆车没有任何盲区。几乎所有的事故都是其他驾驶员追尾我们，因为他们开车不小心。"

　　这辆车没有盲区！我把这句话记在了我的笔记本上。

　　谷歌的联合创始人谢尔盖·布林在我们返回 X 研发中心总部后也加入了我们。他为我展示了谷歌的两人自动驾驶汽车的原始模型。它还没有起名字，但是看起来像是在两个轮子中间夹着一个大号的鸡蛋，也有点像上山滑雪时搭乘的缆车。车里只有两个座位，没有仪表盘，没有方向盘，什么也没有。但是它是一辆自动驾驶汽车。

　　"你是怎么知道它要去哪里呢？"我问布林。

　　"你只需要在你的手机上设定程序就行了啊。"他回答道，好像这是全天下最不言而喻的事。

　　当然，我怎么会连这一点都想不到呢？我用来拍摄照片、报道新闻的手机，还可以用作我下一辆车的钥匙。为什么不呢？突然之间，我理解了组织学顾问华伦·贝尼斯的那句著名的话，他曾经评论道："未来的工厂只有两个员工——一个人和一条狗。人在那里是喂狗的。狗在那里是看着人，不让他碰机器的。"

接着，就连这则笑话也让我笑不出来了。这件事变得严肃起来了，并且影响到了每一个人。

2015 年 3 月 7 日，《纽约时报》刊登了一篇文章，就新闻报道进行读者测试："这是人类写的还是计算机写的？现在我们阅读的东西中相当一部分并非由人类写就，而是由计算机算法生成，并且这样的东西数量多得令人震惊。你能够辨别其中的区别么？请做接下来的测试。"

1."据美国地质调查局报道，周一早晨，距离加利福尼亚州韦斯特伍德 5 英里远的地方发生了一场 4.7 级的轻度地震。地震发生在太平洋时间上午 6 时 25 分，震源深度为 5.0 英里。"

□人类
□计算机

2."苹果公司 2014 年的假期利润创下历史新高。公司获得了 746 亿美元的收入，实现了 180 亿美元的利润。这个利润比任何公司在历史上赚的都多。"

□人类
□计算机

3."在梦中我看到了你曼妙的背影
在梦中这背影唤醒了熟睡的清晨
那是白日我之所爱的背影
让可怕的夜晚带上了梦的模糊身形。"

□人类
□计算机

4."本纳为 HamiltonA's—Forcini 队打了一场好球。本纳 3 次打击得了 2 分，一次送队友上垒和一次跑垒得分。本纳在第三局中完成了 1 次一垒安打，在第五局完成了 1 次二垒安打。"

□人类

□计算机

5."基蒂很长时间不能入睡。连续两个晚上她的神经都是紧绷的，弗洛斯基帮她温了一杯酒让她喝下去，但这也没能帮助她。躺在床上，她脑海里不停地重复那个草地上的怪异场景。"

□人类

□计算机

6."星期二对 W. 罗伯茨来说棒极了，作为初级投手，他投出了一个完美的球，帮助弗吉尼亚队在达文波特场以 2 ∶ 0 战胜乔治·华盛顿队。"

□人类

□计算机

7."我被侧身平躺放在一辆美国面包车柔软的座位上，几个年轻人仍然用伏特加不停地灌我，我顺从地喝了，因为对于一个俄罗斯人来说，拒绝是无礼的。"

□人类

□计算机

8."事实上，我想为你写一些诗句

每天把这首诗推敲 10 亿次

所以键入一个新的概念让我琢磨

我一直等待，我希望你留下。"

□人类

□计算机

答案：1. 计算机算法。2. 人类。3. 计算机诗歌应用软件。4. 计算机算法。5. 计算机算法。6. 计算机算法。7. 人类。8. 计算机诗歌应用软件。

今天是诗人，明天就轮到专栏作家了……

2016 年 4 月，我前往尼日尔北部的阿加德斯。这里位于撒哈拉沙漠的中部，尼日尔环境部长阿达姆·柴弗陪同我前往。我们去那儿采访成群结队的移民，他们来自该地区的各个国家，从尼日尔过境前往利比亚，其中的许多人希望从利比亚继续前往欧洲。2016 年 4 月 13 日，我在尼日尔写了一篇专栏文章，其中引用了柴弗的话。美国东部时间凌晨 3 时 20 分，文章登上了《纽约时报》网站，相当于尼日尔时间上午 8 时 20 分。当天下午我准备离开尼日尔，大约在中午 1 点动身前往机场。柴弗前来为我送行，我对他说："我在《纽约时报》的专栏文章里引用了你的话。现在文章已经刊登在《纽约时报》的网站上了。"我以为我是第一个告诉他这句话的。

"我知道。"他回应道，"我的孩子正在中国学习，他们已经把文章发给我了！"所以，今天，一个尼日尔部长告诉我，他在遥远中国上大学的孩子已经通过电子邮件，把我在尼日尔写的专栏文章发给他了。而此时，我住在贝瑟斯达的夫人还没有起床看到这篇文章。

接着，我就开始写这本书。在过去两年半为本书写作开展研究的过程中，我必须至少 2 次采访所有的主要技术专家，有时甚至 3 次，以确定我所写的仍然是最新的情况。作为一个作家，这样的经历我之前从未有过，这就像用一个网兜去捕蝴蝶，每一次我动一下去抓它，它就振翅一飞，超出了我的范围。

这就是我的故事：在不到 40 年的时间里，我从使用一台手动打字机以每次写三段的方式写新闻报道，到搭乘一辆自动驾驶汽车并用我的手机进行拍摄报道，再到阅读由计算机算法生成的诗句，再到在尼日尔用因特网无线传输我的文章，第二天在中国的读者通过电子邮件发给我的尼日尔的东道主，而我甚至来不及对他吹嘘我援引了他的话，再到写一本关于技术变化的书，但是却总也赶不上最新的技术变化。

我现在是不是也需要一把铁锤了？

## 小心裂隙

尽管有时候我也会有拿把锤子的幻想，但是这不是解决问题的答案。我们别无选择，只能学会适应变化的速度。这一过程会更加艰苦，并需要更多的自我激励。这一现实显然是今天让全球政治动荡不安的因素之一，特别是在美国和欧洲。

随着变化的加速，在技术改变、全球化和环境压力的飞速变化和人及管理体制对这些变化加以适应和管理的能力之间，出现了一个巨大的鸿沟。许多人似乎感到了失控，并迫切需要有人帮助他们理解这一切并指明方向。

他们有什么错呢？这么多新鲜事物都在同时加速发生，这很容易给人一种在湍急的水流中驾驶独木舟的感觉，被激流裹挟着前进，上下颠簸得越来越急促。在这种情况下，人们几乎都会有一种不可抗拒的冲动，本能地要去做一个动作、一个错误的动作——把桨插入水中以减速。

这么做是没有用的。加拿大自由式激流皮划艇队前队员、奥运会铜牌得主安娜·列夫斯丘说。她有超过15年的国际竞赛和指导经验。在她的博客上，她发布了几条如何在水流湍急的河中控制皮划艇的简单策略，这些策略也值得我们在应付加速时代时铭记在心。

她博客文章的标题是《为什么"将你的桨保持在水中"对于初学者来说是一则坏建议》。

你有没有停下来考虑一下"把你的桨保持在水中"实际上是什么意思？如果你考虑过，你就绝对不会把这个方法推荐给一个激流皮划艇运动的初学者。提供这个建议的桨手和教练本意是好的，他们真正想要表达的意思是："持续划水，从而在急流中保持你的稳定。"可是当初学者听到"把你的桨保持在水中"，他们想到的动作就是把桨当作方向舵，靠在船尾拖在水中，使用桨叶来转向。这是一个非常不好的动作。

为了在激流中加强稳定性，很重要的一点就是要和水流保持同样快的速度，甚至比水流更快。每一次在水中拖着桨叶控制方向，你就丧失了一些动能，这就让你更加容易翻船。

管理今天的世界也是同样的道理。控制方向的唯一办法就是努力划桨，与技术、全球化以及环境的快速变化保持相同的速度，甚至比它们更快。成功的唯一方法就是维持动态平衡，也就是阿斯托·特勒所说的骑自行车的技巧。但是，桨速与水流速度保持一致或者维持动态平衡，在政治和社会的语境下指的是什么呢?

它指的就是除了技术领域之外的所有其他领域的创新。重新设想和设计我们社会的职场、政治、地缘政治、道德和社区,从而在这些加速发生的变化对人们的生活产生影响时,使更多的人、在更多的时候、可以以更多的方式与这种变化保持同步,产生帮我们渡过激流的稳定性。

我们需要对职场进行创新,确定究竟在哪些方面人类可以做得比机器更好,以及如何与机器一道做得更好,并加大在此方面的人力资源培训。我们需要对地缘政治进行创新,弄清楚该怎样集体管理好这个世界。个人的力量、机器的力量、流动的力量以及众人之力正在压垮脆弱的国家,赋予破坏者超强的能力并使强国承受压力。我们需要对政治进行创新,调整我们传统的、作为对工业革命、新政和冷战的回应而诞生的左右翼两分的政治纲领,迎接三大力量加速的时代所提出的加强社会韧性的新要求。我们需要对道德进行创新,在今天这个个人的力量和机器的力量不断增强以至于人越来越像神一样存在时,我们要在更大的范围内推广可持续的价值观,并使之深入每个人的人心。最后,我们需要对社会进行创新,学会如何订立新的社会契约,提供终身学习的机会,扩大公私合伙的范围,来锚定并推动一个更加多元化的人口,并打造更加健康的社区。

众多思想家都在思考如何应对挑战。我最喜欢的一位是埃里克·拜恩霍克,牛津大学新经济思想研究所的执行主任,他还是《财富之源:经济的激进再造及其对商业及社会的影响》一书的作者。在一次采访中,拜恩霍克精辟地总结了我们面临的挑战。他首先区分了"物理技术"的进化——石器、马拉犁、芯片,"社会技术"的进化——货币、法制、监管、亨利·福特的工厂、联合国:

> 社会技术指的是我们进行组织的方式,来捕获合作——非零和博弈——的益处。物理技术和社会技术一同进化。物理技术的创新使新的社会技术成为可能,就像化石燃料技术使大规模生产成为可能,智能手机使共享经济成为可能一样。反之亦然,社会技术使新的物理技术成为可能,史蒂夫·乔布斯不可能在没有全球供应链的情况下造出智能手机。

但是，这两种形态的技术有一个很大的区别，他继续说道：

　　物理技术按照科学的速度快速进化，并且进化速度按指数级不断加速；而社会技术则是以人类改变的速度进化，相比之下速度慢许多。物理技术的改变创造新奇迹、新玩意儿或者更好的药物，而社会技术的改变常常带来巨大的社会压力与动荡，就像"阿拉伯之春"所波及的国家试图从部落专制体制向法制民主体制改变那样。而且，我们的物理技术的进化可能大幅领先社会技术，以至于后者无法对前者加以管理——核扩散、生物恐怖主义、网络犯罪，其中一些此时此刻就在我们周围发生。

　　我们物理技术的进化不会放慢脚步，摩尔定律定会胜利，所以在这场赛跑中，我们的社会技术必须迎头赶上。我们需要更加深刻地理解个体心理、组织、体制以及社会运作的方式，并找到办法来提高他们的适应能力，并加快进化速度。

这就是我们的时代当前所面临的挑战。

每一个社会、每一个社区都必须加速，来重新设想和再造其社会技术，因为我们的物理技术不太可能在短期内放缓增速。就像系统问题思想家林·韦尔斯在2014 年 11 月 1 日的一篇文章《通过激进的纳入，实现更好的结果》中所说的：

　　如果说大体上单位成本的计算能力大约每 18 个月就翻一番，在 1 年半的时间里我们的计算能力就可以翻一番，在 5 年内增长可以超过 9 倍，在 10 年里增长超过 100 倍……而且，变化不仅发生在信息技术领域。生物技术的变化比信息技术还要快；机器人和自动系统正在变得无处不在；纳米技术已经做好准备在相当多的领域产生商业影响，从新材料到能源储存；而能源技术本身也在经历深刻的变化，影响遍及社会的方方面面。组合起来，生物、机器人、信息、纳米和能源等五个领域技术的快速变化，将带来法律、道德、政策、经营以及战略上的机遇与风险，任何公司或个人都无法单独应对。

这对社会的自我革新能力发起了全面的挑战。

美国是一个分权的国家，下辖 50 个州、上千个地区。正因为如此，美国可以对各种各样的治理方式进行实验，也是进行社会革新这一宏伟工程的理想之地。但是，在过去的 10 年中，就在 2007 年见证了一系列全新的、不断加速的科技破土而出之后，我们在 2008 年遭遇了一场严重的经济衰退，并导致华盛顿陷入严重的政治僵局。其结果就是，我们眼看着许许多多物理技术快步前进，但我们的社会技术——我们的学习、治理和监管系统——却停滞了，而我们需要这些系统适应物理技术的加速进步，充分利用其带来的益处，同时缓冲其带来的冲击。正如我之前提及的，这就好像我们脚下的大地正以越来越快的速度进行位移，但那套本来是要帮助人们调整和适应的治理体系却好像冻结了，没有几个政治领导人能够向人们解释清楚正在发生什么。

这一政策的裂隙让美国和全球范围内有很多人感到无所适从，仿佛置身汪洋大海却并无船锚，越来越多的人从极左或极右的阵营里选择候选人。今天，越来越多的人似乎在寻找那些可以对变化脚踩刹车或是手持铁锤的人，或者那些可以给他们一个简单的答案让他们不再忧虑的人。

恐吓战术或者简单化的方案是无济于事的。现在是时候加倍努力，用想象力和创新来弥合这一裂隙了。我不会假装我知晓所有的解决方案。但是在本书接下来的部分，我会提出我收集到的一些最佳的想法。我将会向你介绍五个关键领域——职场、地缘政治、政治、道德和社区建设——的创新情况。这些创新可以帮助每一个人，使他们在这个加速的时代站稳脚跟、坚韧灵活、积极进取。这样他们就不会在激流中试图把桨插入水中以减缓速度了。

第 8 章

# 让人工智能( AI )成为智能助手( IA )

话实说吧！机器人不会抢走我们所有的工作。但如果我们没有在就业、教育和创业方面加速创新，如果我们没有重塑从教育到工作到终身学习的整个流程，那我们就只能把工作拱手让给机器人了。

我们首先要认真地谈谈工作这件事情。在美国，我们已经很久没有认真地谈论这个话题了。从20世纪90年代初到现在，克林顿总统和他的继任者们一直在对美国人民说着同样的老话：只要你"努力工作，按规则行事"，美国的体制将给你一个体面的中产阶级生活，而未来你的孩子将有机会获得更好的生活。这些话曾经是正确的：只要来上班，达到平均水平，做好你的工作，按照规则办事，一切都会好的……

好吧，现在要对这一切说再见了。

正如我们似乎正慢慢远离气候上的全新世时代——那个自然中的一切都能维持平衡、堪称完美伊甸园的时代——我们同时也正在远离工作上的全新世时代。在第二次世界大战后几十年的"光荣岁月"里，在市场、大自然和摩尔定律进入棋盘下半场之前，你可以当一个普通工人，接受普通高中或四年制大学教育，加入普通的工会或根本不加入，并过上体面的生活。只要每周平均工作5天，每天平均工作8小时，你就能买个房子，有个普通的院子，抚养2个左右的孩子，偶尔去迪士尼世界游玩，靠储蓄过着普通的退休和晚年生活。

在当时，许多因素都有利于普通工人。最初，美国主宰了被第二次世界大战摧毁的世界经济，第二次世界大战结束后的许多年里，有大量的制造业工作岗位需要有人填补。外包活动非常有限，中国尚未加入世界贸易组织（2001年12月才加入），中国的大量劳动力对多数优质蓝领工人构不成太大威胁。当时，全球化进程相对缓和，创新步伐更加缓慢，不同行业的准入壁垒相对更高，工会的势力相对更强，能够与雇主谈判，争取到稳定的工资及福利待遇。公司还能够负担起为工人提供更多的内部培训，当时工人流动性也更小，因此也不太有主动学习和离职的欲望。因为改变的速度更慢，在高中、大学所学的技能能够在更久的时间内适用。机器、机器人以及更重要的软件还没有先进到可以简单、低成本的方式完成大量复杂的工作。

正是因为有以上所有这些因素，劳动力全新世时代的许多工人才得以享有人们通常所说的"高薪资、中等技能的工作"，大学董事会负责全球政策与宣传事务的主任斯蒂芬妮·桑福德解释道。

好吧，对这一切也说再见吧！

高薪资、中等技能的工作已经走上了像柯达胶卷那样消亡的道路。在加速变革的时代，动物园里这样的动物越来越少了。当然还会有高工资、高技能的工作，也还会有中等工资、中等技能的工作，但再也不会有高工资、中等技能的工作了。

普普通通就好的时代已然结束。我在大学毕业时，必须找一份工作，现如今我的女儿必须创造工作。我上大学学习可以令我受用终身的技能，终身学习对我而言只是一个爱好。现如今，我的女儿在大学学习的技能只够应付第一份工作，对她们而言，为了以后的每份工作必须保持终身学习。今天的美国梦不再是一个目的地，而是一段终身旅程，并且越来越有在下行扶梯往上走的感觉。你可以做做看。我们还是孩子的时候都这么干过。你必须走得比自动扶梯更快，意味着你需要更加努力工作，定期重塑自己，获得至少某种形式的高等教育，确保终身学习，在按照新规则行事的同时也重新发明一些规则，这样你才能够加入中产阶级之列。

我知道这不是一个可以贴在汽车保险杠上的激动人心的口号。在说这些话的时候，我也并不感到喜悦。我也喜欢以前的世界。但是如果不这么说，我们就严重误导了人们。用领英的联合创始人雷德·霍夫曼的话说，要在今天的职场胜出，关键就是要"像自己创业一样全身心地投入工作，并不断发展和创新自己"。在美国，没有哪个政治家会和你说这些，但每个老板都会在你第一天开始工作时对你这样说。

在加速变革的时代里，什么事情都需要维持动态稳定——你需要一刻不停地蹬踏（或划桨），要想牢牢保住一份工作也是如此。"编程学院"（Codecademy）的创始人扎克·西姆斯认为："你必须知道更多，你必须更加频繁地更新知识，你必须运用知识做更多创造性的事情"，而不仅仅是完成常规工作。"这个递归循环定义了今天的工作和学习。这就是为什么自我激励变得更加重要"，因为大量的学习要在你高中、大学毕业之后或离开父母家以后进行，并且不是在课堂中完成。"一个按需运行的世界要求每个人按需学习，要求世界各地的任何人都能通过手机或平板电脑获得学习的机会，这在真正意义上改变了学习的定义。"西姆斯继续说道。他的平台可以帮助人们更方便地学习如何编程。"当我走进地铁，看到有人在手机上玩糖果粉碎传奇的游戏时，我想他们浪费了本可让自己变得更好的5分钟。"

20世纪90年代中期互联网出现，过了十多年后，人们才意识到不同地域间的"数字鸿沟"是那么令人痛惜：纽约市有互联网，而纽约上州没有；美国有，而墨西哥没有；南非有，而尼日尔没有。数字鸿沟很严重，因为它限制了一个人可以学习到的东西，限制了如何去做生意、在何地做生意以及可以与谁合作。过了十年，地域间的数字鸿沟基本消失。当数字鸿沟消失后，那么只有一个鸿沟才是至关重要的，未来研究院的执行主任玛瑞纳·戈比斯说道，那就是"激励鸿沟"。未来将属于那些能自我激励的人，他们能利用所有免费和低成本的工具和超新星大爆炸所产生的流量。

如果世界装了一个指针，那么第二次世界大战后的50年，这个指针总体指向左方，你越接近苏联，指针指向就越是向左。指针所指的方向传达出一种信号："你生活在一个'固定福利'的世界：只要每天做好你的工作，按时出勤，达到平均水平，你就能在这里得到固定的福利待遇。"自从超新星出现，指针向右急转，现今它传达的信号是："你生活在一个'由贡献确定福利'的世界——

你的工资和福利现在越来越直接地与你的贡献挂钩。随着大数据技术的发展，我们能越来越精准地衡量你的贡献有多少。"现如今是一个401（k）的世界了❶。用海报上的话来说，山姆大叔想要你承担更多的责任。

通用电气的首席执行官杰夫·伊梅尔特在2016年5月20日向纽约大学斯特恩商学院毕业生发表毕业典礼演说时说："技术提高了对公司、个人竞争力的要求。"德勤商业战略专家约翰·黑格尔更是直截了当地说道："我们所有人，不管是个人还是组织，都面临着日益渐增的绩效压力。无处不在的互联网连接意味着进入、迁移的门槛显著降低，加快了改变的速度，提高了极端、破坏性事件发生的频率，所有这些都给企业组织带来了巨大的压力……在个人层面上，容我拿一个广告牌作例子。在通向硅谷的高速公路上曾经有过一个广告牌，上面写着：'如果世界上至少有100万人能够做你的工作，你会怎么想？'要是搁在20年前，这是个很荒谬的问题。我在美国，别的国家的工人跟我有什么关系。现在它已经成了一个核心问题。兴许人们还会追问，'如果世界上至少有100万个机器人能够做你的工作，你会有什么感受？'在极为个人的层面，我们每个人都能感受到绩效上的压力。"

## 新的社会契约

但每个人都能跟得上吗？

这个问题是我们这个时代重要的社会经济问题之一，而且很可能是最重要的社会经济问题。麦肯锡前高级合伙人、奥巴马总统的经济顾问拜伦·奥古斯特说，在每一个重大的经济转型期，"总有某种新的资产成为生产力增长、财富创造和机遇的主要来源"。他创立了一个叫"工作机会"（Opportunity@Work）的公益性企业，力图让至少100万美国人在未来10年内能够"工作、学习，并挣到一份能够充分实现他们潜力的工资"。"农耕经济的资产是土地。"奥古斯特补充道，"工业经济的资产是有形资本，而服务型经济的资产是方法、设计、软件

---

❶ 译注：401（k）计划是美国一种递延征税的退休金账户计划，账户由雇主设立，其资金来源于员工每月的一部分薪水。作者在这里是比喻这个世界现在需要个人做贡献。

和专利等无形资产。"

"在今天以人为本的知识型经济中，资产是人力资本，诸如才能、技能、诀窍、同理心和创造力等。如果我们的教育体系和劳动力市场能够适应这种变化，那将释放出大量的、被低估的人力资本。"我们应该努力避免那种只有少数幸运儿才能获得资产或机会的增长模式。要维持那样的社会，需要进行大规模财富再分配，而这在政治上是不可持续的。

奥古斯特说："我们需要聚焦以投资人力资本为基础的增长模式。那可以使我们的经济更具活力，使我们的社会更具包容性，因为才能和人力资本要比机会或者金融资本分配得更加均匀。"

那么我们该从哪里着手呢？奥古斯特认为，简短来说，在这个加速变革的时代，我们需要重新思考员工和雇主、学生和教育机构、政府和公民之间的契约。这是创造一个人尽其才、才尽其用、人力资本得以成为全社会普遍而不可分割的资产的唯一途径。

## 雇佣更多的银行柜员

为了理解新的社会契约是怎么构成的，我们首先得对劳动力市场目前的情况有个清晰的了解，接下来才能知道我们要解决的问题是什么。

在这里，我要介绍经济学家詹姆斯·贝森的杰出工作，他是波士顿大学法学院的研究员和讲师，著有《干中学：创新、工资和财富之间的真正联系》。关于这些问题，其实有很多的迷惑和误解。

贝森认为，我们需要聚焦的核心挑战在于技能问题，而不是工作本身问题。任务自动化和工作岗位自动化是两件不同的事情。任务自动化不会抢走人类的工作，但工作自动化会完全替代人类。当然，确实也存在因为整个行业消失而完全消失的工作。今天，在美国或在其他任何地方，可能没有人再靠生产马鞭为生了，这是因为汽车取代了马和马车。但是，一份实现了98%自动化的工作与100%自动化的工作存在巨大差异。19世纪的时候，织布工98%的劳动被自动化了，手工劳动的任务量从100%降至2%。

"接下来发生了什么？"贝森说，"织布工的岗位数反而增加了！"

为什么？"因为当原本大部分需要人工完成的工作被机器替代后，整体的生产效率会大大提升。"而生产力大幅提升后，他解释道："产品的价格就会下降，对产品的需求就会增加。"19世纪初，许多人只有一套衣服，衣服都是人工制作的。到了19世纪末，大多数人有了许多套衣服，窗户安装了窗帘，地板铺设了地毯，家具摆上了装饰物。也就是说，随着织造的自动化，布料价格的下降，"人们发现布料的用途越来越多，最终结果是需求的增长抵消了机器对劳动力的替代"。

贝森使用政府数据研究了从1980年到2013年计算机、软件和自动化对317个职业的影响。他在2015年11月13日发表的一份研究论文中总结道："使用计算机较多的职业就业率增长明显。"他引用了自动取款机的例子，自动取款机在20世纪90年代开始大量部署，现在无处不在。人们曾经认为机器会取代银行柜员，但事实上这个情况并没有出现。

自动取款机大量出现之后，银行柜员的人数却增加了。自2000年以来，全职银行柜员的数量每年增长2%，大大高于整体劳动力就业市场。为什么就业率没有出现下滑？因为自动取款机让银行以较低的成本经营分支机构，促使银行开设更多的分行，抵消了柜员岗位的减少。与此同时，柜员的技能也发生了变化。常规的现金业务处理变得不那么重要，而市场营销与人际交往的能力变得更有价值。也就是说，虽然银行柜员要做的常规任务更少了，但他们的岗位却增加了。

即使自动取款机让常规的现金处理任务实现了自动化，但技术本身并没有决定银行柜员的岗位是增加了还是减少了，背后的经济学才是关键。新技术可以增加对特定职业的需求，抵消假想中的岗位流失。自动取款机的例子并不是孤证：

● 条形码扫描器让收银员的结账时间减少了18%～19%，但是自从20世纪80年代扫描仪大范围推广使用以来，收银员的人数却增加了。

● 20世纪90年代末以来，用于法律诉讼的电子文档检索软件取代了原本律师助理要做的工作，而律师助理的人数却强劲增长。

●电子商务自 20 世纪 90 年代末以来发展迅猛，现在占到零售总额的 7%
以上，但从 2000 年起，从事销售职业的总人数一直保持增长。

贝森认为，技术的影响并不是均匀分布的：一方面它会减少对某些活动的
需求，例如，随着语音信箱的出现，接听电话、接收消息一类的常规任务大大消
失。但技术也有可能把任务由一个职业转到另一个职业。"现在还会有前台接待
人员接听电话和记录留言。"贝森说道，"但他们也会做些其他事情。因此，尽
管电话接线员的数量急剧下降（从 1980 年的 317 000 全职人员到今天的 57 000 全职
人员），前台接待人员的数量却增加得更多（从 438 000 人增加到 896 000 人）。与
电话接线员相比，前台接待人员需要全新的技能。"

他也指出，技术可以创造全新的岗位需求，比如数据科学工程师。与此同
时，即使技术已经改变了银行柜员、法律助理和商店销售员等古老的常规工作所
需要的技能，似乎计算机和机器人会很快将他们淘汰，但实际上并没有。技术不
仅改变了传统的工作，也会大大提高这些工作岗位需要的技能要求，比方说，平
面设计师。这也就是为什么那些可以运用计算机辅助设计软件的平面设计师，要
比那些只会用老式排版机的平面设计师能赚更多的钱。

有些经济学家一直认为不存在技能缺口。因为一旦有技能缺口，该职业的中
位数工资就会上升。贝森认为，那些经济学家需要想一想背后的原因。

贝森说道："中位数工人的工资只能告诉我们中位数工人的技能不存在供不
应求的情况。"与此同时，特定领域的某些工人的某些技能会供不应求，因此仍
然存在劳动力供应缺口。技术不会一下子使所有工人的技能都更有价值；部分技
能变得有价值，但其他的技能会过时。如果深入地观察各项职业，你会发现那些
最擅长利用技术的人受到热捧，能拿到高薪，而那些不擅长的人就只能拿非常低
的薪水。这就是为什么在许多职业里会出现"技能缺口"。要想在硅谷聘请一个
可以利用超新星在大海里捞针的顶尖数据科学家，请先排队吧！

基于上述种种理由，贝森总结说："工作不会消失，但是好工作所需的技
能要求却在提高。"随着我们向新的技术平台迁移，现在这一切发生的速度更快
了。例如，AngularJS 和 Node.js 这两种基于 Java 的编程语言可以帮助人们构建基于

网页的移动应用程序，这两个新软件突然在一夜之间成了行业标准，但各个大学都来不及调整课程设置。每当类似情况发生，市场上对拥有这些技能的人的需求和薪酬就会立刻飙升。

所以，我们对这一问题的认识更清晰了一些。终结的不是工作，终结的是工作的全新世代。每一个中产阶级的工作现在都被各种力量撕扯，如果我们要对公民进行培训，让他们能有出色的表现，我们必须重新思考方方面面的变化，重新思考究竟需要哪些新的技能或态度，才能找到工作、保住工作，并在工作中得到晋升。

对于职场新人来说，中产阶级工作的门槛正在快速提高，需要更多的知识和教育。为了能竞争得到这样的工作，你需要提升3R技能：阅读(Reading)、写作(Writing)和算术(Arithmetic)，以及4C技能：创造力（Creativity）、协作（Collaboration）、沟通（Communication）和编程（Coding）。

来看2014年4月《纽约时报》的一篇报道：

> 纽约州上州的农场发生了奇怪的事情，奶牛竟然给自己挤奶。
>
> 由于人手紧缺，劳动力价格飞涨，纽约州的各个奶牛场勇敢地决定采用新式挤奶方式：挤奶机器人……
>
> 机器人允许奶牛自行设置挤奶时间，每天5～6次，接受自动挤奶。奶农多年来在黎明前和傍晚时分例行挤奶的做法已经成为历史。
>
> 利用挂在奶牛脖子上的接收器，奶牛可以得到个性化服务。通过激光扫描并对腹部进行绘图，计算机可以记录每个动物的"产奶速度"，这对24小时不停工的奶牛场来说是一项关键指标。
>
> 机器人还能监测牛奶的产量和质量、访问机器的频率、每头奶牛吃了多少，甚至还会检测每头奶牛每天行走的步数，以帮助确定奶牛何时发情。

未来，一个成功的挤奶工可能还得擅长读取和分析数据。

每一项工作都被快速分解成不同的部分。举个例子，挤奶工的工作也可能会被分解。每一种工作中高技能的部分会变得更重要，现在你要么学习计算机，要么成为懂牛体解剖学的兽医，要么成为能够分析奶牛行走步数的大数据科学家。同时，工作中技能要求较低的部分，例如把奶牛赶入赶出挤奶棚、清理粪便等，会慢慢降格，变成任何人都可以干、只需要付最低工资的工作（也可能很快就会被机器人所替代）。贝森指出，这是职场中正在发生的一个总体趋势，工作中需要技能的部分会需要更高的技能，并带来更高的回报，而工作中常规性、重复性、很容易就能实现自动化的部分只会付最低工资或最终被机器人替代。

与此同时，每一项工作都可能会被转移出去。机器、机器人、印度和中国的工人在所有工作或是大部分工作上都在和你激烈竞争。这就需要不断自我激励，坚持不懈，勇于学习新技术和社会情感技能，通过终身学习，领先机器人、印度人、中国人和其他外国熟练工人一步。

最后，每一项工作都在快速迭代。目前的工作形式正在快速成为历史。这就需要多个层面的创新思维：不断寻找新的细分市场，不断寻找新的机遇，通过不断创新业务来实现盈利和创造就业。

因此，我们至少必须重新设计教育系统，最大限度地巩固写作、阅读、编程和数学的基础，培养学生创造力、批判性思维能力、沟通能力和协作能力，让学生具备决心、自我激励和终身学习的习惯，训练学生创新和创作的能力。

## 复合解决方案

幸运的是，新技术和新工具将助我们一臂之力来完成这一任务。如果我们可以寻找一种创造性的方式，把"AI"转化成"IA"，即将人工智能变为智能助力，那么我们所需要的政府、商业、社会以及工人之间的新契约就更有可能形成。将"AI"转化成"IA"这个说法是智能家居公司"奈斯特实验室"的创始人托尼·法德尔最先告诉我的。我认为"IA"包含三个方面，即智能援助（intelligent assistance）、智能助手（intelligent assistant）以及智能算法（intelligent algorithms）。

智能援助指的是政府、企业和非营利性社会部门应充分运用人工智能技术，开发出更为复杂的在线、移动教育平台，让每个员工能够利用自己的时间进行终身学习，承认他们的学习成果并以晋升作为回报。智能助手指的是利用人工智能来改进人类与软件工具之间的交互，这样一来，通过使用能够放大、扩展人类智能的技术，人们不仅可以学得更快，还能反应更快、行事更机敏。最后通过部署人工智能来创建更智能的算法，也就是雷德·霍夫曼所说的 "人际网络"。这样我们就可以更有效地将人与所有工作机会、每个岗位所需的技能，以及让人更加便宜和方便地学习这些技能的教育机会进行匹配和连接。

"复合问题需要复合的解决方案。"霍夫曼说道。工作问题是一个"幂指数问题，解决幂指数问题的唯一方法是一个幂指数解决方案"。将多形式的人工智能转化为多形式的智能助力就是解决方案。

## 贝尔大妈的智能援助

在写这本书时，我访问了大量企业。在创造智能援助帮助员工实现终身学习方面，没有哪家公司比历史悠久的美国电话电报公司更具创新精神。美国电话电报公司的绰号是"贝尔大妈"。美国电话电报公司首席执行官兰德尔·斯蒂芬森讲话带着质朴的俄克拉荷马州口音，美国电话电报公司人力资源部门负责人比尔·布莱斯像一个典型的美国中西部人那样温和谦让，但你一定不要被这些外表误导。无论你从事哪个行业，都要紧紧盯着美国电话电报公司的首席战略官约翰·多诺万和实验室负责人克里什·普拉布，因为他们会代你的竞争对手，轻而易举地颠覆你所在的行业。

这早已不是你奶奶那个年代的贝尔大妈了。

2007年，美国电话电报公司成了iPhone的独家网络提供商，因此，它不得不通过"软件实现的网络"处理iPhone带来的海量数据。美国电话电报公司由此发现，自己必须广泛且快速地创新迭代。如果你想陪着苹果跑，就得和苹果跑得一样快。美国电话电报公司一直在创新。2016年，它在达拉斯设立了一个"物联网工厂"，雇佣了大批网络工程师。公司副主席拉尔夫·德拉维加说，他们会邀请客户前来并对客户说："告诉我们，你要我们解决什么问题，我们承诺两个星期内就会给你一个能在现实网络下运行的方案原型……每次我们这样做，都会为我们带来合作机会。"

举个例子，全球航运巨头马士基公司需要一种能够固定在集装箱上的传感器，以便让公司跟踪监测其遍布世界各地的集装箱。传感器必须固定到20万个冷藏货箱上，能够监测湿度、温度以及货箱是否受损，并将这些数据上传到总部。并且，最关键的是，因为不能随时更换，传感器必须不靠电池，并能运行长达10年时间。两周内，美国电话电报公司的工程师做出了一个传感器的原型，尺寸大约为鞋盒的一半，可以固定在每一个马士基的集装箱上，通过阳光和动能提供能源。

在美国电话电报公司身上发生的事就是，超新星在一夜之间改变了它的业务。美国电话电报公司变得越来越像一家软件和网络公司。随着大数据的兴起，它仿佛挖到了金矿。通过分析海量的语音流量和线上数据，它可以发现很多内在的趋势。突然之间，美国电话电报公司就能够通过无线蜂窝电话数据让广告牌公司了解到，有多少人在高速公路上看到他们的户外广告牌后，最终到了商店购物。如果把广告牌数字化，且每小时改变一次，他们就能告诉广告牌公司哪些信息是最有效的。于是，美国电话电报公司告诉它的客户，公司可以为他们的客户降低费用，条件是允许公司使用为其传输的数据。转眼间，你熟悉的电话公司转型成了一家提供全方位业务解决方案的公司，并与IBM或埃森哲公司展开竞争。

斯蒂芬森明白，公司要想蓬勃发展，就必须成为全球最具颠覆性企业的网络供应商和解决方案提供商。正因为如此，他清楚地知道，必须改造自己的员工队伍。

"我们觉得公司有一项根本性的义务，即重新培训我们的员工获得新技能。"多诺万说道，"我们需要更少但更聪明的劳动力。现在劳动者最需要的技能是科学技术、工程与数学（STEM）。"公司的管理层也明白，公司有30万员工，必须给他们提供平台和激励，才能让这么多的人走上持续学习的新旅程，迎接挑战并提升技能。这就需要运用"智能援助"的战略。

布莱斯解释道："美国电话电报公司的智能援助战略是从提高公司决策的透明度开始的。"每年年初，斯蒂芬森都会向公司所有高层管理人员发表大会演讲。"我们开诚布公地告诉员工公司未来的发展方向以及面临的挑战。"

管理层把公司的战略一层层下达，最终，每个员工都对公司未来一年的计划，以及公司未来5～10年内的发展方向有大致的了解。布莱斯补充道："我们从1月开始发布消息，到7月，每个人都能收到相关信息。"他说，很多员工会说："我懂了，我想成为公司未来的一部分。我该怎么参与进来？"但也有些人会说："你知道吗？我已经干了35年，该走了。我不打算再学任何新东西了。"所以，每年美国电话电报公司大约会走掉10%的劳动力。

布莱斯接着说：我们自己没有足够的员工能够适应这场变革，我们没有足够的员工拥有关于新产品的技术，了解所销售产品背后的技术细节。所以我们每年要从外部聘请3万名员工，并通过轮岗和内部晋升填补另外3万个工作岗位。要是雇佣一个新员工，这个过程就要花费2000美元，所以我们更倾向于使用内部员工。那样更节省成本，也能让员工的参与度和生产力更高。员工要是能学习更多的技能，就能更好地为客户服务，进而为股东创造价值。员工参与度高的公司收入是员工参与度较低的公司的3倍。

这意味着更多的员工需要学会终身学习。多数员工都"支持我们正在做的尝试"。布莱斯说道："员工们表示，只要给我工具，为我指明方向，帮我顺利过渡，让学习变得更方便，能够在网上进行，我自己就能安排出时间去学习。"

多诺万补充道："我们有些员工想要转型。他们参与了这家公司的组建，忠心耿耿地想为企业服务。我们要给他们转型的机会。我们有很多员工都是传统的蓝领工人，仅仅完成了高中学业，我们需要重新培训他们，让他们能够在一家网络公司工作。"

美国电话电报公司有107 000名经理。这是他们公司内部的一个分类，所有未签订工会合同的、具有专业职业技能的员工都属于经理。5年前，美国电话电报公司要求所有的经理都建立一个类似领英那样的内部档案，详细列明他们的工作经验、技能、教育背景、证书及专长。今天，110 000名经理中已有90%有自己的内部档案。每当有岗位空缺时，布莱斯团队做的第一件事就是查看内部档案，寻找那些具备必要技能的内部候选人。与此同时，公司也会发布热门的新岗位，列出工作地点、工作所需的确切技能，以及如何获得相关技能的培训。

为了帮助员工获得相关技能的培训，美国电话电报公司与多所大学合作，提供员工能够负担得起的研究生和本科学位培训，或特定的技能培训。跟美国电话电报公司合作的大学既有乔治亚理工大学、圣母大学、俄克拉荷马州立大学、斯坦福大学，也有像优达学城和Coursera这样的网络大学。公司要求员工必须在私人时间上课，公司每年能报销不超过8000美元的学费（有些课程能报销更多），每个员工能够在公司报销的学费总额可达3万美元。

为确保资金发挥最大价值，美国电话电报公司要求跟他们合作的大学根据公司的预算创建在线学习的清单。这一方式带动了很多教育创新，最著名的是优达学城与乔治亚理工大学合作开设了计算机科学在线硕士课程，全部课程只需6600美元，相比之下，要是在乔治亚理工大学花两年的时间读一个计算机硕士学位，需要花费45 000美元。Coursera也和约翰霍普金斯大学、莱斯大学携手，提供了数据科学领域的培训。

这大大降低了每个人的教育成本。布莱斯说道：“教育范围扩大了，我们能够帮助你得到梦想中的工作。”

这就是智能援助。

“我们每年花费2.5亿美元做员工培训。”布莱斯说道，

> “有些培训的内容是教员工如何爬上电线杆、安装电话、经营零售店，但现在更多的培训是教授数据科学、软件定义网络、网页开发、编程入门、机器学习和物联网的课程。如果你想上那些不在项目里的科学技术、工程与数学（STEM）课程，公司也会埋单。只要你想学，我们都愿出钱。因为这会使员工更加敬业，提供更优质的客户服务，带来更忠实的客户，为股东创造更多价值。想当初，我刚到公司的时候，我们可没有这些。”

经过培训，美国电话电报公司的员工每年能拿到6万～9万美元的薪酬。

公司将员工获得的证书和学位记录在内部档案里，通过大数据工具可以轻松检索。如果你主动积极地学习，得到了这些学位和证书，布莱斯说道：“以后岗位有空缺时，我们会优先给你。我们要让大家知道，只要愿意努力学习，就会得到回报。”

布莱斯跟我介绍了整套体系的运作方式：

> “比方说，我是一个经理，手上有10个技术岗位的空缺。我去找人力资源部，他们说你必须先从内部人中挑选。接下来，我查看在线个人资料，

找到里面有这些技能或愿意学习这些技能的人。人力资源部门会为这10个空缺的岗位提供一份候选人名单。我们会找到渴望学习，并恰好有相关技能的人。我们会让招聘官给他们一次机会。"

布莱斯说道：

"那些员工之后就会把自己的故事告诉其他员工：'我按照新规则做事，并得到了奖励。'"

布莱斯接着说道：

"这是公司和员工之间的契约，一份全新的约定。如果你想在绩效考核中获得A，一方面，你必须学会和别人合作。你必须与他人一起，有效开展合作，组建团队，领导变革达成目标，而不仅仅是待在自己的格子间里。另一方面，你不仅要精通自己的工作，还必须不断重新培训，坚持不断地提高个人能力，胸怀超越自我的抱负。或许你是个销售人员，但如果你还学习了相关的技术，那你对公司而言会变得更具价值。你不只是销售产品，你还了解网络是如何运行的。这才是公司里最优秀的员工。"

多诺万补充道，新的社会契约就是：

"如果你愿终身学习，就能成为终身雇员。我们会给你平台，但你必须愿意参与其中……每个人都有一个个人的学习门户，无论他们希望获得哪种技能，他们都可以看到自己的目标，以及要达成目标需要学习的课程。你可以选择不同的未来，选择到达的路径。在这个体系里，你能达成任何希望实现的成就。但首先，你必须主动加入其中。管理层的任务是明确公司的愿景。公司的责任在于为员工的发展提供工具与平台，而员工要做的是主动选择和自我激励。我们希望每一个离开这里的人，不是因为我们没给他们提供机会，而是因为他们自身缺乏动力。"

美国电话电报公司是一只巨鲸。当它开始注重职业发展与终身学习后，就掀起了巨大的波澜。正如布莱斯所说："现在，很多大学正在作出调整，以适应我们的需求。我们正在绘制新的蓝图。"如果大学注意到这一变化，就会增设更多的学位和证书课程，"这对他们来说，有利可图；对我们来说，能更加节约成本"。

多诺万相信，这些举措能提高公司的整体技能水平和士气。"我们所做的是发掘出最优秀的员工，提高整体水平。"他说道，"我们的整体水平确实有所提高。我们落实一个新想法的周期变得更短了。任何人想出解决方案后，都可以在全公司范围内展开。我们的员工敬业度调查显示，1年内病假天数减少了30%。人们越来越少请病假，是因为他们感到自己更具影响力，主人翁意识更强了，与公司的关系也更加紧密了。"

## 重设课程

美国电话电报公司的模式对整个教育界都产生了广泛影响。以优达学城为例，它和乔治亚理工大学一起开设了在线低成本的计算机科学硕士课程。它与美国电话电报公司合作打造的教育模式能够向全世界提供同样的智能援助，在教育领域播撒下真正的革新种子。

优达学城由塞巴斯蒂安·图恩创建。图恩在德国出生，曾经是斯坦福大学人工智能领域教授和机器人专家。他总是回忆起在美国电话电报公司的达拉斯总部，与兰德尔·斯蒂芬森第一次会面的场景：两人在斯蒂芬森的行政套房席地而坐，图恩用笔记本电脑向这位首席执行官展示，他的迷你在线课程或迷你学位将如何向其公司员工传授最新的技术，并使其员工提高工作技能。斯蒂芬森看完演示之后，站起身来，当即就签字批准了这一项目。优达学城与乔治亚理工学院合作开设了学费只有6600美元的在线计算机科学硕士课程，但这门网络课程并没有影响到乔治亚理工大学昂贵的在校硕士项目。事实证明，这是两个不同的市场：一个是提供给那些想要校园经历的人；另一个是给那些追求终身学习的人。在线课程能够让他们在空闲时间，以能负担得起的价格学习。"我们在线课程学生的平均年龄是34岁，在校课程学生的平均年龄则为23岁。"终身学习平台有巨大的需求潜力。人们已经意识到终身学习的重要性。如今，优达学城可以提供网站搭建、程序设计、机器学习、安卓移动应用程序开发以及苹果移动应用程序开发等迷你学位项目。

优达学城还有更有趣的创新。优达学城还在谷歌工程师的帮助下开发课程。例如，2015年10月，谷歌发布了名为"张量流图"（Tensor Flow）程序的基本算法，供开源社区自由使用。谷歌张量流图的这套算法能让高速计算机运用大数据集进行"深度学习"，比人类大脑更好地执行任务。

"到2016年1月，我们已经开设了一个在线课程，教人们如何使用张量流图开源平台编写深度学习算法，来教机器处理各类事务——修改稿件、开飞机或从文档中检索法律证据。"图恩解释道。这对计算机科学而言是全新领域。张量流图算法于2015年10月份公布，到2016年1月，优达学城就与谷歌的工程师合作，开设了这门课程。图恩说："我们现在可以以摩尔定律的速度更新你的技能。这是传统的学术界不可能做到的。"如果一所大学要开设类似的课程，最快也要1年的时间。很多大学要开一门新课，需要比这更长的时间。

优达学城与一批自由职业者建立了稳定的合作关系，雇佣他们给学生的在线作业评分，同时学生也会给他们评分。"我在一个星期内就可以从世界各地雇佣到1000名评卷人。"图恩说道，"经过试用，我能从中挑选出200个最优秀的，淘汰另外800个人。"通过这种快速的方式，优达学城才能保证高质量。优达学城有一些自由职业者为世界各地学生提交的编程作业评分（例如怎么使用谷歌的全球定位系统创建地图），他们一个月就能够有数千美元的收入。"我们的一位项目评分人，一个月赚了28000美元。"图恩说，"打临工变得更加流行，而且工作的内容不再只是任务兔子公司（Task Rabbit）的那些跑腿的活。"

优达学城不只是为美国电话电报公司一类的公司提供智能援助。无论你是何人，身在哪里，优达学城的平台都能为你的个人"创业企业"充当智能助手。2015年秋天，我在优达学城位于帕洛阿尔托总部的一个小会议室，通过Skype对30岁的黎巴嫩女性加达·苏莱曼进行了采访，她当时正通过优达学城在线课程学习网页设计。她说她正在位于贝鲁特的家中，上着一家位于帕洛阿尔托的公司开设的课程，目的是为了向她的来自澳大利亚、英国的很多素未谋面的客户提供更好的服务。

"我在东贝鲁特附近阿什拉菲亚区的美国科技大学学习过平面设计。"她对我说道，"大学毕业后，我一直在寻找与网页设计相关的课程，发现优达学城后，我决定试一试。我从2014年开始网上学习，最初只是通过网上教程学习。"但她后来发现优达学城的平台"就像一个社群，我可以与其他人交流，所以它更有趣、更有互动性"。

我问："你为什么要选择在网上学习这门课程？"

"这里的大学提供平面设计和计算机科学的课程，但没有网页设计的课程。"她说，"这是一个全新的领域，大学还没有跟上变化……我在优达学城学习的课程是网页设计与编程。虽然我擅长设计，但我仍需要学习更多编程方面的知识。它与我的工作相辅相成。"

"你的澳大利亚客户都是什么样的？"我问道。

"一个是做初创企业相关的出版物，一个是商业方面的博客，一个是以新妈妈为主题的博客，还有一个是澳大利亚一家社交媒体公司。"苏莱曼说。她自己运营的域名是Astraestic.com，取自"Artistic"（艺术性）和她的绰号"Astra"（阿斯特拉）的结合。"起初，我的父母很惊讶地问我：'你怎么找到这些客户的？'现在他们觉得这很棒，相信我的未来前景广阔，因为我能结识其他国家的人。我在当地没有太多客户，不如在全球可以找到的客户多。"

我问她想给同龄的其他年轻人什么建议？她说："我会告诉他们，他们应该首先要提高自己的技能，但仅仅做到这一点是不够的。他们还需要知道怎么推销自己。推销不只是销售员需要掌握的技能，它对找工作来说也至关重要。我会建议他们多训练自己。"

苏莱曼的故事告诉我们，无论身在何处，一个自我激励的人都能借助新的全球化浪潮，实现自己的梦想。很多人认为，大型开放式网络课程慕课的出现引领了教育的革命。这确实是一场革命，但还只是冰山一角。慕课仍然基于旧的模式：它本质上只是使用互联网和视频这一创新方式传播老式的讲座。超新星的出现预示着更深层次的革命即将开始，受到优达学城、edX和Coursera等学习平台的启发，高等教育的课程设置和组织形态即将发生改变。我希望这能够如阿斯托·特勒所说的那样，抬高我们的适应曲线。一家像优达学城这样的公司能够对谷歌张量流图这样的重大技术突破迅速做出反应，并在3个月时间内开设一门在线课程，教全世界各地的任何人使用该技术，这个故事必将广为传播，市场也将发生改变。即使学校可以迅速改变其课程设置，谁会愿意等到明年开学，才能在大学校园里学习到这门课程？

此外，现在还有如"折叠"（Foldit）一类的众包计算机游戏平台，这个游戏平台使任何人都能参与重大科学研究。它们也日益成为流行的学习平台。Foldit建立了一个任何人都可以玩的在线"游戏"，玩家通过设计蛋白质的最佳三维结构，能赢得大笔奖金。Foldit在其网站上说道："既然蛋白质可以导致许多疾病，那么它们也能用于帮助治愈疾病。玩家可以设计全新的蛋白质，帮助预防或治疗重要疾病。"这个游戏吸引了世界各地成千上万的参赛者来争夺奖金，包括一些没有接受过正规生物学教育的人，尽管赢的不是科学学士学位，但声誉徽章在未来对市场来说可能更有意义。

这些快速学习的新模式已经渗透到了传统的实体教育机构，并导致一些全新的模式出现。举个例子：1997年，F.W.奥林基金会在马萨诸塞州尼德罕姆建立了奥林学院，目的是为工程学教育创造一个新的范式，让学生成为时刻准备挑战大问题的创新者。"我们对工程师的愿景是成为复杂的技术、社会、经济和政治系统的'系统设计师'，能够解决我们今日面临的全球挑战。"奥林学院校长理查德·K.米勒解释道。

米勒说，为了培养出这样的工程师，奥林学院保持高度灵活的组织架构，可以以互联网的速度进行调整。"奥林学院内部不设学术院系，教师也没有终身教职。"米勒解释道，"相反，学院雇佣教师时签订的都是不同期限的可续签合同。"2016年我曾在那里为学生毕业典礼演讲，我注意到当时一半学生都是女生。在一个工程院校里，这可是前所未有的。

奥林学院一个特别重要的地方，米勒继续说道，在于"其要求学院致力于持续改进和创新"。因此，在奥林学院，几乎一切都有"有效期"，包括学院章程和课程表。"按照设计，奥林学院的课程设置需要不断进化。"米勒说，"我们正在为工科教育提供新范例而不懈努力。目前的课程表有效期为7年，到期必须主动进行审查，或是进行修订，或是恢复之前的版本。"所有奥林学院学生，必须"组建小型团队，在赞助商提供资金支持的情况下，完成1个为期1年的工程设计项目"方能毕业。这些项目需要一个工程师负责和公司联络，并经常涉及保密协议、新产品开发。

奥林学院虽然规模小、历史短，但这个工程学教育的实验学校展现出很多革命性的特性，未来终将会在更多学校中得到推广与普及。未来的大学将取消终身教职、保持与真实世界的更紧密联系、不断调整课程设置，不设立院系，并将工程学与人文科学加以综合（例如一门综合了生物学和流行病史的课程）。这就是最好的智能援助。这是教育领域的真正革命，随着越来越多的工人要求获得智能援助，它终有一天会走进你身边的社区。米勒称之为"远征学习"：创造你自己的知识，发明你自己的事业。

"你必须不断即兴发挥、随机应变。"他说道，"它已经超越了以问题为导向的学习，也超越了以项目为基础的学习。你正在进入一个没有人探索过的森林，去那里探寻你从未见识过的事物。"在那里，你会找到今天的你根本无法想象的工作，而这份工作需要快速并且持续地学习。

## 智能助手

在为本书搜集材料的过程中，我遇到的最有趣的工作在线智能助手，或许就是LearnUp.com（学而上）网站。其联合创始人之一就是爱冒险的青年企业家亚历克西斯·林沃尔特。我第一次与她见面是在印度。当时，她和一位伙伴正在当地高调地推广一项基层可再生能源倡议活动，乘坐太阳能汽车与一支使用太阳能的摇滚乐队在印度全国巡回演出！

在太阳能领域创业后，林沃尔特对就业问题格外感兴趣，并花了6个月的时间采访找工作的工人。她发现一些不曾预料到的情况：在今天正在招聘的工作中，70%以上并不需要四年制的大学学位。美国十大雇佣人数最多的工作中，有9个不需要高中以上学历。同时她还发现，美国人有一种普遍观念，即任何人只要愿意，都可以做初级的客户服务工作。但这其实是错误的。这些工作要求申请人具备一些基本技能，而许多的申请人并不具备。

正如她所说："即使是Gap的店员、麦当劳里卖汉堡包的，或是前台接待员，都需要一定的基本工作技能，但是多数申请者并不具备。他们只是认为，'嘿，我喜欢衣服。我可以在这里工作。'高中或社区大学并没有教授他们这些职位所需的技能。"因此，雇主发现来求职的全是些不合格的初级职工。

"我这才恍然大悟，原来现有的求职体系不是为了吸引人，而是为了淘汰人。"林沃尔特解释道，"整个求职体系是为雇主建立的，使他们可以赶走涌入公司招聘系统的求职者。求职者们不停地投递简历，一投就是100多个岗位，然后就收到各种拒绝，为何被拒了，他们自己也不知道。与此同时，雇主碰到的是大量没有基本工作技能的求职者，这些求职者甚至不清楚他们申请的是什么岗位。"

即使人们找到了工作，也经常感到要保住工作的压力。人们总是觉得，如果有一天因为病了、汽车坏了，或是必须留在家里看孩子，不能去上班了，那就意味着他们必须辞掉工作，而不是向经理解释一下。

林沃尔特认为，所有这些问题都是可以解决的。2012年，她与同伴一同创建了LearnUp公司。求职者登录网站后，就能找到迷你课程在线平台，使其在申请岗位之前了解工作的实际要求和所需技能。网站提供了如何准备面试模块，以及不同空缺职位所需具体技能的模块，包括怎样在美国电话电报公司建立客户关系，如何在OldNavy❶门店销售服装，如何在新鲜市场超市（FreshMarket）❷解决客户问题，如何帮助客户找到合适的产品，如何让商店看起来美观，如何使用基本的办公设备（譬如如果你申请零售商文具店斯台普斯的工作的话，需要知道如何操作复印机）。培训课程只需1~2小时，但足以让求职者了解想要求职的公司，获得岗位所需的技能，是否有资格提交申请。对于公司而言，也能分辨出哪些人有毅力坚持学习基础知识，哪些人不能。一旦你完成了课程，LearnUp就会为你安排公司进行面试。

---

❶ 译注：OldNavy（老海军）是"GAP"公司的旗下服装品牌。

❷ 译注：美国的一家生鲜杂货连锁店。

"LearnUp可以将特定的空缺岗位和真实的面试机会匹配起来。"林沃尔特解释道，"打算到我们的合作伙伴（如OldNavy，FreshMarket以及美国电话电报公司）那里求职的人，可以通过点击求职公司招聘网页上"先准备再应聘"的按钮，接入LearnUp的网站。"LearnUp不会筛选候选人，而是帮助训练和指导他们从事特定的工作。他们通过LearnUp对工作有了更多的了解之后，可以选择继续申请或点击"我不想要该工作"的按钮选择退出。

最重要的是，LearnUp还提供在线"导师"服务，给求职者更多的鼓励、面试提醒和面试建议，解答求职的相关问题。我们往往很容易忘记，在美国很多人没有职业社交网络、校友网络，没有父亲母亲，甚至有时身边连一个有工作的人都没有，他们不知道找谁去咨询如何获得一份工作。林沃尔特很惊讶地发现，许多人会问导师一些很基本的问题，例如："我求职面试时应该穿什么？如果我迟到了该怎么办？"一些求职者会给导师发来照片，询问穿这身衣服去参加面试行吗？

林沃尔特说，这些问题可能听起来很简单，但很多人需要的就是这样的建议。她说："所有和我们交谈过的人都很感激我们提供的建议。"

林沃尔特跟我介绍：

"导师按钮的灵感来自职业发展办公室里职业导师的启发。他们的热情与支持对求职者的成功发挥了重要影响。这就是为什么我们想让导师进入我们的平台。要找到工作，除了要打理好个人生活、家庭生活，你还会遇到很多阻力，譬如决定去哪里应聘，怎么填写申请表，确定住的地方是否离公司足够近，确保自己具备资格，怎样准备面试，如何找到前去面试所需的交通工具，怎么穿正确的衣服，什么是正确的话，面试结束后该怎么继续跟进。为了找每一份工作，你都要重复这些事情。一次一次如此，人们不仅会感到决策疲劳，而且会失去希望并陷入混乱。在一个有这么多选项的世界里，你很难知道该做些什么。如果你身边没有人能帮到你，那就会困难1000倍。劳动力大军中70%的人遇到的就是这样的困难。这就是他们的世界。没有任何支持，你的家庭没有，你所在的社区也没有，找工作很艰难……LearnUp

导师功能的强大之处就在于它的可及性和易用性。大多数没有学历的美国人可能根本没有想过找顾问或导师。事实上，人们会觉得去失业办公室寻求帮助是一种耻辱。这么做真的很困难。"

我问林沃尔特，他们的导师在招聘过程中会提供什么服务。她发给了我一张清单：

● 告诉你穿什么，并向你提供面试当天的天气预报；

● 如何使用谷歌街景地图找到工作地点以及选择何种公共交通方式及路线到达工作地点；

● 发送提示，提醒你面试时间以及路上所需时间；

● 让你打来电话做面试练习，为你的答案录音，然后帮你找到"最佳方案"；

● 提供此前申请该岗位的被录用者或经理对于每一步的提示建议；

● 让求职的每个阶段变得更透明，让求职者了解"是什么"和"为什么"，了解公司的福利情况；

● 显示该公司以前雇佣的其他求职者；

● 与求职者分享有关工作地点以及管理者的有趣的事实；

● 提供更多关于他们将遇到的招聘经理的信息；

● 要求求职者向招聘经理分享有关自己的有趣事实；

● 自动安排Lyft或优步带他们去面试；

● 提醒你向面试官发送感谢信。

林沃尔特总结道："每个人都需要有人说，'我相信你能行'……很多人缺的不仅仅是技能，而且还有信心。"

技能和信心，两者相辅相成，缺一不可。

## 你需要多加练习分数

或许当今世界上最受欢迎的智能助手就是可汗学院了。可汗学院是由教育家萨尔曼·可汗于2006年创立，通过YouTube提供免费的英语短视频进行授课。课程覆盖数学、艺术、计算机编程、经济学、物理学、化学、生物学、医学、金融、历史等内容。任何人在任何地方都能够在可汗学院的网站上学习和复习。可汗学院成了世界上大众化学习的最重要的智能助手。2014年它还与负责美国大学入学考试SAT（学业能力倾向测试）以及SAT预考PSAT考试的美国大学委员会达成合作伙伴关系。双方共同为希望提高SAT成绩的考生提供帮助。他们提供免费的SAT备考服务，这样你就不用再花钱上私人补习学校了。而且，他们还创建了一个神奇的模拟平台，帮助学生填补他们的知识漏洞。

来自美国大学委员会的斯蒂芬妮·桑福德告诉我：假设你在10年级、11年级时参加SAT预考，俗称PSAT。PSAT的满分是1600分（包括英语和数学两项），你的成绩是1060分。你把这个结果输入电脑，电脑通过人工智能和大数据分析，会反馈这样的信息："汤姆，你考得不错，但你需要在数学的分数部分多下功夫。你在这部分有很大的进步空间。点击此处，就能进入为你量身定制的分数补习课程。"

于是，我不仅能知道该如何改进，还得到电脑的智能协助，获得针对我弱项的定制练习项目。我不需要对所有内容进行练习，淹没在题海之中。我可以集中于自己需要着重改进的地方。到目前为止，已有超过140万孩子注册了可汗学院的免费SAT在线准备课程，这个人数是一年中参加商业性补习学校的学生总人数的4倍。事实上，在各收入层次的家庭中，利用可汗学院平台备考的孩子人数都超过了上补习班备考的人数。可汗学院已经变成了一个有价值的智能助手。有45万名学生将他们的PSAT考试结果与可汗学院链接起来，以便获得量身定制的、随时随地的课外辅导，包括使用手机练习。

这是当今美国教育界发生的有关智能助手最静悄悄但又是最重要的革新之一。备考SAT，获取大学入学建议，这些领域长期以来被认为是富人的特权，起决定性作用的是特权而非能力。坦率地说，这一看法是有一定道理的。

美国大学委员会主席大卫·科尔曼解释道："我们正在努力改变这种情况，

让更多学生拥有更多的工具。我们提供定制化的学习，帮助学生们在才能培养、职业道路规划上拥有更多自主权。过去，美国大学委员会通过考试衡量和记录学生的成长与进步。现在，我们试图向他们提供练习、培训的工具来改变人生轨迹。"

但是，这就要求你随着世界的转变做出重大的转变。"你必须对自己的成绩负责。"科尔曼说道，"你要意识到好的成绩不是不劳而获的，要通过勤奋的练习。"科尔曼一直在尝试改革SAT考试，以确保考试衡量的不是所谓的智商或能力倾向，而是学生们最需要的技能。"通过和可汗学院合作，我们能提供最好的备考工具。"科尔曼补充道，"现在，所有的学生都可以自主学习，提高成绩，因为他们可以获得最好的练习工具。"

由于这些改进，美国大学委员会现在还能提供另一种智能助手，即"智能建议"，这是为你量身定制的、来自人工智能的建议。科尔曼说："在学生和家人的允许下，我们不仅与顾问们分享学生的数据，还分享了从数据中看到的趋势，以确保顾问们获得充分的信息。"为了确保最需要帮助的人能得到顾问和导师的指导，美国大学委员会与美国男孩女孩俱乐部合作，力争在全国范围内让尽可能多的学生用到免费练习工具。美国大学委员会还与"大学咨询公司"（College Advising Corps）合作，为成绩优秀、但家境贫寒的学生提供免费的资深顾问，指导他们在选大学的时候做出最佳选择，还为他们申请奖学金提供机会和渠道。该平台还能识别出哪些高中二年级或三年级的学生有能力在高阶课程（AP课）中取得好成绩，但却不敢注册这些课程或是自认为不够优秀。这些学生通常是有色人种学生，他们经常被排除在AP课程之外。这也是为什么桑福德总是说："人们常常说考试是有偏见的；但是，考试还不如人们自己有偏见……"但你从来不会担心智能助手会有这样的问题，因为智能助手不关心你的肤色。

可汗学院和美国大学委员会的合作是一个很好的案例。在这个加速时代我们正在向一种新的社会契约过渡。过去的契约是从教育到工作，现在的契约是终身学习。可汗学院与美国大学委员会的改革有三个基本要素：（1）你将越来越依靠自己的本事，你最好接受这个事实，并且尽可能地寻求智能助手和智能援助；（2）正因为你得更多依赖自己，政府及社会组织需要做好它们的工作，不仅要向你提供任何所需的工具，还要尽可能提供更好的工具：根据人工智能为你量身定制的工具，并为你提供有爱心的成年人或导师；（3）技术当然有用，但你必须集中精力，全力以赴。科尔曼喜欢说，今天的科技更容易打断人们的工作，而不是帮助人们集中注意力。学生们比以往任何时候都需要学会长时间集中注意力，并沉浸在练习中——这可不是戴耳机听音乐。没有一个运动员、科学家、音乐家不是通过专注练习提高自己的。你不可能通过下载个程序就马上学会知识，学习态度要靠你自己用心。

你既来之，它则安之。人工智能会越来越有效地成为我们的智能助手。"过去，如果我出了一本微积分教科书，我无法得到数据，也没有办法知道哪些部分对他们更有用。"萨尔曼·可汗说，"所以，我能够做的修订无非调整页码。"如今，可汗学院能够发布一系列微积分教程，并在几小时内就发现哪些教程能最有效地帮助学生答对题目，立刻更新教材版本，并在几小时内在全球范围内推广最佳的教程。

可汗补充道："具有较高识字率是发达世界发展的加速助推器，如果我们能够让发展中国家也拥有这一加速助推器，其带来的促进作用将不是5%，而是50%。"所有积极学习的年轻人现在可以到可汗平台上，想进步多快就进步多快。

萨尔曼·可汗说："现在已经不存在天花板了。"


## 聪明的门卫

智能助手不仅可以简化你访问的网站。它们同样也可以是便携的工具，以全新的方式将人工智能转化为智能助手，使更多人——无论其教育背景或灵巧程度——都能够生活在平均适应曲线以上，甚至发展得越来越好。

想象一下今天圣地亚哥高通公司的门卫是什么样的。由于有了智能助手，这个岗位现在也需要具备相当的知识了。高通公司智能城市项目的产品管理总监阿什霍克·蒂比尔内尼说，高通创造了一项新的业务，可以将无线传感器安装在楼宇的各个角落，使其能够像心电图、磁共振成像一样实时地、不间断地显示每座建筑内部深处发生的情况。作为示范模型，蒂比尔内尼首先改造了高通公司在圣地亚哥的太平洋中心办公区的六幢建筑物。这个办公区包括停车场、办公空间、大餐厅等，占地100万平方英尺（1英尺=30.48厘米），可供3200人使用。他们设计了小型、自供电、夹式的传感器，将大门、垃圾桶、浴室、窗户、照明系统、供暖系统、电线、冷却器和水泵等反馈的数据都传输到办公区的接收器上。接收器将所有数据上传到超新星上储存和分析，并向建筑维护人员提出智能建议。

这样带来的第一个好处就是显著地节省了开支。各实验室竞相比谁节省得最多。"我们发现，实验室电脑耗电量很大，于是我们将六座建筑物中的电脑在未使用时调成休眠模式，就这一项，每年将省下约100万美元。稍作简单调整就能取得这样的效果，这令人震惊。"蒂比尔内尼说。

但更有意思的是，他们将所有数据都传输到平板电脑上，每个维护人员人手一台平板电脑。一旦发生泄漏、短路或阀门未关闭时，提示信息就会立即显示在平板电脑上。如果有物件损坏或泄漏了，平板电脑上会立即显示维修手册。如果出现维修团队不知如何解决的故障或泄漏，他们可以用平板电脑拍摄照片。"系统会知道这个部分连接着四楼的一个管道，而四楼是由某位技术人员负责的，便会自动给该技术人员发去一张任务单，让其进行维修。"蒂比尔内尼说道，"设备知道墙面后管道的确切位置，因此无需猜测在哪里打洞。你可以省下时间和金钱，以最有效的方式满足你的需要，并把修理表面问题的时间节省下来，解决导致这些问题的根本原因。"

高通将这些传感器安装在圣地亚哥办公区的48座大楼里。突然间，大楼维护人员"摇身一变成了数据工程师，这令他们兴奋不已"。蒂比尔内尼补充道，他们想办法让数据"变得更容易理解，更容易操作"。过去，当设施管理员视察大楼时，他们会说："如果存在泄漏，我会接到报修电话，或者我自己就能发现。"这是一种被动反应的工作方式。现在，蒂比尔内尼说："我们训练他们通过查看信号和数据，在发生泄漏并造成破坏前就发现问题，防患于未然。他们不知道要查看什么数据，所以，我们面临的挑战是让传感器数据易于理解。我们不能对他们说'你们负责解决'，然后就把他们淹没在数据里。我们的目标是，'我们提供你能用的数据'。"这就是智能助手的核心所在。

"认知的负担太重了。"他补充道，"技术必须减轻用户的认知负担。每个人都需要私人助手，未来每个人都会拥有它。"

维护团队现在感觉自己更像大楼的技术员，而不仅仅是门卫。"他们感到自己更进了一步，他们对这种交互方式感到很兴奋。"蒂比尔内尼说道。

他说，最妙的部分就是："我们向来自四个不同城市的40位官员进行了演示。有几位维护人员展示了他们的所学，这在城市官员中引起了轰动。只用了几个月的时间，他们就有了足够的自信来演示这些发明。"

这就是一个智能助手能够做到的事。

## 智能算法

我可以告诉你，智能算法在加速时代对就业市场具有非常重要的意义。但我更愿意给你讲一个故事。这是万事达卡计算机服务器工程师拉莎娜·刘易斯如何找到工作的故事。我是在社会公益企业"工作机会"（Opportunity@Work）组织的一场关于如何"重振美国劳动力市场"的小组讨论上认识刘易斯的。

刘易斯是一位非洲裔的美国女性，现年40岁，出生在伊利诺伊州东圣路易斯的单亲家庭。刘易斯的妈妈在15岁时就生下了她。"我妈妈依靠救济金生活，住的是政府公房。我们身边的人也都靠救济金生活。我们家中没有钱；学校里也没有电脑。"但是刘易斯很早就发现自己"擅长修理物件"。屋子里无论什么东西坏了，从烤面包机到水槽，她都会自己修理。等到她念高中的时候，学校里终于配备了电脑，她便一头扎进计算机课程。她后来甚至开始辅导其他学生，这引起了老师的关注。老师告诉她："你应该去读大学，学习计算机。"她拿到了密歇根理工大学的奖学金。即使有奖学金，她仍然没有足够的财力读完所有课程，于是本该于1998年毕业的她，在三年半后就退学了，所以当然没有拿到学位。

"我回到家，尝试在计算机行业找一份工作，但每次我都被拒之门外。"刘易斯说，"人们问我是否毕业了，我不愿说谎，我说没有，于是没人愿意要我，最后我只得到了一份开车接送黑人小孩去参加补习班的工作，往返于当年我在东圣路易斯就读的高中与当地社区大学之间。我每天开着面包车接送小孩。有一天，辅导班的计算机课程老师辞职了。他们让我来填补空缺，我答应了。到了月底，我问他们，我能否全职做这份工作。他们说：'不行，你没有学位。'这次受挫后，我去了一家招聘公司，他们给我找了一份求助咨询的工作。"于是刘易斯在这份求助咨询的工作上一做就是10年，帮助像我这样的门外汉重新设置密码，或做其他类似的事情。

刘易斯的转机出现在她在圣路易斯韦伯斯特大学的求助咨询办公室工作的时候。她的同事、教职人员看到了她的才能。当时她一直与信息技术团队一起，担任后备技术员。有一天，刘易斯在韦伯斯特大学上计算机补习课时，她的教授向刘易斯推荐了一个新出现的智能助手网站："发射代码"组织（LaunchCode.org）。LaunchCode的目的是帮助你"在网上和你的社区里找到最适合你的科技工作"。它承诺："你不需把精力花在文凭上，只要告诉我们你能做什么，在线申请成为LaunchCode的学徒，我们将帮助你培养技能，激发你的热情，为你配备导师，不断督促你取得进步。LaunchCode会把你介绍给500多个和我们有合作关系的雇主，成为公司带薪学徒，通常为期12周。你可以在工作中磨练技能，向经验丰富的开发人员学习。10个学徒中有9个将成为全职雇员。"

刘易斯于2014年6月与LaunchCode签署合同，并在当年9月进入圣路易斯万事达公司当学徒，11月晋升为全职助理系统工程师，帮助信用卡公司管理其巨型服务器网络。2016年3月，她晋升为系统工程师。

刘易斯对我眨了下眼睛："我还是没有本科学历。"

今天的美国约有3500万人和拉莎娜·刘易斯一样，考进了大学却没能完成学业。试想一下，如果我们能够找到很好的方法，重视和利用这3500万人的所学与所能，我们国家的生产力将提高多少。我们不应只是关注一个人有没有学位，这种评价系统只在乎学历，不在乎实际能力。像LaunchCode这样的智能助手可以成为雇主们可靠的助手，它们将人们吸纳进来，而不是将他们拒之门外，这样就能释放和利用大量被浪费的人才。

刘易斯说："如果你能胜任这份工作，你就应该得到它。"

通过智能算法和智能网络，这完全可以成为现实。实际上，有很多人都具有雇主所寻求的技能，但却没有获得传统意义上认可的凭证。有很多人都乐意学习技能，却找不到关于这些技能的信息和学习平台，因为有些平台是非常规的，不在传统政府贷款的覆盖范围内。有些员工具有技能或是决心去学习这些技能，但他们的雇主们并不知道他们是谁，或是没有为他们提供在线培训机会。有些学校在教授这些技能上很有实力，但很少人知道哪所学校是最好的。

如果我们可以通过智能算法"克服这些劳动力市场失灵的现象"。拜伦·奥古斯特说，那么无论存在多少机器、机器人，我们都可以让更多的人参与工作，人尽其才，为我们的经济、社会做出贡献。这些智能算法或智能网络被称为"在线人才平台"。

在高端劳动力市场，专业人士已经拥有了可以利用的智能算法，即职业领域专业社交网站"领英"。现在，领英的创始人想要通过创建一个全球"经济图谱"的方式，把这种智能算法扩展到整个劳动力市场。领英的首席执行官杰夫·韦纳在其企业博客中这样写道：

> 雷德·霍夫曼与领英的其他创始人创建了一个帮助人们挖掘职业社交网络价值的平台，并开发了一个能将社会关系网络扩展至三层的基础设施。这样一来，他们为最终建成全球最大职业图谱奠定了基础。
>
> 领英的长期愿景是将这种职业图谱扩展成为一张经济图谱，即以数字化的形式显示出全球各种经济机会，显示出每一份工作，无论是全职的还是短期的；显示出得到这些机会所需的技能，全球提供这些机会的各家企业的资料和全球劳动力市场上约33亿人的个人职业资料，并将这些个人、企业的专业知识都放进"图谱"里。这样，每个专业人员都可以与任何人分享他们的专业知识和经验。

任何人都能够使用类似领英全球图谱这样的智能网络查看市场需要或者提供哪些技能，甚至能够开设在线课程。我或许能在网上教人写作专栏，我的妻子或许能教人编辑专栏，而你或许可以教人如何编织、如何疏通管道或维修发动机。这样，我们就能激励更多的人向他人提供专业知识，这个市场将大大扩展。

韦纳补充道：

> 通过这个经济图谱，我们可以了解到任何地区的工作机会在哪里，找到

该地区增长最快的岗位是哪些，知道这些岗位需要哪些技能，以及目前总体劳动力技能如何，并计算出劳动技能的供需缺口。更重要的是，我们还可以向职业培训机构、大学等提供数据，以便他们能为当地求职者及时设置课程，传授眼下或是未来工作中所需技能，而不是那些已被淘汰的工作所需的技能。

另外，我们可以让目前在读大学生有机会看到他们的校友在不同企业、地区、职能岗位上的职业发展路径。

你可以登录领英网站的链接Linkedin.com/edu。领英研究了大约1亿在职人员的数据库，以确定哪些学校的毕业生能够进入各项专业领域的顶尖企业。结果或许令你感到惊讶：会计专业的最佳大学是维拉诺瓦大学和圣母大学。传媒专业的最佳大学是纽约大学和霍夫斯特拉大学。软件开发专业的最佳大学是卡内基梅隆大学、加州理工大学和康奈尔大学。无论你想成为水管工还是外科医生，知道哪些学校的校友在行业领军企业就职人数最多，这一信息是很有价值的。

领英目前已经开始从几个试点城市，着手构建其图谱。如果他们能成功创建一个覆盖全球的智能算法，那将是极为重大的成就。但是，对于在劳动力市场上无法像领英专业人士那样建立社会关系网络的人，我们该如何向他们提供智能工具呢？

领英联合创始人雷德·霍夫曼是另一个智能算法，即"工作机会"的主要支持者之一。"工作机会"（Opportunity@Work）是一家社会公益企业，由奥古斯特和凯伦·乔普拉领导。这家企业的目的是为那些处于劳动力市场低端、存在巨大"人才套利"机会的人群解决就业问题。拉莎娜·刘易斯就是这样的人。

有太多人和刘易斯一样自学技能，但未必拥有雇主们聘用职员时通常依赖的证书、徽章或学位。在这个自找学习的时代，过去的雇佣习惯已经落伍了。

"工作机会"正试图通过在社区层面建立智能网络，为那些迫切需要雇佣有用之才的雇主提供帮助。许多雇主表示，大学学位并不等于他们所需要的技能，但他们目前惯用的招聘工具，却常常把有技能、无文凭的人拒之门外。

举例来说，比如有一个信息系统管理员或网站开发人员的工作岗位，有的求职者有这样的技能，但没有学校学位或是专业背景，"工作机会"会在"技术雇佣"网站（TechHire.org）的平台上对他们进行测试，证明他们掌握了该技术岗位所需的技能，然后将其与合适的雇主或相应的培训机构建立联系，让他们可以挣得更多或者得到更好的学习机会。

"我们必须基于实际技能的掌握情况而非学习经历来进行招聘。"乔普拉说道，"我们可以让人们的学习曲线斜率变得更为陡峭，但如果这些学习和技能不能在劳动力市场得到认可，那么也就没有激励与回报。"有太多公司都习惯于用那些根据学历出身来进行筛选的招聘软件，而不是用那些可以挖掘每个人最大价值和最大潜能的匹配软件。

这究竟有多么不理性？来自"燃镜技术公司"（Burning Glass Technologies）2015年劳动力调查的数据显示：新公布的行政秘书、行政助理职位中65%要求拥有学士学位，但"目前这些职位的在职人员中只有19%的人拥有学士学位"。也就是说，要是让已经做了秘书工作的人再去找一份秘书工作，将有五分之四的秘书会因为没有学位而被拒之门外，这相当于秘书行业新就业岗位的三分之二。

这种招聘方式是非常荒谬的。你可以设想，如果你已经是个秘书，但没有学士学位，要是你希望换个工作单位，另一个雇主会考虑雇佣你，但他会要求你先辞职，贷款8万美元，读个学士学位，然后参加面试，再应聘一个你已经在做的工作。燃镜技术公司指出，在今天的美国就业市场，越来越多的雇主将本科学历作为入职资格，即使那一纸文凭与工作要求或你的真实能力毫无关系。这使得很多能干的劳动者无法获得中等技能水平、中等收入水平的工作。

奥古斯特说："工作机会"试图创造"一种新的人力资本信号"。这个信号所要传递的信息是："任何能够符合标准、完成任务的人都能来一试。我们不介意你是如何学会的。我们雇佣的是掌握技能的人而不是拥有高学历的人。并非任何人都能得到某个特定工作，但任何人都能够有机会一试。"而如果你还不具备某些技能，那么你可以在当地学校或学习平台学习，用自己的时间来弥补不足。

至今，没有雇主有动力来建立这样一个平台，这也就是为什么我们需要一个类似"工作机会"或领英这样的组织创造智能网络，并向每个人展示它是如何运作的。现在的就业系统只挑选出1个获得工作的赢家，同时制造了1000个找不到工作的输家，这浪费了太多人力资本，而且会引发更多的政治风险。乔普拉和奥古斯特相信，如果能够让足够多的雇主基于应聘者的技能而非学历来招聘，并将潜在雇员与学校、教练或导师进行匹配，帮助他们对市场最需要的技能做出反应，他们就可以颠覆现在的劳动力市场。

如果你是一位社区大学的行政人员，就可以借助这些智能网络了解时下雇主们需要哪些技能，并将这些技能列入学校的授课范围。你还可以引入智力融资领域的创新。奥古斯特说：想象一下，你可以设立一个微型的股权投资，对有才能但低收入的学生提供投资，资助他们参加一个为期15周的"编程训练营"，负担他们的学费和生活费，等到该学生找到软件开发员的工作后，才让他们还债。如果我们抛弃当前公私合营学生贷款的陈旧框架，以更个性化、基于人的才能、由项目获益者继续为后来人提供资金（pay-it-forward）的融资系统，让教育机构与雇主把自己的钱投入这个融资系统，确保学生能够得到工作，并从中得到回报，我们就可以创造出更多的就业机会，解决技能不匹配问题，并释放人力资本中蕴藏的巨大价值。

"我们花了很多时间研究如何优化金融资本的回报。"奥古斯特说道，"现在是时候开始思考如何优化人力资本的回报了。"

## 革命的到来

我在本书中强调，技术的发展是呈阶段性的，由一个平台到下一个平台。但并非所有的平台都是平等的。最近有两个发展阶段：第一个是在2000年左右，技术让网络连通更加迅速、简单、免费，并且无处不在；第二个是在2007年左右，技术让复杂性变得更加快速、免费、简单，并且再也看不见了。我认为，这两次飞跃构成了人类、机器、群体以及流动的力量的重大转折点。这是继工业革命打破行会体制、创造新的基本工作模式后的又一次突破。得益于超新星，职场现在正以我们从未经历过的速度，在前所未有的范围和规模上实现全球化、电子化和机器人化。几乎每一个行业都受到了这一进程的影响，这也对我们提出了一个根本性的挑战：如何教育人们工作，如何在工作中管理员工，以及如何帮助员工适应这两种新的现实。

如今，大多数好的中产阶级工作，即那些无法被外包、自动化、机器人化或者数字化的工作，都符合我称为的"科技+情怀"的工作❶。这些工作需要能够运用专业技能并开展人际交往的能力，从而将计算与心理学融合。比如，与沃森这样的人工智能程序对话，做出癌症诊断，并握住病人的手告知诊断结果；让机器人为奶牛挤奶，同时当它们需要额外呵护的时候给予温柔抚摸。

2013年5月10日，历史学家瓦尔特·罗素·米德在《美国利益》杂志上发表了题为《工作危机：远远超出你想象》的文章。他指出：

> 19世纪，大多数美国人将他们的时间花在与户外的动物、植物打交道上。到了20世纪，大部分美国人将他们的时间用于办公文件传送或者在工厂里敲打机器。到了21世纪，我们大部分人将与他人一同协作，相互提供服务，改善各自的生活……
>
> 我们必须意识到，工作的固有尊严来自人与人的关系，而非人与物的关系。我们必须意识到，好的工作就是与他人沟通交流，理解他们的期许与需求，运用我们的技术、知识和才能并以他们可以负担得起的价格满足他们的需求。

最近的一份研究验证了上述观点。2015年10月18日，克莱尔·凯恩·米勒在《纽约时报》发表了一篇题为《为什么学前教育对工作如此重要》的文章。他指出："现在所有可以由机器来完成的工作——无论是做手术、开车或者送餐——仍然缺乏明显的人类特性。它们都不需要社交技能。然而在现代工作中，与人合作、同理心、灵活性等技能都变得尤为重要。"

这些工作都对社交能力提出很高的要求。米勒说道：

> 自1980年以来，这些需要极强社交能力的工作较其他工作增长得更快。自2000年以来，唯一保持工资增长的工作，都需具备认知与社交双重技能……

---

❶ 译注：原文是"stempathy"，这是作者将STEM和PATHY两个词合并在一起生造的一个词，STEM指科学、技术、工程和数学四门学科，PATHY是心理学的后缀词根，指代同理心、同情心等情感。

　　为了帮助学生们应对这种工作需求的转变，学校所教授的技能也需要相应地调整。但是社交能力在传统教育中尚未得到重视。

　　克莱顿·克里斯坦森研究所的创始人之一、研究教育问题的迈克尔·霍恩指出："机器正在自动处理很多事情，因此具备软技能、通晓人情味、知道如何补足技术的短板，这些能力至关重要。但我们的教育体系并非为此目的而设立。"

　　米勒咨询了哈佛大学教育学与经济学助理教授大卫·戴明，他刚刚完成了该领域的一项最新研究。戴明发现，在科技行业，"正是那些将科技与人际交往能力相结合的工作才最具发展前景，例如善于和团队合作的电脑工程师"。米勒引用了专业研究劳动力市场的麻省理工大学经济学家大卫·奥托的话："如果只需要专业技能，那么完全有可能实现自动化；而如果只需要情感与灵活性，我们拥有无穷的人力资源，该工作并不会获得高薪。只有将两者结合才是真正有价值的。"

　　总而言之，加速发展的时代重构了工作模式，并要求订立多重的、新的社会契约。第一是老板与员工之间的契约：老板们必须要学会根据个人的真实能力而不只是依据其耀眼的学历来聘用员工，并且还应在公司架构内为员工实践终身学习提供多种渠道。第二是个人自己与自己的契约：如果老板创造了学习机会，并予以学费上的资助，你需要做的就是下定决心、自我激励，好好学习，持续学习。在现在这个时代，找工作就像是争球。有越来越多的人、机器、机器人去争这个球，你必须有意愿且有能力去跳起争夺。第三个新契约在教育者与学生之间：公司不再有耐心等待高校去发现劳动力的市场需求，调整他们的课程设置，聘用合适的教授，教授学生新技能。当下网络学习平台能够更快捷地在第一时间提供这方面的教育。在这个对所有人提出了终身学习要求的时代，如果传统的高等教育想要与时代接轨，教育者需要以尽快的速度、较低的价格以及更多的灵活性提供学习机会。最后，政府与公民之间需要达成新的社会契约：我们需要创造各种可能的监管制度和税务激励，促使每家公司向员工提供终身学习机会，让每个员工都能获得终身学习的智能援助、智能助手、智能网络、智能融资。

也许你会哀叹劳动就业的全新世已经走向衰落。先不必如此悲观。不妨想一想新的工作场景带来的正面效应。玛瑞纳·戈比斯曾经写过一篇备忘录。她认为，如果我们打下正确的基础，新的工作场景将为更多的员工创造更好的出路：

> 试想一下，作为一位员工，你可以通过一个平台，自由地选择在何时、以何种方式挣钱，找到能带给你最大收益的工作机会。这个平台对你所拥有的技术、能力以及此前的经历了如指掌。想象一下，该平台还能够向你提供学习机会，帮助你实现收入潜力的最大化，或满足你获取新技能的需求。想象一下，你不必天天都在办公室工作，你现在可以在家里工作，或是在你附近社区里的合作空间上班，这些合作空间能够为你提供从硬件到社会关系网络等方方面面的支持。再想象一下，你的社会保障、所有的社会福利，都不必再跟某个雇主绑定，你可以随时带走你的社会福利。只要你得到了一份能够获得收入的工作，这些社会福利就会自动地累积至你的个人社保账户。这个新的工作生态系统模式已经开始逐渐成型，但是目前该进程还很零星，并且还存在许多不足和失误。

不过，她补充道，解决方案就是：

> 我们不能强迫众多的自由工作者成为正式员工，非要把他们纳入正式的W-2雇佣（纳税）体系。这样做会破坏新工作制度的积极因素，即灵活性与自主性。我们不应该固守老旧的操作系统。反之，我们应当升级或是重建新的工作系统，使其不仅有利于越来越多的自由工作者，而且给那些已在体制中的工作人员带来好处。如果每一个人都能根据个人和家庭的需要，想工作的时候就工作，结果会怎样？如果公司内部可以使用优步、Upwork等公司所使用的协调算法分配任务，创建动态信誉度评分和反馈机制，而不是在令人生畏的绩效考核上花费大量精力，结果会怎样？除了能够提供前所未有的自主性、灵活性外，如果新机制设计得好，还能有助于消除雇佣与晋升上存在的偏见……或许，仅仅是或许，如果我们将新的协调机制融入现在的组织，员工参与度与满意度会得到提高。

简而言之，不要为朝九晚五的工作时代终结而哭泣。这个时代已经结束并且将一去不复返。一旦我们熬过了这个转型，我确信，一个更好的、更合理的就业制度正在前方。新的就业制度中既包含了新事物，即人工智能，也包含了永不改变的美好事物，即自我激励、关爱他人、尊敬师长、好学不倦、坚持练习。

就在2014学年开学前夕，盖洛普公司对于职场上至少已有5年工作经历的大学毕业生进行了问卷调查。盖洛普试图通过该问卷解答下述问题：在大学、技校中经历哪些事情，比起任何其他事情，在职业生涯中哪些更能造就更加"积极"的员工？

盖洛普教育部门执行主任布兰登·巴斯特说："我们原本认为去哪一所学校上学非常重要。但是，就各类学校类型来看，我们发现无论是公立、私立还是选修性质的，长远来看结果并没有区别。真正重要的是你如何获得大学教育。"

从这份涉及100多万个美国劳动者、学生、教育者和雇主的调查问卷中，有两点启示尤为突出：成功的学生都有一位或多位老师作为他们的导师，这些导师对学生的远大抱负非常关心；同时，他们都有一个与所学专业相关的实习经历。巴斯特表示，最积极敬业的员工总是将他们在职场的成就归功于曾遇上一位或多位"真正关心他们"的教授，或是遇上"一位鼓励他们去实现自己目标和梦想的导师"，亦或是有幸获得"实践所学技能的实习经历"。他发现，这些员工"通常能加倍积极地参与工作并经营幸福生活"。

这就是漂流瓶传递来的信息。

第 9 章

# 控制局与混乱局

也门陷入了暴力混乱，混乱到了都不能称之为一场内战。

——西蒙·亨德森，《也门的解体带来了不断上升的威胁》

《华尔街日报》2015 年 3 月 25 日

1965 年至 1970 年，美国有部名为《糊涂侦探》的情景喜剧颇受欢迎。该剧是一部恶搞 007 詹姆斯·邦德的作品。唐·亚当斯饰演特工麦克斯韦尔·史马特，代号"86 号特工"。芭芭拉·菲尔顿饰演其搭档，代号"99 号特工"。这部情景喜剧由巴克·亨利与梅尔·布鲁克斯编剧，让美国观众记得最牢的是那台著名的皮鞋手机。这部情景喜剧也包含了更多的内容：它演绎了一种地缘政治视角，介绍了一个双极世界。

麦克斯韦尔·史马特工作的情报机构叫"控制局"（Control）。"控制局"的死对头叫"混乱局"（Kaos），这是"一个邪恶的国际组织"。

《糊涂侦探》的创作者比他们所处的年代更超前。归根到底，我们现在所处的"后后冷战世界"，看起来越来越像《糊涂侦探》里"控制局"和"混乱局"之间的对立，或者，用我的说法，一边是"有序世界"，一边是"无序世界"。

这是许多美国人、欧洲人在冷战结束后没有预料到的。冷战是两个超级大国主导的两大秩序体系之间的斗争。这两个超级大国都能够控制盟友，使盟国的意识形态与自己保持一致。这两个超级大国都能保持领土完整，同时避免军事冲突。两大阵营地理及意识形态的分界线是：东方和西方、共产主义和资本主义。

1989 年至 21 世纪初期是后冷战时代。在后冷战时代，主要的斗争——其实根本算不上是一场斗争——发生在美国霸权与其他所有国家之间。我们的经济政治体制"获胜了"。大部分人认为接下来唯一的问题就是，各国效仿我们成功的民主资本主义模式的速度快慢问题，再接下来就没什么问题了。

因为美国及其盟友在军事及经济实力上占据绝对的优势，他们选择动用这部分优势镇压拒不顺从民主化趋势的顽固抵抗者，例如伊拉克的萨达姆·侯赛因、海地的军事统治者、塞尔维亚的米洛舍维奇，并且借助人权运动对中国施压，借助北约与欧盟东扩向俄罗斯施压。整个世界都会按照我们的方式来，这似乎只是个时间问题。

正如约翰·霍普金斯大学外交政策教授迈克尔·曼德鲍姆在《任务失败：美国及后冷战世界》一书中写道：在这一时期，美国具有压倒性的优势。于是，"美国外交政策的焦点从战争转向治理，从关注别国政府在其边境以外的动作转向关注这些国家的国内政策和治理"。

曼德鲍姆谈到美国在索马里、海地、波斯尼亚、科索沃、伊拉克和阿富汗采取的行动，以及对中国人权政策、俄罗斯民主化、北约扩张以及在巴勒斯坦和以色列和平进程上所采取的行动。他的观点是："冷战之后，美国变成了一个非常富有的国家，好像是一群国家中的亿万富翁。美国不像在冷战时期只能关注'必需品'，现在，美国可以想怎么干就怎么干了。美国选择了一个奢侈品，即将其部分资源用来改造其他国家。"

但是，美国对伊拉克和阿富汗的干预失败了，随后爆发了 2008 年金融危机，美国陷入了衰退。这使美国主导世界的雄心受挫。这消耗了美国的实力与自信心。美国曾经相信自己知道应当做哪些正确的事，也确信自己能够做到。这种挫败感体现在奥巴马总统的外交政策中。奥巴马外交政策的一大特点就是不再那么好为人师，在美国是否知道什么是最佳方案方面更为谦卑，对外国人——尤其是对声称与我们持有相同价值观并示意我们与之合作的中东人——抱有戒心，在向海外派遣部队的问题上，几乎是在滴眼药水，一滴一滴地数。我说这些并不是要批评奥巴马。奥巴马在处理中东事务上谨慎行事是有原因的。在其他地方，如东欧和亚洲，奥巴马事实上加强了美国的军事存在，以此平衡俄罗斯和中国。此外，他动用美国军队遏制西非埃博拉病毒的爆发势头，对防止该疾病的全球流行起到了决定性作用。所以，关于美国在奥巴马的领导下退出世界舞台的说法是无稽之谈。但是，美国确实从中东有所抽身，并由此带来两大严重后果："伊斯兰国"（ISIS）"在伊拉克、叙利亚迅速崛起，并导致大量难民从该地区流入欧洲。难民潮反过来导致了强烈的反移民情绪，就好像是火上浇油，加速了英国脱欧以及几乎每个欧盟成员国家内部民粹主义、民族主义政治的兴起。

我们要记住美国是世界舞台的最重要一员，美国在力量部署上的细微调整就会产生决定性的影响。美国的势力在世界部分地区收缩，以及在更大范围内的世界格局随着市场、大自然和摩尔定律而加速变革，共同定义了我们今天所处的时代，我将之称为"后后冷战世界"。这个世界既有旧时代的地缘政治竞争，也有刚刚出现的新型地缘政治竞争，两者同时交织在一起。这也就是说，传统的大国博弈（主要是美、俄、中三国）再次上演（如果此前真有消停过），且与此前一样激烈。美、俄、中三国在传统的断层线——北约与俄罗斯的边界、中国南海——上争夺势力范围。这场博弈受历史、地理以及大国地缘政治等传统因素的驱动，并随着俄罗斯与中国民族主义情绪的兴起而进一步加强。三个大国之间的均势决定了博弈的轮廓与边界。关于这些，已经有了很多详细的论述，不是本书的重点。

我最感兴趣的是后后冷战世界出现的新现象：市场、大自然、摩尔定律同时加速是如何重塑国际关系，迫使世界尤其是美国重新思考应如何稳定地缘政治。与自冷战开始以来任何时候一样，我们再次"亲历创世"。《亲历创世》也是美国前国务卿迪安·艾奇逊给自己的回忆录所起的书名。在回忆录中，他记录了自己在第二次世界大战后极具可塑性的那段时期（1949—1953）担任美国国务卿的经历。在那段时期发生的事件包括：苏联作为全球超级大国兴起、核武器扩散、帝国的衰退以及一大批新国家的诞生。

地缘政治的加速时代是一个同样具有可塑性的时期，但我们是否有能力或想象力去像第二次世界大战后的政治家们一样，建立联盟和全球机制来稳定这段时期，这一点还不清楚。但这是我们的使命。

我注意到一些新的挑战正在涌现。首先是全球相互依赖性的上升，尤其是，这种相互依赖导致了一些不寻常的地缘政治反转，而这些反转现在已经影响到美国外交政策中的每一个决定。例如：在冷战时期，你的盟友会保护你免受敌人伤害。

然而在后后冷战时期，我们相互依赖的程度非常之高，以至于你的盟友，譬如希腊，可能会比你的敌人更快地将你置于死地。如果希腊无法偿还主权债务、私人债务，或是欧盟因为英国退出而四分五裂，可能会触发多米诺骨牌的倒塌，引发连锁反应，破坏欧盟与北约。其产生的影响之快、范围之广，不亚于俄罗斯或中国所做的任何一件事。这将给美国带来巨大影响，因为欧盟是美国在全球范围内推广其价值观，并使世界基本保持稳定的主要合作伙伴。

在相互依存的时代，美国与俄罗斯、中国的关系也发生着反转。今天无法确定的是，这些国家变得强大，亦或变得脆弱，哪一种结果将对美国构成更大的威胁。如果其中一方发生崩溃并沦为无政府状态，都将是一场灾难。俄罗斯横跨 9 个时区，而且目前在俄罗斯，尚有数千个需要控制的核弹头、数百位核弹设计师。我们需要一个正常运转的俄罗斯，保障其核武器都能上锁，同时遏制其国内的黑手党、毒品贩子以及网络罪犯。我们还需要一个稳定的俄罗斯制衡中国，充当欧洲的全球能源供应商，照顾老龄化的公民。如果中国陷入混乱，那么，从你脚上的鞋子、身上的衬衫到你的房贷、你钱包里货币的价值，都将因此受到负面影响。中国或许是美国的对手，但在现如今相互依存的世界中，中国的崩溃对美国造成的威胁远大于其崛起造成的影响。中国崛起后最糟糕的局面也许是让所有的邻国顺从中国，在中国南海管理更多的岛屿；或要求外国投资者给予更多经济上的让步。然而，中国的衰落可能会引发美国股市崩盘以及全球大衰退，甚至还可能产生更为恶劣的后果。

高度相互依存带来了一系列新的挑战。另一方面，一些国家发生国家失败的风险升高，这带来了另一种挑战。这种风险在全球随处可见。大西洋条约协会副主席、华盛顿国防大学访问学者朱利安·林德利·法兰西对他所谓的"弱势现象"（Weakism）及"分裂现象"（Disintegrationism）提出警告，国家瓦解成了一个个威力强大的帮派和部落，"伊斯兰国"（ISIS）、博科圣地等组织随即出现并填补了权力真空。非洲与中东脆弱国家土崩瓦解，现在局势已经非常严峻，出现了大规模的无政府状态，或是用《糊涂侦探》中的说法，都被"混乱局"控制了。从这些区域涌出了大量的难民与经济移民，并开始威胁有序世界的稳定，欧盟的逐渐分裂就是一例。

在冷战时期，美国外交政策最大的挑战在于如何管理力量，包括我们自己的力量，我们的盟友如欧盟、日本的力量，以及我们主要对手如俄罗斯和中国的力量。现如今，美国要花费更多的时间来管理和控制弱点，包括我们的盟友欧盟和日本的弱点，一个愤怒而蒙羞的、经济衰落的俄罗斯的弱点，那些已经土崩瓦解的国家的弱点，以及"9·11"恐怖袭击和 2008 年金融危机后美国经济的弱点。管理弱势是一个让人头疼的活儿。如果美国不干预这些正在分裂的国家，那么无序世界会不断扩大；如果美国插足他国事务，可能又会陷得太深，无法自拔。你要为此付出巨额的成本：看看我们在阿富汗、索马里和伊拉克的账单就知道了。

法兰西所说的弱势现象和分裂现象与我们今天面临的另一个挑战不谋而合，同时也助长了这个新的挑战：摩尔定律、市场全球化正在催生一个全新的国际关系主体，我将其称之为威力超强的破坏者。此前我们已经讨论过超新星能赋予创造者们更大的力量。然而圣战分子、像朝鲜这样的无赖国家、愤怒的怪人以及网络犯罪分子同样可以获得强大的力量，并在更长的战线上与超级大国和超级创造者展开较量。你家中的电脑都可能成为他们的攻击目标。现在，网络攻击者能够远程锁定你的电脑，直至你同意交付赎金为止。

将所有这些旧的、新的挑战放在一起来看，你就能明白为什么至少对美国而言，在冷战期间过得更容易。当时，我们能够专注于一个全方位的政策：遏制苏联。只要能够遏制苏联，就能解决我们面对的所有外交问题。在加速时代，后后冷战世界变得更为复杂。我们既要像往日一样，遏制传统的大国竞争对手，还要尽可能缩小无序世界的范围，防止弱国解体，尤其是，从这些弱国涌出的大量移民已经威胁到了欧盟的凝聚力。此外，我们必须遏制和瓦解那些威力强大的破坏者。所有这些都发生在一个更加相互依存的世界中。

这就是为什么在加速时代，我们必须反思地缘政治框架，但我们最好更加谦卑一些。亨利·基辛格 2015 年 1 月 29 日在参议院军事委员会做证时说道："自第二次世界大战结束以来，美国从未面临过如此多样化的危机。"他接着说："在历史上，当和平遇到问题的时候，都是因为权力的聚集，潜在的强势国家会对邻国的安全构成威胁。在我们所处的时代，和平更多地受到权力瓦解的威胁。有些国家陷入混乱，成为一片一片无管辖的区域，暴力活动扩散并蔓延至国境之外和地区以外。"基辛格指出,这在中东尤其严重。他说:"几种不同的动荡正在同时出现:国家内部有权力斗争,国家之间在相互较量,种族与宗教群体之间爆发了冲突;国家间的世界政治体系受到冲击。其结果就是:很多重要的地缘政治区域变得无法管控,或至少是未能管控。"

传统的美国外交政策不是为这个世界准备的。我们的传统工具失灵了。全球体制机制尚未根据这个世界进行调整和适应;我们国内争论的议题与这个世界所面临的挑战并不合拍。在这个后后冷战世界,当我们谈论外交政策的时候,什么是"自由主义",什么是"保守主义"?

所以,是的,我们再一次来到了地缘政治的创世现场,而且很多责任将落在美国的肩上。我们寻找解决方案,提出政策创新,并慷慨地管理地缘政治新格局。下面是我对于我们是如何走到今天这一地步,以及如何摸索前进的一些思考。

我对你的建议是:如果有一天你接到了美国总统打给你的电话,他或她打算让你出任国务卿,请告诉他或她,是的,你的确喜欢坐飞机,但算了,你还是想当农业部长。

## 地缘政治全新世

今天我们很容易忽视的一点是,从第二次世界大战之后直到冷战结束,这段时期的国际秩序很像是地缘政治的全新世。气候上的全新世为地球提供了像伊甸园一样完美的生存环境。经济上的全新世为中产阶级提供了完美的经济条件,而地缘政治的全新世为当时刚刚独立的国家提供了完美的国际政治环境。当时,这样的国家非常多。

第一次世界大战结束之后,几大帝国相继解体,数十个新的独立国家诞生了。奥匈帝国解体之后,出现了奥地利、匈牙利、捷克斯洛伐克和南斯拉夫。俄罗斯割让了芬兰、爱沙尼亚、拉脱维亚和立陶宛。俄罗斯与奥匈帝国的衰落还催生了新的波兰与罗马尼亚。奥斯曼帝国解体之后,出现了一批新独立或殖民化的国家,包括黎巴嫩、埃及、叙利亚、伊拉克、约旦、塞浦路斯和阿尔巴尼亚。在非洲,德意志帝国原来的殖民地被分割成纳米比亚、坦桑尼亚等国家。接着,第二次世界大战之后,出现了一波民族解放运动,诞生了印度、巴基斯坦、利比亚、苏丹、突尼斯、埃塞俄比亚、摩洛哥、马里、塞内加尔、刚果共和国、索马里共和国、尼日尔、乍得、喀麦隆、尼日利亚、阿尔及利亚、卢旺达、厄立特里亚、赞比亚、印度尼西亚、越南、老挝、柬埔寨、泰国、马来西亚、新加坡和韩国。20 世纪 90 年代初苏联解体后，原来的卫星国纷纷独立，包括哈萨克斯坦、吉尔吉斯斯坦、塔吉克斯坦、土库曼斯坦、乌兹别克斯坦、亚美尼亚、阿塞拜疆和摩尔多瓦。立陶宛、拉脱维亚、格鲁吉亚、乌克兰和爱沙尼亚也成为独立国家。南斯拉夫解体之后，出现了众多新的小国：斯洛文尼亚、克罗地亚、波黑、塞尔维亚、黑山、马其顿。

这些国家中没有几个拥有足够的经济资源、自然资源和人力资源，不要说发展成为强大的工业化民主国家，就连形成一个稳定的专制国家都不行，但在冷战期间及紧随其后的一段岁月，由于种种因素，他们的弱点被掩盖了多年，以至于很多处于"平均水平"或是"低于平均水平"的国家，仍然可以混下去。

首先，当时的全球地缘政治环境相对稳定。20 世纪上半叶见证了两次世界大战。第二次世界大战之后，地缘政治相对稳定。美、俄两国的领导者都不是希特勒，也不是自杀炸弹袭击者或圣战分子。这两个超级大国甚至还维持了一条"热线"，这条电话线直接连通白宫与克里姆林宫，双方可以互相沟通，避免发生误解，以防止发生直接的核武器热战。战略上，双方部署了足够的核武器，确保不仅能够发动首次袭击，而且还具备进行报复性还击的能力，以防对方首先发难，并由此打造了一个"确保相互毁灭"的系统（这个系统的英文首字母缩写为 MAD，为疯狂之意）。如此一来，保证了任何一方都不会使用核武器。

更重要的是，美国和苏联在大棋盘中为拉拢盟友展开了激烈竞争，它们为许多新国家源源不断地提供资源，加强了这些国家的秩序建设，使其中许多国家能够在领导力评分只有"C+"的情况下依旧过得下去。这就好比一个人既不运动，也不降低胆固醇、不增强肌肉力量、不去提高心率，就这样得过且过。其实这也不难理解，如果有两个超级大国争相向这些国家提供资金建造道路，给予他们技术援助，供应他们武器，以便稳定国内安全，保卫边界，控制人民，那么，这些国家为何自己还要努力呢？莫斯科和华盛顿还向这些成绩普普通通的国家及其领导人发放了数十亿美元和卢布的外国援助，帮助他们平衡预算，建立学校，建造体育场。它们还向进入俄罗斯人民友谊大学、美国得克萨斯大学的年轻学生提供大量奖学金。

当时，全球大棋盘上每一个方格的稳定都关乎华盛顿和莫斯科的切身安危。因此，叙利亚曾经在 1967 年、1973 年和 1982 年三次被以色列击败，每一次苏联都愿意向叙利亚提供援助，帮助其重建军队。美国则年复一年地支持从拉丁美洲到菲律宾的许多腐败政府。而当援助起不到作用的时候，他们便直接干预。俄罗斯会直接出兵东欧和阿富汗，而美国则直接出兵拉丁美洲和南越。美国想要确保当欧洲失去了原有的殖民地之后，这些新独立的国家不会被苏联支持的各国共产党接管。克里姆林宫则会不惜一切代价确保牢牢掌控东欧，并想办法把某个中美洲国家从美国阵营中拉到苏联阵营里来。

与此同时，当时要影响另一个国家也并不是什么难事。毕竟新生国家的人口相对较少，受教育程度也不高，相对而言，很少有人能够将他们的处境与世界其他地方的人做比较。外国援助可以长时间有效。以伊朗为例，1980 年伊朗人口仅4000 万，现如今已超过 8000 万。此外，气候变化也未达到我们目前面临的破坏性极端情况，因此作物的生长季节更为可靠。当时，中国仍然是个封闭的国家，对世界上任何国家的低工资工人都构不成威胁。当然，那时候也还没有机器人可以挤奶或是缝制纺织品。

同时，经济与人口结构的发展趋势也使美国能够轻松地向许多普通国家提供支持。正如埃里克·布莱恩约弗森和安德鲁·迈卡菲在他们的书中指出的那样，经济健康的四个关键指标，即人均国内生产总值、劳动生产率、就业人数、中位数家庭收入，在冷战期间的大部分时间里都稳步上升。"第二次世界大战后 30 多年来，这四个指标全都稳步上升，步伐一致堪称完美。"布莱恩约弗森在 2015 年6 月接受《哈佛商业评论》采访时指出："换句话说，就业与工资的增长跟上了产出与生产力增长的步伐。美国的工人不仅创造了更多财富，同时还获得了相应比例的收益。"

麦肯锡全球研究院的主任之一詹姆斯·曼尼卡认为，事后看来从第二次世界大战结束到柏林墙倒塌的这段时间可以被称为"一段不可思议的经济大稳定时期"。经济上的稳定推动政治上的缓和与稳定，从而使包容性及移民相对易于容忍。

大多数国家仍然受益于医疗保健及儿童死亡率的改善所创造的人口红利，即青少年人口大幅增长，而需照料的老龄人口相对较少。如此一来，许多国家也更容易负担较为慷慨的养老金。大多数国家还没有耗尽自然资源。

总而言之，在冷战时期，甚至是后冷战时期，要成为一个普普通通的民主或专制国家是相对容易的。那是一个地缘政治的全新世代。

好吧，对这一切说再见吧……

## 国家无法再安于平庸

事实上，几乎所有那些在冷战时期及后冷战时期让平庸的弱国相对容易生存的条件都已经消失了。请看一眼下面的清单：中国和越南可以吸走在全球各地大量的低收入劳动工作，首当其冲的就是诸如纺织等低端行业。机器人能够给奶牛挤奶。石油价格全球性下跌，意味着无论是产油国还是那些间接受到石油支持的国家都会受到冲击。与此同时，中国经济近来增长放缓，减少了其对非洲、澳大利亚和拉丁美洲大宗商品的需求。最近几年，中国经济增长贡献了全球增长的三分之一以上，其强劲增长带动了许多向中国出口原材料的国家经济大幅增长。然而现在，这一切都结束了。在 10 年的时间里，中国债务总额占国内生产总值的比重从 2007 年的 150%，大幅上升到今天的约 240%。这削弱了中国经济增长及进口的势头，减少了其对外援助的可用资金和对非洲、拉丁美洲等大宗商品出口国的投资。

2011 年 5 月，我曾在埃及待过一段时间，报道后穆巴拉克时期的社会动荡情况。在离开我的妻子两周后，我准备回家。我在开罗机场还有一些空闲的时间，于是逛了逛一家名为"埃及珍宝"的商店，希望能找到一些纪念品带回家。我不太喜欢那些图坦卡门的镇纸或是印有金字塔图案的烟灰缸，但对一只毛绒骆驼格外感兴趣。如果挤压它的驼峰，它便会发出骆驼的叫声。我把这个毛绒骆驼翻过来，想看看它是哪里制造的，我看到了："中国制造"。金字塔烟灰缸也是"中国制造"。埃及这个国家几乎有一半人口每天仅靠 2 美元过活，失业率达到 20%，但突然发现自己要与一个大半个地球之外的国家竞争。这个国家可以把埃及的民族象征印在像烟灰缸这样的纪念品上，还能生产会叫的毛绒骆驼，这些产品漂洋过海，到了埃及，但还能卖得比埃及当地制造的产品更便宜，利润更高。更糟的是，埃及国内的骚乱令许多想骑真正骆驼的游客望而却步。

正如沃伦·巴菲特所说："只有退潮时，才知道谁在裸泳。"当大国停止援助，以及全球经济退潮之后，才能看出来哪些国家的经济真的有实力，哪些国家不过是侥幸遇见了大宗商品和石油价格的上涨。四周一看，原来有很多国家都没有"穿游泳裤"。有些国家，如委内瑞拉，在有钱的时候大手大脚地花钱，从未想过要未雨绸缪，现在正面临崩溃。但这还不是全部。气候变化让许多发展中国家陷入窘境，特别是在中东和非洲，其农业生产遭到严重破坏。在非洲及部分阿拉伯国家，人口的持续高增长放大了各方面的压力。所有这一切变化，再加上互联网、手机、社交媒体，让有不满情绪的人更容易组织起来让政府下台，但要组织起新的稳定政府却举步维艰。

潮水还可能进一步退去。创造了"新兴市场"一词的投资者安东尼·范·艾格特梅尔认为，我们将面临制造业的范式转变，新范式会让许多工作从发展中国家重回美国和欧洲。范·艾格特梅尔说："过去25年较量的是谁能让成本降到最低，下一个25年比拼的是谁能让产品更加智能。"美国的廉价能源与更灵活、开放的创新体制相结合，正在将美国打造成为"下一个新兴市场"。高校、初创公司与公司分享脑力资源，创造新的发明；制造商使用新一代的机器人和3D打印机，使更多生产能够在当地进行；新产品集成了使用新材料的无线传感器，变得比以往任何时候都更加智能和快速。这对我们来说固然是好的，但或许不利于传统的新兴市场。

将这些因素放在一起来看，你就会明白为什么在冷战时期及后冷战时期，一个平庸的国家仍然能过得很好，以及为何一些国家开始陷入无序世界。这个无序世界包括了索马里、尼日利亚、南苏丹、塞内加尔、伊拉克、叙利亚、埃及西奈半岛、利比亚、也门、阿富汗、巴基斯坦西部、乍得、马里、尼日尔、厄立特里亚、刚果等非洲国家和地区，萨尔瓦多、洪都拉斯、危地马拉在内的大片中美洲地区，以及印度洋海盗横行肆虐的水域。无序世界还包括了在俄罗斯周边邻国分裂出来的由军阀统治的区域——乌克兰东部、阿布哈兹、车臣、南奥塞梯、德涅斯特河沿岸。所有这些地方都有一个共同点，即它们的中央政府或者已经崩溃，或者其政令不出首都。美国及其盟友对这些国家实施的斩首行动只能让这些国家更动荡不安，比如伊拉克和利比亚，但又未能有效地建立继任政权。还有一些国家则是由于内战、环境恶化和极端贫穷的压力而自行解体，现在正在向全球各地输送大量难民。

或许这只是一个巧合，许多失败的国家，尽管不是全部，它们的边境线都是笔直的。这些笔直的边界线是当年的帝国主义和殖民主义列强划出来的，是为了划分它们的势力范围，但并不符合真正的民族、宗教、种族、部落甚至是地理逻辑，更不是人们通过社会契约自愿结合而形成的国家。

这些国家缺乏能力来驾驭加速时代。他们就像房车公园里的拖车房屋，就在水泥板上，没有真正的地基或地下室，也没有考虑其朝向与风向和天气的关系。人们总是在想："为什么龙卷风总是袭击那些活动房屋？"其实并非如此。只是活动房屋受到打击时太脆弱，不堪一击。这就是在第一次世界大战、第二次世界大战后诞生的，边界完全由他国人为划定的那些国家。这些平庸的国家在冷战时还能得过且过，到现在就陷入困境了。

受到冲击的不单单是这些边界笔直的国家，还有很多各种形状、不同规模的弱势国家都受到了影响。在过去几年里，我花了很多时间报道无序世界里的各个国家。以下我将介绍马达加斯加、叙利亚、塞内加尔和尼日尔。这些国家作为样本，凸显了冷战世界的终结以及市场、大自然和摩尔定律加速塑造的世界的兴起，是如何将这些已经脆弱不堪的国家逼至悬崖边缘，甚至跌落悬崖。

## 马达加斯加

马达加斯加是一个位于非洲东南部的岛屿国家，也是全球十大最贫穷的国家之一。我曾于 2014 年夏天到访此地。马达加斯加是在三大加速力量推动下从平庸国家走向终结的典型例子。

从哪儿开始呢？先说人口吧！马达加斯加人口在过去的 20 年里呈现暴发式增长，年增长率达到 2.9%，是非洲人口增长率最高的国家之一。从 2008 年至 2013 年，马达加斯加在 5 年间增加了 300 多万人，现在该国人口达 2300 万，几乎是 1990 年人口的 2 倍，但马达加斯加的面积没有扩大一丝一毫。冷战结束后，外国援助减少了，龙卷风越来越厉害，破坏了该国的道路、电力及供水基础设施。我乘坐吉普车，在一条主干道上开了2小时，进入马达加斯加的腹地。这条道路被严重侵蚀，一路上坑坑洼洼。我可以毫不犹豫地说，这是我有生之年在地球上行驶过的最糟糕的道路。马达加斯加超过90%的人口每天生活费不足2美元。当地有60万名学龄儿童上不了学。

马达加斯加在冷战时期的不同阶段收到过来自世界各地的援助。美国有段时间曾在那里花钱建造了美国航空航天局卫星跟踪站。马达加斯加曾是法国的殖民地。法国向马达加斯加提供了很多援助，并为马达加斯加武装部队送去武器装备。苏联提供了米格-21战斗机；古巴派去了教师；中国派去了筑路工，甚至建造了一个糖厂。最后，说来你可能不信，马达加斯加那闪闪发光的白色总统府，好像马达加斯加版的白宫，是由朝鲜于20世纪70年代设计建造的。不仅如此，朝鲜还培训了马达加斯加总统的安保人员，并提供农业和灌溉方面的援助。

今天，大部分外援都没有延续下去，而马达加斯加的部分地区已经被雨水冲毁。马达加斯加的土壤铁质含量高、营养成分贫乏，而且通常很松软，不适合发展农业。在20世纪，马达加斯加90%的森林遭到砍伐，被用于发展刀耕火种的农业，被做成木材、柴火和木炭。当雨水降临的时候，大多数山坡没有树木保护其土壤不流失。沿着西北海岸飞行，向下俯瞰，你就能明白问题的严重性。你会看到一大片滑坡所致的红色泥土像血液一样流入贝齐布卡河、布贝托克湾和印度洋。这一混乱场面触目惊心，以至于宇航员在太空拍摄的照片里都能看到这一幕：整个国家都像是在流血。

对每个人来说，这都是一场悲剧。世界野生动物基金会数据显示，"马达加斯加98%的陆地哺乳动物、92%的爬行动物、68%的植物、41%的繁殖鸟类，在全球都是绝无仅有的。"马达加斯加还是"全球2/3变色龙和岛上独有的50种狐猴"的家园。不幸的是，很多野生动物都遭到猎杀。全球化也带来了非法贸易的全球化。非法商人和腐败的当地官员勾结起来，非法出口一切有价值的物品，从紫檀木材到罕见的海龟。

有一段时间，全球化确实为马达加斯加吸引了一批纺织品制造商，为当地创造了就业机会。他们在当地设立工厂，提供低技能岗位。但随后，由于当地出现政局不稳，这些制造商撤回了投资，并迁移至越南等其他地方。这些制造商有各种选择机会，一旦遇到惊吓就会离开。空空荡荡的工厂向我们诉说着一切。在后后冷战时期，马达加斯加这个曾经的平庸国家，现在已经远远低于平均水平了。马达加斯加的义务制教育只到 15 岁，而且使用的是马达加斯加当地语言，使他们很难与在 1 年级就开始教计算机编程的国家如爱沙尼亚竞争更高工资的工作岗位。

现在还很难看出马达加斯加如何才能逆转这些趋势。来自非政府组织"保护国际"的著名灵长类动物学家罗素·米特迈尔自 1984 年起就在马达加斯加工作，帮助当地保护环境。他表示："土壤流失的情况越严重，脚下的土壤就更少，就有更多人种不了东西。"而且人们越是感到不安全，他们就会生更多的孩子作为保险。

## 叙利亚

叙利亚是加速时代的地缘政治超级风暴。当所有坏趋势交汇于同一个地方的时候，便会出现这种超级风暴：极端天气，极端全球化，极端的人口增长，极端的摩尔定律，以及美国和其他国家最近突然决定不愿再果断介入。因为它们知道，介入的结果只能是赢得一纸账单。

要充分理解这一切，还得先从大自然说起。2014 年，为了撰写专栏和拍摄纪录片，我曾经前往叙利亚北部。我们要为《多灾凶年》（当时还是在 Showtime 频道播放）系列纪录片拍摄一集关于干旱对内战影响的片子。干旱在阿拉伯语里叫作"jafaf"。"不是干旱导致了叙利亚的内战。"叙利亚经济学家萨米尔·阿塔向我解释道，但是政府无力解决这个问题是引发暴动的一个关键因素。

故事是这样的，他解释道：2000 年，巴沙尔·阿萨德从他已故父亲手中接过权力，之后他向大农场主放开了叙利亚受管制的农业部门。这些大农场主中许多人都与政府关系密切，这些人可以想购买多少土地就购买多少，想钻取多少地下水就钻取多少，最终导致地下水位严重下降。许多小农户被迫离开土地，来到城镇，四处寻找工作。死亡率下降，导致 20 世纪 80 年代、90 年代人口出现高速增长。那些离开农村的人拖家带口，一大家子人在城市周边的镇子，如阿勒颇定居。部分小城镇的人口数量在 10 年间由 2000 人膨胀至 40 万人。政府无法为数量突然激增的青年人提供合适的教育、工作或服务。

接着，大自然开始发威。2006 年至 2011 年期间，叙利亚大约 60% 的陆地被当地历史上最为严重的一次旱灾破坏。由于地下水位已经很低，河流无水灌溉，这次旱灾剥夺了 80 万到 100 万叙利亚农民和牧民的生计。与此同时，叙利亚人口在 60 年里翻了一番。其结果就是，自 21 世纪初开始，在底格里斯河和幼发拉底河之间的叙利亚人中有一半背井离乡，前往城市。此外，由于阿萨德没有向饱受干旱之苦的难民提供任何帮助，许多非常单纯的农民以及他们的孩子也开始变得政治化了。

国家就是在这个地区起源的。最早的国家诞生于古代的美索不达米亚，其功能就是为了管理灌溉和作物的种植，但阿萨德没能做好这项工作。年轻人和农民渴望工作，土地渴望水，这些都是革命的引火线。

旱灾难民传递出的就是这样的信息。2013 年 5 月，我在位于靠近叙利亚边境的土耳其城市桑尼乌法的一间简易公寓中见到了法藤。她当时 38 岁，是一名逊尼派穆斯林。她与她 19 岁的儿子穆罕默德一起逃至此地。她儿子曾是自由叙利亚军的一名成员，几个月前在战火中受了重伤。法藤要求我不要透露她的姓氏，并向我诉说她的故事。她出生于东北叙利亚一个名为莫哈森的村庄。她和她丈夫"曾经拥有自己的农田。我们年年播种。我们有小麦、大麦、青菜、黄瓜，自给自足，无需到市场上去买。感谢上帝，雨水滋润让收成很好。但突然之间，出现了干旱"。

那是一番怎样的景象？"看到农地的样子，我们非常伤心。"她说道，"农地变得和沙漠、盐碱地一样。"所有的一切都变成了黄色。

阿萨德政府提供帮助了吗？"他们什么都没有做。"她说道，"我们要求获得帮助，但他们不予理会。他们对此毫不在乎，从来就不在乎。我们必须自己解决问题。"

那你们做了什么？"遭遇干旱天气后，我们坚持了 2 年，然后我们说'够了'。于是我们决定搬到城市去。我当了护士，而我的丈夫开了一家商店。生活很艰难。大多数人都离开了村庄，进入城市寻找工作，干任何能够维持生计的活。"

那些该上学或结婚的年轻男子，受到干旱影响，无法再上学和结婚了，他们受到的冲击更大。一般人家都会选择更早地将女儿嫁出去，因为他们无力供养。

法藤头上裹着保守的黑色围巾。她说，干旱以及政府的无所作为让她、她的邻居和她们的儿子都变得激进，最终她们的儿子成了反对派战士。2011 年 3 月，当革命抗议的炮火在叙利亚南部达拉阿小镇点燃时，法藤和其他干旱难民迫不及待地加入其中。"自从听到了'真主'第一声呼吁后，我们都加入了革命，马上加入了革命。"这是因为干旱吗？"当然！"她说道，"干旱与失业是促使人民参加革命的重要因素。"（事实上，她来到土耳其是为了让她儿子穆罕默德接受医疗服务。当我们进行采访的时候，默罕默德在一旁静静地坐着，一会儿看看手机里的战斗照片，一会儿看看叙利亚境内反叛部队电视台的卫星电视广播。）

阿布·哈利勒，时年 48 岁，他是那些不仅发出抗议，还采取了其他行动的人们中的一个。他曾是一位种植棉花的农民。干旱毁掉了他的农场，他不得不为了维持他 16 个孩子的生计而干起走私的活儿，后来成了叙利亚自由军在特尔阿布雅德地区的指挥官。在我进入叙利亚拉卡省（干旱的重灾区）的时候，我在一个破损的叙利亚军检查站遇到了他。经过叙利亚中间人的介绍，体格像个坚韧的拳击手的阿布·哈利勒向我介绍了他的战斗队伍。他并没有依照他们的级别，而是根据血缘关系指着他身边的武装分子向我介绍："我的侄子，我的表弟，我的兄弟，我的表弟，我的侄子，我的儿子，我的表弟……"叙利亚自由军战斗队伍通常都是以家庭为单位。在一个几十年来政府都不希望任何人相信任何人的国家，这一点也不奇怪。

"我们可以接受干旱，因为这是真主的旨意。"阿布·哈利勒说，"但我们不能接受政府什么都不做。"这样的最终结果便是一场"饥饿革命"。在我们分开前，他将我拉到一边和我说，他们的人需要反坦克武器和防空武器来消灭阿萨德。"奥巴马能不能让黑手党送一些给我们？"他说，"放心，我们不会用这些武器来对付以色列的。"

一些外交官注意到了这些变化。2014 年 1 月 21 日，我在《纽约时报》写了一篇专栏，引用了被维基解密披露的一份 2008 年 11 月 8 日美国驻大马士革大使馆给美国国务院发的电报。当时正值叙利亚干旱期间。大使馆告诉美国国务院，叙利亚联合国粮食和农业代表阿卜杜拉·本·耶赫阿正在联合国寻求旱灾援助，并希望美国捐款赞助。

下面是关键的几个段落:

> 联合国人道主义事务协调办公室于9月29日发出请愿,呼吁捐资大约2023万美元帮助约100万人,称他们遭遇了该国40年来最严重干旱影响……
>
> 耶赫阿提议将这部分钱用于向叙利亚东北部地区的15000名小农户提供种子及技术援助,保护当地农村和农业社区的社会与经济组织。如果联合国粮农组织的努力以失败告终,那么耶赫阿预计东北部将涌出大量移民,加剧已经产生的社会和经济压力,并破坏社会稳定……
>
> 耶赫阿不认为(巴沙尔·阿萨德政府)会让任何叙利亚公民饿死……然而,耶赫阿告诉我们说,叙利亚农业部部长……公开表示,干旱所造成的社会和经济影响"已经超出了我们作为一个国家能够应对的能力范畴"。耶赫阿说,联合国通过发起这次请愿试图对抗的是随着叙利亚农村地区农业遭受侵蚀而可能出现的"社会毁灭"。这种社会毁灭会导致政治局势动荡。

"阿拉伯之春"与此前(2009—2010年)的气候灾难分不开。例如,全球第四大小麦出口国俄罗斯遭受了100年来最为严重的干旱,即所谓的"黑海干旱"。热浪引发大火并烧毁了俄罗斯的大片森林。干旱破坏了农田,缩减了该国粮食产量,以至于俄罗斯政府禁止小麦出口1年。

与此同时,另一个重要的小麦出口国澳大利亚遭遇了大规模洪水。《混乱回归线:气候变化与暴力事件地理分布新趋势》的作者克里斯提安·帕伦蒂在2011年7月20日发表在哥伦比亚广播公司(CBS.com)的网站上的一篇文章中写道,这与美国中西部地区及加拿大出现的暴雨同时发生,导致了更多的玉米和小麦产量受损,而"巴基斯坦一反寻常地暴发大规模洪水,令整个国家20%陷入雨水中,同样惊吓到了市场,刺激了投机者"。

结果:根据联合国的报告,联合国粮农组织的食品价格指数在2011年2月创下历史新高,使约440万人陷入贫困。"阿拉伯之春"也就在此时发生。在气候的影响下,物价水平大幅飙升,抬高了埃及的面包价格,引发了该国的动荡。中东地区局势越是动荡,石油价格越是走高,每桶石油已经高达125美元。这导致从化肥成本到开拖拉机的成本都在上升，一切都变得更加糟糕。"在那几个月里，几个中东政府相继倒台，从吉尔吉斯斯坦的比什凯克到肯尼亚的内罗毕都爆发了骚乱，而最令人不安的是利比亚、也门、叙利亚，这三个国家爆发了新的战争。"帕伦蒂补充道，"在需求不断上升、能源价格上涨、水资源短缺以及发生极端气候的情况下，全球粮食系统承受了巨大的压力。"

2013 年 6 月，我在开罗。一天早晨，我 5 点起床，去看一家在贫穷的印巴巴社区出售政府补贴面包的面包店是如何经营的。透过一扇敞开的窗户，你能听到后面的古兰经学校里传来孩子们愉快地重复老师念的经文的声音。面包店老板一打开店门，一大群男男女女、老老少少推搡着争夺他们的口粮：皮塔饼。他们必须很早赶到那里，因为他们知道，面包店老板只卖一部分接受了补贴的皮塔饼，他们会将剩余的有政府补贴的面粉以 5 倍于官方价格在黑市上售卖给私人面包房。面包店老板告诉我，他别无选择，因为燃料成本太贵了。我亲眼看见一个个年轻人将印有政府印记的补贴面粉袋扛上肩头，从侧门运了出去。面包店老板告诉我："这是埃及最难做的工作。"每个人都很恨他，尤其是那些很早就来排队但依旧没有领到面包的人。

2011 年让穆巴拉克总统下台的抗议者们呼喊的一个主要的口号就是"面包，自由，尊严"——面包放在第一位。这不是没有原因的。这就是加速时代下的政治。

## 塞内加尔和尼日尔

2015 年，在巴黎气候大会上，我第一次遇到巴布。莫尼克·巴布是《联合国防治荒漠化公约》的执行秘书。她做了一个演讲，展示了三张非洲的地图，每一张地图在非洲大陆的中间，都有一堆圆点，圆点的外边有一个方框。第一张地图展示的是 2008 年非洲荒漠化程度最严重的地区。第二张地图显示的是 2007—2008 年非洲的军事冲突和抢粮骚乱的分布图。第三张地图是 2012 年非洲的恐怖袭击的分布图。这三张地图上的圆点都集中在非洲大陆撒哈拉沙漠南部的中心地带。巴布解释说："荒漠化是导火索。气候变化是放大器。这些因素带来了我们今天遇到的各种政治挑战：经济移民、种族冲突和极端分子。"

巴布的观点是，无序世界正在扩大，而这不仅仅是中东地区的战争问题，还包括非洲气候、荒漠化和人口问题在内的多重问题。我们在新闻报道中看到那些满载难民的小船在地中海的汹涌波涛中颠簸摇晃，无数难民争先恐后地逃离无序世界前往有序世界，这一幕让我们不禁流泪，但人们往往会忽视这样一个事实，只有约 1/3 的难民来自叙利亚、伊拉克和阿富汗。其他 2/3 的难民主要来自那些干旱的非洲国家：塞内加尔、尼日尔、尼日利亚、冈比亚和厄立特里亚。要想理解为何无序状态在非洲部分地区不断蔓延，最好去看看移民潮的源头，接着跟随移民向东北方向进发，穿过尼日尔来到利比亚，在那儿他们试图乘船前往欧洲。你会发现有三股加速的力量在发生着作用。

我们先从恩迪阿马古恩这个塞内加尔西北部的村庄开始。若要我给你指点方位，那么我会说，这个村庄就在尽头处的尽头。走到高速公路的尽头，走到柏油路的尽头，走到砾石路的尽头，再走到沙漠小径的尽头，在最后一棵猴面包树处左转，你就到了。但如果想要探究移民潮从何处兴起，他们为何要迁移，这一路的艰苦跋涉都是值得的。

2016 年 4 月，我为了撰写一篇有关气候变化与人类迁徙之间联系的专栏，并与《多灾凶年》的制作团队（现在他们转为国家地理频道供稿）一起拍摄另一部纪录片而专程造访该村庄。我们到达的那一天是 2016 年 4 月 14 日，当天气温 45℃，远超历史同期平均气温，真是令人咋舌的极端天气。但在这里我发现了更加异常的现象。恩迪阿马古恩是一个农村，家家户户住在泥砖房或茅草屋里。村长让村里几乎所有人都出来接待我们。身上绘有彩色图案的妇女和从学校回家来吃午餐、脸上带着甜甜的微笑的男孩和女孩共同围成了一个圆圈来迎接我们。但就在我和他们一同坐下的一瞬间，我立刻意识到这幅画面背后的问题。

在这个 300 多人的村子里，几乎没有年轻男子和中年男子。他们全都走了。

这一切并非是由疾病所致。男人们都背井离乡了。在极端气候打击下，种田已经无法维持生计，收成在不断下降，而家里有那么多孩子（据统计，塞内加尔 42% 的人口在 14 岁以下），有太多张嘴需要喂哺。所以男人们都远走他乡寻找工作，希望能在维持自己的生计之外，寄一些钱给妻子和父母。这一趋势席卷了整个西非。哪怕你告诉那些年轻的非洲男人，他们到欧洲的概率非常小。他们也会告诉你，当你连为生病的母亲买一片阿司匹林的钱都没有，就不要去计算概率了，只管上路。

"我们大多是农民，依靠农业为生，但现如今这一套已经不管用了。"村长恩迪奥瓜·恩迪阿耶讲的是沃洛夫语，有个翻译帮我。20 世纪 70 ~ 80 年代出现了断断续续的干旱，之后气候开始稳定下来。但是，大约在 10 年前，天气变得真的很奇怪。以往，雨季总是从 6 月开始，一直持续到 10 月。现在第一场雨可能要到 8 月才下，然后会停一段时间，田野都干透了，接着雨又开始下。一下就是倾盆大雨，洪水泛滥成灾。村长说："所以不管种什么，庄稼都会歉收，根本赚不到钱。"

村长自称有 70 多岁了，但到底多大年纪，他自己也说不清楚。有件事情他记得很清楚。他年轻的时候，在种植季节，任何时候走到田地里，脚会陷入潮湿的泥土。"土壤湿滑，油腻，会粘在你的腿上和脚上，你得刮掉它"。而现在，他边说边抓起一把热沙说，这土壤"就像是粉末，没有生命了"。

我问他是否听说过"气候变化"？恩迪阿耶说："我们曾在电台里听到过，但我们见证了气候变化。从东边吹向西边的风变了，来自西方的风现在变暖了。冬天变得特别短，今年甚至没有冬天。我们一直生活在夏天。"

我们一直生活在夏天里。村长的大致印象没有错。塞内加尔国家气象局显示，从 1950 年到 2015 年，该国平均气温上升了 2℃，比预期快得多。自 1950 年以来，年平均降雨量减少了约 50 毫米（约 2 英寸）。所以，恩迪阿马古恩村的人别无选择，只能迁移到更大的城镇，或选择索性离开自己的国家。极少部分幸运的人设法通过利比亚偷渡到西班牙或德国。利比亚好似非洲的软木塞，美国和北约推翻利比亚独裁者之后，并没有在当地留下军队帮助确立新秩序。于是非洲的木桶塞被拔出后，形成一个通往地中海沿岸的巨大漏洞。

那些相对不那么幸运的人在达喀尔、利比亚、阿尔及利亚、毛里塔尼亚找到了工作，而最不幸的人只能沿路四处游荡。他们远离家乡，一无所有，无家可归，内心不甘屈辱。这给像博科圣地这样的圣战组织提供了越来越多的理想的招募人选。博科圣战每月给他们支付几百美元工资，相较于每天依靠 2 美元维持生计的日子，几百美元简直就是一笔巨款了。

村长领我见了马约罗·恩迪阿耶，他的儿子离开村庄去外面找工作。他说："我儿子1年前前往利比亚，从此失去音讯，没有来过电话，什么都没有。他留下妻子和两个孩子。他曾经是做贴瓷砖的活儿。在附近城镇赚了一些钱后，他前往毛里塔尼亚，然后到尼日尔，接着前往利比亚。从那以后，我们再也没联系上他。"

说到这里，这位父亲抽泣起来。这里的人们生活得十分困难。他们养这么多孩子的一大理由就是保障年迈父母的晚年生活。但男孩们纷纷离开，生活变得愈加困难。他们失去了唯一曾经拥有的东西：深厚的族群意识。在这里，你在家中长大，父母照顾孩子，孩子以后照顾父母，所有人都吃住生活在一起。

但现在土地产出越来越少，族群也开始衰败。村长说道："各家都有男性家庭成员不得不选择离开……在我年轻时，我和兄弟一起帮父亲种地。母亲会等着我们把作物带回家，然后她会料理接下来的事情。全家人在一起享受丰收。如果现今这种情况持续下去，终有一天，我们可能无法继续留在这里，因为我们将无法维持生计。我们将被迫跟随孩子去其他地方。"

所有数据都显示了相同的趋势。塞内加尔国家民航气象局气候部门的负责人欧斯梅恩·恩迪阿耶在哥伦比亚大学接受过气象学方面的培训。在达喀尔机场的狭小办公室里，恩迪阿耶在戴尔笔记本电脑上点击着一张张气象图，告诉了我一个可怕的事实。

他说："上周的天气比正常平均温度高5℃，在1年的这个时段属于非常极端的气温。"他接着点击图表二。"从1950年到2015年，塞内加尔平均气温上升了2℃。"恩迪阿耶说道，"要知道2016年联合国巴黎气候大会的目标是避免工业革命以来全球平均气温上升超过2℃……而这种情况在塞内加尔已经发生了。"联合国政府间气候变化特别委员会在2010年对塞内加尔做了四种情形分析，在最糟糕的情况下，结果令人难以置信，而现在，他说："观测值表明我们正朝着最坏的情况发展，而且速度比我们想象中的更快，到2100年，预计平均气温将上升4℃。人们还在怀疑气候变化，我们却已经身处其中。"

恩迪阿耶接着说："如果你住在这里，在电视里看到欧美国家的人们过着美好生活，拥有民主的制度，而现实中你在这里过着穷困潦倒的生活，人们就会想：必须得做点什么……他们在这里没有生存的工具。人类仅仅是更聪明一些的动物，如果被推到穷途末路，动物的本能就会挣脱出来寻求生路。"

要完成对难民潮的全景分析，就必须向西北方向行进，前往撒哈拉沙漠的南部边缘地带。这里是尼日尔的阿加德兹。自 2015 年起，每周一晚上都会定期出现这样的场景：数以千计的年轻男子，挤在一辆辆丰田皮卡后部，汇聚成大型车队，长途跋涉想从轻度无序世界（尼日尔），穿过重度无序世界（利比亚），希望能找到一些船只进入有序世界：欧洲。车队汇集的场景令人震撼。哪怕是在傍晚时分，气温仍有 40.5℃，我们的两个摄影师热晕了，躺在拍摄器材旁。这里是沙漠，就位于阿加德兹的边缘，夜晚的照明只能依靠新月微弱的光。

突然之间，沙漠喧闹起来。

利用智能手机上 WhatsApp 通信服务，当地蛇头与遍布西非的人口贩运网络组织建立了联系，秘密地将遍布全城、待在安全屋和地下室里的移民一批一批装上卡车。移民基本都是年轻男子，从塞内加尔、塞拉利昂、尼日利亚、科特迪瓦、利比里亚、乍得、几内亚、喀麦隆、马里以及尼日尔的各处城镇汇聚到阿加德兹。每辆丰田皮卡上大约能挤 15 个人，他们的胳膊和腿从车的两侧伸出来。车辆缓缓行驶，跟着前面的先导车。先导车时不时会开到远处进行侦查，确保不会有讨人厌的、没有花钱买通的警察和边防护卫。整个过程宛如欣赏一曲交响乐，但你不知道指挥家在何处。每周一所有的车辆都会在城北集合点集合，形成一支 200 辆车的巨型车队。之所以需要那么大的阵势，是为了防备沙漠土匪。

我站在阿加德兹高速公路控制站旁边看着这一切。丰田皮卡在我面前驶过，尘土飞扬，沙漠道路上留下了默默站在皮卡后部的年轻男人们在月光下的剪影。要前往利比亚海岸，他们至少得站 24 小时。他们宁可前往被战争蹂躏的利比亚，这足以说明他们要离开的地方生活处境是多么令人绝望。每个月，有9000 ～ 10000 个男人走上这条路。

阿加德兹过去的经济支柱是探险旅游业和贸易。它是联合国教科文组织确认的世界遗产，以华丽的泥砖结构建筑著称。联合国教科文组织官方网站上写道，该地"拥有众多土制住宅和保存完好的大型宗教建筑群，其中包括一座高达 27 米、完全由泥砖搭建的尖塔，在泥砖结构的建筑中为世界最高"。现在所有旅游车都改作他用，成为将人口从无序世界贩运到有序世界的工具。有个蛇头告诉我们："以前我们从事旅游业。我们待在阿加德兹是因为有人来旅游。现在没人来旅游了。

但我们有车，我们就靠这个维持生计。我们运人。我们以此过活。"

我们找到几个偷渡客，他们同意停下来和我们交谈。他们表现得很紧张。一群来自尼日尔的年轻人告诉我，他们正要赶去尼日尔北部的迪加多淘金。更加典型的是 5 个年轻人，他们脸上套着滑雪面罩，操着塞内加尔口音的法语。他们向我讲述了一个非常耳熟的故事：村里没有工作，就去了镇上，镇上没有工作，就再往北走。

在这里和在其他地方，荒漠化成了导火索；气候变化、人口增长则扮演了放大器的角色，种族和部落冲突是政治上的副产品，而 WhatsApp 一方面把欧洲描绘成人间胜地，同时也为移民搭乘车队前往欧洲提供了廉价的通信工具。巴布说道："在以前，我们只需要在欧洲或是在美国举办一两场慈善音乐会，接下来就可以把他们忘了。但是现在不行。这根本满足不了他们。现在的问题太大了。"

没有一堵墙能永久阻挡住迁徙的人流。我在阿加德兹国际移民组织的援助中心采访了来自 10 多个非洲国家的 20 名男子。他们都曾前往利比亚，尝试偷渡去欧洲未果而返回，但又身无分文回不了家乡。我问他们："如果能够以合法的身份进入，你和你的朋友中有多少会选择离开非洲前往欧洲？"

"Tout le monde！"他们都举起了手喊道。我法语懂得不多，但我猜想他们说的应该是"所有人"。

今天，全球难民和经济移民的数目呈现爆炸式增长，这一现象主要是由民族国家瓦解所导致，而非国家间的战争。大卫·米利班德是国际救援委员会的主席，他的机构负责在 30 多个受战争影响的国家开展救援行动。他指出，事实上，目前国家之间发生战争的次数"处于历史的最低水平"，但同时越来越多的人正在"逃离冲突"。这是因为现在一些弱势的国家内部正在发生着 30 场内战，这些国家"无法满足其国民的基本需要，也无法阻止内战的发生"。这标志着国家在加速时代的压力下正从内部瓦解。

美国也不能免受移民洪流的影响。虽然近年来拉丁美洲的移民人数大幅下降，但 2014 年 10 月，美国接收了来自危地马拉、萨尔瓦多和洪都拉斯的 5 万多个无家可归的儿童。Vox.com 网站报道称："他们从祖国的威胁和暴力中逃离。那里情况糟糕到许多家庭别无选择，只能不顾路途遥远、旅途险阻，将孩子送去北方。"

洪都拉斯、危地马拉和萨尔瓦多是中美洲生态退化最严重、砍伐林木最多的地区。他们砍了森林，我们多了孩子。

　　无序世界经济和气候移民眼中的应许之地，不仅仅只有欧洲和美国。以色列，这个真正的应许之地近年来也涌入了大约 6 万名非法移民，大部分来自厄立特里亚和苏丹。在特拉维夫中央汽车站四周转上一圈，你会看到许多非洲人拿着手机站在街上，他们在这里寻得一个庇护之所。他们乘船、旅行或开车来到以色列边境，然后自己偷偷溜出来，或是在沙漠游民贝都因人的帮助下横穿埃及西奈沙漠偷渡进入。吸引他们的，不是复国主义或犹太教，而是秩序与和平的希望。

　　联合国难民署根据各国政府、合作机构和自己的报告数据，对世界各地被迫迁徙情况进行跟踪。2016 年 6 月 20 日，该机构发布报告称，2015 年底总共有 6530 万人流离失所，而 12 个月前仅仅有 5950 万。2013 年底，这一数字为 5120 万，10 年前还只有 3750 万。此外，报告认为，情况可能进一步恶化。全球每 122 人中就有 1 人要么是难民，要么流离失所或寻求庇护。如果把所有这些人组成一个国家，那将是世界第 24 大的国家。

## 自由的失衡

　　市场、大自然、摩尔定律的加速，不仅由外而内，而且自下而上，向脆弱的国家施压。也就是说，今天的技术与全球化既使那些"政治创造者"变得更加强大，他们希望将专制社会重塑成为一个更加基于共识的社会；同时也加大了"政治破坏者"的威力，他们想要打倒政府，建立宗教或意识形态上的极权统治，即便他们缺乏任何有效治理的能力。

　　先从政治创造者来看。历史学家沃尔特·罗素·米德曾经指出，20 世纪 90 年代苏联解体后，俄罗斯人总是喜欢说这么一句话："将水族馆变成一锅鱼汤，要比让一锅鱼汤变成水族馆容易得多。"

　　即便是在最好的情况下，一个国家的居民要在国家崩溃后开展重建并维持正常运转都绝非易事，而在加速时代可能更加困难。你需要为你的民众提供终身学习机会，需要建造基础设施来最大限度地从全球化中获益，你需要为维持经济不断增长而保持创新势头，而这些都变得更加难以实现。如果你的国家在后后冷战时期陷入崩溃，那么要追赶起来是非常困难的；这个时代没有哪个超级大国会见义勇为，跳入火海，帮你开展重建，即便是给钱他们也未必会伸出援手。此外，还有一个意料之外的因素：互联网。有越来越多的证据表明，通过社交网络，从受到压制的秩序转化为革命很容易，但把革命转化为新的、可持续的、协商一致的秩序要难得多。

受到以赛亚·柏林"积极自由"和"消极自由"概念的影响，多弗·塞德曼提出，在全球范围内，人们"消极自由（freedom from）"的程度正达到前所未有的高水平，"不仅仅是摆脱独裁者，还包括摆脱管理上事无巨细的老板，摆脱强迫我们观看商业广告的电视网络，摆脱家门口的商店，摆脱当地银行家以及摆脱连锁酒店"。

但到了政治问题上，人们最珍惜的自由是"积极自由（freedom to）"，即拥有获取自己想要的生活方式的自由。他们的自由是以选举、宪法、法治和议会为基础的。当今世界上有越来越多的人拥有了"消极自由"，但依然未能建立起"积极自由"。这也就解释了许多正在蔓延的、难以消除的失序现象。塞德曼认为，利比亚、叙利亚、也门或埃及（穆巴拉克总统下台之后）等国家就出现了这样的缺口，当地人民摆脱了一个自由权不平等的政治制度，但还没有获得自由平等的政治制度。而这可能是当今世界上最为重要的不平等关系。

"'消极自由'发生得快速、猛烈、富有戏剧性。"塞德曼说道，"但要争取'积极自由'则需要很久。犹太人摆脱埃及法老统治后，在沙漠中流浪了40年，才制定出让他们获得积极自由的法律和道德标准。"

事实证明，社交网络、廉价的手机与通信应用的确善于发动或阻碍集体行动。它们使人们能够更容易且有效地建立平行联系，但它们同样使得底层的个体能够更容易、有效地将身处高位的人拽下马来——无论他们是友是敌。军事战略家会告诉你，在技术变革时期，网络是最有威力的组织形式。经典的层级制度在一个扁平的世界中无法得到最优结果，但网络可以。网络可以破坏指挥与控制系统——无论是谁在指挥，同时还能加强身处底层的人的话语权——无论是谁在底层，让他们可以回嘴。社交媒体擅长集体分享，但并不总是那么擅长集体制造；利于集体破坏，但或许并不利于集体建设；便于快速聚集暴民，但并不善于在政党纲领或是宪法问题上快速达成共识。

突尼斯革命与所有其他由脸书驱动的阿拉伯觉醒运动的不同之处，同时也是它成为迄今为止最成功的革命的原因，是突尼斯公民社会，像工会、律师协会、妇女团体、商业协会、人权组织等都拥有很深的社会根基。在突尼斯独裁统治倒台后，正是社会各界集体的、面对面的努力，弥合了伊斯兰教主义者与世俗主义者之间的分歧。这些社会组织也因此赢得了 2015 年诺贝尔和平奖。它们并未诉诸脸书。

在其他地方，由于真正的政治秩序难以实现，全球范围内"缺乏积极自由"的人越来越多。收入不平等破坏了稳定，"但自由的失衡同样破坏稳定"，塞德曼说。当我们获得"消极自由"的能力超越获取"积极自由"的能力的时候，对于那些力量增强但被毁灭性思维所控制的人，"如果不能激励他们投身建设性的事业，他们就会造成更多的伤害和破坏"。他指出："他们就像是逍遥法外的囚犯。"

没有人比被人称为"谷歌人"的韦尔·戈尼姆更适合用来说明争取消极自由与积极自由之间的区别了。戈尼姆曾在 2011 年帮助发起反对埃及总统穆巴拉克的革命运动。当时我恰好在开罗。在穆巴拉克总统辞职前一天，我通过阿拉伯卫星电视周五午间播报关注戈尼姆。他刚刚从监狱中被释放出来，充满了对政权的愤怒和对民主革命的热情。为革命助阵的社交媒体更让他激情高涨。但是，由于进步力量未能团结起来，穆斯林兄弟会借机将其演变为一场宗教运动，埃及军方利用所有这些民间团体的弱点维持对埃及国家及其经济的控制，这场革命最终以失败告终。

2015 年 12 月，已经搬到了硅谷的戈尼姆发表了一个 TED 演讲，讲述了革命失败的原因。他在演讲中坦诚地提到了这个问题：比起创造"积极自由"，互联网是否更利于制造"消极自由"。他结论的核心是："我曾经说过，'如果你希望解放一个社会，你只需要互联网就够了。'我错了。我说这话的时候是在 2011年，当时我匿名创建的脸书页面点燃了埃及革命的火花。'阿拉伯之春'揭示了社交媒体最大的潜力，但它也暴露了其最大的缺点。让我们联合起来推翻独裁者的工具，同样也是最终使我们四分五裂的工具。"

在 21 世纪初，阿拉伯人纷纷涌上互联网。戈尼姆解释道："由于渴望知识、机会以及与全世界的其他人建立联系，我们逃避了令人沮丧的政治现实，选择了以另一种虚拟的方式生活。"这其中也包括他本人。接着，在 2010 年 6 月，他指出："互联网永远地改变了我的生活。浏览脸书的时候，我看到了一张照片……照片上是一位遭到酷刑的年轻埃及小伙子的尸体。他的名字叫哈立德·萨伊德。萨伊德是一个 29 岁的小伙子，来自亚历山大，他死于警察之手。我在他的照片中看到了我自己……我匿名创建了一个脸书页面，并命名为'我们都是哈立德·萨伊德'。在短短的 3 天时间里，就有 10 万多和我有同样想法的埃及人关注了该页面。"

很快，戈尼姆和他的朋友们开始使用脸书来集思广益。"这个页面成为阿拉伯世界中关注人数最多的页面。"他说道，"社交媒体对这次运动至关重要。它使一场去中心化的运动得以兴起。它让人们意识到，他们不是孤独的。并且社交媒体也使得政权无法阻止这场运动。"戈尼姆最终在开罗被埃及安全部门抓捕，遭到殴打，并被单独关押了 11 天。但就在他被释放 3 天后，通过他的脸书页面聚集在一起的数以百万计的抗议者们推翻了穆巴拉克政权。

哎，幸福感很快就消失了，戈尼姆说道，因为"我们没有建立起共识，政治斗争导致了强烈的两极对立"。社交媒体"便于错误信息、谣言、回声筒和仇恨言论的传播"。他指出，这"只会使两极对立更加严重。这样的环境是有毒的。我的网上世界成为找茬、谎言和仇恨言论的战场"。军队的支持者与伊斯兰主义者使用社交媒体相互抹黑，而戈尼姆和许多其他人推动的民主运动则被边缘化。他们的革命被穆斯林兄弟会窃取。当革命失败后，军队逮捕了许多为革命最早出力的世俗的年轻人。埃及军队现在建立了脸书页面为自己辩护。

经过反思，戈尼姆说："我越来越清楚地意识到，虽然两极对立主要是由我们人类的行为所造成的，但社交媒体助长了这种行为并放大了其影响。你可以说你想说的话——尽管那不是事实，你可以挑起斗争或无视你不喜欢的人。这些都是自然的人类冲动，但因为有了科技，将冲动转化为行动只需要轻轻点击几下鼠标。"

戈尼姆注意到当今社交媒体在政治领域面临的五个重大的挑战：

第一，我们不知道如何处理谣言。确认并迎合了人们偏见的谣言被信以为真并在数百万人中广为传播。第二，我们建造了自己的回声筒。我们倾向于只和我们认同的人沟通交流，而社交媒体也给了我们选择静音、取消关注、屏蔽其他任何人的权利。第三，线上讨论很快沦为愤怒的暴民。这一点大家应该都深有感触。在网上我们好像都忘记了屏幕后面是一个真实存在的人，而不只是一个化身。第四，我们的观点变得很难改变。由于社交媒体传播快速与简洁的特性，我们被迫直接跳到结论，在 140 个字以内就复杂的全球局势发表尖锐的观点。而我们一旦发表这一观点，它便会永远地存在于互联网上，即使有新的证据出现，我们也没什么动力再去修正这些观点。第五，在我看来，这是最为关键的一点，那就是在今天，我们的社交媒体体验被设定为倾向于传播而非交流，偏爱发帖胜于讨论，喜欢简单点评胜过深度对话。就好像我们一致认为，我们在这里只是为了彼此不停诉说，而不是相互交流。

在今天，有很多关于如何打击网络骚扰和网络攻击的讨论。这一点的重要性，没有人可以质疑。但是，我们同样需要思考的是，如何设定社交媒体体验，使其能够促进文明，鼓励思考。我很明白这个事实，即如果我写得更加耸人听闻、更加片面，时不时加入愤怒与激进的表达，就能让更多的人看到我写的文章。我会更受关注。但如果我们更多地关注质量呢？……我们同样还需要思考的是有效的集思广益机制，对网上广泛传播的信息进行事实核查，并鼓励这么做的人。本质上，我们需要对今天社交媒体生态系统进行重新思考，重新设计使用体验来鼓励深层次思考、文明礼貌、相互理解。

5 年前，我说道："如果你想解放社会，你只需要互联网就够了。"今天，我相信，如果我们想要解放社会，我们首先需要解放互联网。

在国际民意调查领域经验丰富的克雷格·查尼指出，戈尼姆们都是活生生的例子。他们的经历提醒着我们，虽然互联网"改善了联系的能力，但它无法成为政治组织、文化或领导力的替代品。自发运动在这些方面往往最为薄弱"。这么多阿拉伯觉醒运动的努力都失败了，是因为他们最终都无法建立起组织，凝聚政治力量，将他们的进步思想转化为多数派观点。2014 年 2 月 28 日，哥伦比亚大学历史系教授、《治理世界：观念的历史，从 1815 年至今》的作者马克·马佐尔在《金融时报》上指出：

列宁主义基本观点至今依然成立：没有组织就一事无成。如果说"团结工会"能够转化成为波兰政治中的长期力量，那是因为它的领导人明白自我组织的必要，因为它源自工会运动，这使其从一开始就拥有了内生的组织结构……

推翻一个暴君有时候确实能带来自由。但有时候，它只是带来了新的暴政。革命者既热爱自由，同时能够有效组织起来开展长期的政治斗争，才会带来一场皆大欢喜的革命。

有时候，你必须敲门、印传单、当面规劝你的邻居，一个一个地规劝，一点一点地建立制度力量及公民习惯。如果没有从以往的历史经验中吸取教训，随着越来越多的人发现争取"消极自由"要比"积极自由"更容易，我们会发现无序世界的版图将不断扩大。

## 破坏者

2014年11月，我陪同参谋长联席会议主席理查德·梅耶尔将军到伊拉克访问。在我此次行程中，给我留下最深刻印象的是，第二十四海军陆战队远征军为迎接来访主席所安排的一次路边炸弹展示。这支部队部署在拉马迪附近的逊尼派三角地带，他们准备了一张桌子，上面全是拆除了引信的路边炸弹。这些炸弹是将炸药与手机缠在一起制成。当美国车辆经过时，你只需呼叫该部手机，炸弹就会爆炸。桌子上摆满了你可以想象到的各种颜色、各种款式的手机炸弹。

我心中默想："如果在地狱门口有个免税电子商店，大概就像这样吧。"

三大力量的加速演变重塑了地缘政治关系，使我们更加相互依存，使弱国不堪重负，使强国承受压力，此外还通过赋予个人强大威力而使世界变得更加混乱无序。

超新星"充当了人类行为的放大器"。奥林工程学院院长理查德·米勒说道："随着人口的代际交替，通过不断应用新技术，越来越少的人就可以对越来越多的其他人的生活产生影响。其结果可能是有意的，也可能是无意的，可能是有益的，也可能是有害的。新技术不停地发展，不断地加重每一代人可能经受的社会、经济和政治影响。"

我们将那些能够建设性地运用他们超级威力的个人和群体称为"创造者"。但是，如前所述，同样的技术也产生了被赋予强大威力的愤怒的男男女女——即"破坏者"。很不幸，"创造者"的伟大时代也是"破坏者"的伟大时代。如果现在你想要进行大规模破坏，那么这也是你的时代。在过去，"重大的技术进步在当时的全球体制下还无法立即实现全球传播。今天，重大的技术也可以以极快的速度和放大比例落入恶人手中。"克雷格·蒙迪解释道，"当这些技术仅限于国家使用时，你尚能防止核武器扩散。"但现在，再也不能了。在今天，任何一个有维萨卡的人都可以轻易地从云端下载如何制造危险武器的方法。因此，和创造者一样，破坏者可以轻而易举地利用这些能量源来放大自己的力量，并且与有同样想法的人建立联系、沟通与协作。

今天的破坏者不仅仅被赋予了更强大的力量，而且他们也更不易被遏制。对于基地组织或"伊斯兰国"（ISIS）而言，没有"确保相互毁灭"（MAD）系统保证它们不走向极端。对于圣战分子自杀式炸弹袭击者来说，确保相互毁灭就像是一场与 99 个童女约会的派对邀请函。正如哈佛大学战略家格雷厄姆·艾利森总结的："从历史来看，民众的个人愤怒程度与他们利用愤怒能够办到的事情之间是有差距的。但是，因为有了现代技术，加之有人愿意采用自杀式攻击方式，极为愤怒的个人现在只要得到了正确的材料，就能杀害数百万人。"随着流动的全球化和 3D 打印技术的兴起，获得材料变得越来越容易，你可以在自己的地下室制造几乎任何东西，只要地下室能装下。

在写这本书的时候，我一直无法决定到底要选用哪些令人恐惧的案例，来表明那些威力超强的愤怒者能够轻易地制造出非常大的混乱。我最终选择了下面的几个故事：

● "五角大楼联合简易爆炸装置防御组织（JIEDDO）数据显示，在伊拉克和阿富汗战争中因战斗死亡或受伤的美国人中，1/2 至 2/3 的人都是被放置在地表、车辆、建筑物、自杀背心、自爆车辆中的爆炸装置所害。"《今日美国》于 2013 年 12 月 19 日报道："美军死亡人数超过 3100 人，受伤人数超过 33000 人。其中伤亡最为惨重的包括 1800 名在伊拉克、阿富汗失去了手脚的士兵。而根据军方数据，绝大多数都是由于爆炸导致的。联合简易爆炸装置防御组织主任、陆军中将约翰·约翰逊说，炸弹曾极大地影响了美国军队在战区内的移动方式，为避免走陆路，美军严重依赖直升机与其他飞行器。约翰逊说：'它们给我们带来了很多痛苦……我们付出了很多努力和投入了大量财力'。简易爆炸装置已经催生了一个价值数十亿美元的产业，包括车辆与身体防护、机器人、地面穿透雷达、监测、电子干扰、反情报、计算机分析、计算机控制的假肢等。美国政府审计署表示，要估算美国在两次战争中用于应对炸弹而花费的总成本不太现实。但五角大楼在装甲车辆及防卫工具上至少花费了 750 亿美元。"

● 2015 年 1 月 26 日，《纽约时报》报道："周一早上，一架小型无人机避开了探测诸如飞机、导弹、大型无人机等飞行物的白宫雷达系统，撞到了南草坪上的一棵树……这次撞击引发了关于如果危及奥巴马总统，特勤部门能否将其击落的热议。"事后发现，该设备是由一名政府雇员操纵的。据报道，他当时喝醉了。《纽约时报》进一步报道称："一位布岗在白宫南部的特勤人员'听到并注意到了'这架无人机，但这位特勤人员及其他驻扎在白宫的特勤人员未能在该无人机冲过白宫栅栏撞上大树前将其击落。这架无人机太小了，且飞行高度太低，无法被雷达探测到。官员们补充道，因为它的大小，很容易被误认为是一只大鸟。"虽然总统及总统夫人当时正在出访印度，但他们的两个女儿萨沙、玛利亚当时正在家中。

● 在两英尺（1 英尺 =30.48 厘米）宽的四旋翼无人机坠毁在白宫地面上后，奥巴马在 2015 年 1 月 27 日接受美国有线电视新闻网络（CNN）法里德·扎卡瑞亚的采访时，做了以下评论："这架在白宫着陆的无人机，你可以在无线电器材商店（Radio Shack）买到同款。"

感谢大数据与超新星，我们现在能够轻而易举地在茫茫大海中找到那根针。与此同时，强大的破坏者现在也能够以令人难以置信的力量和精准度在我们身边插入针头。未来将会是一场谁先找到谁的较量。来看一下 2016 年 2 月 18 日，新科学家网（NewScientist.com）上的一则故事：

相较于之前，勒索变成了一个更大的买卖，现在它不再需要人们准备大袋大袋的现金。本月早些时候，网络犯罪分子袭击了一家洛杉矶医院，要求其支付比特币，才会解锁医院的计算机。这是利用勒索软件进行的最高调的网络勒索。

针对好莱坞长老会医学中心的攻击导致该医院无法登录网络。病人不得不转移到其他医院，医疗记录也改用笔和纸，工作人员通过传真通信。

攻击者要求支付 9000 比特币，约合 360 万美元。经过两个星期的讨价还价，昨天，医院支付了 17000 美元。

前英国警探、现效力于总部设在佛罗里达的威胁情报分析公司"塞姆卢团队"的史蒂夫·圣托雷利说："在过去几年里，勒索软件大行其道。"据称，仅其中的一个勒索软件，即密锁 3.0（Crypto Locker 3.0）在 2015 年 1 年里就为攻击者挣得 3.25 亿美元。

网络安全公司"复制信息安全"（Rendition Infosec）的创始人杰克·威廉姆斯说道："这些人都是疯狂的天才。"

剑桥大学安全研究员罗斯·安德森说，比特币帮助网络罪犯在获取赎金的同时免去被抓捕的担忧。"在过去，收赎金是很困难的。警察只要在装满了 20 英镑面额的钞票的袋子里放入一个无线电跟踪器，他们就能抓到犯罪分子。但现在可以用比特币来收赎金。很多人都在这么做。"

最后一个故事：

2016 年 2 月 9 日，在向参议院武装部队委员会提交的全球威胁评估报告中，美国国家情报机构负责人詹姆斯·克莱普首次将"基因编辑"列为潜在的"大规模杀伤性武器及扩散威胁"。正如《麻省理工科技评论》在那天指出的那样："基因编辑指改变活细胞内 DNA 的几种新方法。目前最流行的方法，即 CRISPR，已彻底改变了科学研究，它能创造出新型动物、作物，还可能提出解决严重疾病的新一代基因治疗方案。根据评估报告，基因编辑操作越来越便利，令美国情报界非常担忧。"克莱普的报告称："鉴于这种双重用途的技术分布广泛，成本低廉，且加速发展，有意、无意地滥用该技术，可能对经济、国家安全产生深远影响。"

## 家庭地址不详

现在让人感到不安的是，个人破坏者能够以成本更低、更容易的方式造成更多破坏；而且，他们已不再需要一个传统意义上的组织来进行武装或指挥，而组织是容易被警方、被军队跟踪和消灭的。

近年来，我们看到越来越多的"独来独往的恐怖分子"。他们由个人、夫妻或是非常小规模的团体，有时候是由兄弟或表亲组成。这些人通常心理上有创伤，在网上接触到圣战组织或其他激进的思潮或运动后，在很短的时间里就变成了激进分子。然后他们开始对无辜平民实施极端暴力的行为，其中许多人只是在事后声称对伊斯兰主义或其他事业效忠。

2016 年 7 月 14 日，有人开着卡车冲进法国尼斯庆祝巴士底日（法国国庆日）的人群，造成 84 人死亡，数百人受伤。《每日电讯报》对这个悲剧的报道只有下面寥寥几段：

> 穆罕默德·拉胡瓦杰·布哈勒出生于突尼斯，在妻子离开他之后"变得抑郁"，被描述为"怪异的独行者"。他持有法国护照，居住在里维埃拉市，常常惹上官司。
>
> 据说，布哈勒并不在恐怖分子监测名单上，调查人员正在调查他的作案动机，并寻找可能的帮凶。
>
> 一位 2004 年为其看病的精神病医生告诉《快报》，布哈勒因为行为问题找他看病，并被诊断为"精神病初期"。
>
> 法国内务部长伯纳德·卡泽努夫说，攻击者"似乎在很短时间内迅速变成了一个激进分子"。他离异妻子的一位邻居补充道："穆罕默德在四月才开始去清真寺……"
>
> 据说布哈勒的手机里全是消息、视频和照片，包括最近与他发生关系的

男男女女……

　　BFM 电视台说，他定期去健身房、萨尔萨舞蹈吧，还会访问"展示处决的照片"的网站。

　　"设备数据显示了一个重新发现宗教信仰的人忙碌的性生活。"BFM 补充道。

　　这个带着三个小孩的离婚父亲还通过他的手机准备了对平民的攻击，包括数百名观看巴士底日烟花表演的孩子。

　　他还在进行疯狂杀戮前在卡车内自拍，并将照片通过邮件发送给了他在突尼斯的家人。

通过社交网络，加速的全球流动似乎点燃了某些生活在社会边缘的人，激励他们以暴力的方式实施其心目中的英雄行动。他们想制造一个全世界都能注意到的大爆炸，即使他们不属于任何组织的正式成员。

　　美国地缘政治预测公司的主席、战略家乔治·弗里德曼解释了为什么这些自我激励的个人和小团体会成为恐怖主义的未来，以及为什么遏制他们会如此之难。2016 年 7 月 26 日，弗里德曼在地缘政治预测网站（GeopoliticalFutures.com）上写道，在"9·11"之后的 10 年里，"美国战略的核心是识别恐怖团体，并摧毁它们。这个战略的假设前提是恐怖主义需要一个组织。开展这第一次世界大战略意味着先明确一个规划恐怖行动的组织或单位，再破坏或摧毁它。这个战略在操作上成功了。恐怖分子被识别、被杀死。随着组织的退化与破裂，恐怖行动有所减少，但随后又出现激增"。

　　恐怖行动再度复兴的原因或许在于破坏者们现在很容易聚在一起，就像创造者建立创业企业一样。像""伊斯兰国（ISIS）"这样的群体不太需要依赖命令和控制，而更多的是作为蛊惑者，通过社交网络为群体成员煽风点火，然后坐享其成，观看表演。

　　正如弗里德曼所说："根本问题在于我们对激进的伊斯兰主义的长期误解。它们是一项运动，不是一个组织。"组织可以被渗透、破坏，他们的领导层和总部可以被摧毁。但要对付一场四散的运动，其困难大得多。这就是为什么五角大楼不断宣称他们消灭了这个或那个"ISIS高级领导人",但这场运动依然在继续。

"15年来,美国行动的重点一直是摧毁恐怖组织。"弗里德曼继续说道,"摧毁某个特定群体,会让官方觉得自己取得了进展,这不过是一种错觉。当一个群体被摧毁后,另一个群体又出现了。例如,'伊斯兰国(ISIS)'正在取代基地组织。伊斯兰恐怖主义的真正强大之处在于其组织模式背后的运动,这些运动为其提供了能量。只要运动是完整的,成功地摧毁某个组织,只是暂时的、虚幻的。"

我们常规的、依靠特别行动来战胜这一现象的模式无法取得成功。弗里德曼认为,唯一可行的办法是,"对穆斯林国家施加压力,要求它们向圣战组织开战,并要求伊斯兰教的其他分支也这么做。施压必须强烈,奖励必须可观。这样做当然很难,但是唯一能够消灭这一运动的办法就是让穆斯林来做"。为了阻止这类破坏者,我们的第一道防线必须是他们的家人、精神科医生、学校老师、邻居,他们能够比任何情报机构更快地监测到个人行为的变化。我们需要一个村庄来阻止这类破坏者。

## 新的均势

冷战期间,如果你想要评估全球力量平衡,可能会去看伦敦的国际战略研究所发表的《军事力量平衡》年度报告。该报告自诩是"171个国家最权威的军事数据:包括武装部队规模、国防预算、军事设备"。这本书会告诉你,各国陆军、海军及空军的相对优势,即硬实力,以及他们的"软实力":例如,各国经济的相对优势、社会吸引力和社会文化中企业家精神的繁荣程度。如果把所有这些数字加总,你能够粗略地衡量不同民族国家之间的力量平衡。

但现在行不通了。评估今天的力量平衡需要一个更宽广的视角。"在过去,当你谈到力量平衡,实际上谈论的是常规部队、核部队以及规制这些部队的军备控制框架。"国际战略研究所所长约翰·奇普曼告诉我,"对于如何度量各种力量以及具体的计算方法存在简单的共识。这是一个纯粹的数学问题。"但在今天,尽管常规军事力量依旧重要,但只是其中"一个考量因素"。如果你想要衡量现在的力量平衡,想要解释当下的地缘政治,暂且还不说去管理它,那么你需要考虑:在一个更加相互依存的世界中,个人的力量、机器的力量、全球化流动的力量以及所有这些是如何瓦解那些弱势的国家并赋予破坏者更多力量的。你需要大数据分析来找到所有这一切的稳定均衡水平，而且你还要考虑俄罗斯、中国的挑战。

美国国防部长阿什顿·卡特说道，要试图管理这样的世界，"你不能只靠老黄历。越来越大的破坏现在能够由越来越少的人来完成……如果你以为身处在一个只需要考虑国家行为的世界里，那就是在开自己的玩笑了"。

## 学会 ADD 策略——放大、威慑和瓦解

因为上述种种原因，在这个加速时代，我们必须反思地缘政治，就像我们必须反思其他事物一样。诚然，继续假装美国还能像以前一样，仍然能够让你的专栏文章或者在竞选造势过程中得到很多支持。我们还可以像肯尼迪当选总统时那样说："我们将不惜一切代价、不畏一切重任、不管任何艰难险阻地支持任何朋友，反对任何敌人，确保自由的生存与胜利。"然而，事实早已不再如此。后后冷战世界给美国人（包括我在内）无所不能的乐观主义当头泼了一盆冷水。我们从伊拉克和阿富汗那里上了惨痛的一课，即自由要生根，更多地取决于"他们"做了什么，而不是取决于我们做了什么。如果他们不打算为此付出代价，承担重任，直面困难，相互扶持以及联手反对自由的敌人，我们不可能替他们那么做。虽然我们能够移植心脏、移植部队，但不可能在缺乏基本信任的情况下移植政治文化，尤其是移植多元主义的政治文化。我们认识到，在"阿拉伯之春"运动中，只有突尼斯一个国家真正成功地通过革命建立了民主的秩序和宪法。而突尼斯的成功并没有我们什么功劳；他们的革命之所以成功，是因为突尼斯人自己，是因为他们相互建立了足够的信任。

最后，我们还认识到，当"弱势现象"和"分裂现象"构成了对一国稳定的主要威胁时，当威力超强的个人和一小撮破坏者崛起时，我们传统的工具箱已经不足以应对这些威胁。我们不可能靠我们自己的力量把每个摇摇欲坠的国家扶起来。我们不可能在茫茫人海中大海捞针，在那些威力超强的、愤怒的人向我们发动攻击之前就找到他们。

总而言之，我们必须面对当今地缘政治的两个基本事实：

事实 1：必须要做的事是不可能完成的任务。

事实 2：不可能完成的任务是必须要做的事。

也就是说，虽然我们不可能靠自己的力量修复这个混乱的无序世界，但也不能熟视无睹。即使我们不去拜访无序世界，无序世界也会自己找上门来。这个加速时代将继续冲击脆弱的国家，制造移民浪潮，特别是从非洲、中东向欧洲涌入的难民潮，并催生更多威力强大的破坏者。

那么该怎么办呢？

在此前的历史里，我们通常可以指望某些强大的帝国主义势力横扫这些无序的地区（比如尼日利亚北部、利比亚、也门、索马里、叙利亚等地区），从外部强加秩序，粉碎"破坏者"。冷战中，俄罗斯控制了整个东欧，不仅压制了自由，也压制了那里的种族冲突。在长达五个世纪中，奥斯曼帝国以同样的方式管理着大半个中东。但今天，我们生活在后帝国主义和后殖民时代的世界。没有哪个大国想要占领哪个国家。我们看到的是，这些大国在经历了一段曲折过程后发现，占领另一个国家赢得的只不过是一纸账单。从一个国家进口劳动力、自然资源或网络智力资源要比占领一个国家容易得多。

同样，在其他较早的历史时期，例如第二次世界大战和冷战，我们很容易便能建立起志同道合的民主国家联盟，共同打击威胁全球稳定的力量。而在今天，"弱势现象"和"分裂现象"不像纳粹或法西斯那样能激发斗志。坦克、飞机和军队等传统的战争工具不再有用。我们也看不到像第二次世界大战欧战胜利纪念日的庆祝场景：游行的队伍演奏着《当约翰尼迈步回家时》的音乐，雪白的纸片漫天飞舞。重建国家、遏制无序和威慑破坏者，这些是更加分散、更加长期的工程，并且很难让人感到道德上的满足感。

此外，我们不仅没有资源通过干预来解决别人的无序，我们连自己的无序都应接不暇。非洲和中东难民突然大批地涌入，超出了欧盟的吸纳能力，引发了民粹主义和民族主义的强烈反弹，同时促使欧盟收紧各国之间人员自由流动政策。2016 年 6 月英国公投退出欧盟很大程度上是受到反移民情绪的影响。

而且，我们也不能忽视我们的大国竞争对手——俄罗斯和中国——的挑战。它们是权威国家，因此不像西方的开放社会那样容易变得混乱或受到破坏。

总结一下：女士们、先生们！这是一个"棘手的问题"，有许许多多的利益相关者，对问题既没有一致的定义，也没有达成共识的解决方案。但不采取行动将越来越不可承受。

所以让我再问一遍，我们该怎么办呢？

如果要我在今天这样的世界中，从美国（西方）的角度反思地缘政治，我只能真诚地说：我不知道哪些举措足以使无序世界恢复秩序——一个人在面对这种棘手的问题时应该保持非常谦卑——但是，我相当确定地知道什么是必须要做的事。

这一政策可以称之为"ADD"，分别是"放大"（amplify）、"威慑"（deter）和"瓦解"（degrade）三个词首字母的缩写。

## 知识就是力量

让我们来看看为何这些要素有助于重构今日美国等国家的国家安全战略。先从"放大"开始。需要再次强调的是，我们之所以看到中东和非洲出现大范围无序的现象，出现了一大批强大的破坏者，是因为失败国家无法跟上这个加速变革的时代，它们的年轻人无法充分施展其潜力。而且，气候变化、人口增长和环境恶化破坏了非洲和中东广大人口赖以维持生计的农业基础，进而加剧了这一趋势。国家的失败与农业的衰落两相结合，造就了数百万从来没有工作过、从来不掌握任何权利的年轻人，特别是年轻的男人，而且他们还从来没有牵过女孩的手。

这些让人蒙羞的异常状态叠加在一起，并被圣战主义和伊斯兰主义的理论家用思想和金钱所利用，他们对这些年轻人许诺，如果他们退回到 7 世纪伊斯兰清教徒式的生活方式，他们的罪恶就会被宽恕，就会有 99 个处女在天堂等着他们。正如乔治·弗里德曼所指出的，我们无法以一己之力扭转这些趋势，而是需要这些社会内部产生改变的意愿。但是，我们可以增加有意愿这么做的人的数量，提高他们这么做的可能性。美国和西方其他国家可以做的是，在无序世界内部或与无序世界接壤的国家进行投资，加强能力建设，强化文明的中流砥柱。在这方面，西方世界现在做得还不够。当我们投资于能使年轻人施展其全部潜力的工具时，我们就是在抑制上述蒙羞的异常状态进一步扩散。

2012 年 5 月，阿拉伯觉醒运动爆发 1 年后，美国对阿拉伯世界做出了两项财政承诺。美国向埃及军事政权提供了 13 亿美元的坦克和战斗机，同时还向黎巴嫩公立学校学生提供了一项价值 1350 万美元的大学奖学金计划，让 117 个黎巴嫩孩子接受了当地美国式大学教育：发扬宽容精神，推动性别平等，支持社会公平及批判性思维。当时，在对这两个国家进行访问后，我在专栏中写道，1350 万美元全额奖学金能够为黎巴嫩人提供的能力，以及能够为美国换来的友谊和稳定，远比 13 亿美元的坦克和战斗机要多得多。我们为何不停止这种愚蠢的行为？把飞机和坦克送给埃及这样一个有一半的妇女、四分之一的男人不识字的国家，怎么可能有好的结果？

美国驻贝鲁特大使馆向我介绍了 4 位 2012 年获得奖学金的黎巴嫩学生，他们进入了 2 所可以提供现代美国式学士学位的大学就读——黎巴嫩美国大学和海格齐安大学。正如我在专栏中写到的那样，来自卡布伊利阿斯村、学习计算机科学的 18 岁的伊萨拉·亚辛告诉我："整个计划有助于让年轻人将国家改变成应有的样子。我们是优秀的，有能力做很多事，但我们没有机会。我弟弟刚刚高中毕业，他上不起大学。他的未来几乎止步了。美国给了我们一个改变的机会……我们不再被人瞧不起。当你看到一个黎巴嫩的村落中整整一代人，往往有数百人都无所事事，没有工作，不能上大学，真的很可悲。"来自黎波里、在黎巴嫩美国大学学习市场营销的 18 岁的维塞尔·查班告诉我，这个项目符合美国利益，因为它将年轻人送入那些大学，"鼓励开放思维，鼓励相互包容接纳，不论人们有多么的不同，即使他们拥有不同的宗教信仰"。

和学生交谈后没几天，我去了约旦安曼，在约旦的王后拉尼娅教师进修学校采访了几所公立学校的教师。他们当时正与一个来自哥伦比亚大学的团队开展交流以提高教学技能。我向他们谈到了美国 1350 万美元奖学金支持与 13 亿美元军事援助的对比，安曼一所公共学校的英语老师朱马纳·雅布拉总结得比我还要好："一个是为了树人，另一个是为了杀人。"如果美国希望花钱训练士兵，她继续说道："那么老师其实也是士兵，为什么不花钱来培训我们呢？我们才是训练那些让你们花了 13 亿美元的士兵的人。"

2014 年 6 月，我被邀请去库尔德斯坦苏莱曼尼的伊拉克美国大学做毕业演讲。如我在专栏中写到的那样，我是毕业典礼的常客，但是那次毕业典礼让我感受到了许多不同的情绪。首先，库尔德斯坦高地的景色美得令人销魂。当 2014 年毕业学生代表迪娜·达拉站在台上演讲时，太阳刚刚落下，将背后的阿兹玛山变成了土红色的幕布。这个班级约有 70% 的库尔德人，其余的学生来自伊拉克的各个角落、宗教和部落。学生的父母满脸骄傲，一手拿手机照相，另一手捧着鲜花，他们从巴士拉和巴格达赶来，穿着他们最好的衣服，来见证自己的孩子获得美国式大学的学位。3 个库尔德电视台直播了这场毕业典礼。

"这一路走来非常不容易。"获得塔夫茨大学研究生院录取通知书的达拉对她的同学们说。大学 2007 年开设以来，所有致告别辞的学生代表都是伊拉克女性。"我们通过宿舍生活收获了完全不同的经历。今晚，我们拥有了两样东西：第一，非常宝贵的美国式教育，它使我们具备了能力与资格，能和世界上其他学生一样平起平坐；第二，自由主义的人文教育，它为我们提供了力量。当我们运用作为我们教育核心内容的批判性思维方法，当我们试图摆脱传统习俗，摆脱别人蛊惑的时候，我们或许需要进行斗争。但国家难道不就是这样建设起来的吗？"

卡尔万·加滋纳是一位 24 岁的库尔德人。他告诉我说，他是读着关于萨达姆的书长大的，"现在我们拥有了美国式的教育。此前我不知道托马斯·杰斐逊是谁，也不知道詹姆斯·麦迪逊是谁。但现在，当政府做错事的时候，我们可以说：'这是错的。我受过教育。'……我竞选学生会主席时，阿拉伯同学也投票支持我。我们在大学里像一家人一样生活。对于伊拉克，我并不悲观。只要我们愿意，我们可以一起奋斗。"

资助和加强中东、非洲和拉美地区的学校和大学，推广美式的人文教育和技术教育，这是美国政府出于稳定无序世界、壮大中流砥柱的目的而可以进行的最划算的一笔长期投资。但不幸的是，大型国防工业公司开展了大规模的游说活动来推销杀人工具，却没有几个人为资助树人的学校而大声疾呼，这种状况必须改变。教育本身不是包治百病的灵丹妙药，但光靠无人机什么也治不了。中流砥柱可以发展壮大，而无人机不行。

## 解决方法在于一只鸡

在我们扩大教育机会的同时，我们还必须为穷人中最贫穷的那拨人——尤其是非洲的穷人——增加机会，让他们能留在他们的家乡，留在他们的土地上。如果要想阻止无序的扩散，发达国家必须大规模行动起来，做一项我们此前从未做过的事情。在这个问题上，我知道的最聪明的两个人当属比尔·盖茨与负责《联合国防治荒漠化公约》的莫妮卡·巴布。他们两人所说的话值得一听，而他们所说的基本上是同一件事：在一个无序的社会中，你必须稳定最基本的生活基础。这意味着从简单的鸡舍开始。

盖茨这样对我说："要想得到一个好的结果，需要把许多事做好，要实现稳定，需要把许多碎片拼在一起。"所有问题不可能在一夜之间就搞定，我们需要与存在于无序世界中的有序力量携手，创造一条全然不同的发展路径，先从最基础的开始。基础教育、基础设施：道路、港口、电力、电信、移动银行、基础农业及基础的政府治理等。其目的是让这些脆弱的国家达到稳定的水平，让尽可能多的妇女和女孩能够接受教育、增强力量，让人口增长速度得以稳定下来。这样农民们才能够养活他们的家庭。这样年轻人才会发现，留在家中不用外出就能与当下全球流动建立联系、做出贡献，并从中受益。这样"人才流失的趋势才会开始逆转"。

不管你信不信，他认为一个非常好的着手之处就是养鸡。为了向我和其他感兴趣的拜访者们阐述这一解决方案，他在位于世界贸易中心 4 号楼 68 层的盖茨基金会办公室里建了一个巨大的鸡舍。"如果每天靠 2 美元过活，你将如何才能改善生活？"盖茨在他的博客中详细解释道，"这个问题对于今天生活在极端贫困线下的近 10 亿人口来说非常重要。当然没有唯一的正确答案，贫穷在不同的地方表现出不同的形式。但在我和基金会的工作过程中，我见到了许多贫穷国家的养鸡人，并学到了养鸡的复杂知识……我现在很清楚，对生活在极端贫困中的任何人而言，养鸡会让生活更美好。如果我是他们，那么我也会选择养鸡。"

他是这么解释的：

鸡饲养起来很容易，而且成本较低。许多品种的鸡可以自己觅食，吃地上找到的任何东西（当然，如果你给它们喂食的话会更好，它们会长得更快）。母鸡需要有个窝。如果你养的鸡越来越多，你需要用木材和绳子建造一个鸡舍。最后，你还需要为鸡注射疫苗。预防致命的新城疫的疫苗成本不到 20 美分。

这是一笔很好的投资。假设有个农民起初养了 5 只母鸡。她的一个邻居有 1 只公鸡，便可以和母鸡进行交配。3 个月后，她就能有 40 只鸡。按西非的普遍价格计算，每只鸡售价为 5 美元，那么她每年收入可以超过 1000 美元，已经超过了每年 700 美元的极端贫困线。

鸡可以为孩子们提供食物来源，帮助他们保持健康。营养不良每年导致 310 多万名儿童死亡。

而且，他补充道，或许最为重要的是，

养鸡能够赋予妇女力量。因为鸡很小，通常在房子附近活动，与山羊或牛等体形较大的家畜相比，许多地方的文化都将鸡看作适合女性饲养的动物。妇女卖了鸡后还可以将收益进一步投入家庭……

布基纳法索人类学家巴塔玛卡·宋美博士与我们的基金会有合作关系，他花了大量时间研究养鸡可以为他的祖国带来的经济影响……

我们的基金会把宝押在鸡的身上……我们的目标是：帮助撒哈拉以南非洲农村 30％ 的家庭饲养注射过疫苗的鸡，目前这一比例仅为 5％。

我小的时候，鸡不是一个值得研究的问题，你只会拿鸡来开一些傻傻的玩笑。但了解到它们在与贫困作斗争方面能够发挥那么大的作用，确实令我大开眼界。听起来很搞笑，但当我说我对鸡感到很兴奋的时候，我是认真的。

巴布认同盖茨的观点，即你必须把最基本的事情做对了，稳定金字塔的底部，那样人们才不会被迫"逃离或战斗"。

你必须"在源头"找到解决方案。巴布对我说道："你知道，我们生活在这样一个世界，人人都相信技术会给每个人带来解决方案，但很难让人们开口说，'等一等，或许并非世界上所有的人都为此做好了准备。我们还得先处理好小农户农业的问题。'在当今世界，有 5 亿个面积不足 3 公顷的农场。这 5 亿个农场直接支持了 25 亿人的生活。这意味着地球上三分之一的人口依赖于这些小农户。"如果这些农场由于气候变化和荒漠化而消失，就像眼下整个西非和萨赫勒地区正在发生的一样，"那将会发生重大危机……80% 的尼日尔人靠土地生活。如果你失去了你那片小土地，那么你就失去了一切"。

在过去，如果发生干旱，人们会季节性迁移，直到干旱结束，他们再回来，再试着耕种土地。"但是我们现在看到的是，干旱正变得越来越频繁。我们认为这与气候变化有很大的关系。"巴布说，"现在每 3 ~ 4 年就会出现一次干旱……因为人们已经失去了他们的土地，所以他们不再是季节性迁移，而是永久性移居……如果不采取大动作来修复土地，那么土地永远不会出产作物。这一状况已经愈演愈烈。"如果这一趋势继续下去，南部非洲和东北部非洲之角的数百万人"将失去生活来源，而这意味着什么？这意味着这些农民不能像过去那样为人们提供足够的食物，食物价格将受到影响"。这还意味着数百万非洲人将逃往非洲南部地区，破坏这些地区的社会稳定，或是尝试穿越地中海进入欧洲。

巴布构想了一个现代非洲版马歇尔计划。她说："为了恢复 1 公顷退化的土地，需要花费 100 ~ 130 美元。"而在意大利难民营里，一个难民 1 天就要花费接收国 42 美元。"因此，请你们想一想，我们不是在谈论一笔很大的支出。"她的提议是：在从马里到吉布提的共计 13 个国家里，资助一个由 5000 人组成的"绿色军团"，每个国家每个村庄各一人，向他们提供基本的培训以及树木的苗木，保护水资源，防止水土的流失，并且向他们每人每月支付 200 美元，照料已经种下去的树。这个想法最初来自于非洲领导人，名字叫"绿色长城"：一条横跨撒哈拉沙漠南部边缘的带状土地修复项目，以阻止沙漠进一步扩大，让人们定居在他们真正想住的地方。这个项目比在欧洲边境建造昂贵、充满漏洞的隔离墙更有意义。如果数百万非洲人不得不迁移，隔离墙根本阻止不了他们。

"今天，人们四处建墙。"巴布说道，"我也在建墙。我梦想着建造一座'绿色长城'。我们必须阻止沙漠由撒哈拉进一步向南蔓延。我们需要重新种植足够的植被阻止沙漠的前进，恢复土地的肥力，增加土壤的蓄水能力。它将使数亿人重返工作。它既养活了人，同时还能存储排放的二氧化碳。这将有助于解决气候变化。"

除了这些加强能力、改善生活的非技术解决方案外，还有一个高科技概念项目值得投资：向非洲各个村庄提供高速无线宽带连接，没有什么能比这个项目创造更多的当地经济增长。将穷人与教育、商业、信息和良治的世界流动联系起来，能有效促进经济增长，让人们留在家中也能创收。

鸡舍、花园和互联网，要么以某种方式将它们结合起来，否则人们将会离开，一个人也不剩下……

## 威慑与瓦解

虽然冷战早已结束，但在一个超级大国对手尚未消失的世界，威慑依然是一种至关重要的工具。俄罗斯依然真心希望北约瓦解，而北约依然将遏制任何可能发生的俄罗斯侵略行为作为其使命的重要组成部分。中国真心希望看到美国从南海撤出，并逐步缩小在亚太的战略布局；而美国确信要维持全球海上航道的开放性，就需要确保不能由中国一方制定南海航行规则，更别说制定太平洋的规则。俄罗斯和中国仍然有瞄准美国的核武器，而朝鲜显然也希望同样拥有核武器。所有这些国家的力量都需要用强大的美国核威慑力加以制衡。如果没有这种威慑力，那么俄罗斯和中国的每个邻国都会寻求核武器来保护自己。

但这不是故事的全部。要威慑俄罗斯是一项极为复杂的挑战，需要的远不止是制造导弹。2016 年 7 月 28 日，《华盛顿邮报》专栏作家、东欧专家安妮·阿普勒鲍姆指出，俄罗斯总统普京提出了"混合外交政策，一项混合了常规外交、军事力量、经济腐败以及高科技信息战争的战略"。每一天，美国都发现自己不得不防御俄罗斯的攻击，从俄罗斯情报系统黑客对美国民主党计算机系统的攻击，到关于身着平民服装的俄罗斯军队在乌克兰东部所作所为的虚假情报；从俄罗斯试图在乌克兰士兵遗孀为他们死去的丈夫进行哀悼时关闭其脸书页面，到与克里姆林宫过从甚密的俄罗斯寡头流入西方政坛或媒体的热线。总之，俄罗斯正在充分利用加速全球化流动的时代，在更广泛的领域对美国发起攻击。虽然俄罗斯地处有序世界，但普京领导的俄罗斯政府不介意引发些小混乱——事实上，当你作为一个产油国，是乐意见到世界出现小混乱的，因为当世界变得危机四伏时，石油价格便会因此攀升。

中国在更大程度上是一种稳定现状的力量。中国希望美国经济保持健康增长，好跟美国做生意。中国需要稳定的全球环境增加出口。这就是为什么中国关心的仅仅是如何对周边国家有更大的影响力。

但是，美国一方面必须威慑这两个超级大国，另一方面，也需要争取它们的支持，来帮助遏制无序世界的扩散和威力超强的破坏者。于是乎，事情开始变得很微妙：对世界一部分国家来说，俄罗斯是它们的敌人；对另一部分国家而言，俄罗斯是其合作伙伴；而在其他地区，俄罗斯则是麻烦制造者。

在叙利亚问题上，奥巴马政府一直纠结于一个难题：美国及其盟国是否应该先致力于使叙利亚总统巴沙尔·阿萨德下台？但这样一来，他们将会失去伊朗、俄罗斯的支持，并且可能在近期内给叙利亚制造更多的混乱。又或者应该先在伊朗和俄罗斯的默默支持下消灭"伊斯兰国（ISIS）"，让阿萨德继续执政，遏制整体混乱局面，但同时不得不打击更世俗的、民主的叙利亚反对派？当我写这本书的时候，美国还未能找到解决这对矛盾的办法。

在世界其他地区事务处理上，美国需要中国的帮助，例如，遏制朝鲜的核导弹计划，防止其在无序世界中扩散核武器。人们可以想象，美国只有在南海问题上减少对中国的压力，中国才会同意帮美国的忙。

至于破坏者，不管是个人还是像"伊斯兰国（ISIS）"和基地组织这样的群体，都不可能被成功地威慑。我们可以在各不同地区通过使用空军力量、特种部队、无人机、地方部队对其进行遏制和瓦解。但最终，要持续地消灭他们，必须依靠他们藏身的社群。只有这些社区反对这些破坏者的言行，才能最终把他们的首领杀死或投入监狱。外界可以帮助瓦解他们的势力，但最终只有当地的社区才能摧毁他们。

是的，这会让我们的战略变得更加杂乱无章。这也就是为何韦伦·詹宁斯要在他歌中写道："母亲，别让你的女儿长大后成为国务卿。"你需要在必要的时候操纵无人机和筑墙；在你力所能及的地方投资鸡舍、花园和学校；在你发现中流砥柱的地方扩大其范围；时而与超级大国合作，时而威慑它们。

简而言之，放大、威慑、瓦解的外交政策往往要求我们两害相权取其轻，不要再执着于推广民主选举制度的伟大胜利，要先建立民主思想在各地的中流砥柱。我们必须认识到，如果没有那些鸡舍、花园和学校，仅仅对外输送飞机、坦克和军队，只能为我们买到一张回程机票，通向我们自以为稳定了的无序地区。

### 菲利普船长

这些想法都不是伟大的地缘政治教条；但在加速时代，各种宏大思想都可能是行不通的。如果必须要做的事是不可能完成的任务，但不可能完成的任务是必须要做的事，如果没有一个大国想统治无序世界，但也没有一个大国能忽略它的存在，我们就只能采用一种混合策略：将无人机与城墙、航空母舰与和平队志愿者，以及鸡群、花园和网络结合起来，为加速时代创造稳定性。

既然我们以一部预示着未来的电视情景喜剧开始了本章，让我们最后以一个现实主义的电影作品收尾。我不希望这成为我们对未来的预兆。这就是电影《怒海劫》，它是根据 2009 年美国货轮"马士基阿拉巴马"号遭遇索马里海盗劫持的真实事件改编的。这部电影围绕阿拉巴马号船长理查德·菲利普（由汤姆·汉克斯扮演）与索马里海盗头目穆斯（由巴哈德·阿布迪扮演，他是一位索马里人，以难民身份生活在明尼苏达州）展开。在阿拉巴马号离开东非经过印度洋的时候，一群索马里海盗劫持了该船。穆斯审问了在波士顿土生土长的菲利普，了解到他的背景后，穆斯给他起了个绰号——"爱尔兰人"。

在一个关键的场景中，菲利普试图规劝索马里劫匪，但这只暴露了他对陷入绝望的无序世界的无知。他对穆斯说："除了做渔夫或绑架人之外，你们还有很多其他的事情可做。"

穆斯回答道："或许在美国可以，爱尔兰人。或许在美国可以。"

穆斯的回答极为深刻而辛辣。我们不仅要理解他的回答，还要尽可能地改变这一状况。对于无序世界里的一些人来说，唯一能够维持生计的除了捕鱼就是绑架了，但这很快也将无法得到满足。这将把我们带入一个噩梦般的世界。放大、遏制和瓦解的政策都旨在帮助我们寻找替代选项。

与此同时，我们，至少美国人，需要认识到，美国的多元主义尝试非常独特，同时对世界也是一个重要的范例。举例来说，2014 年当西非暴发埃博拉病毒时，是美国军队派出了 3000 名军人，花费了 30 亿美元，最终扑灭了疫情。是的，我很庆幸还有联合国和世界银行，还有脸书和谷歌将全世界编织在一起。但是到了最后，所有的一切都需要倚赖健康的美国经济，一个强大的、有能力部署力量并威慑独裁政权的美国军队，以及坚定不移地维护多元主义和民主价值观的意愿。由于另一个伟大的民主和自由市场中心——欧盟——正变得日益衰弱，美国在维护这些全球价值观中的关键作用变得更为重要。

近年来，许多美国人都忽视了本国所取得的成就以及其在稳定全球公共产品方面发挥的至关重要的作用。我的一个来自津巴布韦的移民朋友莱斯利·格尔德瓦瑟曾对我说道："你们美国人对待这个国家就像是对待皮球那样，踢来踢去。但它不是一个皮球，它是一个彩蛋，你会打破它的。"她是对的。我们会打破它的。在这个自由、自由市场、多元主义、法制等一系列稳定社会的支柱遭到来自破坏者、欺凌者和混乱无序挑战的时代，我们再这么做就会将自己置于危险境地。

第 10 章

# 大自然是我们的政治导师

人们常常引用查尔斯·达尔文的名言: 不是强者生存,而是适者生存。然而,根据考证名言出处的网站"名言调查网"(QuoteInvestigator.com),没有证据能够证明达尔文在他的经典著作《物种起源》中写过这句话,甚至没有记录可以证明他在其他场合说过这句话。"名言调查网"的研究显示,这句话源于路易斯安那州立大学的一位商科教授利昂·麦金森于 1963 年在西南社会科学协会大会上发表的讲话。

据报道,麦金森是这么说的:

> 是的,改变是自然的基本法则。但是,这些改变对不同的个人及组织会产生不同的影响。根据达尔文的《物种起源》,能够生存下来的物种,既不是最聪明的,也不是最强壮的,而是在自己所处的不断变化的环境中能够最好地调节并适应改变的。将这个概念应用在我们自己身上,可以得出这样的结论: 得以存活的文明,是那些能够随着所处的环境发生物理性、社会性、政治性、道德性及精神性改变,不断地自我调节和适应的。

感谢你,麦金森教授!

无论达尔文是否说过这些话,这段话都讲得太精彩了。套用上面的说法,能够流传下来的话,未必是那些最强的,但一定是最适合的!上面这段话非常契合我们当前所处的环境。在 21 世纪的第一个 15 年,我们经历了一个重要的技术转折点:互联互通变得更加迅速、简单、免费,并且无处不在,而复杂性变得更加快速、免费、简单。技术进步释放出巨大的能量，并与气候变化一起重塑我们的工作环境及地缘政治，促使我们反思对这两种变化的应对之策。然而，这还不够。在这个市场、大自然、摩尔定律加速变化的时代，我们还需要反思国内政治，一来为了使那些在工作场所或地缘政治中亟需的政策调整得以实施，二来也是为了营造一个能够增强我们韧性并使我们繁荣发展的社会。这将要求在政治上尝试一些截然不同的方法，而政治的重组现在似乎也正在进行。

在上一章中我提出，在这个加速的时代，一些弱势的国家将会分崩离析。而现在那些强大的国家似乎也正在发生政治上的内部分裂。它们的边境仍然是完整的，但是它们的政党开始出现裂痕。以现在的组织形式，它们无法协调一致以应对科技、全球化及环境领域同步发生的、相互联系的改变。在美国和欧洲，主要的政党仍然沉湎于过时的议题，这些议题是为了应对工业革命、新政、冷战、民权运动和早期的信息技术革命而提出的。这些政党目前的联盟方式和内部妥协的约定已经无法应对加速变化的时代。共和党内部已经产生了这样的裂痕，他们甚至拒绝承认气候变化的现实。伯尼·桑德斯成功地吸引了许许多多的民主党年轻人，这意味着民主党也出现了分裂。欧洲也经历着相同的情况。英国脱欧公投，在保守党及工党内部都产生了巨大的裂痕。来自无序世界的移民给欧洲各国的其他政党带来了日益严峻的挑战和压力。

正如我之前指出的，自 2007 年后，美国和许多其他工业化民主国家的国民感到他们被裹挟着快速进入未来。他们的工作环境、身边的社会习俗都在急剧变化，全球化带来了无数新人和新的观点。但是，华盛顿和布鲁塞尔的政府却因为官僚主义或政治僵局而陷入治理困境。没有人能告诉人们，当前的世界正在发生什么变化，我们该如何应对。大多数政党关心的问题，以及它们提出的答案，都与这个加速时代完全无关。在这个空旷的政治空间里，民粹主义者站了出来并提出了简单的答案。民主党总统候选人伯尼·桑德斯承诺会通过打倒"恶人"让一切回到正轨；而特朗普则承诺以一己之力抵抗改变的飓风，并让一切回归正常。在美国或者欧洲，中左翼和中右翼的人士都没有在加速时代进行彻底反思和具有政治创新的自信。

2016 年 5 月 16 日，《纽约时报》报道了一则有关奥地利选举的新闻，文中有两则引述道出了工业化世界中许多选民的心声。一段话来自自由主义周刊《侧面》的一位专栏作家格奥尔格·霍夫曼－奥斯顿霍夫："我们现在的处境是，人们已经不再能理解这个世界了，因为它变化得太快了。大规模移民涌入让人们觉得，政治家们已经失去了对边境的控制。这加剧了人们对社会已经失控的总体感受。"另一段话来自沃尔夫冈·佩特里奇，他是一名资深外交官，也是奥地利前中左翼总理布鲁诺·克赖斯基的首席助手："社会的民主一直都是靠思想驱动的。然而，现在我们没有任何思想。"

这种政治真空发生在一个糟糕得不能再糟的时点。在这个时点，我们事实上正同时经历着三个领域的"气候"变化：科技的气候、全球化的气候以及真实的气候与环境。这三个领域都在同时加速。现在是一个重要的时刻，所有的工业化民主大国都应该停下脚步，重新思考和构思全新的政治，找到我们在加速时代能够保持适应力和活力的办法。

这一章是我的一些个人反思。我要先从一张白纸开始。不要再问"保守派"或"自由派"意味着什么（说实在的，有谁在意这个呢？）。我们要问自己的是，如何才能让美国的国民和社区保持适应力和活力，让他们在这个历史转折点能够更好地抵御冲击、继续前行。这需要一种不同的政治方法，一个全新的政治议程，不同于今日美国任何一个政党的主张，我想这是必须要有的。

## 大自然的杀手级应用软件

在提出我的反思建议之前，首先，我们要找一位导师。我问自己：谁在应对环境变化方面最有经验，最能保持适应力，而且维持持久的繁荣？答案很清楚：有位女士拥有 38 亿年的经验。她就是我们的大自然母亲。

大自然是我们最好的政治导师。正如约翰·罗克斯特伦所说的，大自然没有生命，但它是一个覆盖了生物、地质和物理，运转良好的复杂系统。大自然由海洋、大气、森林、河流、土壤、植物和动物等组成。从生命迹象最早出现的那一刻起，大自然就开始了进化的旅程。在将近 40 亿年的时间里，大自然承受了各种各样的冲击、气候变化和意外事件，甚至还遭受了那么一两颗小行星的碰撞，总能够在最糟的时代中成功存活，在最好的时代繁荣兴盛。单凭这些独特的经历，就足以使大自然成为重要的导师。如今，大自然能给我们更多的启示，因为人类用双手、大脑、肌肉、电脑和机器创造了自己的复杂系统。这套复杂系统内部相互连通，相互依存，其复杂性已经堪比自然世界。

"如果我们会进化得更像大自然，那么我们最好能做得好一点。"物理学家埃默里·洛文斯评论道。

我同意洛文斯的看法。让我们首先尝试去理解大自然的基础策略，去理解大自然是如何建立可以承受冲击并不断发展的生态系统的。然后，我们再来考虑这些策略能给政治提供什么样的启示，怎样更好地帮助美国人在加速时代破浪前行。

我不是第一个想到大自然是我们的导师的人。珍妮·本尤斯被认为是仿生运动之母，她喜欢将大自然称作是一个"典范""度量"和"导师"。我最感兴趣的是大自然所扮演的典范和导师的角色。诚然，大自然的行为都是无意识的，并且经过了数千年的进化，但这并不意味着我们不能从中取经，去模仿它的行为。如果大自然能够为我们描述它用以建立适应力和复原力的杀手级应用软件，它会说些什么呢？

它一定会告诉我们，它所具有的不可思议的能力是一系列机制运转多年的结果。第一个机制就是通过自然选择来进化。洛文斯注意到，大自然所做的99%的实验都失败了，并且"被造物主召回了"。而那1%的实验之所以取得成功，是因为它们学会了适应自然界中的某一种独特生态环境，并因此繁荣成长，使自己的DNA能够大量繁衍。此外，大自然也会通过"社会分工"或后天习得行为学会适应。这些适应经过了千年的进化。洛文斯向我解释道："一些蚂蚁走出家门寻找食物，而另一些蚂蚁待在家照顾小蚂蚁，这样的分工使得出门寻找食物的蚂蚁可以在更大的范围内寻找食物。专业的蚂蚁族群由搜食者与守巢者组成。这样的分工也是适应的结果。这是一种习得行为，而非蚂蚁与生俱来的DNA使然。你不能为这些不同的行为检测DNA排序，但是你可观察它们、模仿它们。久而久之，这种观察和模仿能发挥强大的威力，能够这样做的生物体都可以在它自己的生态圈里占据统治地位，好比人类在哺乳动物圈中的地位一样。"更通俗地说，大自然相信"活到老，学到老"这一说法，不持续学习和不适应的物种就会消失。

非常奇怪的是，要观察DNA的进化式适应行为，最好的地方是沙漠。沙漠似乎是野外旅行最不该去的地方，但是，如果你有一个好的向导就会大不一样。我和我的妻子在纳米比亚最西北部的塞拉·卡菲玛营地就曾遇上了一位好的向导。这个营地俯瞰着流经纳米比亚和安哥拉边境的库内内河。在这里，你会发现沙漠拥有无比丰富的生物多样性；同时，因为沙漠是如此荒芜，以至于最小的甲虫都会显得格外突出，因此你可以近距离观察到大自然在适应性方面的天才设计。你能够近距离观察那些属于 1% 成功实验的昆虫和植物，它们通过进化出不寻常方式来获取及保存水分，从而在沙漠的严酷环境中存活。

《连线》杂志在 2012 年 11 月 26 日发表过一篇文章，是关于一家美国的创业公司。

它们正在开发一种可以自动蓄水的水壶，其原理是通过冷凝作用吸收大气中的水分，而这和纳米布沙漠中的甲虫获取和保存水分的方式是一样的。

非洲纳米布沙漠每年降水量仅有 13 毫米，生存在这片沙漠中的甲虫是该地特有的物种，它在学术界激发了一些理论研究，但这是第一次有人仿照其生存原理制造出一个可以自动蓄水的水壶。这种甲虫利用翅膀上的硬壳凝集海风中的水汽，从而获得水分。它的外壳表层覆盖着一层极小的凸起。这些凸起的顶部可以吸收水分（即具有亲水性），而其边缘则是防水的（即具有斥水性）。甲虫会迎着吹来的海风伸展自己的翅膀，捕捉潮湿的空气。最终，在其背部会凝聚出直径 15 ～ 20 微米的水珠，并直接流进它的嘴里。

NBD Nano 公司[1]由两名生物学家、一名有机化学家及一名机械工程师组成。他们在过去研制的基础上开发出了结构更优的仿甲虫壳合成材料。

大自然打造适应力的另一个途径就是通过其不屈不挠的企业家精神。她一直在寻找新的小环境，不断探索，不断实验，从而找出哪些植物和动物可以最好地共同进化。"如果在自然界中有一片空旷的空间，一些植物或动物就会找到独特

---

[1]　译者注：一家专注于用涂层和添加剂来增强物体表面湿润度的纳米科技公司。

的方法去适应这个空间。另一些植物或动物会将那些动植物吃掉，而其产生的排泄物又可被其他植物或动物当作美食或养料。"洛文斯说，"大自然一直都在创新。随着新机会的出现，它不断创造新的突变。"

这些突变会接受整体生态系统环境的考验，检验它们是否与系统相适应，并能增强整个系统的适应力。如果它们在不经意间产生了危害整个系统的毒素，那么大自然就会创造出一个修正方案。大自然从不傲慢专断，它的思维一直是敏捷的、非正统的、混杂的，具有企业家精神和实验精神。乔治梅森大学的环境科学系教授汤姆·拉夫乔伊补充道："大自然是永不停歇的，它一直在探索、发明、尝试，也一直在失败。每一个生态系统，每一个生物体，都是针对一系列问题的答案。"

因此，大自然的另一个杀手级应用软件就是多样性。大自然在各种各样的植物和动物中培养多样性，并奖励多样性。大自然明白，要进化出最好的想法，莫过于鼓励多种多样的想法，然后看看哪种方法既能适应特定的小环境，又能服务于整个系统。因此，大自然是非常多元化的：它明白，如果要强化生态系统的适应力，培养一种健康的相互依赖关系，没有什么比丰富多样的环境更重要。这个环境中盛产多种多样的植物和动物，每一个物种都彼此互相适应，同时也适应某一个特殊的小环境。

高度的生物多样性意味着每一个特殊的小环境都已各有其主，各个小环境都在保持整体系统平衡的过程中持续发挥着自己的作用。"想想那些行动缓慢的懒猴。"洛文斯说，"这种体形小小的、在夜间活动的灵长类动物，在树枝上极其缓慢而轻柔地挪动身体，看起来就像是一个人在打太极。它食用的是长在最纤细的树枝的最顶端的嫩叶。"懒猴将这些树叶转化成能量。另一种体重稍重的懒猴则会专门挑粗一点的树枝上的树叶，这些粗一点的树枝恰好能够承受它们的重量。还有一些懒猴会寻找其他不一样的食物。大自然会为每一个特殊的小环境进化出相应的生物，并且只要还有空旷的小环境，大自然就会为它们填充适应得更好、进化得更好的物种。大自然各个部分之间的流动会进一步增强适应力，保持平衡并促进增长。

明尼苏达大学的生物学家 G. 大卫·蒂尔曼是生物多样性领域中世界领先的

专家。他在 2000 年 5 月 11 日的《自然》杂志上发表了一篇文章，题为《生物多样性的诱因、影响和伦理》。该篇文章总结了对生物多样性做的主要的科学田野调查研究。他提到：

> 总体来说，更多的生物多样性会给植物群落带来更高的产量，给生态系统带来更好的养分保持和稳定性。举例来说，在北美及八个不同的欧洲国家——东到希腊、南到葡萄牙、西到爱尔兰、北到瑞典——所开展的草地田野实验显示，将一块土地上的植物种类减半，会导致产量减少 10% ~ 20%。在一块相同大小的土地上，只种植一种植物的产量比种植 24 ~ 32 种植物的产量减少 50%。植物多样性减少也会导致更严重的土壤营养流失，降低土壤肥力，并进一步降低植物的产量。

大自然增强适应力的另一种方法是，以一种联邦分权的方式进行自我组织。大自然将其社群安排在一个灵活的体系内，使得整体大于部分之和。大自然建立了数万亿个小规模网络，从微生物系统开始，逐渐发展成越来越大的生态系统。但是，每个小规模网络都是一个小社群，都能不断适应和进化，从而得以生存和繁荣。

"从微生物到位于食物链最顶层的捕食者，每个生态系统都是一个社群，而它们的运行方式也像一个社群。"拉夫乔伊补充道。当你的生态系统是由数万亿个小规模网络交织而成的时候，它就很难破坏，具有更强的适应力。迈克尔·斯通在"生态教育中心"所编纂的生态法则手册中这样写道："一个生态系统中的每一种生物都通过关系网络相互连接。它们的生存依靠这张生命之网。举例来说：在一个花园里，由传粉者所组成的网络提升了基因的多样性；反过来，植物为传粉者提供了花蜜和花粉。大自然就是由系统套嵌系统而组成。每一个单独的系统都是一个完备的整体，但同时也是一个更庞大的系统的一部分。生命是通过生态系统互联互通，而非互相战斗的方式接管了地球。"

大自然用自己的方式赞扬了所有权和归属感。诚然，大自然的各个系统没有主人，也没有自利的管理者，这一点和许多人类系统不同。人类创造出了一种为了集体利益管理整个系统的概念——即所谓的"统治"。大自然中没有狮子王。尽管如此，各个物种会与其最适合的独特小环境共同进化。每一个生态系统都有着其独特的植物、动物和微生物的生态平衡，还有能够连通它们的"管道"。这些组合的不断进化使得每一个生态系统都如此独特。在这个地方中进化的每一组独特的动物和植物都拥有这里，而非仅仅栖息其中。这是它们的家园，它们属于这里，这是因为它们互相之间形成了平衡，而这种平衡创造了巨大的适应力。在这个意义上，它们就"拥有"这个地方。当一个特定的小环境充满了与之相适应的植物或动物，单一的外来物种就难以入侵并打乱整个系统。

生态系统及其平衡每天都需要更新和维护。每时每刻，新的物种会出现，旧的物种会消失，它们之间的竞争也从不间断。这就是大自然的另一个杀手级应用软件。大自然不会把静态当作稳定。稳定是通过不断的动态行为而产生的。在大自然中，稳定和均衡的系统其实并非处于静止状态。如果一个系统看上去是静态，实际上也是静态，那就是一个行将灭亡的系统。为了保持稳定，你必须接受不断的改变，没有一种植物或动物可以将其在系统中的地位视为理所当然。马里兰大学的赫尔曼·戴利说道，这就好比是一个可持续发展的经济，它在宏观上是稳定的，但在微观上是不断变化的。

大自然保护协会的首席外联官格伦·普利科特表示："适应力最强的生态系统和国家，能够吸纳许多外来影响因素，并将其融入自身系统，同时还能保持自身的整体稳定。"美国、印度或新加坡在这方面都做得不错。

大自然在建立具有适应性的生态系统方面还有一个杀手级应用软件，那就是它具有很强的可持续性。它构建了一个高度复杂的循环系统：食物、进食、排泄、种子、植物、生长、食物、进食、排泄、种子、植物、生长……它没有浪费任何东西。一切都循环往复，形成了一个没有终点的世界。

大自然也相信破产。它相信，要让整个生态系统获得成功，就必须接受一些动植物的个体失败。对于它自己的失误，对于那些弱者，或是那些不能适应环境的物种，它毫无怜悯之心。允许弱者死亡，就会给强者释放出更多的资源和能量。市场通过破产法所实现的，和大自然通过森林大火所实现的类似。"大自然会通过杀死自己的败笔，来为它的成功腾出更多的空间。"英国银行家、人类学家爱德华·克劳德在他 1897 年的书《进化先锋：从泰利斯到赫胥黎》中如是写道。"不适者将会灭亡"，而"只有适者才能生存"。灰烬中会生长出新的生命。

大自然认为表层土至关重要。土壤最上面的那一层是所有植物和树木生根的地方，它们从中获取生长所需的主要营养素。想想我们的地球，它其实就是一块巨大的石头，表面覆盖着一层薄如蝉翼的下层土和表层土。"支撑每一个生态系统的基础就是表层土。"能源创新公司的创始人、能源工程师哈尔·哈维说道，"在绝大多数地方，表层土都是非常薄的，很容易被冲刷走。这一层薄薄的黑土覆盖着整个地球。"通常来说，表层土的平均厚度不会超过 6 ～ 10 英寸（1 英寸 =2.45 厘米）。哈维表示，"尽管如此，从表层土上生长出的生态系统是如此的多姿多彩，物产丰厚，使它能够支撑起极为多样化的动植物世界。"另一方面，正如生物学家杰拉德·戴蒙德及早先的历史学家所记录的，几乎所有的失败文明都是因为它们没有照料好自己的表层土。

大自然相信耐心是一种美德。它知道欲速则不达。它欣然接受迟到。它之所以拥有适应性，就是因为它缓慢地、耐心地建立了生态系统。你不能把一年四季缩短成两季。你不能缩短大象或蚂蚁的妊娠期。你也不能拔苗助长，让猴面包树生长 3000 年。

最后，正因为大自然实践了上述所有的策略，所以它能够理解多弗·塞德曼所说的"健康的相互依赖性"与"不健康的相互依赖性"。塞德曼解释道："在健康的相互依赖的系统里，所有的成员一起成长。在一个不健康的相互依赖的系统里，他们会一起没落。"

健康的相互依赖关系应该是什么样的？它应该是大自然所有杀手级应用软件一起发挥作用：适应性、多样性、企业家精神、所有权与归属感、可持续性、破产、联邦性、耐心以及表层土。就政治而言，美国和加拿大就是健康的相互依赖关系——它们共同繁荣；俄罗斯和乌克兰是不健康的相互依赖关系——它们共同没落。

我问保护国际基金会的罗素·米特迈尔，请他就自然界中能够使整个生态系统共同成长的健康的相互依赖关系举一个最生动的例子。他给我举了一个中南美地区热带雨林蜘蛛猿和绒毛猴的例子。

他解释道，这些灵长类动物之所以能够存活，很大程度上依赖于食用生长在阔叶树上的果子。通过进化，大自然让果子外壳的颜色变得鲜亮，从而让食果动物能更容易地找到这些果子，更容易被果子所吸引。猴子们会将果子砸开，找到里面的种子。种子被假种皮包裹。这是一层具有甜味、富含糖分的外衣，是自然进化出的引诱猴子和鸟儿的诱饵。猴子们饥不择食，也没有足够的灵敏度剥下这层假种皮，因此它们会把整个种子塞入嘴里，享受美味。它们消化和吸收有甜味的部分，其余的部分经肠道排出。事实上，有一些种子只有在经过某些动物的肠道代谢后才会发芽，因为这些动物肠道中的细菌能够分泌某种酶，可以使种子的表皮破裂。几个小时后，猴子们就会排出这些种子，它们被排泄物完好地包裹着。当种子落到雨林的土壤上后，猴子们的排泄物就成了种子的养料。这些种子最终会长成什么呢？它们会成长为更多的阔叶树。所以，猴子们实际上是在为它们最喜爱的食物构建成长的花园。在自然界中，阔叶树同时是吸收空气中的二氧化碳并将其封存的最有效的工具之一。米特迈尔解释道："大型鸟类，例如巨嘴鸟、凤冠鸟和冠雉，甚至是生活在森林里的乌龟，它们都食用阔叶树的种子并将它们四处散播，它们与这些猴子们扮演着相同的角色。"

然而，这种具有韧性的相互依赖的系统很容易就会变得不健康。这些能够使热带雨林保持健康的相互依赖关系中的物种——例如蜘蛛猿和绒毛猴、乌龟和巨嘴鸟，"常常遭到人们大量的捕猎，以至于在许多看似保持了完整生态的森林中，这些动物已经灭绝了"。米特迈尔解释道。接着会发生什么呢？如果大量蜘蛛猿、乌龟和巨嘴鸟被捕杀，在不知不觉间，我们就会失去种子的传播者，最终我们会失去更多的阔叶树，剩下一个不那么茂盛的森林，只能对碳封存做出更少的贡献。很快，你就会发现温室效应加重了，在几十年间，你的海滨房屋外的海平面会再上升几英寸（或者，再过一段时间之后上升几英尺）。在大自然中，一切都是相互关联的，无论其间的相互依赖是健康的还是不健康的。

我们人类可以向大自然学习很多东西，"但我们永远都不应该将大自然理想化"。米特迈尔指出："大自然是凶残的。这是一个充满着冲突、压力和适应的系统。在这个系统里，为了自身的繁衍，不同种类的植物和动物无时无刻不在相互斗争。每一种植物和动物都渴望成功繁衍，它们必须寻找最佳适应方式，以使自己不断繁衍后代。这就是大自然的动力。"

在一个物种高度多元化的系统中，当动植物都竭尽全力试图繁衍的时候，对于每一天中被淘汰的那些物种或种子来说，这或许不是一个健康或富有适应性的环境。即便如此，当总体处于平衡的时候，它会是非常有韧性、非常健康的——因为其组成部分能够共同繁盛，因为整个系统在遇到突如其来的气候变化或新情况时会更加坚韧。这样的适应性来自物种之间的竞争与合作：不同的生物体不仅为彼此提供食物，也会共同创造一个彼此都可以繁盛生长的环境。

## 文化与政治

现在，让我们停顿一下，看看之前关于大自然的讨论与我们自身所处的社会有什么联系。麦金森曾经讲过："所有能够生存下来的文明，都能够根据物理、社会、政治、道德和精神的改变而调整自己，并从改变中发现自己。"我的论点是，在这个加速时代，那些有意识地效仿大自然的杀手级应用程序的国家、文化和政治制度，就是适应能力最强的。但是，这里的关键词是"有意识地选择"。数十亿年来，大自然是在无意识的情况下，在完全不顾及道德的情况下，发展和进化了她的适应能力。我们人类要增强韧性，不能如此残酷，或是在道德上麻木不仁。我们也没有数千年的时间从容地探索如何完善这些工具。我们必须谨慎地、有意识地、尽可能团结一心地尽快将大自然的杀手级应用程序转化为人类政治。

首先，我将聚焦这些杀手级应用程序中的 5 个，因为它们能够立即应用于今天的治理：（1）面对经济、军事实力更强的陌生人时不惧屈辱的适应能力；（2）拥抱多样性的能力；（3）对未来及自身问题承担所有责任的能力；（4）在联邦及地方政府之间达到平衡的能力，即能够懂得：健康的社会就如同一片健康的热带森林，是由多个子生态系统组成的，每个子生态系统都可以自然生长，同时也从总系统那里获得滋养；（5）在加速时代，以具有企业家精神的、混杂的、非正统的、非教条的思维方式来处理政治和解决问题的能力，即能够混合、匹配任何可以创造韧性与推动力的想法及意识形态，而无论其来自哪个阵营。

当然，任何一个社会采取这些策略的速度都会受到政治、文化及领导力的影响。文化塑造了一个社会的政治反应，而反过来，一个社会的领导力与政治塑造了文化。那么文化究竟是什么？我喜欢商业字典网站给出的简明定义：文化是"在一个群体的历史发展进程中，为了处理在其成员间以及成员与其所处环境之间的互动过程中所产生的问题，而发现、发展或发明出来的应对模式。这些应对措施被认为是正确的感知、感受、思考、行动方式，并通过潜移默化及教育代代相传。文化决定了什么是可接受的，什么是不可接受的，重要或不重要的，对的或错的，可行的或不可行的"。

一个记者可能犯下的最严重的错误，便是低估文化在社会对重大变革做出回应时的影响力，可能犯的另一个错误就是认定文化是不可改变的。文化会改变，且经常改变，有时候是受到危机事件的压力，或出于生存的需要，而有时候则是由于领导人所做的政治选择。已故参议员丹尼尔·帕特里克·莫伊尼汉曾说过一句很有名的话："保守主义相信文化才能决定社会的成功，而不是政治。自由主义则相信政治可以改变文化，使之免于自我堕落。"

这就是为什么我喜欢哈佛大学领导力问题专家罗纳德·海费兹对领导力的定义，他指出，领导人的作用就是，当大环境改变时，"帮助人们面对现实，并动员他们做出改变"，以确保其所处社群的安全与繁荣。加速时代使许多人都面临物理、技术以及社会环境的改变，今天的领导力就体现在培育出与大自然杀手级应用程序相像的正确的文化与政策选择。

在适应能力面临考验的重大时刻，具有远见的领导人拥有引导社会和文化通过考验的能力。我最喜欢的一部电影是《成事在人》。这部电影讲述了纳尔逊·曼德拉在其担任南非总统第一任期时，如何领导该国著名的跳羚队获得1995年橄榄球世界杯，并以此来治愈被种族隔离制度撕裂的南非。跳羚队几乎所有队员都是白人，一直以来它都是白人统治的象征，并常常遭到黑人的反抗。种族隔离制度被废止之后，由黑人领导的南非体育委员会提出动议，要改变球队的名字及队员的肤色。曼德拉总统制止了他们。他说，在黑人领导的南非，要让白人也感到这是他们的祖国，那就不能把他们珍视的象征连根拔起。

在电影里，曼德拉（由摩根·弗里曼饰演）说："这是自私的想法，不符合我们的国家利益。"谈到南非的白人，曼德拉补充道："我们必须用我们的同情、克制和慷慨让他们出其不意。"

我喜欢这句台词：我们必须让他们感到出其不意。要改变一种文化，需要一个伟大的领导，能够让其支持者和反对者都感到出其不意，并能超越其个人历史、选民团体以及民意调查结果的影响，只做对自己国家正确的事情。凭借他的开明领导，曼德拉为改变南非文化做了许多努力。他在黑人和白人之间创造了多一点的信任，以及更健康的相互依存的关系，并因此让国家更具适应性。

让我们记住曼德拉教给我们的宝贵一课，思考如何在我们今日的世界里借鉴大自然的五大杀手级应用程序。

## 如何在遇到陌生人时快速调整自己

遇到陌生人时如何作出回应，这是导致不同的文化或政治制度存在适应能力差异的关键之处。你所处的文化更容易因为落后而感到羞耻并自甘堕落，还是能压制自尊心并尝试向陌生人学习？在一个与陌生人频繁接触的时代，这是一个至关重要的问题。为什么一些领导人、一些文化在面对环境发生重大变革时能表现出更强的适应能力？这是一个未解之谜，但我们无法对这种差异视而不见。自从1978 年成为记者以来，我投入了很多时间报道人与人之间、社会与社会之间、领导人与领导人之间、文化与文化之间的差异，有些更愿意向"对方"学习，在落后时努力追赶，而另一些在与陌生人的接触中感到被"对方"羞辱，并选择猛烈抨击而非努力适应。这个主题贯穿了我的报道，有时候我甚至想在名片上印上：托马斯·弗里德曼，《纽约时报》全球耻辱事件通信员。

有一个关于高尔夫球的故事被广为流传。这个故事揭示出文化倾向会如何影响适应能力。2012 年 9 月，马克·隆与尼克·赛茨在《高尔夫文摘》上发表了题为《球童说》的文章，其中提到了汤姆·沃森的长期球童布鲁斯·爱德华兹所讲述的一个故事。爱德华兹多年来长期担任沃森的球童，其间曾有过短暂的时间为格雷格·诺曼效力，但后来又回到沃森身边。爱德华兹描述了沃森与诺曼各自开了个好球后的不同反应，假设这个好球的落点正好在球道中间，但击球点却都翻起了一点草皮："几年前，我问布鲁斯·爱德华兹，在与格雷格·诺曼相处数年后，回到汤姆·沃森身边有何感受。那时格雷格还是个厉害角色，但他们多年合作中并未赢得比赛。布鲁斯说，'假设今天打的球低于标准杆 3 杆，但在第 16 洞击球时翻起了一点草皮。诺曼会看着我说，'布鲁斯，你能想象我怎么那么倒霉？'而汤姆会看看球，看看草皮，说道，'布鲁斯，看我的！'"

有些人总是不断地诅咒自己的运气，有的人无论遇到什么挫折都会竭尽全力，并将其视作一个挑战。他们知道自己不能控制球的反弹，但能够控制自己打球时的心态。在这种情况下，自信和乐观本身就是力量。在一些文化中，当面临逆境或是重大外部挑战时，人们会说："我们落后了，问题出在哪里？让我们向最好的人学习，并解决这个问题。"于是他们学着去适应改变。而在另一些文化中，人们会说："我们落后了，你们对我们做了什么？都是你们的错。"

19 世纪的日本是不惧耻辱的典范。日本曾经尽其所能避免与外界的接触，将自己与世界其他国家隔绝。当时日本还是封建农业经济，受到儒家社会等级制度的影响，正在逐渐走下坡路。商人处于日本社会的最底层。除了与中国、荷兰保留了有限的接触外，日本禁止了与其他国家的所有贸易。后来，日本意外地遭遇了一个陌生人：马修·佩里将军。1853 年 7 月 8 日，他闯入日本，要求日本开放港口和对美贸易，并要求日本善待美国沉船失事的船员。他的要求遭到了拒绝。1 年之后，佩里再一次来到日本，他带来了更大的战舰、更强的火炮。他向日本人解释了与其他国家进行贸易的好处，最终双方于 1854 年 3 月 31 日签署了《神奈川条约》，日本对外国开放其国内市场，结束了 200 年的闭关锁国。这次遭遇震惊了日本政治精英，使他们意识到日本在军事技术方面与美国及其他西方国家的差距有多大。

意识到这一点之后，日本拉开了国内革命的序幕，推翻了自 1603 年以来以天皇之名统治日本的德川幕府，明治天皇以及他身边的改革者登上了舞台。他们选择向那些打败他们的人学习，以适应新变化。他们发起了对日本政治、经济、社会的革新。他们认为，如果想要像西方一样强大，就得打破原有的文化规范，全盘接受西方的科学、技术、工程、教育、艺术、文化，甚至是服饰和建筑。这一进程远比他们想象的困难，但到了 19 世纪后期，日本已经变成了一个工业化强国，不仅有能力修改西方列强强加给他们的不平等经济条约，还在 1905 年的战争中击败了一个西方强国：俄罗斯。明治维新不仅让日本更具适应性，而且变得更加强大。

然而，并不是每种文化都能够像日本一样，在与陌生人的接触中，压制自己的骄傲，尽快吸收一切能够从陌生人那里学到的东西。

中国人把鸦片战争到日本侵略这段时间称为"百年屈辱"。《经济学人》在 2014 年 8 月 23 日的一篇文章中写道："几个世纪以来，中国一直位于东西方的中心，像太阳一样被亚洲其他国家围绕。19 世纪中期中国遭到西方国家践踏，接着，到了 19 世纪末，中国又被日本打败，终结了中国的世界中心地位。"但自 20 世纪 70 年代改革开放以来，中国用这段历史激励自己，为未来注入能量。特别是在邓小平的领导下，中国意识到自己开球不利，并主动与世界广泛接触，尽可能地去学习一切来适应、追赶，并实现中华民族的复兴。

相比之下，苏联解体后，俄罗斯被耻辱感击败。普京总统曾经将苏联解体称作"20 世纪的最大悲剧"。劳伦斯·E. 哈里森在他联合编纂的文集《文化对俄罗斯很重要》一书中写道：

> 苏联解体令俄罗斯蒙羞。它失去了超级大国的地位，只能站在一边看着前盟友和竞争对手中国一步步迈向大国地位。俄罗斯的出口情况看起来与第三世界国家相仿，大部分出口都依赖自然资源禀赋，尤其是石油和天然气。俄罗斯曾在太空领域击败美国，现在却无法生产出符合出口质量的汽车，更别提它在信息科技领域所处的劣势了。
>
> 在这段国家的耻辱期，不难理解为什么俄罗斯领导人会对俄罗斯运动员在 2010 年温哥华冬季奥运会、2012 年伦敦夏季奥运会上成绩不佳表现得极为敏感。

一些阿拉伯人、穆斯林国家和一些恐怖组织显然落入了"谁害了我们"的思维误区。阿斯拉·Q. 诺曼尼曾经是《华尔街日报》的记者，她是一名出生于印度的穆斯林作家，曾与丹尼尔·珀尔有过一段密切的合作。后来珀尔遭到了绑架并在巴基斯坦被谋杀。2012 年 6 月 20 日，她在美国众议院国土安全小组委员会上就"美国穆斯林对召开穆斯林群体中出现激进倾向的听证会的反应"议题出席作证：

2005 年，联邦调查局前特工乔·纳瓦罗在《打击恐怖主义：恐怖的精神病理学视角》一书中创造了一个词。他认为恐怖主义者就是"创伤收藏家"。这本书集合了他多年来研究世界范围内的恐怖主义者的经验。他写道："恐怖主义者是永远的创伤收藏家"，他们能翻出"几十年甚至几个世纪以前的事件"，"他们一而再，再而三地回忆这些事件，这些回忆对今天造成的影响，与事件爆发的那一刻一样深刻。对他们而言，痛苦没有截止时间。创伤收藏在很大程度上是由恐惧与偏执驱动的，这和他们不屈不挠的意识形态一拍即合。创伤收藏的目的在于让过去的事件仍然鲜明，在今天放大它们的意义，并借此为心中的恐惧和焦虑寻找合法的理由"。

在我看来，这种现象已经在穆斯林群体中大范围蔓延。穆斯林群体在他们的日常对话中时常表达自己的伤痛，他们被称为"沙发上的圣战分子"。这是美国一名执法人员在与我交谈时这么称呼他们的。纳瓦罗对我说，事实上，对于全世界各地的社群来说："收藏创伤变成了一种文化"。显然，了解一个社群的创伤对于理解其历史很重要，纳瓦罗说道。但他指出："极端主义的美就在于它不允许宽恕。"

我曾报道过多位中东的"创伤收藏家"，但是，不是所有的人都是"创伤收藏家"。阿拉伯穆斯林世界既产生了纳赛尔和本·拉登，也出现过突尼斯领导人哈比卜·布尔吉巴以及迪拜酋长穆罕默德·本·拉希德·阿勒马克图姆，他们选择挖掘历史，拥抱变革，从他人那里学习，并建造自己的文化。在拉丁美洲，既产生了委内瑞拉的独裁者乌戈·查韦斯，也诞生了墨西哥有活力的民选总统埃内斯托·塞迪略。而在俄罗斯，既有普京，也有他的搭档迪米特里·梅德韦杰夫，梅德韦杰夫一度有过更为自由主义的思想。同样是在东南亚，既出现了采取种族灭绝的柬埔寨总统波尔布特，也诞生了新加坡的建国者李光耀。

## 拥抱多样性

要想在加速时代增强适应性，拥抱多样性比以往任何时刻都至关重要。因为有了多样性，无论气候变化对环境产生了怎样的影响，总会有一些生物或生物体的集合知道如何应对。当你拥有这样的多元化系统时，埃默里·洛文斯补充道："它会自行做出适应，将各种形式的逆境转化为一个可控的问题，甚至转化为某种有利因素。"（他的导师、已故埃德温·兰德曾经说过："失败只是一种尚未转化为优势的状况。"）

哈佛大学多元化项目组在其网站上写道："多元化不仅仅是多样性，多元化是多样性的积极接触。如果仅仅有多样性，但它们并未紧密接触并建立联系，反而会加剧社会紧张局势。"像叙利亚和伊拉克这样的国家，仅仅存在多元性，而像美国这样的国家，则拥有多元主义的文化，这是一种难得的成就。哈佛多元化项目同时指出，多元主义"并不是要我们背离自己的身份以及我们为此所做的承诺。多元主义意味着不以孤立的视角看待我们之间最深的分歧，甚至是宗教信仰的差异，而是以相互联系的方法看问题"。真正的多元主义建立在"对话""付出与获取、批评与自我批评"的基础之上，而"对话意味着不仅要诉说，而且还要聆听"。

在加速时代，能拥抱并培育多元主义是现代社会的巨额财富，如果做不到这一点，就会成为社会的巨额负债。在加速时代，多元主义的投资回报率将不断提高，并在政治上和经济上都会成为一个社会最重要的竞争优势。

在政治上，拥有多元主义文化的社会享有更大的政治稳定性。他们更能够在平等的公民之间建立社会契约，大家平等地共同生活，而不是依靠铁腕独裁者自上而下地进行统治。在今天的世界里，所有自上而下的指挥控制系统都日益衰败，维持秩序的唯一方式是以自下而上的方式在不同选民群体之间建立社会契约。以叙利亚、利比亚、伊拉克、阿富汗和尼日利亚为例，它们都有多样性的社会，但缺乏多元主义的文化，并因此付出了高昂代价，因为它们已不能通过自上而下的方式控制一个多样性的社会了。在 21 世纪，人员流动会更加频繁，如果一个社会能够像个大熔炉一样，融合不同背景的公民，使他们能够完成艰难的伟业，这将是一个巨大的优势。

在加速时代，那些能够在性别、思想、种族、民族等各个维度培育多元主义的社会往往更具创新性。这是因为一个多元主义的社会能够从世界各个地方吸纳最好的人才，将更多不同视角的观点混合在一起。很多时候，最好的想法都是从这种碰撞中产生的。即使是在民族或宗教上并不多元的国家和地区，如韩国、日本和中国，如果它们具有多元化的世界观，能够养成习惯学习全世界最好的观点，它们也能享受到多元主义带来的收益。

2011年12月12日，社会科学家理查德·佛罗里达在城市实验室网站（CityLab.com）的一篇文章中写道：

> 一直以来，人们都认为经济增长与发展取决于自然资源、技术创新、人力资本。但有越来越多的研究，包括我自己的研究发现，地理相邻性与文化多样性同样对经济增长有重要的影响。这些因素决定了一个国家对不同文化、宗教和性取向的开放度。
>
> 反对者认为，多样性只是经济发展的结果，而非其原因。他们认为，如果一个地区已经很富裕，或正在快速致富，就会有更多的人口涌入。
>
> 威廉姆斯学院经济学家关姆鲁尔·阿什拉夫与布朗大学经济学家奥代德·加勒所做的一项重要研究应该能够回答很多反对者的质疑。他们在国民经济研究局最新发表的工作论文《文化多样性、地理隔离与国家财富的起源》中描绘了从前工业时代到现代，地理孤立或相邻性以及文化多元性在经济发展中扮演的角色。
>
> 他们的研究发现，"文化吸收与文化扩散之间的相互作用，推动了全球范围内出现的多种经济发展模式。"简单地说，多样性刺激了经济发展，而同质性减缓了经济增长……
>
> 大量证据表明，地理开放性、文化多样性及文化包容性不是经济进步的副产品，而是其关键的驱动力。

P.V. 坎南是"24/7 客户公司"的联合创始人。刚开始的时候，它只是印度的一家呼叫中心，自 2007 年开始发展成为一家客户服务、分析公司。他们在世界各地拥有 1000 个客户。我曾目睹他的公司从一个班加罗尔的初创公司一步步发展起来，成为一家全球大数据服务公司。我问坎南，他现在的客户都是些什么人。他回答说："我在悉尼有个客户，他们的数据专家在加利福尼亚，我们之间谈的合作项目是关于在菲律宾和印度的呼叫中心。他们的公司高管遍布全世界。即使是在悉尼工作的员工也都来自不同的国家。在办公室里清一色都是白人的刻板印象已经看不到了。如果你要运营一家智能公司，你的员工将是来自世界各地的。"多元主义让你步伐更快，让你更聪明。

随着摩尔定律及市场进入棋盘下半局，这一切将变得更加真实，洛文斯指出：

假设你有两个基因组。基因组 A 中有一个基因，但它可以完美适应如今的寒冷环境，基因组 B 中有 20 个基因，其中只有一个表现出抗寒属性。在基因发生突变时，基因组 A 要么偶然地找到了答案，要么它就会死亡。基因组 B 可能会有 20 个后代，也就有了 20 种可能答案。或许这 20 个基因中的某一个会成为解决问题的答案。基因组 B 的胜算显然更大。

2014 年，我参与了 Showtime 频道《多灾凶年》系列纪录片的拍摄。这部片子的主题是气候变化及环境退化对世界各地的影响，它也让我认识到多样性之美。我们主要想观察气候变化和环境破坏如何影响了叙利亚、也门和埃及，然而，最让我受益匪浅的采访却发生在堪萨斯州的塞林娜。这次采访让我了解到在自然界和政治领域里单一性和多样性之间的相似之处。我们的拍摄团队来到了美国小麦种植州堪萨斯，想了解一下 2010 年堪萨斯州中部地区小麦农场的旱灾是如何影响到埃及面包价格上涨，并最终触发了 2011 年的"阿拉伯之春"运动。我们采访了韦斯·杰克逊。韦斯·杰克逊是土地研究所的创始人和主席。这个研究所是一个实验性的农场，杰克逊的生物科学家团队在此尝试研发一种多年生的小麦，他们将其称为"Kernza"，这种小麦不再需要每年都去播种。韦斯·杰克逊是一位获得过麦克阿瑟基金会"天才奖"的生物学家。他先给我们上了一堂关于草原生态的课。我把他的讲解写成了一篇专栏文章。

杰克逊说，大草原本是一个具有多样性的野生环境，有着复杂的生态系统，养育了各种各样的野生生物，以及印第安人。欧洲人来了之后，彻底破坏了大草原的生态，他们将大草原变成种植单一作物的农场（主要种植小麦、玉米或者大豆）。一年一熟的单一作物更容易发生病虫害，也需要消耗更多的化石燃料能源。农业中使用的农具、化肥、农药都离不开化石燃料。在单一作物的农场，一种害虫或是农作物疾病就可以让整片农地颗粒无收。单一作物也更容易消耗对生命来说至关重要的表层土。杰克逊指出，相较之下，混作则提供了物种多样性，进而提供了化学多样性，能增强农地对病虫害的抵御性，同时"能够减少化石燃料和化学品"。混作也有利于维护表层土。在 20 世纪 30 年代的黑色风暴时期，大草原上所有的单一作物都死了，但混作的草场则依靠其多样化的生态系统幸免于难。混作的草场能够储存水分，循环养分，控制害虫，并使自身变得更加多样、多产、美丽又具有适应性。

我一边听杰克逊讲，一边心里想：这是多么有趣的对比啊！基地组织总是声称，如果穆斯林想要恢复昔日的力量，就需要回到"纯净的"伊斯兰时期。那时，阿拉伯半岛还处于单一作物（单一文化）的状态，没有受到外来影响的污染。事实上，阿拉伯穆斯林世界的"黄金时代"是在 8 世纪到 13 世纪之间，那时它以西班牙和北非为中心，可以说是世界上最伟大的混作区（多元文化区）。这是阿拉伯穆斯林世界的一段伟大的智力发酵时期，使它成了科学、数学、天文学、哲学和医学的圣地。当时的伊斯兰学者架桥铺路，融会贯通，吸纳了从中国、印度到波斯、希腊等多种文化中的精华。正是因为拥抱多元文化，才使得阿拉伯世界变得富有、健康，且极具韧性。

不幸的是，在今天的中东，基地组织和"伊斯兰国"（ISIS）正在利用出售石油所得的资金，以及来自波斯湾逊尼派原教旨主义者的捐款，试图清洗伊拉克、也门、利比亚和叙利亚的所有其他的宗教和种族。他们正在摧毁这一区域的多元文化，将这些国家变成单一文化国家。巴格达、阿勒波、帕尔米拉、的黎波里和亚历山大，这些城市都曾经是犹太人、基督徒和穆斯林的大熔炉，是希腊人、意大利人、库尔德人、土耳其人和阿拉伯人的大熔炉。基地组织和"伊斯兰国"（ISIS）决心要退出进化进程，变成一个特殊的封闭体系。换言之，多样性和包容性曾经是中东的本地作物，就像美国中西部原本未遭破坏的大草原一样，当年的中东也极具适应性，并能和各种不同的文明建立起健康的相互依存关系。基地组织和"伊斯兰国"（ISIS）正试图消灭所有这些多样性文化，创造一种极易受阴谋论和病态思想蛊惑的单一文化。这将导致中东变得更为贫瘠、虚弱且不健康，这对所有的中东居民都不是一件好事。

　　我认为同样的情况也发生在美国的共和党。共和党一度拥有极其丰富的多样文化，为我们提供了各种不同的想法。在西奥多·罗斯福时期，设立了国家公园。在理查德·尼克森时期，成立了环境保护署，出台了《清洁空气法》和《清洁水法》。在罗纳德·里根时期，实施了激进的核武器管控，以及达成旨在抑制臭氧层漏洞的《蒙特利尔议定书》。在小布什时期，提出了旨在控制酸雨的总量碳排放封顶与交易计划。米特·罗姆尼在当马萨诸塞州州长时，曾提出市场化的医疗保障改革。在几十年的时间里，美国的共和党本身就是北部自由主义的共和党人与南部及西部保守派的多元混合体。但在近些年，茶党（Tea Party）和其他的超级保守的力量开始清除共和党内曾经的多元文化，试图将共和党变成极易受到病态思想影响的单一文化组织。这些政治力量也受到了煤炭、石油公司的资助。他们主张：气候变化是个谎言；物种进化从未发生；我们不需要移民改革。这一切都削弱了共和党的根基，所以像唐纳德·特朗普在"家庭、婚姻、性"等价值观问题上不属于传统意义上的共和党人，所以作者把他称作外来物种。

　　考夫曼基金会在 2012 年发表的一篇研究显示，有四分之一的美国科技创业公司是由移民们创建的。这份题为《美国新移民创业家的过去与现状》的研究报告显示，"在 24.3% 的工程类及科技类创业公司中，至少有一位创始人是移民并在公司中担任要职"。路透社在 2012 年 10 月 2 日报道："这项研究着重关注了硅谷，分析了硅谷的 335 家工程类和科技类创业公司。研究发现，有 43.9% 的公司其创始人中至少有一位是移民。'高技能的移民在未来仍会是美国在全球经济中保持竞争力的一个关键资产'。"研究报告的作者写道。

　　这不仅仅对美国而言是真理。2014 年 10 月，新加坡前外交部长杨荣文在李光耀公共政策学院的一次会议上表示，新加坡所具有的"在高密度网络中工作的能力、与不同文化建立关系的能力，以及将其转变成我们自己经济优势的能力"是新加坡成功的秘方。"最终，驱动新加坡前进、给予新加坡特殊优势的，就是从不同文化中套利的能力。"

## 主人翁文化

人类无法完美地模拟大自然在无意识的情况下进化出来的生态系统中的归属感，但是，类比地来看，人类社会可以推广主人翁文化。这种主人翁文化总是能够创造出更多的韧性。

美国大学委员会的全球政策及宣介事务主任、教育专家斯蒂芬妮·桑福德指出："主人翁意识能够解决更多的问题，并使得更多的问题更容易解决。"在通常情况下，当公民对祖国有了一种主人翁的感觉，当老师对课堂有了一种主人翁的感觉，当学生对学习有了一种主人翁的感觉，将会出现更多的好结果。一切结果都会自发地出现，而且更有可持续性。如果感觉不到自己是主人翁，人们会觉得自己是个过客，这将导致更多的不好的事情。

当一个人成为主人翁之后，他对自己的要求比所有人对他的要求都高。桑福德说，就教育而言，"如果你不把教育当作自己的事，那么我什么都帮不了你"。国际学生评估项目的负责人安德里亚斯·施莱彻指出，在该项目测试中得分最高的是来自亚洲国家的学生。这些国家有着"主人翁文化，教师们享有高度的职业自主权，他们能参与教育标准和课程的制定，也有充足的时间进行持续的职业进修"。他们不会离开自己的手艺，就像厨师不能只是加热别人做出来的菜肴。

当你成为主人之后，你会在意和关注，会开始管理，也会思考未来。如果你造房子的目的只是为了将它转手卖掉，那你会把房子的地基打得多深呢？人们往往会在他们不自己居住的地方偷工减料。这就是为什么这些年来我一直引用这句格言："在世界历史上，从来还没有人洗过租来的车。"主人翁意识会使你考虑长远的问题，而不是短期问题，考虑战略问题而非战术问题。

我曾在美国及海外花了很长时间报道不同的群体为争取其社会主人翁地位所进行的斗争，以及缺乏主人翁地位会导致的问题。每一次我都非常惊讶地发现，主人翁地位能够很快改变一个人的行为，促进其适应性，使其能够自我驱动，保持韧性并建立健康的相互依赖关系。

2011 年 2 月，我在开罗的解放广场见证了埃及穆巴拉克政权的倾覆。这次发生在解放广场的起义是长期遭受压迫的人民争取权利的行动，他们不愿意再生活在恐惧中，不愿意再被剥夺自由，不愿意再被他们的领导人所羞辱。这些领导人

30 年来不断告诉其民众，称他们没做好准备迎接民主。事实上，埃及的民主运动否定了穆巴拉克的说辞：它是源于国内、不屈不挠并且真正属于埃及的。2 月 9 日早上，我在广场上观察并拍摄到一群年轻的埃及学生，他们戴着塑料手套，将垃圾拾起，然后倒入黑色塑料垃圾袋中以保持广场的整洁。几个世纪以来，阿拉伯人一直是被国王、独裁者、殖民势力统治，他们没有自己的权利，所以他们并没有要清洗它的意愿。但现在不同了，他们有了这样的愿望。在广场的附近挂着一个标牌，上面写着："解放广场：埃及唯一一个自由的地方。"我采访了这支由年轻孩子组成的垃圾清理队中的一员：23 岁的卡里姆·图尔基。他在一家皮肤护理店工作。我问他："你为什么要做志愿者？"他用不太流利的英语告诉我："因为这是我的土地、我的国家、我的家园。穆巴拉克下台之后，我将把整个埃及打扫干净。"

三年之后，在 2014 年 4 月，我来到了基辅的独立广场（乌克兰语的发音为 Maidan），反抗国家领导层腐败的抗议行动刚刚在这里发生。乌克兰革命分子用鹅卵石、轮胎、木桩以及烧毁的汽车垒起的路障还树立在广场中。整个场景看上去就好像是百老汇音乐剧《悲惨世界》中的布景。人们在临时设立的祭坛前放上鲜花，纪念在此被杀害的 100 多位死难者。当地向导告诉我，在冬天，也就是革命爆发的时候，整个广场和旁边的人行道上通常都会结着一层冰，市政当局从来就没有把这层冰清理干净过。但是，自从抗议者们占据广场后，年长的妇女带着小铲子和铁锹，把冰敲碎，并把广场整理得干干净净。这是她们的自发行为，没有任何报酬，就像埃及解放广场上那些年轻学生的行为一样。

主人翁意识同样能够产生自我驱动力，因而也是增强韧性的一个重要元素。2015 年 2 月，我受邀前往位于康涅狄格州新伦敦市的美国海军警卫队学院进行演讲。演讲后，我留宿校园。第二天早上，海军少校布鲁克·米勒德带领我参观了校园。米勒德在学院里教授写作，但此前她曾指挥过一艘海岸警卫队的缉私巡逻艇。她的身材比我小了许多，我忍不住问她，她是如何对她的男性船员们下命令的。在蓝色的大海深处，就算是她的军阶更高，有正式的任命，能做到这一点都不是件容易事。她想了几天，然后给我回了封邮件。这封邮件是我能找到的最好的关于如何通过赋予主人翁意识来领导团队的描述。

感谢你的提问。在我担任缉私巡逻艇指挥之前，我领导了一支由10名海军军士长组成的小分队。他们的年龄大多超过28岁，已经是各自领域的专家。当时我只是一名26岁的新晋中尉，刚入伍4年。当我对他们下令"跳"的时候，我本以为他们会提出"跳多高"之类的问题，但我得到的是一种充满敌意的态度。起初的6个月是艰难的。我不得不寻找另一种领导方式。我知道大人们总会给孩子两种食物来选择："你是想吃胡萝卜，还是想吃苹果？"这两个选项，无论哪一个都是妈妈认可的，但是，通过给孩子不同的选项，你就给了他（她）一次选择，迫使他们自己做决定。我在部队里运用了同样的技巧。我向他们说明一个问题或情况，寻求他们的建议和想法，最终总结出两种选项，一种选项通常比另一种更好，而他们也通常会选择我最认可的选项。但是，至少对他们来说，他们是自己做出选择的，所以就会更加认同。这个技巧在训练营里效果很好，因此作为船长，我也在决策中用了很多相同的技巧。当时我29岁，领导17名男性船员，其中至少有5人比我年长。我认为在重大的决定上，得到战友们的认可是有帮助的。这能帮助他们感受到自己的力量，觉得自己的想法被听到了，也帮助我权衡不同的选项，并在实施决定时得到我所需要的支持。

米勒德跟船员们一起分享问题以及解决方案，从而调动了船员们的积极性，使得整个队伍更有适应性。在麦肯锡公司孟买办公室工作的管理咨询顾问阿洛科·科什尔萨格曾对我说，如果你想要解决一个大问题，"你不能独揽功劳，而要与他人分享荣誉，这样才能做出更大的成绩。如果所有的人都竭尽全力，自然能够事半功倍"。更大的成绩让每一个成员都感受到更多的荣誉感，而且能让整个团队变得更有韧性和动力。

## 正确的联邦主义

无论是大自然还是政治，维持各个独立系统与整体系统之间的平衡是非常重要的。只有如此，它们才能相互滋养。要取得正确平衡，并没有现成的办法，但只有在正确的时候达到了正确的平衡，才能增加韧性。进步政策研究所主席威尔·马歇尔指出，在这个加速时代，美国政治中的联邦、州和地方之间的关系需要重新找到平衡。

马歇尔表示，在 20 世纪的大多数时间里，为了应对当时存在的大问题，历史的发展朝着政治权力集中化以及政策方案国家化的方向前进。那时最重要的政治工具被认为是正在崭露头角的国家机构和行政政府。在 20 世纪早期的美国，这是合乎逻辑的，"因为州政府和地方政府需要依靠联邦政府的力量，应对新兴的垄断企业。这些垄断企业可以买通立法机构，欺负实力弱小的州政府和地方政府"。

之后，又出现了大萧条。马歇尔补充道，罗斯福新政"极大地扩大了联邦政府的权力：大力兴建公共工程，出台救助计划；对物价与工资实施管制；在全国范围内实行收入补助和劳工保护政策；建立社会保障体系；增加联邦机构的数量并由受过大学教育的技术人员出任官员。联邦政府的政策立场从自由放任转向了旨在管理商业周期的凯恩斯式的财政支出政策"。马歇尔指出，第二次世界大战后，国家化的冲动更为强烈，并在"林登·约翰逊的'伟大社会'时期达到顶峰。这段时期，自由派的影响不断扩大，联邦政府接手了先前由州政府和当地政府负责的问题，包括种族不平等、贫困、疾病、性别不平等、城市衰败、教育不平等以及污染问题"。地缘政治的变化也把更多的权力集中到联邦政府。因为只有联邦政府才能负责资助并维持美国与苏联在全球范围内展开的冷战竞争。此外，社会也需要联邦政府雇佣的技术专家来解决工业化时代产生的复杂的新问题。

这是 20 世纪美国政治最广泛、最具有决定性的变化趋势。这一历史趋势塑造了我们如今所知的"左翼"和"右翼"政治党纲中的许多重要内容。保守主义的右翼对所有者及资本的利益表示同情，总是在寻找更多基于市场的解决方案，倾向于减少联邦政府的干预；而崇尚自由主义的左翼则更偏爱由政府领导的解决方案，他们不仅要创造平等的机会，还想创造平等的结果，尤其要给少数派和贫困者更多的帮助。

然而，加速时代给我们带来了一系列与工业时代不同的挑战和机遇。这个时代对中心与外围、联邦与地方之间的平衡提出不同的要求。今天，我们需要扭转过去一个世纪的权力集中化趋势，支持分权。联邦政府的官僚机构已经变得如此庞大，以至于完全跟不上快速变化的节奏。与此同时，州政府与地方政府变得更灵活，更有能力。他们生活在冰山的边缘，最先感知温度及风力的变化；他们必须快速反应，而现在他们具备了这样的能力。

如今，许多企业都成了有活力的全球性企业；许多城市都有自己的国际贸易代表团，并设立了由当地企业、教育者和慈善家组成的联盟，帮助提高本地的劳动力技能水平。许多地方智库和大学参与了公共政策的设置，因此出现了一批熟知当地特点的专家。我常常遇见一些市长，他们比我们的议员们更了解世界，更了解实现竞争力的要求。与此同时，联邦政府却已经瘫痪：它无力为州政府及城市的财政缺口提供支持，在未来一代人的时间内，联邦政府对此都无能为力，只有等到婴儿潮时代的这一代相继离世，情况才会有所好转。地方政府必须自己想办法促进增长，提高收入，从而使当地的养老金计划得以维持下去。

这并不意味着我们不需要联邦政府。远非如此。我们仍然需要联邦政府管理国家的经济、安全、医疗、税收以及社会保障体系。"但是，我们如今生活在一个不一样的世界里。"马歇尔表示，"今天，权力正流出华盛顿。美国的城市在一个世代之前经历了经济和社会功能紊乱，如今已经变成了公共创新的实验室。"

因此，马歇尔提出，真正的问题是"如何让联邦政府成为地方领导的更好的合作伙伴"。简单的答案是：只要有可能，就要放弃由联邦政府的官僚提出现成的解决方案，转由为地方和个人提供激励和放权，鼓励各种试验和创新。

在接下来的两章，我们会更详细地讨论这个问题。但现在，我们作以下结论：在21世纪，美国的各个地方无法再依靠联邦赤字开支，也无法通过联邦政府向富人征税实现经济繁荣；美国的各个地方要自己想尽办法找出走向繁荣的办法。在加速时代，要提升我们的领导力，就要努力让美国各个地方的经济部门和社会部门的创新力量加速增长，培育富有韧性的、积极进取的国民，让他们拥有与这个加速时代保持同步的技能和体制支持。

## 大自然的政治党派

这就引出了在加速时代，我们在思考政治的时候需要有意识地向大自然学习的最后一个杀手级应用软件。我们需要一种具有企业家精神的思维模式，愿意以一种完全混杂的、非正统的、非教条的态度处理政治问题并提出解决方案，将不同的想法混合与匹配，不再拘泥于传统的左翼和右翼的政治教义，让所有不同的想法共同进化，就好比自然界中植物与动物共同进化一样。

不幸的是，如今美国的两大政党都未采取上述思维模式。迄今为止，他们的思维仍然固守陈规，甚至层层加码。共和党主张减税，放松监管，反对移民；民主党支持增加社会福利，给予教师工会更多支持、更多的政府监管，更多地照顾个人的身份，尽管增长放缓，也要进一步对收入进行重新分配。出于政党身份及政治筹款的考虑，这两个党派无法让原本能合拍的想法互相配合；出于维系政治遗产的考量，他们不能从一张白纸出发，重新思考如何围绕加速时代进行创新。我们可以做得更好，但不是在现有的两党之间居中妥协，而是超越他们，上升到他们之上，直至他们发生崩溃，直到他们直面同时发生的三大挑战自我重组，以大自然为导师洗心革面。

如果大自然也有一个政治党派——姑且称该党派为"让明天惠及每个人党"——我认为该党派的纲领中会包含如下政策。大自然并不会顾忌同时采取左派和右派的主张。应该共同进化的东西就必须共同进化。我想大自然会提出如下建议：

1. 它会倾向于采用单一支付方的全民医保制度，其资金来源于累进式的增值消费税（食品和其他日常用品可以不用征税）。这一税种的税率水平将根据医疗保障的开支每年进行调整，因此公民们能感受到医保支出与他们在商店里所支付的增值税之间的联系。如果单一支付方制度在加拿大、澳大利亚和瑞典是可行的，能够以更低的成本带来更好的结果，那么对于我们来说，这样的制度也是可行的。它将使美国企业不用承担员工医保，并将联邦医疗保险这一项目剔出工资税表。

2. 它会延长并扩大劳动所得税抵免（EITC）及儿童税收抵免（Child Tax Credit）。这两项制度通过提高低收入群体的工资来激励他们工作，是贫困群体脱离贫困至关重要的跳板，但这两项制度都将于 2017 年到期后失效。天主教社会正义网络游说组织解释了这两项制度是如何运作的："对于育有两个孩子的夫妻来说，收入中第一个 13090 美元的部分将享受 40% 的税收抵免；如果收入达到 22300 美元，最高能抵免 5236 美元。超过这个数目的金额，抵免率将出现大幅下降，当纳税人收入超过 47162 美元时降为零……儿童税收抵免政策允许每个符合要求的 17 岁以下孩子享受 1000 美元不予退还的所得税抵免额。"这些制度能够激励人们工作，帮助他们获得伴随工作而来的尊严、纪律以及学习到的知识。这是将贫困家庭持续地从贫困中解救出来的最好机制。近期的一些研究表明，与学前教育或启蒙计划等的家庭援助计划相比，通过所得税抵免机制提高低收入父母的工资，能够使他们的孩子在顺利完成学业及考取大学这两个方面更持久地获益。

3. 它将在支持 TPP 和 TTIP 等自由贸易协定的同时，设立与之相匹配的工资保险制度，保护受到自由贸易影响的工人。TPP 即美国与 11 个环太平洋国家组成的跨太平洋伙伴关系协定。TTIP 是指美国与欧盟之间的跨大西洋贸易与投资伙伴关系协定。自 2001 年中国加入世界贸易组织后，大量进口涌入美国，令某些特定行业的美国工人受到打击，但也让更多消费者享受到了价格更加低廉的进口商品。我们非但不应该切断与中国或其他任何国家的贸易，还应该进一步扩大贸易，这能让美国经济整体受益。与此同时，我们也应当认真地考虑有效保护受到自由贸易打击的群体。麻省理工学院的经济学家大卫·奥托在 2016 年 2 月发表了一篇备受关注的报告。这份报告题为《中国冲击：贸易巨变对劳动力市场调整的影响》。它详细阐述了从中国进口的货物对美国特定群体的就业带来的巨大影响。在 2016 年 5 月 12 日接受《华盛顿邮报》采访时，奥托表示，很有可能在美国整体的经济大饼"增长 3% 的同时，其中某一些部分会收缩 40%，我们已经看到了这个现象。我们现在仍有许多失去工作的人和许许多多愤怒的人"。

这是不公平的，也是不可持续的。"许多因为贸易和离岸外包而失去工作的工人尚未能找到与其之前工作工资持平的新工作。"布鲁金斯学会的政策专家比尔·高尔斯顿在 2016 年 5 月 10 日接受《华尔街日报》的采访时指出：

这些工人及他们的家庭不得不以低于此前工资水平 40% 的收入勉强度日。这就是为什么应当通过工资保险制度进一步加强几乎无效的贸易调整援助制度。工资保险制度让这些工人能够得到工资补贴，总金额为他们目前这份工作与上一份工作之间工资差距的 50%，每年最高可达 10000 美元。这项补贴不会是永久的，但因为它与就业相关联，并且比传统的失业保险更优厚，因此更能激励工人们尽快去找工作。这能让长期失业的负面影响降至最低，同时支撑美国劳动力的增长。

4. 它会使所有得到认可的大学或技术学校提供的高等教育课程，不管是线下或线上的，学费都能享受完全的税收抵免。如果要使每个人都成为终身学习者，那么我们需要有一个能够使学习的经济负担对每个人都可承受的税收环境。这也将创造出更多的工作机会。如果越来越多的人成为终身学习者，就会有越来越多的人成为终身教学者。任何有一技之长的人——无论是在烘焙、水管还是专栏写作领域——都能够借助应用软件或博客，将他们的专长教授给其他人。

与此同时，它会将共同核心教育标准推广到全国，提高整个国家的教育基准，让高中毕业生所拥有的技能可以满足那些好工作不断提高的要求。这些高标准需要分阶段实施，并配备足够的资金予以支持，从而让每位教师有时间去进修，学习那些高标准所要求的新课程，能够有钱购买教授新技能所需的材料。

它还会敦促大学将本科学制由 4 年缩减为 3 年。如果欧洲的大学（例如牛津大学）或者以色列的大学（例如以色列理工学院）可以用 3 年的时间给年轻人传授足够获得文学士或是理学士学位的知识，那么美国人也可以做到。这能为学生的家庭节省 25% 的大学教育开支以及相应的学生贷款。

5. 它会收回 2005 年的破产法"改革"。这一改革损害了创业公司，使创业家们宣告破产并重头再来的成本大幅上升，尤其是对于那些靠信用卡贷款作为其种子资本的创业家们。商业内幕网站 2011 年 3 月 8 日的一篇报道写道：

> 越来越多的证据表明，破产法改革正在企业家群体内部滋生恐惧感，延缓新企业的出现，推迟经济恢复，并阻碍新的企业及小企业做他们一直以来最擅长的事情：创造工作机会……
>
> 南加州大学 2010 年的一项研究指出，美国破产法的变动与创业活动减少之间存在直接关联。该研究的作者团队得出了如下结论："许多企业家都是经过了几种商业模式后才最终获得成功的……而新法规中的严厉条款似乎阻止了一些潜在创业者开创新企业，也阻碍了那些有过失败经验的企业家重

新开始。"

6. 在移民问题上，它会支持建造一堵非常高的墙，并装上非常大的门。美国和墨西哥之间的边界长达 1945 英里，我们需要建造更多的栅栏，同时也需要更多的传感器、无人机和视频监控组成一道无形的栅栏。美国人需要相信，他们生活在一个能管控好自己边境的国家。但是，他们同样需要明白，如果一个国家需要繁荣，那就需要稳定的合法移民流入。我们作为一个国家，能够拥抱多样性是我们最大的竞争优势之一。我们需要控制低技术移民的数量，从而保证我们自己的低技术人员不会因工资竞争而被挤出就业市场。同时，我们需要消除外国高技术知识型人才申请 H-1B 签证时所受的限制。我们也应该将所有的国家实验室和卫生研究所的研究资金增加 1 倍，推动更多的基础研究。更多的基础研究加上更多的知识型人才，没有什么能比这样的组合创造出更多的好工作和好产业。

7. 为确保下一代互联网服务由美国研发，它会实施新的加速税收激励机制，并且消除监管阻碍，从而快速大规模地部署超高速宽带（包括有线宽带和无线网络）。无数的研究都指出，一个国家的网络连接速度和覆盖范围与其经济增长之间存在直接关联。

8. 它也会以如今近乎于零的利率借 500 亿美元，升级我们的港口、机场及电网，并创造工作机会。

9. 它会禁止所有半自动化及其他军用枪支的制造与销售，并且让政府购回所有流通中的步枪和手枪。这么做并不能完全解决问题，但澳大利亚的经验表明，这样的做法能够减少因枪支所造成的死亡。

10. 为了有足够的政府收入为这些投资埋单，它会支持重大的税制改革。首先，它会全面降低美国的公司所得税。目前美国公司所得税税率达 35%，为全球最高。全球平均公司税水平仅为 20% 出头。《财富帝国：美国经济实力的历史》的作者约翰·斯蒂尔·戈登在 2014 年 12 月 29 日接受《华尔街日报》采访时指出：减税能够减少游说团体和会计师千方百计地寻找税收制度的漏洞；减税能够为公司带来更多的利润，许多公司将"提高给股东的分红并增加对厂房和设备的投资，从而给整体经济带来积极的影响，并能通过个人所得税使政府获得更多收入"。与此同时，"作为对未来收入的预期，股价将会大幅增长，当人们看到自己 401 (K) 账户和共同基金价值上涨时，将引发财富效应。这将会引导消费增长，从而带来更多的税收……盈利与非盈利组织之间的差别将会消失。因此，非盈利组织不再需要越过重重关卡来满足资质认证"。而且，"美国企业在海外的 2 万亿美元收入中，许多是为了避免在利润汇回时加税而放在海外，这些资金将在实行税改之后流回国内"。最后，美国的公司所得税将从世界最高变为世界最低，从而吸引更多的海外企业投资者来美国投资。

与此同时，它也会接受奥巴马总统在其第一个任期中考虑过的一个想法——改变社保体系中用于确定生活成本增长的通货膨胀计算公式，从而减缓社会保障福利的年均增长，以确保社保体系未来的偿付能力。除此之外，它不会擅自触碰社保制度。在零利率时代，退休人员比以往任何时候更加依赖社保。

为了创造新的税收来源，以代替公司税以及其他的政府收入来源，她将引入碳税，对所有金融交易（股票、债券和货币）加征税收，并开征子弹税，同时对最低收入者设有一定的补偿机制。它也将取消股息收益和资本利得的税收优惠政策，将它们视作正常收入，按照正常比例征税。我们的税制要明确地激励我们所希望得到的：投资、工作和雇佣；同时要能减少我们不希望得到的：碳排放、企业避税、过度监管、气候变化和枪支暴力。我们真的不能再容忍这些了。

想想这一点：2013 年 1 月 1 日，为了化解财政悬崖谈判，美国参议院同意增加 6000 亿美元税收（每年增加 600 亿美元，连续 10 年）。但 2012 年 10 月，一场叫桑迪的超级飓风席卷了美国东部。2012 年 12 月 28 日，参议院通过了一个 604 亿美元的援助计划，用以帮助纽约和新泽西州从飓风带来的破坏中恢复过来。换言之，一场风暴就能花掉我们在 1 年内新增的税收。

11. 它会要求在所有含糖饮料、糖果以及高糖快餐上增加标签，提醒大家过度食用以上食物会导致糖尿病和肥胖，这就好比在香烟的包装上印制标签提醒大家吸烟会致癌一样。2016 年 4 月 6 日，权威杂志《柳叶刀》指出，全球每年花费在治疗糖尿病上的费用已达 8250 亿美元。新闻稿中提到："糖尿病会使一个人无法控制其血糖浓度，会增加患心脏病、肾病、视力丧失和截肢等的风险……从年龄调整后的数据来看，该杂志发现，在过去的 35 年里，全球男性糖尿病患者的比例增加了 1 倍还多：从 1980 年的 4.3% 增长到了 2014 年的 9%，这还是在根据老龄化影响作了相应调整之后的数据。与此同时，女性糖尿病患者的比例从 1980 年的 5% 增长到了 2014 年的 7.9%。"该新闻稿还补充道："用于治疗糖尿病花费最大的国家是：中国（1700 亿美元）、美国（1050 亿美元）和印度（730 亿美元）。"大自然不会告诉人们该吃什么，但是它一定会确保大家都清楚过度饮食带来的后果。

12. 它会指派一个独立的委员会去重新审查多德－弗兰克金融改革法案以及萨班斯－奥克斯利法案，从而决定这些法案条款中有哪些是无用的，或会使企业家的募资或创业更为困难。我们要防止的是那些轻率鲁莽的行为，而非承担风险的行为。

13. 它会建立监管改善委员会。这一建议是进步政策学会在 2013 年 5 月所发布的一篇政策文件中提出的。进步政策学会指出："那些随着时间沉淀下来的联邦政府规章无意中增加了商业和经济增长的成本。然而，目前没有有效的程序能够回溯历史，改进或废除过去的法规。"各个政府机构通常都被要求对自身的法规进行审查，但鲜有有意义的改变。进步政策学会所提出的监管改善委员会将"仿照国防基地关闭和重组委员会的成功案例组建。委员会将由总统及国会指派的 8 名成员组成。这 8 名成员将在开展正式的监管审查后，向国会提交 15 ～ 20 条法规调整的列表，由国会表决赞成与否。只有经过国会批准，才能使这些法规调整生效，但是国会只能针对列表进行一揽子表决，不能对列表中的事项进行任何调整"。

14. 它会效仿英国的经验，限制国内政治竞选开支，并将全国性政治竞选的时间缩减到几个月。在加速时代，我们美国人没有资本在 4 年中仅用 100 多天的时间去治理国家，而将其余的时间都用于准备中期竞选和总统竞选。这种做法太疯狂了。

15. 它会鼓励每一个州停止为了照顾某种特殊利益重新划分选区，鼓励各州效仿加利福尼亚州的做法，建立一个由退休法官组成的无党派委员会，让他们以尽可能平衡的方式划分国会选区。如果没有按照党派划分的选区，就不太可能存在所谓的共和党或民主党的安全席位，选举的竞争将围绕着中间选民，候选人需要吸引独立的选民。在一个安全的选区里，一个共和党候选人大多数时候只会输给另一个更为保守的共和党候选人，一个民主党候选人也只会输给另一个更加自由的民主党候选人。这么做的结果就是，国会中极左或极右立场的成员比例将会超过全国选民立场的实际分布情况。当国会中有了更多的中间偏左和中间偏右的成员之后，就更有可能从中间立场出发，而不是追求极端做法。

它还会在所有的参议员和众议员选举中引入排名投票制度。在这样的机制下，选民将根据自己的偏好，对所有的候选人进行排名，而不仅仅只是为一位候选人投票。如果没有人得到多数票，那么在选民的最优偏好中获得票数最少的候选人将被淘汰。然后，他或她的票数就将被分配给同一选民在排序中次优选择的候选人。以此类推，直至有人获得多数票为止。这将使选民有更多选择，冒险尝试投票给那些共和党与民主党以外政党的非主流候选人。你可以更放心地在最认同的候选人身上冒险，即使那个人被淘汰了，你给他（她）的选票也会被记到你的次优选择候选人身上。斯坦福大学政治学家拉里·戴蒙德说："这样的机制能鼓励创新，也能鼓励新鲜血液的加入。"我们还应该解除对失败者的禁令。美国有 45 个州都规定：按照法律，如果你输掉了党内初选，就不能参加普选。这样一来，立场温和的候选人也许会因为在党内初选中输给了极左或极右人士，无法参加普选，尽管在所有选民都能投票的普选中他可能有更高的胜算。

16. 在国家安全问题上，它会确保我们的情报部门拥有必不可少且受到法律监督的自主权，打击利用网络犯罪的恐怖分子。如果再发生一次类似于"9·11"事件的恐怖袭击，那么更多的选民将放弃所有的公民自由权。随着整个世界逐渐分裂成"有序"与"无序"两个区域，我们将需要投入更多的力量去保卫前者，稳定后者。

为了稳定无序世界，它会提升并扩大美国维和部队的规模，让其与陆军、海军、空军、海岸警卫队及海军陆战队一样，成为军队的一个分支机构，并设立自己的维和部队学院。如果说陆军、海军、空军和海军陆战队组成了我们的"防卫"，那么维和部队将会成为我们的"进攻"。维和部队的首要任务是在村庄与社区的层面开展工作，帮助人们创造经济机会并治理无序世界，从而使更多的人能在自己的祖国体面地生活，而不会被迫涌向有序世界。

17. 它会为美国向发展中国家提供的援助设定条件。能否获得援助，要看这些国家是否在性别平等领域取得了进展，以及每个希望实施计划生育的女性能否获得所需的技术。我们真的不能够再承担人口爆炸的负担了。人口爆炸和气候变化、沙漠化和国家内战混合在一起，将导致世界上越来越多的地方不适合居住。有序世界需要承受的福利负担以及地球所承受的压力将越发失控。计划生育、扶贫及缓解气候变化的政策必须共同进化，不能再相互割裂。

18. 它将从联邦层面发起三项"力争上游"的倡议，并分别提供1亿美元、7500万美元和5000万美元的奖金，以大幅加快社会技术的创新速度：哪个州能够为工人再培训设计出最佳的平台？哪个州能够设计出未来的城市或社区，将所有的科技——自动驾驶汽车、无处不在的无线网络、教育设施、清洁能源、廉租房、医疗保障和绿地空间——通通整合到一个以10亿字节（GB）速度运转的大平台中？哪个城市能够提出最佳方案，将自己的公共学校变成一个一天开放16小时的社区中心、成人学习中心以及公共健康中心？我们拥有50个州和数以百计的城市，我们需要利用这一点，让它们开展试验，加速社会科技的发展。

总而言之，在今天这个时代，我们面临极端天气、极端全球化、变化极端迅速的就业市场、极端的收入差距、人口极端膨胀的非洲（并使欧洲陷入动荡）、极端的赤字、极端的低利率，以及极端缺乏资金的养老金缺口，我们的政策也需要极端地富有创造性。我们需要一个动态的、兼容并包的政治，能够无所畏惧地混合各政治派系的各种不同观点，并超越传统的政治纷争。我所说的这种政治环境能够强化以工作为基础的社会安全网，保护那些跟不上快速变化的人；能够激励并加速创业、创新和发展，以维系必要的安全网，能够激发与科技、环境和全球化领域中的改变保持同步所需要的社会创新；最后，这种政治能够理解，今天世界上的政治鸿沟不再是"左右之分"，而是"开放与封闭之争"（借用民调分析师老雷格·查尔尼的话），并选择开放，对贸易移民、全球流动开放。

如果美国和全球传统的左右翼的政治党派能够自行调整，采取更加非传统的政治路线以适应新的议程，那么很好。但我猜测，很多人会无法承受这种压力，对他们僵化的传统而言，在加速时代去适应、模仿大自然，加强韧性和动力，这种压力实在太大了。

　　既然我们以大自然的智慧开篇，那么让我们也以此结尾。埃默里·洛文斯指出：能够繁盛发展的生态体系都有一个共同点，"他们都有着极强的适应性——其他的一切都只是细枝末节"。

第 11 章

# 网络空间里有上帝吗

人类历史上从未出现过人类能做到的事情最终却没有发生的时刻。要是人没有如此胆大妄为，那除非是因为以下三种原因之一：（1）人类心智从根本上改变了（但愿如此！）；（2）全世界的社会契约改变了，"愤怒的人"不再能够"被赋权"（同样，但愿如此！）；（3）砰！地球爆炸了！

——加勒特·安德鲁斯对我 2015 年 10 月 21 日在纽约时报网站上刊登的专栏所做的评论

除非我们彼此相爱，爱到足以修补我们各自的空虚，否则爱不会赢。

——喜剧演员萨曼莎·比 2016 年 6 月 13 日在其 TBS 节目《萨曼莎·比全面开战》上对奥兰多大屠杀发表评论

自 1989 年《从贝鲁特到耶路撒冷》一书出版后，我一直巡回于不同的国家，推销我的每一本书。我至少做了上百场演讲，面对各种不同类型的听众。那么，这些听众提出的问题中最好的是哪一个？这很容易回答。那是在 1999 年俄勒冈州波特兰剧院里，当时我参加了世界事务理事会举办的一次活动，正在推销我的《凌志车与橄榄树》一书，一位年轻人站起来，问了我一个问题：网络空间里有上帝吗？

我承认，我不知道要如何回答他这个满怀诚意、渴求答案的问题。毕竟人类已经为人与人的互动创造了一个广阔的新领域。如果超新星位于天堂与地球之间，那么谁是它的主宰？是亚马逊网公司，还是高高在上的上帝？这个问题问倒了我。

我打电话向拉比特兹维·马科思寻求解答❶。拉比特兹维·马科思是我最敬仰的精神导师之一。他是一位研究犹太教法典《塔木德》的伟大学者。我在耶路撒冷的沙洛姆哈特曼研究所认识了他。他目前居住在阿姆斯特丹。我征求他的意见，到底该怎么回答这个问题。

我觉得马科思的解答太棒了，并将它增补进了《凌志车与橄榄树》一书的平装版中。之后我便将它放在了一边，忘得差不多了。当我开始写作这本书的总结部分时，我发现自己开始更多地反思这个问题，以及马科思的答案。事实上，我偶尔也会抓住机会向宗教领袖以及其他人提出同样的问题。我问坎特伯雷的大主教贾斯汀·韦尔比："网络空间里有上帝吗？"他跟我开玩笑，网络空间里一定有上帝，因为每次他总能在伦敦地铁里听到人们冲着自己的手机喊："哦，上帝，怎么没信号了！"

以下是马科思当初给我的回答。他先是建议，每当我被问到"网络空间里是否有上帝"这个问题时，应当首先回答："这取决于你是怎么理解上帝的。"如果你认为上帝就是一个能够现身的全能的神，通过神圣的干预惩恶扬善，那么网络空间里确实没有上帝。网络空间里充斥着色情图片、赌博、谩骂他人的博客和推特，以及歌词中充满暗示意味又夹杂着粗话脏话的流行及说唱音乐，更不用提各种形式的仇恨言论了。现在，诸如"伊斯兰国"（ISIS）这样的满怀憎恨的团体还利用网络进行犯罪和招募成员。事实上，以前人们总说，万维网上最常用的三个字母的单词的排序是"性"（sex）与"MP3"（免费下载音乐的重要协议），而不是"上帝"（God）。

然而，马科思补充说，当然还有一种后圣经时代的犹太观点。就圣经的观点而言，上帝总是在干预，他为我们的行为负责。他惩罚坏人，嘉奖好人。而后圣经时代的观点认为，我们自己的选择与决策才是决定上帝是否存在的原因。上帝总是隐藏着的，无论是在网络空间里还是在家附近的商场里。要让上帝与你共处一室，无论是在真正的房间还是在网络聊天室，你都需要通过自己的言行举止、

---

❶ 译注：拉比（Rabbi），在犹太教社团中，接受过正规宗教教育，熟悉《圣经》和口传律法而担任犹太教会众精神领袖或宗教导师的人。

道德选择以及鼠标点击将他带到你身边。

马科思指出，在《以赛亚书》中有一句经文："你是我的见证，我是耶和华。"公元2世纪的拉比评论家将其解释为："如果你是我的见证，我是耶和华。如果你不是我的见证，那我也不是耶和华。"换句话说，除非我们以善行见证神的存在，不然他不会与我们同在。除非我们的行为体现了上帝对万事万物的运筹帷幄，不然他就不再运筹帷幄。按照后圣经世界的观点，从世界的第一天开始，上帝就信任并赋予人类做出选择的权力。上帝相信亚当能够对伊甸园里哪些水果可以吃这个问题做出正确的选择。我们有责任通过我们的所作所为、我们所做的选择，让上帝的存在显现。这对网络世界而言尤为重要，因为没有人对这个空间负责。当今世界，没有一个地方能比网络能给人更多的自由选择。在网络空间里，我们所有人都连接在一起，没有谁是主导。

所以，正如我在平装版《凌志车与橄榄树》中所写的，我开始告诉所有提出"网络空间里是否有上帝"这个问题的人们，问题的答案是"不"——但他想要在那儿。只不过，前提是我们得通过我们的行为将他带到那里。上帝会赞美一个人类极度自由的宇宙，因为他知道他在世界上能够真正显现的唯一方式，不取决于他是否干预，而取决于当面临选择之时，我们能否在当时的环境下选择神圣与道德。正如马科思所说："在犹太后圣经的世界观中，除非你完全自由，否则你无法成为有道德的人。如果你不自由，就意味着你没被赋权，而如果你没有权利去选择，那你就不能代表你自己。上帝会说，网络空间是你能够真正自由的地方，我希望你能做出正确的选择，因为如果你这么做了，我就会与你同在。"

已故以色列宗教哲学家大卫·哈特曼补充了一个重要的观点：从某种程度上来说，网络空间类似于先知们所描述的那个世界，"一个人类可以联合起来并获得完全自由的地方"。但他继续补充道："危险在于，我们正在一个没有上帝的网络空间里把人类联合起来。"网络世界里没有任何价值体系，没有任何过滤器，没有真正的治理。这就是为什么我发现自己会重新提出这个基本问题：网络空间里是否有上帝存在？感谢这个加速发展的时代，20年前人们所提出的顾虑在今天全都得到证实，只不过真实发生的情况比预想的严重100万倍。

当我们削弱自上而下的权力结构，强化由下而上的权力架构；当我们在这个世界上不仅创造出了超级大国，同时也创造出了威力超强的个人；当我们将远方的陌生人拉近身边；当我们加速思想及创新能源的流动；当我们赋予机器思考的能力；当我们通过改变 DNA 来消除疾病、改造植物以及设计新材料；当希腊人民拒不交税的行为能够影响到德国波恩、马里兰州德国城的债券市场以及银行；当一个在马来西亚的科索沃黑客可以窃取美国零售商的资料，将它卖给基地组织，基地组织能通过推特威胁身份遭到黑客攻击的美国军人——当所有这些同时爆发的时候，我们联手打造了一个新世界。在这个世界里，个人的想象、信念、抱负变得前所未有的重要。比起历史上的任何时刻，如今，人们能够更快速、更深入、更便宜、更广泛地将他们的想象、信念与抱负付诸行动。

如果我们需要在某一个时刻停下来进行道德反思，那么这一时刻就是现在。"每一种技术都在其被透彻理解之前就得到使用。"里昂·韦瑟蒂尔在 2015 年 1 月 11 日《纽约时报》书评栏目中写道："一项创新的产生以及理解其所带来的后果之间总会存在时滞。我们就生活在这段时滞中，而现在我们应该反思了。我们可以得到很多，也可能失去很多。"

坦率地说，我们已经创造了一个世界：人类比以往任何时候都更像上帝。我们还创造了一个有许多新疆域（我们称之为网络空间）的世界，在那里没有律法，没有价值观，似乎也没有上帝。将这两股趋势放在一起，你就能理解为什么近年来我发现越来越多的人会问我有关价值观的问题，并用自己的方式询问上帝是否在掌管着网络空间这个问题。他们用自己的方式要求我们进行反思：在一个人类越来越像上帝的世界里，在这个越来越多没有上帝掌管、没有价值观也没有法律的世界里，我们应该如何反思伦理道德，应该如何培养出正确的价值观？

简而言之，他们正在寻找道德创新。谁又能责怪他们呢？

作为一个物种，人类还从未遇见过这样的十字路口。毫无争议，就我们拥有的威力而言，我们正变得更像上帝。在今天，"只要是你能想象的事，它就能发生"。神经科学家埃里克·罗伊特哈德指出："唯一的问题就是代价是什么。如果你能设想出一个大混乱的局面，或者提出一个解决贫困或疟疾的方案，比起之前，如今你更可能（容易地）实现它。"个人行为的延展性在今天既可能是一个问题，但同时也可能是个解决方案。"个人行为现在将会产生全球性影响。如今，我的行为可以扩展到整个世界，而世界的行为也能影响我。"

想一想生物学。"过去只有大自然能掌控物种的进化。现在，人类继承了这一能力。"克雷格·蒙迪表示："我们开始操纵作为所有生命之基础的生物学。"例如，今天人们在问：我们是否应该消灭携带寨卡病毒的蚊子，因为现有技术通过计算和数据收集可以使我们做到这一点。这种技术被称为"基因驱动"（genedrive）。《麻省理工大学科技评论》杂志在 2016 年 2 月 8 日进行了如下报道：

> 科学家称，一项具有争议性的基因技术将在几个月内问世，这项技术能够消灭携带寨卡病毒的蚊子。
>
> 这种被称为"基因驱动"的技术只是在去年在酵母菌、果蝇以及可传播疟疾的蚊子身上使用过。它使用基因剪切技术 CRISPR 强制实现基因改变，并通过繁殖活动在种群中广泛扩散。
>
> 三个处理蚊子的美国实验室——两个在加利福尼亚州，一个在弗吉尼亚州——表示它们已经在致力发明针对埃及伊蚊的基因驱动技术。这种蚊子被指认为是传播寨卡病毒的罪魁祸首。一旦实施，该技术理论上可以导致该物种灭绝。

超新星促进了合成生物学的应用，它正在创造之前不曾存在的生物体，使现有的生物具有了它们以前没有的属性，并正在消灭大自然进化而来的有问题的或不具生产力的生物体。这一切曾经都是大自然的工作，通过自然选择的进程来完成。而很快，你就能在家里玩这个游戏了。

1945 年 8 月 6 日上午 8 时 15 分，一架美国 B－29 轰炸机在日本广岛投下原子弹，由此引发了各国的核军备竞赛。从那时开始，我们就生活在一个单一政府能够摧毁整个地球的世界里。现在这也适用于描述个人。以前一个人只能干掉一个人；后来，一个人可以干掉十个人；再后来，一个人可以干掉数千人。现在，在我们所处的世界里，一个人或一个小组织就能够杀死所有人。或许过不了多久，你就能读到相关的报道，称"伊斯兰国"（ISIS）已经获取了 3D 打印技术及相应的材料，可以装配出一个带有少量可裂变物质的手提箱炸弹。或许过不了多久，某个恐怖分子或丧心病狂的人就会试图去获取类似埃博拉病毒或其他传染性细菌，并将它们变成生化武器。2016年3月，有报道称，"伊斯兰国"（ISIS）武装分子策划将比利时核武器科学家劫持为人质，以便进入比利时核武器研究所。

然而，与此同时，我们正在迈向这样一个世界：如果我们携手同心，就能够让所有人都吃饱、穿暖，并得到保护；就能够治愈所有疾病，为所有人增加自由，让每个孩子都能接受教育，并使每个人都能发挥他们的全部潜能。超新星正使更多的人可以走到一起，为解决世界上所有的重大问题而共同努力。全球共同信仰运动"世界信仰"（World Faith）的创始人弗兰克·弗雷德里克斯指出："我们是第一代拥有可以解决人类最重大的挑战所需的人力、思想和资源的人。"

这就是为什么我坚称，作为一个物种，我们从未像现在这样站在道德的分岔路口：我们中的某一个人能够杀害所有人；同时，只要我们真的下定决心，我们也能解决所有难题。这就是为什么我坚称，我们从来没有像现在一样更像上帝。

总而言之，适当地行使我们这一代人独有的权利需要一定程度的道德创新，而这样的道德创新在美国或全球都几乎还没有开始探索。这还需要一定程度的基本道德素养，而这也是大多数领导人所缺乏的。

"也许我们的想法太过浪漫主义了，但我认为领导力需要有解决价值观和伦理道德问题的能力。"耶鲁大学管理学院前院长杰弗里·加滕说道：

教育需要补充一剂强烈的人文科学。我们应当如何思考隐私问题或基因实验？这些都是不存在国际制度框架的领域，事实上，几乎连国内的制度框架都没有。某些国家已经在一些动物身上开展大规模的基因工程。未来将走向哪里？这种活动应以何种法律和道德原则作为基础？谁有必要的手段来建立正确的原则？你如何在技术进步与人道主义之间保持平衡？这些是你在麻省理工学院学不到的东西，在那里你学习的都是核物理。这就是最大的讽刺。当我们的技术越来越强大，我们就更需要框架和格局更广的人。你能够聘请技术专家让系统保持运转，但什么才是系统的目标？这需要不同类别的领导人来回答。

阿门！

## "伊斯兰国"（ISIS）视频配啤酒

毫无争议，我们正在创造大量全新的、不受管制的空间——没有规则，没有法律，没有联邦调查局，更没有上帝。在过去两年中，出现了一些不同异常的新闻。先来看一则 2015 年 3 月 3 日发布于 CNNMoney 频道的报道：这则报道曝光了 YouTube 网站在"伊斯兰国"（ISIS）或其他恐怖组织上传的视频前插播商业广告：詹妮弗·安妮丝顿称赞阿维诺护肤品的妙用；百威啤酒在一场音乐会上炫耀它的啤酒；维多利亚的秘密售卖气味清香的除臭剂。都是些寻常可见的广告，但不同之处在于广告之后播放的内容。这一次，紧接着播放的都是"伊斯兰国"（ISIS）和圣战分子的视频……

像 YouTube 这样的视频网站向公司出售广告时间，广告会在视频播放前自动播放。这篇报道指出："虽然广告客户可以指定传播的目标人群，但他们并不能直接控制广告的刊登位置。"报道援引法律分析师丹尼·塞瓦洛斯的话："从合同的角度来看，这些花了大价钱从 YouTube 网站购买导流点击的公司如果发现他们的广告后紧跟着的是"伊斯兰国"（ISIS）的招募视频，那他们可能不会感到高兴。"

"伊斯兰国"（ISIS）的追随者中也许没有几个人喝啤酒。也许网站的算法探测到有许多年轻人访问了这些网站，并推定其中会有很多爱喝啤酒的人。无论是什么原因，投放广告的公司并不知情，也不会感到高兴。

在看了一段视频之后，安海斯·布希啤酒公司负责消费者关系的副总裁向 CNNMoney 频道诉苦："我们不知道会有一个我们公司的广告与这种视频放在一起播放。"在 CNNMoney 频道报道此事后，YouTube 撤下了与"伊斯兰国"（ISIS）相关的视频。

以下是 Bustle.com 网站的跟踪报道：

YouTube 刊登广告的方式是这样的：在品牌支付广告时间费用之后，视频网站会依据算法将广告随机地安排在一段视频之前，但除非亲自观看，不然 YouTube 和投放广告的公司都无法知道广告究竟投放在哪个视频之前。尽管公司无法要求其广告在某一特定视频前播放，但它可以要求针对某些目标群体投放其广告。但是，为何百威啤酒、丰田和 Swiffer 除尘掸的广告会在"伊斯兰国"（ISIS）的视频之前播放，这显然是个未解之谜。因为，我们可以肯定，没有哪家公司会选择瞄准 18 岁至 55 岁之间、想要发动恐怖袭击的极端武装分子。

再来看看澳大利亚悉尼发生的这则新闻。2015 年 12 月 24 日，出租车预约公司优步为上周在悉尼发生咖啡店劫持事件时提高车费道歉。在这场 16 小时的恐怖事件中，共有 3 人丧生，枪手也被击毙。据 BBC 新闻网站报道，一个枪手控制了悉尼的一间咖啡店，人们纷纷逃离这里，有人拔腿就跑，有人则乘车逃离，优步公司在乘车需求大幅上涨之时，将车费提高至正常价位的 4 倍之多。

在悉尼的马丁广场发生劫持事件的那天，优步因提高价格而在社交媒体上受到了严厉的批评，因此，它开始提供免费的出城服务。

优步还表示，它将退还受到加价影响的乘客的乘车费用。

"我们没有立即停止动态定价。这是个错误的决定。"优步在周二发表的一篇博客中表示。

优步表示，它的首要任务是帮助尽可能多的人安全离开中央商务区，但是由于沟通"不畅"，导致大家对其动机产生很多误解。

优步在其他城市捍卫其动态定价的策略，但已与美国监管机构达成协议，在国家面临紧急情况的时候限制该政策。

所有这些报道体现了一个共同点——做决策的不是人，不是道德，更不是上帝，而是算法。所有这些报道的另一个共同点在于，一些技术力量聚集到一起，使人与机器的力量呈指数级的阶段性变化，远比我们人类重塑自己，重塑我们的机构、法律和领导方式的进程要快得多。

"我们正在让科技做人类本不应放弃的工作。"塞德曼说道，"是人做出的决定，让YouTube通过算法为视频匹配广告。但之前这从来都不是科技要干的工作。"这应当永远是人类的职责。"科技使新的行为、体验和连接方式成为可能。"他补充说，"但是，需要人类来为其制定行为准则，让体验更有意义、连接更加深入，并根植于共同的价值观与抱负。"不幸的是，人类进步与道德发展不存在摩尔定律。这项进程是凌乱的，不遵守线性趋势。它一会儿上升，一会儿下降，曲折多变。这很难，但确实没有其他办法。

随着网络空间进入家庭，这一切变得更具挑战。回想一下2015年11月在科罗拉多州卡能市所发生的事件：当地高中100多名学生被发现相互交换裸照，并将照片储存在智能手机隐秘的照片保险柜应用中。学生们拍摄了自己的裸照并进行分享，然后使用手机上的"幽灵程序"储存并隐藏照片。幽灵程序看上去与任何一款正常的应用程序很相似，最受欢迎的一款应用看起来像一个计算器。如果你的父母或老师拿到你的手机，他们看到的就是一个计算器的图标。但是，如果你在键盘上输入密码，就会转入一个隐藏的页面，你可以在其中储存色情照片、视频和短信。这听上去很像是10年前Q博士安装在詹姆斯·邦德手机里的东西。现在，每个高中生的手机上都有。"私人照片保险柜"（Private Photo Vault）是苹果应用商城中所有照片及视频类应用软件中下载量最多的应用。该应用阻止了父母、警察以及任何其他人向青年人传播可持续的价值观。

"在过去，如果父母抓到自己的孩子在做坏事，他们会说：'回你的房间。'"塞德曼说道："只要孩子在家里，家长就可以控制他们——所以他们会命令孩子回房间，那里没有电视。"但现在，即使你让孩子回他们的房间，他们仍然能使用秘密的应用程序与整个世界连接，妈妈和爸爸被蒙在鼓里：看起来他们正在使用计算器，实际上却在发送色情短信。

你给孩子配一部手机，是想方便地知道他们午夜后的去向，或是让他们在聚会后呼叫优步回家。但是,这部手机不仅是父母管束的绳索,也能成为孩子们进入禁忌世界的钥匙。所以,"回你的房间去"这道命令,现在必须改为"把你的智能手机、平板电脑、iPod、苹果手表、无线网卡以及手机上保险柜应用程序的密码交出来,然后再回房间"。

这些不受控制的领域不仅仅限于前卫青少年特有的工具。2015 年 12 月 17 日,在巴黎圣战者自杀袭击爆发后,CNN.com 网站的报道称:"巴黎袭击事件的调查人员发现了一些证据。他们认为这些证据表明,一些恐怖分子使用了加密应用程序隐藏袭击计划……恐怖分子使用过的众多应用中就包括 Whats App 和 Telegram。这两款通信应用软件都标榜自己采用了难以破解的端对端加密技术来保护用户的隐私。"

接着,发生了一个著名案件。2015 年 12 月 2 日,赛义德·里兹万·法鲁克在加利福尼亚州圣贝纳迪诺枪杀了 14 名民众。当联邦调查局要求苹果公司交出赛义德所使用的 iPhone 网络锁柜的密码时,苹果公司以全世界各地的 iPhone 用户的隐私问题为由,拒绝帮助联邦调查局。联邦调查局最终成功破解了这部手机,并通过从第三方网络安全机构上购买的一个"工具"提取数据(联邦调查局局长詹姆斯·科米不愿透露这个第三方机构的名字)。这场保护隐私与保护安全之间的军备竞赛才刚刚开始。这要求美国国会进行严肃的反思:面对威力强大的愤怒者日益严重的冲击,我们该如何管理和平衡网络空间中的隐私保护。

## 是时候让所有人重返主日学校了

诚然,世界上永远会有邪恶存在,总会有犯罪行为,总会有骗子利用技术进步的成果或网络空间的自由来欺骗社会、邻居或陌生人。当我们谈论应该如何更好地管理这些领域的时候,我们能够期望的最好结果就是提高遏制这些恶行的概率——毕竟,它们永远不会被彻底消灭。

任何一个社会的第一道防线都是它的防护栏:法律、交通信号灯、警察、法院、监控、联邦调查局以及脸书、推特、YouTube 等领域的基本道德准则。所有这些都是必要的,但在加速时代,光有这些还不够。显然,我们还要更加严肃地思考如何激发出更多的"持久的价值观":诚实、谦卑、诚信、相互尊重。只有这样,我们才能建立信任、社会纽带，尤其是带来希望。这一切都掌握在家长、中小学校长、大学校长和精神领袖手中。与这种"持久的价值观"相对的是塞德曼所谓的"情形价值观"：即无论是在现实世界还是在网络空间中，"只要所处情形允许，就可以去做"。塞德曼认为，持久的价值观承担着"双重责任"，塞德曼补充道，既能激发产生信任和健康的相互依赖关系的行为，也能激发希望和韧性。当面对不良行为的时候，持久的价值观让我们挺身而出。

当我思考全球范围内面临的这一挑战时，我自己给出的小药方是：我们需要设法让更多人践行黄金法则。至于到底是哪个版本的黄金法则并不重要。既可以是圣经中所说的"无论何事，你想要别人怎样待你，你就要怎样待别人"，也可以是这句话在《巴比伦塔木德》中的另一个版本。在《巴比伦塔木德》中，伟大的犹太教老师拉比希列尔曾说过一句名言："不要对你的同胞做你所认为的卑鄙的行为。这是整个摩西五经的要旨，其他的都是注释。去吧，去学习它吧。"也可以是你的信仰中信奉的版本。

当我们以一人之力就能杀害所有人；当我们所有人携手就能够解决所有问题；当我们一生中有越来越多的时间进行沟通、竞争、协作，并在一个每个人都互联互通却不受任何人主宰的网络中开展商业活动时，黄金法则愈发重要，并急需在大范围内普及。

哈佛商学院组织行为学教授高塔姆·穆昆达指出，黄金法则的独特之处在于，虽然它是所有道德指南中最简单的，但是"它能够产生各种最复杂的行为。它具有不断适应的能力，能够适用于各种可以想象到的情况，而这是其他规则所不具备的"。这个世界已经够复杂了，你不会希望让它变得更复杂。若要简化这个世界，没有哪个道德法则比黄金法则更为有力——真的，其他所有的都是注释。

将黄金法则向更多的人、在更多的情形下推广和普及，这听上去完全不切实际，很天真。这一点我也知道。但实际上，这就是当下的现实。如果我们不能让更多的人以"你想要别人怎样待你，你就要怎样待别人"的标准规范自己的行为，如果我们不能激发更多的持久的价值观，那么我们将是"第一个自取灭亡的物种"，埃默里·洛文斯表示。

这对你来说足够现实吗？

改变人们的信仰是很难的。要让这个观念被普遍接受似乎也是不可能的。今天，即使提出这个想法听上去都很天真。但是，让我告诉你什么才是真正的天真：在这个威力强大的愤怒者层出不穷的时代，继续无视道德创新面临的挑战，期待着这样下去会有好结果，这才是真正的天真，而且还是不计后果的鲁莽。

奥巴马总统在其第二个任期尾声的时候访问了日本广岛。他也是第一位访问广岛的美国总统。2016 年 5 月 27 日，他在广岛发表演说时说："科学使我们能够跨越海洋、穿越云霄进行沟通，使我们能够治疗疾病、了解宇宙，但科学也能变成更有效的杀戮机器。近代以来的历次战争让我们认识到了这个真相。广岛让我们认识到了这个真相。若在技术进步的同时，人类的制度没有一起进步，那么结果可能是世界末日。原子科学革命需要一场与之并进的道德革命。"

奥巴马继续说道，我们今天的使命，"是将我们不断加强的相互依存视为和平合作的理由，而非开展暴力竞争的原因。用我们的建设能力，而不是破坏能力，来塑造我们的国家。也许，最重要的是，我们必须反思，作为人类群体的一员，我们彼此之间有什么样的关联。"

我找不到更好的话语来表达这个意思。这不是天真，这是当下残酷现实的本质。让我再重复一遍：天真才是务实。作为一种物种，我们要想在这个加速时代存活下去，就必须找到新的方法管理新的领域，也要找到新的方法管理旧的领域。是的，这需要我们的社会技术快速进化。

那么，要从哪里开始呢？

## 《火星救援》

一个可行的办法是尽可能地让更多的人团结在一个健康的社区里。法律和护栏、警察和法庭，都比不上一个强大的社区更有约束力。非洲人的谚语是有道理的。他们说："养育一个孩子需要一个村庄。"社区肩负着双重责任。它们创建了一种归属感，能够产生信任，而这种信任是黄金法则的基石。此外，对于那些想要越过雷池的人来说，社区也是一种无形的约束。

2001 年 9 月 11 日，我在以色列。次日一早，我采访了以色列情报专家，询问他们对于自杀式爆炸袭击者的看法。在与巴勒斯坦人的斗争中，他们已经面对过许多类似的情况。我永远不会忘记他们的回答。他们说，尽管以色列可以通过严密编织的情报网络阻止一部分自杀式爆炸袭击者，不让他们离开位于约旦河西岸或加沙地带的村庄并在公交车上或餐馆里引爆自己身上的炸弹。但是，总会有漏网之鱼，除非巴勒斯坦的村庄对他们说"不"，除非这些村民说：这不是他们所认可的烈士，而是他们无法认同的谋杀行为。

在一个健康的社区中，人们不仅会为彼此着想，而且还会从脸书里走出来，走到彼此面前。一个健康的社区不会认同毁灭和欺凌，而是会动员起来反对这些行为。如果家庭、社区、文化以及宗教约束都消失了，或者从未出现过，那么，自杀式爆炸袭击者会更加猖狂。

下面是 2016 年 7 月 15 日法新社发布的有关尼斯地区卡车司机实施恐怖袭击的新闻报道：

> 该名卡车司机涉嫌在尼斯滨海区用卡车冲撞人群并杀害了大量民众。在司法取证专家搜查他的公寓时，他的邻居说他是一个没有明显的宗教信仰、独来独往的人。根据在卡车中找到的身份证明文件，警察确定该司机名为穆罕默德·拉胡瓦杰·布哈勒，是一名 31 岁的突尼斯裔法国人。该名司机所居住的公寓位于尼斯的一个工人阶级社区的一幢四层公寓楼中。法新社的记者采访了该司机的十几名邻居，他们将其描述为一个独居的人，沉默寡言，也不会在走道里回应邻居们的问候。

环境战略家哈尔·哈维曾经评论道："让我夜不能寐的事情，就是想到有一个人坐在小黑屋里，吃着外卖披萨，盯着电脑，想方设法要打开胡佛水坝的闸门——只有在道德和社交方面与世隔绝的人才会想到要这么干。破坏一个水坝要比建造一个水坝容易多了。"在一个充斥着强大威力的个人的世界里，我们需要加倍努力，确保创建更多的有道德的社会环境，编织健康的相互依赖关系，接纳移民、陌生人和孤独的人，激励更多地方的更多人去建设而不是去破坏。

一种强大的约束力就是想到自己的朋友和家人会憎恨或鄙视你的所作所为。这样的意识只能在一个社区里激发。"举国上下，各个学校与组织都在尝试塑造个性的新方法。"我的同事大卫·布鲁克斯在 2015 年 11 月 27 日的《纽约时报》专栏中写道："到目前为止，我所看到的最好方法，就是塑造浓厚的社区意识。在大多数情况下，个性不是由个体自己形成的，而是在交流中产生，在集体中塑造的。"

要想巩固并推广用健康社区塑造性格的做法，一个途径就是向人们展示心连心、手牵手所能带来的欢乐和成果。如果我们不仅仅是在对别人做什么，而且是与别人一起做，我们能取得的结果将是巨大的、坚实的，也是能够带来改变的。

我很喜欢《火星救援》这部电影，不仅仅是因为演员精湛的演技和情节设计。电影讲述的是马特·戴蒙所饰演的美国宇航员在火星上陷入困境、孤立无援的故事。我最喜欢的一幕是：美国宇航局需要在很短的时间里组装好一个火箭，将至关重要的补给物资运送给被困的宇航员。但是火箭却在升空后不久爆炸了，因为在如此仓促的准备时间里，工作人员没能对火箭进行适当的检查，也没能进行飞行前的测试。正当美国宇航局手忙脚乱地寻找另一个解决方法时（建造一个火箭需要很长的时间），场景突然切换至中国。《中国日报》在 2015 年 9 月 12 日发布的影评中写道："中国国家航天局的内部会议室里，两名高级官员在讨论中国能够提供什么帮助，如果这么做了，在政治上、外交上和经济上对中国意味着什么。他们恰好有一个已经整装待发的火箭。但是，由于这是中国的机密项目，世界上没有其他人知道这个火箭的存在。所以，即使他们不施以援手，也没人会知道。"

但是，中国人主动伸出了国际合作的援手，决定帮助这名被困火星的美国宇航员，使其不至于饿死。他们使用自己的运载火箭将这位受困者急需的物资送到火星上。我们看到中美航天专家合力解决了问题。在影片的最后，我们也看到中国国家航天局的领导与美国宇航局的领导肩并肩站在一起，和全世界的人们一道，为这个最终成功的援救任务加油。

遗憾的是，这种故事只会发生在好莱坞。这是一部政治性的科幻电影，因为正如《中国日报》在影评中提到的："出于人权问题和国家安全考虑，自从 2011 年开始，美国国会禁止美国宇航局与中国开展合作。时任国会众议员的弗兰克·沃尔夫将这条禁令偷偷塞入了预算法案。沃尔夫是一名来自弗吉尼亚州的共和党议员，在国会服务多年，曾担任负责监督美国宇航局的国会众议院小组委员会的主席。他对《科学内幕报》的记者说，'我们不想给（中国）提供任何机会从我们的技术中谋取好处。与他们打交道也不能为我们带来任何收获。'"

但是，《火星救援》的编剧和制作人有他们的想法。那个虚构的国际合作场景打动了我，而且它不止打动我一人。据报道，许多去影院观影的民众在影片的最后纷纷鼓掌，为好莱坞所描述的国际合作而鼓掌。然而，该影片的奇妙之处在于，导演使整个情节看上去十分正常，十分符合逻辑，十分正确——这不禁让人思考："为什么我们不能一直这么做呢？若是如此，我们的生活不是会变得更好吗？"

作为一个物种，为了人类的生存，我们必须将对"社区"的定义拓展到整个星球。这话说得很大，但却是句实话。如果大自然把我们所有人视为一个整体；如果一个人的力量、机器的力量以及流动的力量能够同时影响我们每个人，那么，无论我们是否愿意，无论我们是否承认，我们都属于同一个社区。如果我们属于一个全球性的社区，那就必须像一个社区一样行动。

"相互依赖是一种符合道德要求的现实。"塞德曼解释道，"在这样的现实中，我们同舟共济，荣辱与共；我们从未像今天这样，即便彼此相隔甚远，也能相互产生深刻的影响。在这样的世界里，生存与繁荣的策略只此一条：形成健康的、深刻的、持久的相互依赖关系，无论是人与人的关系，社区里的关系，商业活动中的关系，还是国与国之间的关系。这样，我们才能共同繁荣，而不是一起沉没。这并不复杂，但却艰难。"英国环保主义者汤姆·伯克说："我们在当今世界的座右铭应该是：'养育一个孩子，需要一颗星球。'"

为何会如此艰难呢？因为"作为人类，我们的最大缺陷就是部落性"。未来研究所执行主任玛瑞纳·戈比斯说："我们需要依靠集体定义自己的身份。我们的思维就是这么设定的。自人类燃起第一堆篝火开始，我们就一直是一种部落动物。"

这蕴藏着挑战，也蕴藏着道德创新的需要：在一个更加相互依赖的世界里，我们必须重新定义我们所在的部落，我们必须拓宽社区的边界，就好像奥巴马总统在广岛演讲中所提出的："我们这个物种之所以与众不同，是因为我们不受制于遗传密码，不会重复过去犯过的错误。我们可以学习。我们可以选择。我们可以为我们的孩子讲述一个不一样的故事，一个讲述共同人性的故事，一个不太会有战争、不太轻易容忍残忍行径的故事。世界曾经在这里被永久地改变了，如今这座城市里的孩子将生活在和平之中。"

戈比斯所言不差。我们生来就具有部落性，但我们的部落观并没有被铁丝网牢牢地限制住。与动物不同，我们是具有适应性的，我们能够通过学习了解到：为了生存，我们必须扩大篝火圈子，才能看到共同的人性，将邻座的人视为兄弟或姐妹。36岁的歌剧明星卡拉·蒂里科夫·卡纳莱斯在全球各地表演了80多次《卡门》。我与她的初次相见是在肯尼迪艺术中心举办的一个艺术节上。她在密歇根州长大，母亲是墨西哥人，父亲是保加利亚人。她向我阐释了这种生活给她带来的挑战。她说，作为一个在美国长大的非盎格鲁撒克逊人，她从小到大填表填到"种族"一栏的时候，都需要"在'其他'这个方框中打钩。这令我觉得我不属于任何群体。这令我觉得自己像一个外星人。我不喜欢这样的感觉。我认为，作为人类，我们渴望得到归属感。我试图在一个更广的层面上思考这个问题，我觉得，我是一个人，所以我属于'所有'这个方框。我们都属于'所有'这个方框……我们需要从'其他人'转变为'所有人'"。就在美国逐渐变成一个"少数对多数"的国家的时候，卡纳莱斯创立了自己的小组织，致力于拓宽围在篝火边的圈子，"帮助其他人完成由'其他人'向'所有人'的转变"。

2016年5月3日，美国国家公共广播电台的《早间节目》栏目播报了社会科学记者尚卡尔·韦丹塔姆所做的一则新闻报道。韦丹塔姆的专长是研究人类行为中看不见的规律。这则新闻报道是关于一项与他人共舞能带来什么健康益处的研究。韦丹塔姆解释道，牛津大学的心理学研究者于近期在《进化与人类行为》期刊上发表了一篇研究报告，讲述了让志愿者们进入一个舞池，并教授他们不同的舞步时会发生的故事。在舞池中，研究人员将志愿者们分成四人一组，给大家带上耳机听音乐。配对的舞伴，有的是两个人学同样的舞步，有的是两个人学不同的舞步。在志愿者们随着音乐起舞之前和之后，研究人员将血压计袖带捆在他们的手臂上，测量了他们对疼痛刺激反应的阈值。

研究人员发现了什么呢？韦丹塔姆说道：

志愿者们在一起跳舞前和一起跳舞后，他们对疼痛的感觉发生了很大的变化……

那些学习同样的舞步，并且听到同样乐曲的志愿者，他们的舞步能够彼此同步……在跳过舞之后，明显显示出更强的忍痛力——他们的疼痛阈值提高了。

相比之下，听到不同乐曲的志愿者，或者就同一曲音乐学习不同舞步的志愿者，他们的舞步无法彼此同步。这些志愿者在跳舞之后，或是对疼痛的感觉没有变化，或是疼痛阈值降低了，感觉很疼。

是什么原因导致了这种现象呢？韦丹塔姆表示，研究人员是这么认为的：

当人们感觉某种经历是好的，那往往标志着这些体验达到了某些进化的目的。比如，由于某些食物对我们的祖先有生存价值，因此大脑在进化后会觉得这些食物是好吃的。

作为社会性的物种，成为一个组织的一部分有着生存价值。进化也可能使大脑适应这样的情况：当我们与别人共同完成一件事，或者当我们为了他人做一件事时，大脑会感受到一种获得奖励的感觉。和别人一起跳舞，尤其是在动作同步的情况下，会给予你这样的暗示：实际上，你与许多人都保持着和谐。研究者们认为，这就是为什么许多文化中都有群舞的习俗，这也是为什么群舞会给人的健康带来益处。

在我对美国公共卫生局局长默西的一次采访中，他也认同这个观点："我们十分痴迷于新的药品和新的疗法，但是，只要你思考一下就会发现，同情与关爱是我们拥有的最古老的药品，它们已经存在了千年之久。当你行医之后，你很快会发现同情与关爱在康复过程中发挥了多么重要的作用。"

扩展这种疗法当然很困难，我并未心存幻想。或者说，我知道，有很多人仍然会想要逃离"所有人"的方框，而在"其他人"的方框中寻求庇护。欧盟之所以会诞生，是因为在经历了种族间的竞争和仇恨所导致的两次世界大战之后，欧洲人痛定思痛，觉得还是联合成一个"共同市场"更好。但是，这样的认识近年来似乎在逐渐消退——英国公投脱欧就是一个例子。而且，这不仅发生在欧洲。自成年以来，我一直都以一个记者或专栏作家的身份在中东进行采访。我发现，以色列人与巴勒斯坦人、什叶派教徒与逊尼派教徒、伊拉克人与伊拉克人、叙利亚人与叙利亚人，都在朝着错误的方向奔跑。最令人伤心的是，他们很多人其实都明白这一点。

2016 年 5 月 2 日，正当我在给本书收尾之时，《纽约时报》上刊登了一则关于叙利亚的报道，讲述了五年内战后当地的悲惨生活。在报道的最后，作者引用了 85 岁的萨利姆·艾尔－里法伊所说的一句话，他是大马士革的一座清真寺的看守人。里法伊说，即使是最糟糕的灾害也不会永久地持续下去，"这个同样也会过去"。但是，在它过去之前，里法伊说，他的同胞需要改变："我们需要相信上苍，去做他要求我们做的事情。我们需要互相帮助，重新做人。"

25 万人死于内战，这接近叙利亚总人口的十分之一。我们可以肯定地说，叙利亚人已经忘记如何在叙利亚做一个人了。对于伊拉克、利比亚、索马里、也门、刚果、卢旺达、乌克兰和波斯尼亚的许多人来说，也是如此。他们之中有太多的人已经到了这样一个地步：对彼此的憎恨超过了对自己孩子的爱。这就是忘记如何做一个人的真实写照。忘记如何做一个人，意味着杀一个人仅仅是基于他的宗教派别、宗教信仰，或者他的身份证或他的口音。即使杀人者知道这样做意味着撒下仇恨的种子，并且仇恨之火终将焚毁他们的后代脚下的土地，摧毁他们的未来。这与建设社区是截然相反的。

如今也存在值得注意的相反的趋势。例如，2016 年 4 月 22 日，这一天是地球日，来自 175 个国家的领导人签署了《巴黎气候协定》。尽管协定仅达成了自主控制碳排放的最低标准，但我们要看到，这个最低标准的数字已经非常之大。在此之前，这样一份为了减缓温室气体排放危险上升的、期盼已久的协定，还从未在这样"全球化"的范围达成过。的确，可能是大自然加速的挑战终于让人类的思维从"其他"转向了"所有"。哈尔·哈维表示，该协定是一个最佳的例证，证明了人类有能力在消灭所有人或者拯救一切之间做出选择。随着可再生能源的价格持续下降以及能效的上升，"破坏气候和拯救气候的代价是相等的。我们所要付出的金钱基本上是相同的，但是，在微观的层面上，会产生不同的赢家和输家"。煤炭和石油公司，以及传统的公共电力设施企业将成为输家。而风能、太阳能、水能、核能以及其他高效的分布式能源的供应商将会成为赢家。"然而，在宏观层面上，要么全世界都获胜，要么整个星球都会失败。由此带来的影响将会波及未来的每一代人，并且丝毫不会受到国家疆域的限制。"

这是对我们的召唤。重复一遍奥巴马总统在广岛所说的："我们可以为我们的孩子讲述一个不一样的故事。"我们必须这样做，这不是天真烂漫的想法，而是一种战略性的选择。这是每个人的工作——家长和政治家、老师和精神领袖、邻居和朋友。如果你在寻找一个故事，我可以向你推荐乔纳森·马尔兹曼所讲述的一个故事。马尔兹曼是我所在的马里兰州科尔沙龙犹太教堂的拉比。2015 年的犹太新年时，他用如下这段话开始了他的布道：

一位拉比曾经问他的学生："我们怎样才能知道夜晚什么时候结束，白天什么时候开始呢？"学生们认为自己领悟到了这一问题的重要性。因为，有许多只能在夜间开展的祈祷、仪式和习俗，也有许多只能在日间进行的祈祷、仪式和习俗。因此，知道夜晚什么时候结束，白天什么时候开始是很重要的。

于是，最聪明的学生最先回答："拉比，当我朝田野望去，能够分辨出我家的田地与邻居家的田地，就是夜晚结束、白天开始的时候。"第二名学生给出了他的回答："拉比，当我从田间看到一间屋子，并且能够分辨出我家的房子和邻居家的房子，就是夜晚结束、白天开始的时候。"第三名学生给出了另一个答案："拉比，当我看见远处的一个动物，并能分辨它是什么动物，不管是牛、马或是羊，就是夜晚结束、白天开始的时候。"接着，第四名学生又给出了一个答案："拉比，当我看到一朵花，并能分辨出它的颜色，无论是红色、黄色还是蓝色，那就是夜晚结束、白天开始的时候。"

孩子的回答让拉比越来越悲伤、严肃。最终，拉比大喊："不！你们都不明白！你们只会分隔！你们将自己的房子和邻居的房子分隔，将自己的田地和邻居的田地分隔，将一种动物与另一种动物分隔，将一种颜色与所有其他颜色分隔。我们能做的只有这个吗？分隔再分隔，直到将世界撕裂成碎片吗? 世界还不够支离破碎吗? 世界所裂成的碎片还不够多吗? 这是律法存在的意义吗? 不,我亲爱的学生们,不是这样的,完全不是这样的!"

学生们震惊地看着拉比悲伤的脸。"那么,拉比,请告诉我们: 我们怎样才能知道夜晚什么时候结束,白天什么时候开始呢?"

拉比注视着学生们的脸,嗓音突然变得温和而恳切。他回答道:"当你看着你身边人的脸,看到的是你的兄弟或是姐妹时,夜晚才结束,白天才开始。"

让那样美好的一天加速到来,是我们这一代的道德使命。我不知道它将在哪里结束,但是我知道它必须从哪里开始——它的开始,必须通过将人们安置在紧密团结的家庭和健康的社区里。如果人们是漂泊无定、内心不安的,那么,我们不可能期望人们会在所有的场合都遵循道德的黄金法则。以我的能力,我无法告诉你如何塑造牢固的家庭,但是我对于强大的社区略知一二,因为我就成长在这样的一个社区里。因此,请允许我带你回到我的家乡,作为我们这段旅程的结点。在那里,我会讨论在这个加速的时代中,提升韧性和驱动力所需的最后一种创新——建设健康社区的创新。

第 12 章

# 总是在追寻明尼苏达

山里长大，喝着泉水，在邻里玩耍，人们曾经这样生活。重返这些地方是他们重新唤醒真正自我的机会。

——摘自教皇弗朗西斯关于气候变化的通谕，
"Laudato Si"，2015 年 5 月 24 日

2015 年秋天，我正在写这本书。一天下午，我一边开车一边听着广播。一家名为"咖啡屋"的民俗音乐电台播放了一首歌，引起我强烈的共鸣——这种感觉如此强烈，以至于我找了个地方尽快靠边停车，并记下了歌词和歌手的名字。这首歌的名字叫《眼睛》，由乡村民俗歌手布兰迪·卡莉创作和演唱。我希望每次你翻到这一页的时候就播放这首歌，就像你打开音乐生日贺卡一样，因为它成了这本书的主题曲。

这首歌的副歌是：

你的爱像铁链一样缠在我身上，
但我不害怕它会死去，
你可以在飓风中起舞，
只要你站在风眼处。

我希望现在大家都能认识到，今后的每一天，我们都将在飓风中起舞，一场由市场、大自然和摩尔定律的加速所引发的飓风。一些政客提议建立一堵抵抗飓风的墙，傻瓜才会这么做。现在要做的是发现并创造自己的风眼，只有这样才能够让我们继续保持繁荣和发展。飓风的风眼随风暴一起移动，从其中吸取能量，

同时在其内部形成稳定的庇护所。它既是运动的，又是稳定的——我们也必须如此。我们不能逃避这些加速的力量，而必须深入其中，并利用它们的能量和流动，与它们一起移动；利用它们更快地学习，更巧妙地设计，更深入地合作，这样我们可以建立自己的风眼，来锚定和推动自己和家庭自信地前进。

在我看来，政治领域的风眼就是健康的社区。我的朋友安迪·卡尔斯纳的父亲在明尼苏达州的德卢斯长大，母亲在埃及的卡萨布兰卡长大。他常常说，当人们融入社区的时候，他们就感觉到了"保护、尊重和连接"。现在，这种融入感比以往任何时候都重要，如果人们在一个健康的社区中感受到这种被保护、受尊重和相互连接的感觉，就会产生巨大的信任，就可能更好地借鉴大自然的杀手级应用程序。当人们相互信任时，他们可以更加适应和接受各种形式的多元主义文化，可以着眼长远，更容易达成合作，更倾向于试验，以开放的态度对待他人、新想法和新方法，并扩大黄金法则的适用范围。他们不会把精力浪费在纠结每个错误上；他们可以失败，然后再试一次，然后继续失败，接着继续尝试。

"我们经济的未来基金会"负责与城市合作的克里斯·汤普森在其网站上写道："合作以信任为基础。"如果人们相互信任，就会主动承担解决问题的责任，成为问题的主人。政治学家弗朗西斯·福山在《信任：社会美德和繁荣创造》一书中，解释了为什么最成功的国家和社会更能展现出高水平的相互信任。他指出："社会资本是一种能力，它源于社会或社会的某个部分中普遍存在的信任。这个部分既可以是家庭这个最小、最基本的社会群体，也可以是国家这个最大的群体，还可以是所有位于这两者之间的其他群体。"他解释道，如果信任感普遍存在，群体和社会就可以通过许多非正式合同迅速前进和适应。"相反，无法相互信任的人最终只能在一套正式规则和规制的体系下开展合作。这些规则和规制必须通过谈判达成，还可能诉诸司法诉讼和执行，有时需要通过强制性手段。"

正因为如此，多弗·塞德曼认为，信任"是提高法律绩效的良药"，但是信任不能通过命令而产生，而只能由健康的社区培养和激发，在那些感受到某种社会契约约束的人之间产生。哈佛大学的政治哲学家迈克尔·桑德尔补充道："信任是人们为了互惠互利的目的，通过一套体制制度，在政治互动中而产生的。健康社区能够创造强大的民间力量，并产生更多的信任。"

信任对个人或社区能够产生情感效应，在此方面我听到的最贴切的比方来自美国公共卫生局局长维韦克·默西，他说信任将生机送入社区，就好像我们的身体把氧气送进心脏：

> 心脏泵血的过程分为两个阶段——收缩期和舒张期。我们经常认为收缩是最重要的阶段，因为这个周期心脏可以将血液送到你身体的任何地方。但如果你研究过医学，你就会明白，那些向心脏供血的冠状血管，是在舒张期为心脏补充能够维持生命的氧气。所以没有舒张期就没有收缩期，没有舒张就没有收缩。

信任可以创造舒张期。人们只有在心灵和头脑放松的时候，才会开放地听取别人的意见并与他人接触，而健康的社区为其创造了环境。

幸运的是，今天的美国有许多健康的社区。这就是为什么我经常告诉外国朋友，如果你想对美国保持乐观，就要"倒立起来"，因为从下往上看美国，要比从上往下看好多了。我们的国家政治毒性变得越来越大，无法产生我们所需要的、能够跟上市场和摩尔定律加速度的社会技术。在这样的时刻，只有那种来自城市、城镇和社区的自下而上的活力能够拯救我们。这些已经不再期待华盛顿能够团结起来采取行动。他们中的许多人正在建立地方层面的公私合作伙伴关系，在商人、教育家、慈善家和政府之间开展合作，以打造民众和孩子们在飓风中起舞所需要的工具。

健康的城市、城镇或社区将成为 21 世纪最重要的治理基石。

在这个问题上，我的一位老师是以色列的吉迪·格林斯坦。他是列乌特研究和策略集团的主席。这个集团聚焦于思考如何重建以色列的社区。格林斯坦认为，在这个加速时代，我们需要"重塑社会的基本组织单位"。当然，我们仍然需要联邦和州政府来维持国民经济的基础以及提供福利、安全和医保。但是，格林斯坦说道，越来越清楚的一点是，"一个有韧性的、繁荣的 21 世纪社会的基本架构必须是由健康的社区组成的网络"。

他认为，国家政府太笨重，遥不可及，在大多数时候由于各方僵持不下而不具备加速时代所需要的灵活性；而单个家庭太过脆弱，不能单独抵御变化所带来的那种飓风般的威力。许多家庭，尤其是单亲家庭，生活极为困难。他们没有储蓄、养老金或自有住房，只要一场健康、车辆或就业的危机就能使他们的生活脱离正常轨道。此外，这是一个需要通过终身学习来维持终身就业和收入的时代，而这些家庭缺乏保障他们自己的就业能力和生产力所需要投入的时间和财力。

因此，格林斯坦认为，在这个时代，越来越多的家庭需要靠当地施以援手来跟上加速变化的步伐。"21 世纪的模范社区将是一个专注于支持其成员的就业能力、生产力、包容性和生活质量的社区。"

格林斯坦坚信，健康的社区能够发挥这样的作用，但"前提是要再造其核心机构——社区中心、公园、幼儿中心、学校、体育、艺术和文化机构以及青年和老年人中心"。他解释道，这意味着，学校还将充当托儿所和成人终身学习的场所，为儿童及其父母和老年人提供服务；孵化出大量的社会服务团体，确保不遗弃任何一个家庭或孩子；打造与商业机构的合作伙伴关系，以确保学校教授的技能是21 世纪最需要的技能。格林斯坦说道，绝大多数人都是由这些社区机构培养出来的，因此"它们构成了天然的基础设施，来支持人们的就业能力和生产力"。

他补充道，如果社区能够发挥作用，"就可以改善绝大多数人的生活质量"。一个好消息就是，在社区层面，今天的美国已经出现了许许多多的创新。社区与华盛顿特区截然不同。格林斯坦最后说道："解决我们社会面临的挑战所需要的创新，已经在我们之中自下而上地发芽了，现在需要的就是进一步突出、效仿和扩大。"

## 圣路易斯公园的故事

我非常了解圣路易斯公园，因为我见证了这个健康的社区从一砖一瓦、一街一区一步步建成的全过程。圣路易斯公园位于明尼苏达州明尼阿波利斯市的郊区，从 20 世纪 50 年代中期到 20 世纪 70 年代初，我在这个美国中西部的社区长大。这是我最熟悉的社区，也是为什么我要用以下三个章节来结束这本书。

这并不是在怀旧。回到圣路易斯公园是结束这本书的合理方式，因为两个简单的原因。首先，这里是我作为专栏作家的价值观形成的地方，特别是我的政治倾向——中间偏左和中间偏右的混合，包容性和多元主义，总是试图用大自然的最好方法来治理。这种价值观是在我的成长过程中由这个社区灌输给我的。第二，因为此时此刻，这些价值观比以往任何时候更加与美国和整个世界息息相关。种族间的紧张关系和政治争论正在撕裂我们国家的组织结构，因此我越来越渴望了解是什么使这个我长大成人的小城区在政治上生机勃勃，锚定和激励了我和许多其他人。我发现自己渴望重新审视，半个世纪前我成长过程中亲眼所见的那张包容性的织网，究竟是梦幻还是真实的。我想评估这些民间引擎在今天这个更加多元化的社区里是否仍然运行良好，并且评估这些经验能否分享和扩大。

提示：是的，它是真实的。这些引擎仍然在运行。现在的挑战更加严峻。故事的结尾还未写就。现在比以往任何时候都更加重要。让我来一一解释……

早在我在贝瑟斯达市的停车场遇到伯嘉之前，我就意识到，我把一套非正统的价值观带进了专栏写作之中。我可以把我的核心价值观印成贴纸贴在汽车保险杠上，这张贴纸的长度足以盖住一整条保险杠：我倾向于自由主义、极度爱国主义，热爱多元主义，社区导向，财政立场温和，倾向于自由贸易，痴迷于创新，同时还是环保主义者和资本主义信徒。我相信，处于最佳状态的美国——尽管我们并非总是处于最佳状态——能够为自己的人民提供体面、安全、充满机会和自由自在的生活，还可以成为这个世界的稳定堡垒以及自由和正义的灯塔。我是怎么形成这种世界观的呢？我的这些观点不是通过阅读某个哲学家的著作而形成的。相反，它是在邻里之间，在公立学校，在我19岁前所居住的社区的土壤里一点一点地出现的。

在我成长的那个时代和地方，中产阶级是个"目的地"，你可以到达这个目的地并一直留在那里。在20世纪50年代，我的妈妈和爸爸上了电梯，按下标有"中产阶级"的按钮，在中产阶级的那一层下了电梯，在那里待了一辈子。在那个时代和地方，虽然也有两党纷争，但政治还在有效运作，在最后的时刻，两个主要政党和社区的领导人会相互合作、相互妥协来一起做些富有挑战的大事。在那个时代和地方，大企业将其总收入的5%捐赠给艺术和教育，并开创了企业社会责任的传统。

在我成长的那个时代和地方，我的父母托《美国退伍军人法案》之福，购置了他们的第一座房子，因为我的母亲第二次世界大战期间曾在美国海军服役。我的父亲直到 1973 年去世前，年薪也从来没超过 2 万美元，但我们仍然可以支付本地高尔夫俱乐部的会费。差不多我所有的朋友和我们一样都住在同样大小的房子里，我们一起读完了当地的公立学校，开着同样的汽车。就算有人比其他人更有钱，至少看起来似乎也没有太大的区别。在电影《杰里·马吉尔》中，由雷内·泽维格扮演的秘书多萝西·博伊德对她的儿子说，坐飞机头等舱"以前就是吃得好一些，现在它标志着更好的生活"。但在当时，这句话并不成立。

我成长的那个时代和地方，对"公共"这个词有深深的共鸣。"公共"是创新的来源——公立学校、公园、公开讨论以及公共私营伙伴关系——并得到了最大的尊重。在那个时代和地方，我被稳稳地锚定在一个好像是同心圆的社区里。在这里，美国梦似乎是那样的确定无疑，"我的父母比他们的父母过得更好，我会过得比我的父母更好"，就如同冬天过后是春天，春天过后是夏天一样。

在我成长的那个时代和地方，犹太人是最大的"少数民族"，但他们逐渐融入进去，与占主导地位的白人非犹太社会和文化融为一体。虽然这一过程并不总是那么容易，但不管怎么样它发生了。

这个在彩虹之上的地方在哪里？那个时代又是什么时候？

对我来说，《绿野仙踪》里那个彩虹之上的奥兹国就是明尼苏达州；我的翡翠城，那个我长大的地方，就是明尼阿波利斯市近郊的一个郊区小镇，名叫圣路易斯公园。那个时代（我出生于 1953 年 7 月 20 日）是 20 世纪 50 年代、60 年代和 70 年代初。当时在那个社区长大，是一份礼物 —— 一份由持久的价值观和乐观精神做成的礼物——并且这种精神一直哺育着我。中东地区 30 年的记者生涯试图将这种乐观精神从我身上抹掉。所以，今天的我不是天真的乐观，认为一切都会变好；我知道事情绝非这么简单。但是，今天的我抱有一种乐观的信心。我相信，如果人们准备好实行妥协的政治，追求多元主义的道德，那么一切可以变得更好。

有种说法叫作"明尼苏达式的友善"，大意是像明尼苏达人那样友善。这听起来有些自吹自擂的意思，但它是当地生活的真实写照。2014 年 8 月，我回到圣路易斯公园参加朋友的婚礼，并和我的童年朋友杰伊·戈德伯格坐在一起。杰伊告诉我，有一天，他的妻子伊莱恩回到家，非常慌张和气愤。她开车行驶在明尼阿波利斯附近的一条主要高速公路上，一个司机径直把车并进了她行进的线路，几乎把她逼出公路之外。

伊莱恩回到家后告诉杰伊说："杰伊，我火极了，我几乎都要按喇叭了。"

当杰伊告诉我这个故事的时候，我对他说："关于'明尼苏达式的友善'，还有比这个故事更好的定义么……'我对这个司机很生气，我几乎被他的车逼出高速公路，我几乎都要按喇叭了！'"这就是明尼苏达人愤怒的表现，也是这个十分正派的地方塑造出的正派的人所作出的反应。

这个关于圣路易斯公园的故事讲述的是，多元主义的道德和健康的社区是如何建成的，每一段关系、一次分手、一次补救、一次侮辱、一个受欢迎的邻居和一间教室，一次一小步，用那些原本无法组装到一起的砖头和原木一步一步建成。可以说，圣路易斯公园是"普通人的奇迹"，它就是处于最佳状态时美国的样子。我讲这个故事，是因为我们比以往任何时候都更需要这些普通人的奇迹，即那些让居民感觉到相互联系、互相尊重和受到保护的社区，那些在加速时代能够锚定并推动他们的公民前行的社区。

这就是为什么这么多年之后，作为记者兼专栏作家，我仍然在追寻明尼苏达，总是在寻找办法来再造包容性和公民理想主义的精神。我成长的那个时代和那个地方向我灌输了这种精神。自从我 1973 年离开家乡，读大学而后从事新闻事业，我就一直试图再次回家。

## 水里有些东西

每当回想起明尼苏达州圣路易斯公园对我成长的影响，我都不禁想起音乐剧《泽西男孩》的开场音乐。乐队的创始人汤米·德维托讲述了他们是如何开始的。在一段法国版的"四季乐队"的经典曲目《如此的夜晚》之后，德维托站在舞台上并宣称："这就是我们的歌，《如此的夜晚》，2000 年巴黎排行第一。这是怎么发生的？你问这四个家伙，会得到四个不同版本的回答。但这就是他们开始的地方——新泽西州的贝尔维尔。100 年前，艾森豪威尔、洛基·马尔恰诺和几个家伙在街灯下唱着别人的最新单曲。"

那段反复重复的音乐小节总会把我送回我从小长大的地方，我的根之所在。

从那个小镇到《纽约时报》的评论版是一段长长的旅途。这是怎么发生的？明尼苏达。60 年前，休伯特·汉弗莱、沃尔特·蒙代尔，明尼苏达维京人。塔吉特明尼苏达州嘉年华。几个男孩和女孩，他们在只有一所高中的郊区小镇长大，这里名叫圣路易斯公园。

圣路易斯公园 1886 年建村，1955 年升级为城市。在 20 世纪 50 年代末和 60 年代，那里的水里有些东西——无论是隐喻意义上还是字面意义上都是这样。明尼苏达州卫生局的网站解释了字面意义的部分：从 1917 年到 1972 年，赖利焦油和化学公司——在圣路易斯公园这里又被称为共和木馏油防腐公司——生产"干馏木焦油，并制作各种产品，包括木馏油，用于处理堆在这里的铁轨枕木和其他木材。该地区最初人口稀少，但随着第二次世界大战后社区的不断发展，这里地块的外观和气味让居民以及市和州政府官员感到越来越担心"。

它们确实让人担心。美国环境保护署称："赖利公司将生产的废物倾倒在几条水沟里，然后流入相邻的湿地中。1973 年，工厂被拆除并出售给圣路易斯公园市……主要污染物是多环芳烃或 PAHs，它污染了厂址所在地的土壤、附近的湿地和地下水。" 1986 年 9 月，圣路易斯公园成为《1980 年联邦超级基金法》的第一批执法案件，根据达成的和解，赖利公司必须清理受污染的地下水，并向市、州和联邦政府支付 372 万美元。在 20 世纪 80 年代，泥炭沼更换为干净的土壤，该厂址被重新开发为城市公园和多住户房屋。正如环境保护署所说："据估计，大约有 47000 人使用了附近的地下水，现在这些地下水都已经经过处理并达到所有的卫生标准。"

我、我的父母、我的两个姐姐和我们所有的邻居都喝这种水长大。

但是除了多环芳烃之外，水中似乎还有其他的东西。

在 20 世纪 50 年代末、60 年代和 70 年代初期，圣路易斯公园是个占地面积 10.86 平方英里的小镇，大约有 45000 名居民。电影导演科恩兄弟——乔尔·科恩和伊森·科恩、政治学家诺姆·奥恩斯坦、参议员和前喜剧演员艾尔·弗兰肯、两次获得格莱美奖的古典吉他手莎朗·依斯宾、已故的 R&B 超级巨星普林斯的鼓手鲍比 Z（又名鲍比·瑞夫肯）和前芝加哥熊队的总教练马克·垂斯特曼（我们高中的四分卫，他们在高中低年级时与鲍勃 Z 组建了一支乐队），他们从小都在这里长大。它也是女权主义历史学家玛格丽特·斯特罗贝尔和格莱美奖得主、作曲家丹·威尔逊的故乡。威尔逊与英国歌手阿黛尔合作创作了她的热门歌曲《像你这样的人》（*Someone Like You*）。纽约时报畅销书作家、《女孩与性》以及《灰姑娘吃了我的女儿》的作者佩格·奥伦斯坦，以及环保主义记者、2007 年《时代》杂志最佳非小说类图书《没有我们的世界》的作者艾伦·韦斯曼，他们也都是圣路易斯公园高中的毕业生。还有豪特曼家族：皮特·豪特曼的书《无神论者》获得了 2004 年青年文学国家图书奖；乔·豪特曼、詹姆斯·豪特曼和罗伯特·豪特曼是全国著名的野生动物艺术家，他们赢得了 10 次联邦鸭子邮票设计大赛，并启发了科恩兄弟的电影《冰血暴》中的鸭子邮戳的小情节。科恩兄弟和豪特曼家是儿时的朋友。哈佛大学最受欢迎的教授之一、哲学家迈克尔·桑德尔就在紧邻圣路易斯公园市的霍普金斯市长大，但他上了圣路易斯公园"塔木德律法希伯来语学校"（和我同班）。奥普拉最喜爱的装潢设计师奈特·贝克斯也是圣路易斯公园希伯来语学校的毕业生。

我们所有人，还有许许多多从这个小镇获得动力的人，或是在圣路易斯公园长大，或在大约相同的 15 年间念完了这里的公立学校或希伯来语学校。科恩兄弟 2009 年的电影《严肃的男人》就是以 1967 年左右的圣路易斯公园和我们的希伯来语学校为背景。科恩兄弟在他们年轻时，经常在距离我家几英里的明尼苏达林荫大道上的迈克·佐斯药店闲逛。如果你仔细观看他们的经典电影《老无所依》，就会看到，在墨西哥边境那边有一家"迈克·佐斯药店"。由贾维尔·巴尔登扮演的影片主角奇哥在炸毁一辆停放的汽车后，走进这家药店窃取药物。这个细节是科恩兄弟电影中许多致敬片段之一，向我们的故乡和不太可能在那里存在的犹太社区致敬。那些人定居在这片寒冷的中西部平原，并称自己是"冰冻的上帝选民"。

到目前为止，我不确定我们中的任何人知道是什么释放出了这些人的能量。但在我看来，它与多元主义有关，与一次融合有关，新一代美国犹太人从 20 世纪 50 年代中期的明尼阿波利斯犹太聚居区解放出来，并与一群进步主义的斯堪的纳维亚人一起被扔到了一个小郊区城镇。如果以色列和芬兰有个孩子，那个孩子就是圣路易斯公园。

在离开政府后，副总统沃尔特·蒙代尔和我一起在明尼阿波利斯举办了一场晚餐活动，我们邀请科恩兄弟、弗兰肯和奥恩斯坦为活动用书信的方式解释，他们认为 20 世纪 50 年代和 60 年代的圣路易斯公园发生了什么。1999 年 12 月 5 日，《明尼苏达州明星论坛报》发表了这些信件。其中一些内容摘录如下：

尊敬的副总统先生：

我很荣幸给你写这封信，并由你在介绍我的朋友汤姆·弗里德曼时大声朗读出来。我理解这样可以使你免去自己执笔写点什么，并且给你留出更多的时间来处理你的律所的大量工作……人们听说我们五个人成长于同一个郊区小镇，他们都很震惊。"那里的水里有什么？"他们有时开玩笑道。但是这不是个玩笑。在我们的童年时代，圣路易斯公园的植物含有木馏油，生产木馏油的工厂将大量的有毒化学品排入我们的地下水中。研究表明，摄入大量的木馏油可以导致两件事：增加智商和创造力，和（或）前列腺问题。这就是为什么汤姆坚持我们都要定期做前列腺检查，也是为什么诺姆、汤姆和我在看科恩兄弟的电影之前都不会喝大杯的健怡可乐。

午餐愉快（晚餐？）

艾尔·弗兰肯

————————

收件人：沃尔特·蒙代尔

来自：诺姆·奥恩斯坦

主题：圣路易斯公园

我不了解艾尔·弗兰肯、汤姆·弗里德曼或者科恩兄弟是怎么长大的（虽然我的妹妹曾经和汤姆约会过一次）。他们比我年轻几岁……我们相互联系在一起，依靠的不仅仅是相似的背景和经历，还有我们对于政治和政府的热爱。我们全都感受到了这之间的联系。圣路易斯公园，或者更笼统地说是明尼苏达州，为我们创造了这层联系。坦率地说，我把它的大部分归因于你和你的同时代人。我们都是汉弗莱、蒙代尔、弗雷泽和弗里曼时代的孩子——

在那个时代，明尼苏达的政治家们大大高于平均水平，他们渴望为弱势群体和世界稳定做一些事情……你和你的同伴被选中，不是因为你们长得不好看，不是因为你们是呆板乏味的电视主持人，而是因为你们的想法和激情。因为汉弗莱、蒙代尔、弗雷泽和弗里曼的关系，我们感到明尼苏达很特别，所以我们也必须很特别。当然，木馏油也是如此。

诺姆·奥恩斯坦

————————————

亲爱的汤姆：

有一件奇怪事经常被人们拿来评论，在世纪之交，在皇帝弗朗茨·约瑟夫的善良庇护下的匈牙利，有一个小的、不起眼的地区，培育出了几个物理和数学领域的参天巨人，其中有爱德华·泰勒、乔治·德海韦西、尤金·维格纳、利奥·西拉德、约翰·冯·诺伊曼。这个群体的所有人都出自犹太中产阶级家庭，其中有很多人成了诺贝尔奖得主。流散海外的犹太人把他们称作"火星来客"，因为他们来历不明，并且带着一口浓浓的芬兰－乌尔戈语口音。在喀尔巴阡山脉的这个偏僻的角落，究竟是哪里来的火种点燃了这样一场天才的森林大火？没人知道。许多年以后，在偏僻且不起眼的明尼苏达州圣路易斯公园的犹太中产阶级里也产生了一群人，他们也是犹太移民，克服了滑稽的口音并取得了属于他们自己的成功。他们的异教徒守护神不是皇帝弗朗茨·约瑟夫，而是唐·弗雷泽、休伯特·汉弗莱以及沃尔特·蒙代尔。是什么在这个不起眼的地方创造了智力的百花齐放？为什么圣路易斯公园被人们称为花城？因为每个角落都有"花朵绽放"？是巧合吗？我们不这么认为……也许圣路易斯公园不太容易解释，就像宇宙本身一样。但是，和宇宙不同，它的旁边就是霍普金斯市。也许当地的评论家乔治·莱斯或艾尔·奥斯汀可以解释清楚——或者，如果他们解释不清楚，"圆形车库"罗德尼叔叔也许可以。但是他们已经离我们而去。也许你可以，汤姆，你已经解释了那么多的东西，可以把你的注意力转移到这件事上了。

　　我们祝你们一切顺利！

　　乔尔·科恩，伊森·科恩


　　在这些信件的字里行间，不仅包含我们对这个被称之为家的地方的深厚感情，还有对这个发轫于文化混合之中的社区的由衷赞赏。这个社区的出现并不是偶然——我们有幸拥有杰出的地方和州领导人，以及校长和家长。他们一次又一次做出决定，要建立包容性。他们为了这些价值观而与根深蒂固的对立面进行斗争。多元主义不仅仅因为不同的人被驱赶到了一起就会发生。像这个时期美国的其他社区一样，这里的地方领导也有他们的盲点——犹太人受到欢迎或至少被容忍，但黑人并没有获得这种待遇；有些人接受得比其他人慢，但是渐渐地，他们建立了一个不同寻常的社区，欢迎那些被那个时代认为是不合适的人、不同的想法，以及带有有趣口音的不同的人。


## 冰冻的上帝选民

　　让我们从我开始的地方讲起：所有这些犹太人怎么走到明尼苏达州的大草原，然后又聚集在这个看似不可能的圣路易斯公园小镇的呢？要知道这里最大的产业是一家木馏油提炼厂。明尼苏达看起来并不是犹太人定居最顺其自然的选择。在科恩兄弟的电影《严肃的男人》的新闻宣传素材中，伊森·科恩 2009 年 9 月 25 日在《明尼苏达邮报》网站上评论道："对我们来说，在平坦的中西部平原上有一些犹太人，这是个有趣的景观，你知道吗？也许这就是为什么我们在电影的开头引入那个小故事（一个犹太人小村庄的场景），某种意义上说是用来设定叙事框架。你看到一个犹太人的村落，你会说：'是的，一个犹太人的村落。'然后你再看看明尼苏达州的大草原，你可能会想，'他们在那里做什么？'这一幕似乎很奇怪。"乔尔·科恩补充道："梅尔·布鲁克斯曾经唱过一首歌，歌名叫《太空中的犹太人》，我想就是这种感觉。"

　　他们定居的地方原本不是圣路易斯公园，而是北明尼阿波利斯的内城。在 1880 年至 20 世纪初，许多犹太移民，包括我们的祖父母，来此地扎根。事实上，那里才是我出生的地方，还有我的父亲哈罗德·弗里德曼和母亲玛格丽特·弗里德曼。我的父母就读于北明尼阿波利斯高中，这所高中有很多黑人和犹太人。在合众国际新闻社和纽约时报的前任记者哈里森·索尔兹伯里也是这个犹太社区的一分子。他1925年毕业于北明尼阿波利斯高中，比我的父母要早几年。

我的姥爷是废品商人。我的爷爷是摄影师。在大萧条时期，他们的生意都垮掉了。我的爸爸是主业为销售球型轴承的联合轴承公司的副总裁。这家公司是他的朋友开的。我的母亲是个家庭主妇和兼职簿记员。我出生时，我们住在明尼阿波利斯的北詹姆斯大街的一座两层楼的公寓里，和我小姨一家人住一起。他们家拥有一间雪茄店，名叫"伯特烟馆"，店里还有个小餐厅。我的姨父和他的合伙人在前台做早餐和午餐，在后台他们还开设了一个小小的赌博场所补贴收入。

在明尼阿波利斯曾经有一个相当活跃的犹太人黑手党，其势力在禁酒令时期达到鼎盛，黑手党的首领是臭名昭著的伊沙多·布鲁门菲尔德，当地人都称他为"基德·卡恩"。我的父亲没有参加这个黑手党，但他与其中许多人物一起长大。他偶尔会告诉我他们的故事。事实上，我最早的童年记忆之一就是我爸爸告诉我，他的一个朋友被判处监禁。这对一个小男孩来说是相当震惊的。我想不到我父亲认识的人居然会进监狱。我问我父亲：为什么？于是，我听到了有生以来最委婉的一句表达，以至于这么多年来这句话一直记在我的脑海之中——我父亲告诉我，他的朋友被判处监禁，是因为"他在商店还没有开门之前就去购物了"。

破门而入从来没有被描述得如此柔和。

最大的少数群体——犹太人和黑人——定居在北明尼阿波利斯，"因为在那个住房种族歧视蔚然成风的年代，这里是为数不多的几个愿意对他们出租房屋的地方"。瑞秋·奎德瑙在2013年6月2日刊登在城市空间网站上的一篇题为《北明尼阿波利斯犹太人和非洲裔美国人简史》的文章中写道：

> 来自俄罗斯和东欧的犹太人在20世纪初大移民时期迁到了城市的北边。1910年，他们建立了一个希伯来语学校——塔木德律法学校。这个学校至今仍然非常知名。当时除了提供教育之外，它还提供社会服务。犹太人也纷纷开始在这个地区经营起生意。而非洲裔美国人在此之前就在北明尼阿波利斯建立了家园，在第二次世界大战之后，他们的人口开始大幅增长……

　　犹太人和非裔美国人是北明尼阿波利斯的公共住房项目——萨姆纳田地家园项目——的很大一部分居民。这个项目是在罗斯福新政时期建造的。当时的公共住房项目是种族隔离的。但是根据过去对住户的采访（这和我父母告诉我的故事基本一样）……来自不同背景的儿童们一起玩耍，他们在其他方面也混在了一起。

　　对于居住在明尼阿波利斯、生活稳定的祖父母和父母那一代人来说，最大的社会问题不是与黑人的关系，而是与反犹太人的白人的关系。凯雷·麦克威廉姆斯于 1946 年 9 月在《共同立场》杂志上，发表了一篇题为《明尼阿波利斯：好奇的双胞胎》的文章。圣路易斯公园历史学会网站援引了这篇文章。麦克威廉姆斯宣称："明尼阿波利斯是美国反犹运动的大本营。在明尼阿波利斯几乎各个社会阶层中，一道'铁幕'把犹太人和非犹太人分隔开。"虽然只占 4% 的人口，但犹太人"公开地和断然地被排除在各种组织之外，如私人的乡村俱乐部、扶轮社、狮子会和吉瓦尼斯少年同济会以及诸如国际英语演讲会等团体。犹太人甚至被禁止参加美国汽车俱乐部的明尼阿波利斯分会"。我记得我的父母告诉我，有段时间他们都不能加入美国汽车协会。"1948 年，犹太医生因为无法使用明尼阿波利斯的医疗设施而开设了他们自己的医院——西奈山医院。"我就出生在那里。这篇文章还指出，犹太人被禁止加入由犹太组织者在纽约发起的工会的地方分会，而且"明尼通卡湖夏季度假村的广告上写着他们只服务'非犹太人'。蒙哥马利等百货公司拒绝面试犹太人的求职者。许多街区都是'限制入内'，禁止犹太人、黑人甚至天主教徒和意大利人进入"。犹太教师数量很少。根据麦克威廉姆斯所述，歧视在"明尼阿波利斯比在圣保罗更明显"。

　　在第二次世界大战后，犹太人终于得到了机会，离开明尼阿波利斯北部的城市核心区，大量迁徙到圣路易斯公园。正如奎德瑙所说："在他们或他们的父母移民到美国之后，他们中的许多人在阶级和财力上都有所上升，这使他们能够更加自由地选择他们的住房，并在住房市场上得到更多公平对待的机会。"

　　但搬到郊区并不是那么容易。许多邻近明尼阿波利斯西郊的小镇并没有规划那么多的简易屋，有的只有大面积的农场，或者历史上就有拒绝将房屋卖给黑人或"希伯来人"的传统。但是，圣路易斯公园早在 20 世纪初期就已经规划了 40 英尺（1 英尺 =30.48 厘米）见方的小地块，历史学会的珍妮·安德森解释道。"由于某种原因，这里社区的早期开发商和工厂所有者具有一种朝前看的思维模式。"她告诉我。因此，有很多可居住的房屋库存，房地产开发商"完全乐意卖给犹太人"。这与当时其他的一些郊区小镇，如黄金河谷或埃迪纳完全相反。要说第二次世界大战后围绕明尼阿波利斯发展起来的郊区小镇，安德森说道："除了圣路易斯公园，我没有看到任何其他地方举着牌子欢迎明尼阿波利斯不受待见的犹太人。"

我的父母，还有几乎我所有犹太朋友们的父母都是那个伟大的 20 世纪 50 年代的出逃一代。1956 年，我 3 岁时，我的父母把所有家当装进我们的别克车，加入了向西的犹太移民潮，从北明尼阿波利斯迁移至相距 7 英里远的圣路易斯公园。我们住在一幢有三间卧室的铝板制简易房里——我有两个姐姐：雪莱和简。和其他住在西 23 街上的人一样，我们都去当地的公立小学、初中和高中念书，12 年间我们同班同学几乎没有变化。我们的房子一共花了我的父母 14 500 美元。

这个小镇看起来和所有周围城镇一样，也没有被隔离墙或护城河分开，很难相信它能够发展出一种独特的自由主义文化。但它确实做到了。安德森评论道："从一开始，圣路易斯公园就对陌生人、怪人、酒吧和调酒师持一种欢迎的态度。"虽然其他的郊区小镇拒绝了酒吧和加油站，但是"圣路易斯公园不会说'不'。当然，作为这种'进步主义'态度的一部分，小镇也欢迎那些肮脏的工业，给我们带来了加工铅、锂、混凝土和木馏油的工厂。但这些产业提供了工作机会。"

我的家庭和信仰所在的社区，是我日后成长过程中许许多多相互支持的、同心圆式的社区中的第一道。我父亲的兄弟就住在距离我们家 200 多米远的公寓里；我母亲的妹妹和妹夫住在与我们家隔了三座房屋的地方。我们的大家庭一起庆祝每个犹太和非犹太节日，我们的妈妈们轮流制作逾越节的犹太无酵饼和感恩节的火鸡。

在我成长的过程中，我强烈地意识到，我们这代人是我父母的时代和我女儿的时代之间过渡性的一代人。我的父母那一代总是认为生活就是个手提箱，箱子的底部还不太牢固，所以你永远都不应该过得太舒服；而对于我的女儿那一代，反犹主义是他们在历史书里才能学到的东西。我们的祖父母一代大多数是为逃避犹太人大屠杀而从欧洲各地迁来的移民。我们的父母们则出生于大萧条时期，然后是第二次世界大战。因此，他们即使在圣路易斯公园找到了自己的"黄金国度"，也总是很警惕。他们在美国和明尼苏达安了家，但是这个家让他们神经紧绷。他们总是担心日子好得令人感觉不真实。他们曾经看到过大屠杀，曾经经历过大萧条的谷底。他们知道恶魔总是潜伏在表象下面。对他们而言，犹太人被接受以及以色列复国似乎是个惊人的异象——而不是自然应有的特征。

这种感觉体现在很多不起眼的生活方式上，并牢牢地印刻在我们这一代人的脑海之中。我童年时的朋友霍华德·卡普曾经这样谈起他在明尼苏达的犹太祖母："一只鸡对于我的祖母来说，就和一头水牛对于印第安苏族人一样——没有哪个部分是没有用的，包括脖子和屁股。我们曾经问道：'奶奶，我们这是吃什么？'"霍华德的祖母从来不知道她什么时候能够买得起一只鸡，所以她知道最好把这只鸡的一切都用上。

我在这里成长的大部分时间里，明尼阿波利斯地区的高尔夫俱乐部都不接受犹太人。我们有自己的犹太高尔夫俱乐部：布鲁克维尔。它也成了犹太社区里的另一个社区：会员们每年夏天都上演自己创作的戏剧；他们定期举办夏季星期日晚宴和猜字游戏，组建了一支游泳队，举办家庭才艺大赛，还成立了扑克俱乐部，每周的所有奖金都会进入奖金池，当总奖金额足够大的时候，丈夫们就会带他们的妻子去阿卡普尔科旅游。布鲁克维尔是我们生活中真正的锚之地，是我们的精神家园。在冬季，高尔夫俱乐部每个星期天早上会组织一场保龄球联赛，每个球员使用保龄球让分体系与其他球员相互下注。作为小男孩，我总是陪我的父亲一起去参加保龄球星期日，观看他比赛并为他加油。借用哈佛政治学家罗伯特·普特南的说法，在那些日子里，在我所在的圣路易斯公园社区，没有人"独自玩保龄球"。

在布鲁克维尔，我从小给我的父亲和他的朋友们当球童，并从 5 岁开始学习打高尔夫球。我今天一些最好的朋友仍然是我当时的玩伴和球童伙伴。而且，我当球童服务的这些人中的大多数都拥有自己的小生意，从他们在高尔夫球场上的闲谈，我也接触到了商业世界，并由此产生了对企业家和风险承担者的尊重。我会无意中听到他们谈论他们的交易、他们的成功、热门的股票，当然还有损失。

我第一次接触破产的概念就是在高尔夫球场上。有一个人是我们俱乐部的会员，有一天我的父亲告诉我他不得不退出，因为他"破产"了。我不知道这个词究竟是什么意思，但我可以看得出他没钱了，没有高尔夫球了，因此离开了俱乐部。我不想让这样的事情发生在我父亲的身上。当球童教会了你许多事情，但最重要的是提供了一个洞察人的性格的机会。我们这些小球童都知道谁作弊了。我们都知道谁是诚信正直的。我们都知道谁会因为一杆坏球责怪他们的球童。最重要的是，我们知道，正如伟大的业余球员吉米·邓恩在 2011 年 9 月 8 日《高尔夫文摘》上评论的那样，在打完九洞后，在食品店里，"有些人会给你买一瓶汽水。有些人会给你买一瓶汽水和一只热狗。只有一个罕见的家伙，他会给你买一瓶汽水和一个汉堡。你知道这些家伙都是谁，你知道的"。

我的父亲曾经在夏天下班回家后和我一起打高尔夫球——在用完晚餐后到太阳下山前打 6 ~ 7 洞。去俱乐部的路上，我们会开车经过路易斯安那大道和 12 号高速公路的交叉口。每次开车经过，我父亲就会提醒我，在大萧条时期，他在距离这里不远的民间资源保护团的营地工作，当时他是个十几岁的毛头小伙。民间资源保护团是罗斯福政府 1933 年到 1942 年间设立的公共工程救济计划，为年轻的未婚男子提供就业，负责建造公共建筑和公园。我父亲不止一次地告诉我，他在那里工作每天可以挣得 1 美元，大部分他都交给家里存了起来，只能买一块面包当饭吃，而且他至今"仍然可以感觉到那块干面包卡在喉咙里"。每当我们开车经过那个交叉路口时，我就会像每个自作聪明的少年那样说道："我知道，我知道，你仍然可以感觉到那块面包卡在你的喉咙里。"他从来没有忘记，我也没有忘记。幸运的是，我的女儿永远不会知道这种感觉。

布鲁克维尔最终搬迁了，在更西边的郊区小镇哈梅尔建了一片新球场，我的父亲是在那里去世的，他在打一个标准杆为 5 杆的第 15 洞时心脏病突发。当时我 19 岁。1973 年我父亲去世后，有一次我在奥克里奇乡村俱乐部和我父亲的朋友一起打球，最早发家的一批犹太人都属于这个俱乐部。这是一个美丽的夏日，球场上的绿草和鲜花无处不在。我们一起在球场上走着，不知为何突然之间，我父亲的朋友把他的手搭在我的肩上，低声说道："汤米，如果那些非犹太的异教徒知道我们有这么好的东西，他们一定会从我们这里拿走。"

我在高中时经历过幼稚版的反犹太主义——孩子们向犹太人扔硬币，就好像后者是低贱的乞丐一样会接住这些硬币。我对于这样的事情并非不谙世故，但他的话让我感到非常刺耳。这是我父母那一代的犹太人永远遵循的伦理——什么事情太好了反而不能成真。

如果圣路易斯公园的犹太社区有一颗跳动的心脏或一个最神圣的场所，这个地方并不是一座犹太教堂或犹太社区中心，它是林肯熟食店，大多数时候被简称为"德尔"，也是我的姨娘和姨夫开设的"大道熟食店"的竞争对手。为了让我的姐姐简能读完布林莫尔学院，我的母亲在林肯德尔当簿记员。我还是小男孩的时候，曾经在面包师的木桌上玩，有时帮着做犹太白面包。林肯熟食店是我父母的密友莫里·贝伦贝格和泰斯·贝伦贝格开的。莫里每天下午和晚上在餐厅的桌子上办公，接待顾客的同时照顾一下熟食的柜台。

贝伦贝格的孙女文迪·泽琳·罗森斯泰恩和基特·内勒正在撰写一本题为《林肯德尔的记忆和食谱》的历史书。他们在写作大纲中评论道："无论是对犹太客人，还是非犹太客人，这里就是明尼阿波利斯版的'欢乐酒店'，只不过在德尔，每个人真的知道你叫什么名字。"是什么使德尔如此受欢迎呢？罗森斯泰恩补充道："因为这是明尼阿波利斯犹太社区真正的生活中心——这里是人们放学后或看电影前碰头的地方，是乘坐公共汽车去观看体育赛事前用简餐的地方，也是订婚的地方，或参加葬礼后纪念生活的地方。从毕业到商务会议，林肯德尔是在明尼阿波利斯和圣路易斯公园长大的人聚会的地方。"德尔还是整个圣路易斯公园社区至关重要的混合区，非犹太人可以在这里很舒服地吃到犹太食物，体验犹太文化。人们开车前来购买德尔的贝果面包圈。

我在这里要承认一件事——这也是我第一次坦白这件事——当我在与林克德尔竞争的大道熟食店工作时，我会每天开着我们的卡车到林肯德尔的面包房去取贝果面包圈，大道熟食店从林肯德尔批发进货。偶尔，我也会经受不住诱惑的味道——从卡车后部飘来的面包圈的香味实在难以抗拒。不止一次，我忍不住从卡车的后箱偷一个原味的贝果面包圈，趁热狼吞虎咽。我至今仍然记得它的味道。

我的父亲突然去世后，母亲不能负担我的大学学费。莫里和他的朋友杰克·加伯，即我爸爸的老板，还有我的姨娘和姨夫都出钱帮忙。莫里是这一切背后的推动力。当时我并没有去找他寻求帮助。有一天，他找到我说："你负担不起这个。"他回去后就到处找钱。这给我上了一堂关于社区的课，令我印象深刻：如果你在一个真正的社区里，不要，永远不要对需要帮助的人说："如果你需要帮助就给我打电话。"如果你想帮助某人，直接去做就行。

我们的希伯来语学校是很严肃的。从三年级到七年级，周一到周四，我们下午 3 点左右走出公立小学的校门，直接登上希伯来语学校的校车，校车会把我们送到圣路易斯公园的塔木德律法学校。我们吃着巧克力饼干，喝着巧克力牛奶，上 90 分钟的希伯来语课，每周 4 个下午外加星期天的早上。这是我们这一代人的课后活动，直到我们 13 岁成人礼。几乎每个我所认识的在那里长大的犹太孩子都受过当地希伯来语学校的教育。它的活力最终吸引了更多来自北明尼阿波利斯的犹太人。

结果，到了 20 世纪 60 年代，约 20% 的圣路易斯公园居民和公立学校的学生都是犹太人。正如艾尔·弗兰肯在 2009 年 7 月 20 日对《纽约客》说："还不完全是一个犹太人村落，但按明尼苏达标准，已经有了很多犹太人。"

## 圣犹太公园

美国多元主义文化的一次伟大的意外微型实验就这样开始了。

就好像美国的国父们又重新聚在一起说："让我们做一些有趣的事。让我们实验一下合众为一，用'许多人'能做出怎样的'一个人'：让我们把那些新近从内城中释放出来，受第二次世界大战后时代能量的激励的人聚在一起，把那些名叫戈德伯格、科恩和弗里德曼黑头发的第三代犹太人，与瑞典、挪威、芬兰和德裔的名为斯温森、安德森和比约恩森的金发新教徒和天主教徒混在一起，让他们一夜之间聚在明尼苏达州一个很小的城镇，看看会发生什么！"难怪人们开始称它为"圣犹太公园"。科恩兄弟在《严肃的男人》中非常巧妙地捕获到了这种文化的冲突和融合，在一场犹太教堂成人礼仪式的场景中，年长的老人举起摩西五经的律法卷轴，这是犹太人礼拜的传统，但经文卷中的重量对他来说太重了。律法卷轴从他手中滑落，他喊道："耶稣基督呀！"

建立多元主义文化，把许多人融合成为一个人，这是伟大的美国传统，但它却不会自动或者轻而易举地发生。真正的多元主义从来都是来之不易的，因为它不仅建立在对他人的宽容之上，还建立在相互尊重和相互信任的基础上。几个世纪以来，这样的文化碰撞一直在美国不断发生着，有对"他者"的着迷和拒绝、吸引和排斥，以及相互理解的美好时分和误会彼此的痛苦时刻；有碎裂和分裂，联姻、离婚和再婚。在任何一周，我都能看到偏见的消失融化与重新再现。在同一时间，我们相互约会，互相轻视，彼此容忍，悄悄地嘲笑和拥抱。无论是年鉴、报纸、运动队还是学生会，我们都一起工作。尽管我们在不同时间、不同地点以不同的方式向不同的上帝祷告，但通过反复试错，我们建立起了一个社区，当然这一路也少不了那些刻骨铭心的痛。

根据圣路易斯公园历史学会的记载："像往常一样，圣路易斯公园 1949 级高中毕业舞会将在布鲁明顿的汽车俱乐部举行。那里的经理禁止一名想要参加舞会的犹太学生进入。圣路易斯公园高中的校长哈罗德·伊斯特维特亲自告诉俱乐部，如果他的学生不受欢迎，那么毕业舞会将在别的地方举行。俱乐部妥协了，每个人都按计划去了舞会。"

我最早的记忆之一是在艾略特学校——我的小学——后面的沥青球场上打篮球。那时候我七八岁。有个男孩子——他并不是犹太人——被我的邻居基思·罗伯茨——他也不是犹太人——揍了一顿，因为他违反了球场的规矩。那个被痛揍的男孩朝着基思喊道："你这个肮脏的犹！"他有点大舌头。他是向基思表达他所知道的最难听的侮辱之词——"肮脏的犹太人"。基思嘲笑着对他说道："我不是犹太人。"

我相信他们俩很快就忘了这件事，但是我没忘。当时，我知道这个孩子无法辨认犹太人和非犹太人。很明显他是在家里学会这句话，并把它拿来作为操场上全能的咒骂。

保罗·林尼 1964 年毕业于圣路易斯公园高中，后来成为一名当地的警察。他对我提起，在他长大的时候，与 100 号高速公路平行的托莱多大道被人们称为"加沙地带"。在这个地带以东的人口中有很大一部分是犹太人，以西的人口中则有很多非犹太人。

而对非洲裔美国人来说，他们甚至需要更长的时间才能拥有自己的一片居住区。保罗·林尼的妹妹苏珊——她后来是美联社东非、西非和西班牙记者站的负责人——提醒我注意这一点。她回忆起发生在1962年夏天的一起引人注目的事件，就在托莱多大道2716号他们的家里。她回忆道：

> 托莱多大道是不同寻常的，因为不同的房子与人行道的距离是不一样的。有些离得很远，有些与人行道齐平，有些在还没有人行道的时候就建造了。但是，如同当时圣路易斯公园所有的邻近社区一样，这些建筑都非常白。我们南边的邻居斯伯林斯一家是这附近的第一个犹太人家庭。曾经有人发起一项运动，要联合所有房主拒绝将房屋出售给犹太人。这些房子的主人都是超级虔诚的基督徒，他们并不关心将房子卖给谁。街对面的邻居上门拜访我的母亲简，要求她签署请愿书。我的母亲下了逐客令，并对她说道："这个街区终于开始变得有趣起来了。"
>
> 我的爸爸从小就是路德教徒，而我的母亲是非斯堪的纳维亚的圣公会教徒，他们后来都转向了公理教会，因为它更"自由"。他们终身都是民主党人。我的父亲对支持一个天主教徒当总统感到十分痛苦，如同很多新教徒一样，他担心"教皇有朝一日会入主白宫"……我们在餐桌旁边放着一套世界百科全书，用以解决任何可能出现的纠纷——主要是在我和爸爸之间。保罗和我曾经数次谈起，除了我父亲对教皇的恐惧——不久之后就消失了——以及对共和党的反对，我们都不记得在家有任何种族主义或让人无法容忍的话语，甚至就连学校里也没有。

苏珊于1960年毕业于圣路易斯公园高中，后来就读于明尼苏达大学。通过她当时的男朋友，她在一次聚会上遇到了来自圣保罗马卡莱斯特学院的一名非洲学生。她记得"他穿着风衣，头戴帽子，看起来像是法国犯罪电影中的某个角色"。在1962年夏天的一天，她邀请这个异国情调的非洲人和一些其他朋友来到她位于圣路易斯公园的家中——当时她的父母不在家。

一个邻居看到有黑人进了房间，便立刻给警察打电话。几天过后她的父亲叫她坐下来讲述事情的原委。苏珊将这段对话的回忆发给了我：

　　我的父亲在傍晚走进我的房间，十分犹豫，非常不自然。他是一位保守的瑞典人。

　　父亲："嗯……你最近有……呃……黑人……访客吗？"

　　苏珊："怎么了？你为什么问我这个问题？"

　　父亲："嗯……嗯……呃……我们不在家时，有人给警察打电话说有黑人进了我们家，然后警察给我打了电话。"

　　苏珊："什么？他是谁？谁打的电话？"

　　父亲："呃……嗯……他们不说……"

　　苏珊："好吧，这是你们不在时所有来到家里的'男人'：弗莱德、科菲、大卫，等等……"

　　父亲："等等，谁是科菲？"

　　苏珊："他是加纳人，来自非洲的……"

　　父亲："非洲，所以他是黑人？"

　　苏珊："我想是的……"

　　过了一会儿，妈妈说："我们邀请他们所有人来吃晚饭吧！"

　　于是，在 1962 年夏天的一个晚上，马卡莱斯特学院的学生科菲·安南和他的几个朋友开着一辆番茄色的史蒂倍克车返回圣路易斯公园。是的，就是那个科菲·安南，后来成为加纳的外交官，接着出任联合国的第七任秘书长。当时他正拿着福特基金奖学金在马卡莱斯特学院攻读经济学学位。

　　"许多人正在户外修剪他们门前的草坪。"苏珊回忆道，"科菲带领着大家。我的父母出去迎接他们，并且握了手。所有人都进了屋，围坐在一起吃玉米棒。2013 年 4 月 7 日，我妈妈去世，享年 100 岁。我问科菲是否要为她的葬礼准备说些什么，他很快就答应了。多年来我们一直保持着联系，在 2007 年和 2008 年选举后的暴力事件发生后，我们在内罗毕见了一面。他总是会问起我的母亲，尽管在那之后他们再没有见过面。"

　　54 年后，我询问科菲·安南是否还记得那次事件，他说他还记得每个生动的细节。

"我当时还是一名年轻的学生，我们一群人 —— 一个印尼人，一个印度人，还有一些其他人，我们在马卡莱斯特学院经常一起出去玩耍。"安南说道，"总体来说，明尼苏达州的人非常好，而且热情好客。我的妻子来自瑞典，她说明尼苏达州的瑞典移民将我赐给了她！"对于苏珊的母亲，安南补充道："她有很多宝贵的品质，她有这样一种态度：'如果要别人来告诉我，谁可以来我家或我可以招待谁，我会感到非常讨厌。'"来自非洲、印度或印度尼西亚这些新近独立国家的外国学生对这些种族主义的做法——邻居因为看到黑人走进房子就会给警察打电话——感到一丝震惊。安南说道："在一个加纳的年轻人看来，他的国家几年前刚刚独立，他为其祖国而感到自豪，因此你需要花一些时间来理解这类事情。在我们所在的文化中，我们都是主流，因此我们之前从来没有过这种经历。我有时听到社会上有人说'我们没有种族歧视'，我确信他们没有，直到他们歧视了某个人。"因此，安南说道："你应该尊重那些敢于站出来反对歧视的人，尊重他们的勇气，他们得到了你的尊重，你们之间的纽带与友谊也随之加深，这就是苏珊和她的家人给我的感受。这仍然令人感到难以置信，因为有一些人会做出不同的反应——而一些人也确实这么做了。"总之，回顾他在圣路易斯公园和明尼苏达的经历，安南总结道："那是一个社区，我们这些从外面进入这里的人能够体会到。"

科菲·安南是苏珊的哥哥保罗·林尼见到的第二个黑人。那是在 1962 年。他回忆道：

我当时在明尼苏达大道 5125 号的得克萨斯公司诺姆加油站做加油工。一辆脏兮兮的堪萨斯州牌照的 1962 年款雪佛兰贝莱赫汽车开进加油站，要加一箱"火焰队长"等级的汽油。我用小扫帚打扫副驾驶座时，坐在驾驶员位置上的那个相当高大的黑人问我镇上是否有宠物医院。这也是我人生中第一次和黑人说话。我告诉他，菲奇的宠物医院就在"消遣空间"门店的后面。不久之后，我听说他从菲奇博士那里买下了宠物医院，开始自己经营，并取得了相当的成功。

这个人就是罗伯特·刘易斯博士，他是一名兽医，后来竞选并担任圣路易斯公园学校的董事，之后，又成为第一个当选明尼苏达州州议会参议员的非洲裔美国人。他同时也是第一个在双城学校董事会任职的非洲裔美国人，还是圣路易斯公园人际关系委员会的创始人之一。"他后来成了得克萨斯公司诺姆加油站的常客。我想我可能是他在圣路易斯公园遇到的第一个人，而他是我有生以来遇到的第一个黑人。"林尼说。

林尼回忆道，得克萨斯公司诺姆加油站旨在促进各种宗教信仰的人们合作和谅解，培育泛宗教主义精神最不同寻常的温床：

> 公司的所有者诺姆·瓦伦斯基是个怪人。在圣路易斯公园这里，我所知道的大多数犹太人都是职业人士或者生意人，他们不会"弄脏他们的手"。但是诺姆不同……诺姆雇佣了我和其他不到 10 个非犹太青少年和稍微年长一些的"机械发烧友"做加油站的服务员兼机械师。他的公司可能是圣路易斯公园唯一的犹太人开的加油站。因此，大多数犹太人喜欢来这里修车、加油，在寒冷的冬天清晨会打电话来寻求帮助，给他们的车借电瓶启动一下。每个圣诞节前几天，诺姆和"他的孩子们"会把两层的车库打扫得干干净净、焕然一新，然后在修车的升降台上铺上桌布，购买一些上等的假日小食以及几瓶好喝的东西，为所有顾客和员工举办一次节日庆典。我永远记得每年与所有成功的犹太医生、牙医和律师一同高呼节日快乐的情景。

40 年后，听听非犹太人说一说他们眼中的圣路易斯公园以及这些涌入的犹太人，对我来说非常有趣。简·普拉特·哈格斯特罗姆是圣路易斯公园 1978 级的学生。她在维斯特伍德山社区长大，那里是圣路易斯公园新开发的地区之一，房子大一些。她回忆道："我们家在 1960 年搬到那里。我还记得房地产经纪人告诉我的父母，'这附近不会有任何犹太人'。我的父母来自南达科他州和爱荷华州，他们听成了'这附近不会有树'。无论如何，在几年的时间里，这里就成为犹太人占多数的社区。我的父母喜欢开玩笑说我变成了犹太人，因为我一直在说犹太人的口头禅'Oy'……但是，我记得上大学后会遇到一些偏执的人。人们会问：'你来自圣犹太公园吗？'"

然而，歧视并非总是单向的。我的一个非犹太人的朋友回忆道，他们曾经听到一个犹太朋友的祖母警告他，坚决不能和"shiksa"结婚。这是犹太意第绪语里外邦女孩的意思。让我总是感到很惊讶的是，这些你在小时候听到并且并不能完全理解的部落私语，数十年后仍然会被外人牢牢记住。

是的，我们犹太人有时也会让人感到非常恼火。在20世纪60年代和70年代，一家当地的电视台赞助了一个名为《测验碗》的节目，由当地聪明的高中生组成的团队在节目上相互竞赛，回答数学、科学、文学和历史问题。这是本地版本的"通用电器学院碗"超级竞赛，当时在州内也算是件大事。我的高阶历史课程老师玛乔丽·宾汉姆是圣路易斯公园队的长期教练。她告诉了我这个故事：

> 我们表现得很好，但是需要和圣托马斯军事学院队一决高下，而他们一直是当地的冠军。所有团队在每场比赛之前都会相互认识熟悉。但是，在我们比赛之前，圣托马斯队的顾问——他是个牧师——将他的团队围成一圈并带领队员们进行祷告。我们的团队主要是犹太人，等圣托马斯队完成他们的祷告仪式，圣路易斯公园队自发地围成一圈，开始吟诵一些东西——我不记得具体是什么了，也许是英国超现实主义戏剧团体蒙提·派森的某个桥段。我制止了这一幕。那个牧师瞪着我，像在说："你不能管管你的学生吗？"但是老实说，我真心觉得就该这样对待圣托马斯队，而且我并没有道歉。我们赢了。你永远不知道圣路易斯公园的学生们会想出什么。

玛格丽特·斯特罗贝尔出生在北达科他州，但是她的家人在20世纪50年代搬到了圣路易斯公园，她在那里读中学并且作为1964级学生从圣路易斯公园中学毕业，比我的姐姐早一些。她后来成为伊利诺伊大学妇女研究项目的主任，还是六本关于女权主义、种族和非洲历史书籍的作者或编辑。她同时还是简·亚当斯·霍尔豪斯博物馆的负责人。她回忆道：

> 我知道，和学校里的许多犹太孩子在一起成长的经历影响了我。当时距

离犹太人大屠杀结束也不是很久。我所在的长老会青年团体与一个保守犹太青年团体共度了一个周末夜晚，我们学习了霍拉舞。我仍然记得是这个犹太青年团体带着我去圣路易斯公园，挨家挨户地敲门为民权运动筹款。虽然具体时间我不能确定，但现在看来那一定是 1964 年"自由之夏"民权运动的一部分。我记得敲开一扇门，一位女士说道："我们应该让他们在那里就把自己的问题解决了。"这是我人生中遇到的一个种族问题时刻，至今仍然如鲠在喉。

斯特罗贝尔提醒我，我们学校也有一些日本裔美国人，他们的父母在第二次世界大战期间被拘禁在俘虏收容所。"我第一次成为房间里唯一一个白人的经历就是，我的朋友戴安娜·清水邀请我去她所在的日本裔美国青年团体。"斯特罗贝尔回忆道，"我记得她告诉我，她的父母从战俘收容所搬到圣路易斯公园时，在想要购买房子的街区里兜了一圈，挨家挨户询问邻居是否介意他们搬到这里。我对此感到非常愤慨。"要论学习多元主义文化，没有比在"别人家"上餐桌更好的方式了。"体验式学习非常重要。"斯特罗贝尔说道：

> 我在戴安娜的家吃饭时，他们在桌子上放了酱油。我当时想："在桌子上放酱油，这是干什么用的？"我的家人从来不出去吃饭……我还记得在星期五晚上去朱迪·赖特的家里吃饭，他们会有安息日的晚餐，在我印象中非常奢华。我记得她妈妈把一张餐巾放在她的头上，点燃蜡烛并且祷告。我确信这些事情有助于我学习如何与他人共处。这些环境不会滋生任何的敌意，你是作为访客被邀请到他们家的。

但并不是所有人都是如此。

黛布拉·斯通是非洲裔美国人，比我大 1 岁。她的弟弟梅尔文和我同班。2012 年 6 月 22 日，她接受了杰夫·诺曼的采访，主题是诺曼的文章《选定之地：北明尼阿波利斯的犹太人向圣路易斯公园的迁移，1945—1970 年》。斯通的家人像犹太人一样从北明尼阿波利斯搬到圣路易斯公园。她栩栩如生地说起她在多元主义方面的经历故事。

斯通说，她的家人在 1963 年从北明尼阿波利斯搬到南爱达荷大道 1637 号，离我长大的地方不远。她和她的弟弟和我在同一所小学——艾略特学校。诺曼问她，为什么她的家人最终会选择落脚在圣路易斯公园，而不是在明尼阿波利斯的其他地方。

"他们在明尼阿波利斯的东北部找了找。"斯通说道。"但由于住房歧视和种族主义，他们说搬到圣路易斯公园会更容易些。"她说道，"在明尼阿波利斯东北部，房地产经纪人甚至不带我父母看房子……他们放弃了那个房地产经纪人，然后又找了一个经纪人，他带着他们看了圣路易斯公园的房子。第二个经纪人是个犹太人……我理解，我们是那个社区里的第一个非洲裔家庭……当时圣路易斯公园还没有其他非洲裔美国人居住。我们可以沿着雪松湖路散步，可以在圣路易斯公园四处游玩，可以去诺尔伍德购物中心购物。除了一些皮肤很黑，看起来像西班牙裔的犹太人外，我们不会看到其他黑色的脸庞，这里只有我们一个黑人家庭……直到我八年级的时候，另一个非洲裔美国家庭才搬到了这个社区。"

"邻居们的反应是什么？"诺曼问道。

"我的父母有很强的防护意识。"斯通说道，"我听到有人来敲门，说道：'你们是刚搬进来的非洲裔美国家庭吗？'我父亲说：'是的。'他说：'你们考虑搬走吗？'我父亲说：'不。'然后他们交谈了一会儿。我母亲告诉我：'你父亲说：'如果你还不离开这里，我就要开枪了！'……我和小伙伴们一起在他们的院子里玩耍，在他们家里玩洋娃娃——就是这样。犹太和非犹太家庭。"

你曾经参加过犹太男孩或女孩的成人礼仪式吗？

"是的，我参加过。"斯通说道，"我有个犹太人好朋友帕姆·拉斯。我去参加了她儿子以及女儿的成人礼仪式。她在罗宾斯代尔长大。我和她后来才成为朋友。当时我们在以色列教堂，我参加孩子们的成人礼和之后的聚会。帕姆是个很随和的人。这个活动办得非常好——祖父母、亲戚和朋友，非犹太人和犹太人。这是场非常感人的仪式，我可以感觉和理解为什么孩子们要经历这个过程。"

"归根结底，成为班级里唯一的非洲裔美国人是什么感觉？"诺曼问斯通。

"我没有遇到过什么问题。"斯通说道，"每当有什么事情发生的时候，我的母亲都是我们的坚强后盾。有一次，有人做了一张'黑人奶妈'形象的海报，贴在学校的展示柜里十分抢眼。我忘记了海报的具体内容是什么，但我记得一些孩子在窃笑，诸如此类。我回家后对母亲说：'有张这样的海报。'然后她说，这张海报非常不合适。于是她去找了校长，这张海报第二天就不见了……"

斯通回忆起中学时她曾经当选啦啦队的队长，并连续几年都是学生会的成员。她说："是的，这段经历很好。没有任何种族热点事件或任何类似的事情发生。我们去上学，可能有几个孩子会叫我们'黑鬼'，然后我们痛揍他们一顿，就是这样。"

站在今天的视角回忆过去这一切，她总结道：作为在全是白人和犹太人社区长大的非洲裔孩子，多亏了我家庭的支持，我在圣路易斯公园的生活对我来说是一种很好的经历。我在许多方面受益于它……我能够上大学，环游世界，做很多很多我的非洲裔美国女同胞无法做到的事情。"

正因为黑人的数量如此之少，"我们犹太人认为，我们就是当地的少数人"。我的童年最亲密朋友之一弗雷德·阿斯特伦回忆道，他现在是旧金山州立大学犹太研究系主任。"当时有3个中国孩子，3个日本孩子，2个黑人，其他人都是斯堪的纳维亚人或犹太人。我们可以成为民权的自由主义者，因为我们从来没有真正地遇见'生活在另一边的人'。"

## 公共空间

我们对公共空间和机构的尊重和纪念，部分是源于圣路易斯公园公立学校的教学质量和我们对它们的自豪感。这些公共空间既是信任、多元主义文化和社会资本的产物，同时也是推动它们发展的引擎。每个公共空间都是一台"搅拌机"，将来自不同经济、宗教和种族背景的人聚在一起。几乎每个我知道的人都念公立学校。事实上，在我小的时候，我一直以为私立学校只是为那些社交和情感有障碍的孩子准备的，把孩子送到那里去是对父母的一种惩罚。某些人会支付超出他们纳税层级的额外的钱，把孩子送到条件更加优越的私立学校。这种想法当时在我们的意识里还不存在。

我们当时没有意识到，但是现在我们中的很多人意识到，这所公立学校究竟有多么好。

我在 1968 年 9 月进入圣路易斯公园高中，10 年级时，我选修了我们当时的传奇人物、高中新闻学老师海蒂·斯泰恩伯格的新闻学课程。人们经常谈起那些改变他们人生的老师，而海蒂改变了我的人生。我在 313 教室上了她的新闻学入门课程，从此之后再也不需要、也再也没有上过另一门新闻学课程。这并不是因为我很优秀，而是由于她教得太好。在她去世后，我为她写了一篇专栏文章。我写道，海蒂是这样的一个女人，她相信生活中成功的秘诀就是把"最基本的事"做对了。她将新闻学中最基本的原理灌输给她的学生，不仅仅是如何报道一条新闻线索或者如何精确地转述一句引言，更重要的是，如何以一种专业化的方式来规范自己的一言一行，并总是高质量地完成工作。直到今日，每当我外出采访忘记戴领带时，我都会想到海蒂在批评我。我曾经采访过一位我们校报的广告主管，那个人使用了一个骂人的四个字母的单词。我们辩论要不要在报道中用它，海蒂决定我们要这么做。当这个词出现在报纸上时，那个广告人几乎丢掉了他的工作。她希望借此告诉我们什么是"后果"。

海蒂是我遇到的最严厉的老师。你在 10 年级完成她的新闻学课程后，你会在她指导的校报《回声》上试一试笔。竞争非常激烈。11 年级时，我没有达到她的写作标准，所以她让我做业务经理，向当地的披萨店卖报纸广告。尽管如此，那一年她还是让我写了一篇关于一位以色列将军的报道，他在 1967 年的"六日战争"中成为英雄。当时，他来到明尼苏达大学做演讲。我报道了他的演讲内容并简短地采访了他。他的名字叫阿里尔·沙龙。这是我作为校报工作人员公开发表的第一篇报道。我当时并不知道 15 年后，我们的人生会在贝鲁特再次交集。

我们那些在校报和年鉴（也是由海蒂负责）工作的人住在她的教室里。我们在上课前和放学后都待在那里。当然，你必须明白一点，海蒂当时是个年近 60 岁的单身女性，那是 20 世纪 60 年代。她是"酷"这个词的极端对立面，但是我们把她的教室当作冰激凌商店，待着不走；把她看作美国著名 DJ 沃夫曼·杰克，围在她周围。当时我们没有人能够说清楚这种感觉，但我们喜欢她的高谈阔论，喜欢受她锤炼和教导。她是一个在不确定性时代头脑十分清晰的女人。她的高中报纸和年鉴每年都会赢得许多全国顶级奖项。在海蒂介绍给我的新闻学"最基本的事"之中，就有《纽约时报》。每天清晨它都会被送到 313 教室（比实际发行日期要晚一天）。而在此之前，我从未读过它。

除了海蒂，我还遇到了其他几位杰出的老师，我们至今还保持珍贵的友谊，尤其是我的英语老师米里亚姆·卡戈尔，还有我的美国历史高阶课老师玛乔丽·宾汉姆，她纵容我痴迷于肯尼迪暗杀阴谋论、以色列、六日战争以及中东问题之中。我很感兴趣他们对公立学校的高质量教学作何回忆。"我有钱去买任何我想要的书。"宾汉姆说道，"有国家科学基金会的拨款，还可以参加全国性的会议。你从不会感觉到你被孤立在教室里。你感觉像站在一个更大的舞台上，能够与伊利诺伊或加利福尼亚的人们对话。如今一位老师会自己花 400 美元或 500 美元用来为学生提供课本，但当时不是这样。"圣路易斯公园的"老师在管理层的鼓励下变得更有创意"。

这也是教育部根据《高等教育法案》第四篇 C 部分拨款的时代，该项目允许个体教师通过他们所处的地区申请创立新的课程，而其他地区可以低价或免费购买这些课程的教学材料。例如，教我世界研究的老师李·史密斯和他的同事韦斯·博丹创立了一门世界宗教课程。这门课程部分是受到圣路易斯公园学生宗教背景多元化的激发，部分是因为 1971—1972 年圣路易斯公园学校董事会想要就当地学校里允许从事哪些宗教活动以及不允许从事哪些活动设置一些指导原则。后来，全美国的学校都使用了她们创设的课程。宾汉姆回忆道，1977 年她和来自离圣路易斯公园不远的郊区小镇罗宾斯代尔的教师苏珊·格罗斯，凭借一项关于世界妇女的地区研究计划赢得了第四篇 C 部分项目的拨款。这项计划旨在向高中学生介绍女性史。最终她们编写的课程在全国范围内散发，印制的教科书超过 10 万册。

我第一次见到米里亚姆·卡戈尔是在高中高年级课上。她教授英国文学的文献检索课程，并且是我们文学杂志的顾问，也是这本杂志的创始人。她教我如何欣赏拜伦、雪莱、济慈和叶芝，以及其他优秀的小说和诗歌。这并不是个容易的任务。她记得我经常问她一些有关这些大诗人的问题："为什么他们不能直白地表达他们的意思呢？"卡戈尔来自明尼苏达州南部，她家在那里有个休闲农庄。她当时 22 岁，这是她的第一份教学工作。卡戈尔回忆道："1967 年我被圣路易斯公园中学聘用，签了一份年薪 5600 美元的合同。我告诉了我的父亲，他震惊地看着我，说道：'你要好好工作，对得起每一分钱。'"

卡戈尔和我一直是朋友。回想起社区在设定价值观方面所发挥的作用，卡戈尔沉思道：

> 我记得有个孩子抄袭了一首诗并投稿给高中文学艺术杂志《曼德拉》，我们发表了这首诗。当时并不知道它是抄袭所得，直到后来才发现。我们带这个孩子去见校长，他告诉那个学生："你的所作所为是对这位老师的大不敬。"我知道无论什么情况校长都会支持我。如果我惩罚了他们的孩子，我不必担心他们的父母会打电话要取我的脑袋。整个社区都尊重这个体系和老师——即使父母认为老师错了。

当时圣路易斯公园街坊四邻的家门都没有上锁，今天依然如此。在我的朋友和我达到可以开车的年龄之前，我们都搭乘相同的公交车。我们 10 岁或 12 岁时都还没有拿到驾照，当时的周末福利就是"去市中心"。我们乘坐公交车从圣路易斯公园到明尼阿波利斯中心的亨内平大道，要花费 10 ～ 15 美分。我们会去代顿商场"购物"，但从来都是只看看橱窗。我们会买一些焦糖玉米，并在明尼阿波利斯最著名的中国餐馆"南京"吃午餐。然后我们会看场电影，再乘公交返回圣路易斯公园的家中。当时我们还只是孩子，但我们的父母似乎从来不担心我们在城市里自由自在地闲逛。除了学校，明尼阿波利斯另一个极好的公众"搅拌机"就是它的一连串湖泊。湖泊周围住着城市中一些最富有的家庭，但每个湖都配有步行道、自行车道和对所有人开放的公共沙滩。从小到大，我会和母亲一起在那些湖边散步，在那里你会经常遇到你认识的人。

明尼苏达州所拥有的强大的社区精神也是严酷气候的副产物。零下的温度使得道路冻结，走在路上很容易打滑，水管被冻裂，积雪也必须清除。现在住在加利福尼亚州奥克兰的弗雷德·阿斯特伦说，这些都"使合作成为必然，而不仅仅是一种美德。你可能不喜欢你的邻居，但你总是会帮他在早晨发动他的汽车，而他会在你跌倒在冰上时扶你站起来。你的老板会让你回家去处理冬季的紧急情况。结果就是，人们总是熟悉他们的邻居，而不像在湾区，很少有机会把邻居们聚在一起。在明尼苏达州，不合作的邻居是罕见的，因为每个人都知道在某个寒冷的一天，他们会需要帮助。冬天总会来的……"。

我们的隔壁邻居鲍勃·邦德从家里的农场搬到这个新的郊外社区。每年冬天，他都会在他家后院用雪堆砌一个溜冰场，再在地面浇上水冻成冰。这里就是我学习滑冰和打冰球的地方。到了夏天，他会把后院的地犁一遍，精心种植玉米、胡萝卜、莴苣和西红柿，变成了一个美丽的花园。我的姐姐简趴在地上看着胡萝卜生长，并不停地纠缠鲍勃，问他什么时候可以拔起一根来尝尝。我们家的房子在街道的尽头，后院与那些同一条街上房子的后院彼此相邻，之间没有任何围栏，成了一片天然的、长长的绿茵橄榄球场。4 月份大部分积雪都融化了。这时我会拿出我的高尔夫球杆，在我家后院地势略微高处，用 5 号铁杆将球击出 175 码远，一路穿过六个邻居的后院到达街区的另一头，有时还会打到路尽头的开放区域。我从来没用球砸坏过任何人的窗户，也没有收到过邻居的抱怨。从那以后，我就一直用 5 号铁杆了！

街区尽头那个尚未开发的露天场地是我们玩耍的"前沿阵地"。我们在高高的灌木、杂草和树木之间玩捉迷藏。我们并不知道，这片区域将我们与美国锂公司的一座巨大工厂隔开。在为这本书的写作进行研究时，我从 2006 年 11 月 1 日的《双城商业报》刊登的一则故事中了解到："从 1942 年到 1960 年，美国的两家公司，即美国合金公司和美国锂公司，为美国军队生产碳酸锂，主要用于电池和救生设备。这些碳酸锂在埃奇伍德大道尽头的一栋厂房里生产，就在圣路易斯公园雪松湖路的旁边（距离我们的房子仅有几个街区）。虽然公司是在履行爱国义务，但锂离子、燃料油和各种金属仍然源源不断地泄漏到土壤和地下水中。"约翰·迈耶三世在他的回忆录《不要告诉道格拉斯》中声称，美国合金公司在第二次世界大战期间用这个工厂生产"轰炸广岛的原子弹中必不可少的一种成分"。我的上帝啊！在那座工厂和几英里外的木馏油工厂之间长大，我和我的姐姐居然没有遭到辐射并在黑暗中发光，真是让人惊喜万分。（然而，我的姐姐简是一名乳腺癌患者。）在另一个方向的两个街区之外是一片更大的公共区域，夏天变成棒球室内场，而冬天则变成冰球场地。那里有一座木制地板的温暖小屋，我们在里面将靴子换成溜冰鞋，当温度骤降至大大低于零摄氏度时，我们还可以躲进去避寒。我至今仍然记得煤气取暖器散发的气味。城市提供灯光照明，你可以在任何一天下午、傍晚甚至晚上打一场冰球。马克·垂斯特曼是圣路易斯公园高中橄榄球队的四分卫，比我小 3 岁。他后来继续为明尼苏达大学打球。作为进攻协调员或四分卫大师，他先后指导了 2 个大学队和 10 个美国橄榄球大联盟球队，并于2013 年到 2014 年达到职业生涯顶峰，成为芝加哥熊队的主教练。当时，在明尼苏达州成为中产阶级意味着，你可以得到你所想到的任何东西。周末的午夜过后，垂斯特曼和他的同伴们偶尔会租用都市体育中心的溜冰场，当地的国家冰球大联盟专业球队明尼苏达北极星队也在这里训练。他回忆道："当时没有社交消息服务，没有手机，没有人有信用卡，也没有自动提款机。场地租金午夜过后是 1 小时 150 美元。回想起来，我们是怎么做到在星期六早上 4 点把 20 个人聚集到职业的冰球场的？东拼西凑一些现金，也没有教练。"

当时的中产阶级生活包括了多得多的"说走就走"的随性成分。和今天不一样，钱还没有完全统治公共空间。垂斯特曼告诉我："记得有一天，妈妈突然说：'我们看棒球赛吧。'当天双城队正在与红袜队进行比赛。我们前去观战，坐在第二层看台的第一排。雷吉·史密斯打了一个犯规的球，我妈妈站起身，伸手抓住了它。"

1970 年，美国高尔夫公开锦标赛在明尼苏达州查斯卡的黑泽庭国家高尔夫俱乐部举行，距离明尼阿波利斯市中心 40 分钟车程。我当时上高中 11 年级。夏天我定期在我的俱乐部——布鲁克维尔俱乐部当球童。明尼阿波利斯周围的大多数俱乐部获邀为美国公开赛推荐 4 个孩子当球童，我被我的俱乐部选中。当时，美国高尔夫球协会不允许职业高尔夫球手将职业球童带入公开赛，因为业余爱好者也会受邀参赛，带职业球童参赛会被视为偏袒专业运动员。比赛的前几周，我们所有当地的球童都聚集在黑泽庭，与职业球员领队唐·沃彦一起走一遍比赛路线18 个洞，并填写他们给我们每个人发的数码笔记本，详细说明了从不同的树和陷阱到达绿色果岭的距离。接着，我们回到俱乐部的餐厅，房间正中间摆着一只大银碗，里面装有一些折起来的小纸片，上面印有每一位参赛运动员的名字。他们会叫你的名字，然后你走向这个大银碗，把手伸进去，从中挑选给哪位参赛运动员当球童。这就是平等主义吧！有些孩子挑选了杰克·尼克劳斯，也有人挑到了阿诺德·帕尔默，还有人挑到了最终的冠军托尼·杰克林，而我选到了伟大的波多黎各高尔夫球手奇奇·罗德里格斯。他在第一天过后并列第二，成功晋级之后的比赛，结果最终排名第 26。后来他付给我 175 美元，并把他包里所有的球和手套都送给了我。这是我人生中最快乐的时刻，今天 17 岁的孩子永远也不可能有这样的际遇。

因为几年后，美国高尔夫球协会取消了在公开赛中禁止职业球童的禁令，于是再也没有高中低年级学生有机会把杰克·尼克劳斯或阿诺德·帕尔默的名字从银碗里取出来，然后和他一起走进球场围绳里面。今天黑泽庭高尔夫球俱乐部的男士更衣室外面有一张照片，照片中留着板寸发型的高中男孩们从那个碗中取出印有专业球员名字的纸条，这是那个年龄段可爱但遥远的记忆。用我童年的朋友、哈佛大学哲学家迈克尔·桑德尔的话说，还是有一些东西是"钱无法买到的"。

## 中产阶级的明尼苏达州

那些公共空间之所以可能出现，是受到两个因素的影响：一是美国和明尼苏达州普遍上升的经济状况使中产阶级逐渐崛起；二是一代独特的进步主义政治家。这两个因素相互促进。没有什么比一张不断扩大的馅饼能够更有效地支持公共项目，支持那种能够有效运作的政治——包容性的政治。我现在才明白，从第二次世界大战结束到 20 世纪 70 年代初，在中产阶级家庭长大的我们其实成长于美国历史的非凡时刻。或者，用斯坦福大学历史学家大卫·肯尼迪的话说："这是美国历史上集体沉醉的最伟大的时刻——这个国家充满了自豪感和机会。"这是"收入差距大幅缩小和共同繁荣的时代——高增长和高度平等"。

白宫经济顾问委员会 2015 年 2 月发布的年度报告研究了第二次世界大战后美国的生产率增长情况，并将 1948 年至 1973 年标记为"共享增长的时代"。因为：

从 1948 年到 1973 年，生产力增长、收入分配和劳动参与这三大因素协调发展，使中产阶级受益……收入不平等下降，国民收入分配中，收入最高的 1% 人群的收入下降了近 1/3，而收入最低的 90% 人群的收入略有上升。家庭收入也因妇女更多地参与劳动而增长……这三个因素的组合使得这一时期收入最低的 90% 家庭的年均收入增长 2.8%……

这一时期说明了，生产力、收入平等和劳动参与共同协力使中产阶级受益。

我是在那个时代进入成年的。在这样的环境下成长，让我和许多其他人有了一种乐观的偏见，并期望这种普惠的繁荣还会继续下去。这是一个上升的良性循环。你感觉到两翼生风，而不是迎面来风。事实上，来自明尼阿波利斯的国会众议员里克·诺兰喜欢说，对于那些在明尼苏达州长大的中产阶级而言，"你要想失败，必须先定个计划"。

参议员艾尔·弗兰肯在圣路易斯公园上了小学和初中，但他的父母把他送到布莱克读高中，这是明尼阿波利斯的一所私立学校。弗兰肯去私立学校读高中，这在当时是很少见的。2015 年 2 月 28 日，弗兰肯在对科罗拉多民主党的讲话中说道：

> 我记得 1957 年的时候，苏联发射了人造地球卫星。他们已经有了核武器，而突然间，又在太空中领先于我们了。美国人非常害怕。当时我 6 岁，我哥哥欧文 11 岁。在明尼苏达圣路易斯的家中，我的父母让我们俩坐在客厅里，对我们说道："你们将要学习数学和科学，这样我们就可以打败苏联。"我觉得这对 6 岁的孩子来说是很大的压力，但我们并非叛逆的孩子，所以欧文和我便学习了数学和科学。我们也很喜欢，并且学得很好。我的哥哥成为家里第一个上大学的人。他毕业于麻省理工大学物理学院，后来成为一名摄影师。我也进入了非常好的大学，毕业后成为一名喜剧演员。我可怜的父母！但是，我们击败了苏联。
>
> 正如我所提到的，我在圣路易斯公园长大，这是一个中产阶级的双城郊区。我的父亲是印刷厂销售员。我们的房子有两间卧室和一间浴室。我觉得

自己是世界上最幸福的孩子。我也的确是。我是在中产阶级的巅峰时期加入了美国的中产阶级。那时，成为中产阶级意味着真正的安全。它意味着：你可以为你的家庭提供温暖的房屋和美味的食物；你可以将你的孩子送去公立学校，如果他们生病了，还可以带他们去看医生；你可以隔一段时间就休假一次，虽然假期对我们来说总是开车去纽约拜访我的姨父欧文、姨娘欣达以及表弟查克；等你老了，你可以依靠养老金和社会保障安度晚年；你可以让自己冒冒险；如果你努力工作并遵守规则，你的孩子可以做任何想做的事情，像我一样先成为喜剧演员，再当参议员。

弗兰肯的评论中最能引起我共鸣的是，他认为我们拥有经济安全，同时在心理上我们有一种锚定和归属于社区的意识。正如他所说："你可以试试自己的运气——你不用担心，如果我成为一名喜剧演员，是不是不像其他哈佛大学毕业生所从事的职业那样稳定。我觉得，不相信你总是可以通过某种方式来谋生，这种想法很可笑。"

我没有像艾尔那样成为喜剧演员，但我进入明尼苏达大学学习阿拉伯语。很多家人和朋友都嘲笑我。当时大学里几乎没有几个犹太孩子学习阿拉伯语。我父母的朋友问他们："汤米学习阿拉伯语，怎么才能在这个世界上找到工作啊？"我被吓到了，但我从来没有想过学习阿拉伯语会让我一事无成，所以并不担心。没有人警告我，如果我没有拿到 STEM——科学、技术、工程和数学的学位，就无法自食其力。

明尼苏达州的商界领袖是"明尼苏达州方式"的一大驱动力：他们理解政府的存在就是为了进行妥协、做出决策以及支持私营部门；而私营部门的存在是为了创造就业，并为公共产品做出贡献。明尼苏达大学汉弗莱公共事务学院政治与治理研究中心主任劳伦斯·雅各布斯说道："在国家建设和使两党向中间立场靠拢方面，明尼苏达的商界历来都是真正的合作伙伴。"

这有其深刻的根源。2007 年 12 月 22 日《纽约时报》一篇题为《翡翠城的确存在》的文章解释道，在 20 世纪 70 年代中期，明尼苏达主要的商业机构组建了。

百分之五的俱乐部——在明尼阿波利斯和圣保罗的公司同意将5%的税前收入用于慈善事业。信不信由你，在现在这个强调利润最大化和取悦华尔街的时代，这个俱乐部仍然存在。现在它被称为基石俱乐部，它有214个成员，其中134个成员按照5%的比例捐赠……

格思里剧院最近搬到河边一座闪闪发光的新建筑里。包括格思里剧院在内的五大主要艺术机构，最近都建造了新的建筑或增加了场馆。所有这些都得到了企业的大力捐资支持。

难怪1973年8月13日的《时代》杂志封面使用了一张明尼苏达州州长温德尔·安德森举着梭子鱼面带微笑的照片，标题是《明尼苏达的美好生活》。当这个国家的其他地区经历水门事件、高通货膨胀和越南战争的痛苦时，明尼苏达州被评选为"有效运行的州"。我清楚地记得那个封面。我父亲刚刚去世，波士顿的布兰代斯大学接收了我的转学申请，几周后就将搬到那里，不会再居住在明尼苏达了。但这个州永远不会离开我。无论我住在波士顿、伦敦、牛津、贝鲁特、耶路撒冷或华盛顿，人们问我"住在哪里"时，我总是回答："我住在这里，但我来自明尼苏达。"

## 我们的政治祖先

正如我前面所说的，明尼苏达并不总是那么好，在政治上和经济上也并非一直是那么包容的——特别是对黑人、犹太人和其他少数族群。它变得更具包容性的原因，不仅仅是因为第二次世界大战后经济状况的改善，更是因为一些勇敢的政治选择。这些选择是由一代独一无二的明尼苏达政治家做出的，他们是温和的共和党和民主党－农民－劳工的组合，如休伯特·汉弗莱（明尼阿波利斯市长、参议员和副总统）、沃尔特·蒙代尔（参议员和副总统）、唐·弗雷泽（国会议员和明尼阿波利斯市长）、尤金·麦卡锡（参议员）、阿尔内·卡尔森（州议会共和党主席、州长）和比尔·弗伦泽尔（来自圣路易斯公园的国会议员，也是一名共和党人），等等。

根据圣路易斯公园历史协会的网站，1936年3月，"一个名为'银衬衫'的疯狂极端组织来到明尼阿波利斯，向他们在该州所谓的 6000 名追随者讲述反犹太主义和偏执的狂想"。传奇的哥伦比亚广播公司新闻评论员埃里克·塞瓦赖德当时还是《明尼阿波利斯日报》的年轻记者，他用他的真名阿诺德，"从 1936 年 9 月 11 日开始在《明尼阿波利斯日报》上刊登文章，分六个部分揭露这个组织。该组织由来自北卡罗来纳州阿什维尔的威廉·杜德利·佩利领导，他把他的所有问题都归咎于共产党和犹太人……他们的一些最荒谬可笑的想法包括：罗斯福总统的真名是罗斯维尔特，是个犹太人"。黑人遭受了类似的、往往更糟糕的命运。历史学会网站指出："1947 年 7 月，州长领导的明尼苏达州种族间委员会发表了《黑人和他在明尼苏达州的家》的报告，调查显示，63％的人不会将自己的房产卖给黑人，即使黑人出更高的价格也不卖。"

到了 20 世纪 40 年代末和 50 年代初，事情开始发生改变。休伯特·汉弗莱是我家眼中的英雄，很大程度上是由于他担任市长之后大力打击反犹太主义。他任命了一个特别行动小组，在市政府中根除反犹主义。历史学会的报告指出："行动小组的工作确认了这些指控，并且揭露了对黑人和印第安人的歧视。汉弗莱把行动小组变成了常设的市长人际关系委员会，在接下来的两年，还通过了在住房和就业方面取缔反犹主义和种族主义的法令。"

今天我们将休伯特·汉弗莱视作黑人与白人关系领域伟大的民权斗士，但他是从打击白人反犹太主义开始的。劳伦斯·雅各布斯解释道："明尼苏达州最值得关注的一件事就是，民权运动从这里开始——但不是黑人，而是犹太人。汉弗莱在 1948 年民主党大会上发表了呼吁赋予黑人平等权利的著名演讲。在此之前，他已经在明尼阿波利斯与反犹太主义作斗争了。如果回到 20 世纪 30 年代和 40 年代的明尼苏达州，你所成长的圣路易斯公园是绝不可能存在的。你所成长的时代，是一个可以基于个人品质成长和生活的时代，也是一个可以做犹太人的时代。"但是在 20 世纪 30 年代和 40 年代并不是这样，那时候整个美国和明尼苏达州都对犹太人设置了各种障碍。"在汉弗莱对种族主义宣战之前，他先对反犹太主义宣战，这使得圣路易斯公园的这群人得以解放，尽情发挥他们的才华，所以他们的创造力和灵感有了生长的空间。"

1948 年 7 月 14 日汉弗莱在费城会议厅民主党大会上的讲话，标志着他从与反犹太主义斗争向反对种族主义的过渡。50 年后，作家托马斯·柯林斯在纪念休伯特·汉弗莱历史的网站上追述了当时的情景："汗水浸透了他黑色的西服，他稀薄的黑色头发毫无光泽地贴在头上，汉弗莱看着台下的人群，其中包括建议他不要说话但又迫切希望他说话的党派领导人，以及那些威胁说如果他这么做就要走出大厅的人。在接下来的 8 分钟里，这位来自明尼苏达州的战士将第一次把一个全国性的政党带入民权斗争之中，而这场斗争至今仍然在间歇性地持续着。汉弗莱在这次著名的演讲中陈述了他的主张，他说道：'我的朋友，对那些说我们对解决民权问题有些操之过急的人们，我要告诉他们，我们已经晚了 172 年；对那些说民权运动侵犯了州权的人们，我要说，这个时刻已经到来，美国的民主党要走出州权的阴影，并且将径直走向人权的灿烂光明。'"

现在很难想象这些语言在当时是多么激进和斗志昂扬。在南卡罗来纳州州长斯特罗姆·瑟蒙德的带领下，几十名南方代表咆哮着离开了民主党大会的会场。这些南方人最终将支持乔治亚州参议员理查德·罗素与哈里·杜鲁门竞争党内提名，而瑟蒙德本人则在分裂后成立的南方州权民主党支持下竞选总统。这些事件标志着作为南方保守派和北方自由派联盟的民主党即将走向结束，并最终为 1964 年的《民权法案》搭好了舞台。

汉弗莱是个彻底的进步主义者，而且他影响了明尼苏达州的新一代民主党政治家，甚至很多共和党人。我所在的圣路易斯公园是明尼苏达州第三国会选区的一部分，这里是全州最犹太、最民主党和最自由主义的区域。但在我成长的过程中，这个选区的两个国会议员都是自由主义倾向的共和党人：克拉克·麦克格雷戈，1961 年到 1971 年任国会众议员；比尔·弗伦泽尔，1971 年到 1991 年任国会众议员。

我在 2014 年采访了弗伦泽尔，主题是明尼苏达州 20 世纪 50 年代和 60 年代的政治演变，就是我在那里成长的那段时间。这次采访之后，不久他就去世了，享年 86 岁。他代表了现在已经灭绝的一个物种，即自由主义的共和党人。弗伦泽尔在 1970 年也就是我上高中低年级时第一次当选国会众议员。无论我在世界上哪里旅行，提起他时，我总是称他为"我的国会议员"。我们坐在华盛顿布鲁金斯学会的咖啡厅——当时他是布鲁金斯学会的驻会学者，弗伦泽尔回忆起早期的那些日子：

我们把那段时间称为更友好、更加谦谦君子的日子。我出生在圣保罗，朝鲜战争后回国，在明尼阿波利斯的一家家族企业工作。我不知道我是共和党还是民主党。我的家庭是中上层阶级，日子过得还不错，政治在我家里不是一件大事。我父亲的很多朋友都是反罗斯福主义者，但他从来不让我学他们。罗斯福来过明尼苏达州一次，我的父亲带我去看，我跟着他一起欢呼。我坐在父亲的肩膀上说："为什么每个人都在欢呼？我还以为我们不喜欢这个家伙。"他说："不，儿子，不喜欢他的人不多见。"

弗伦泽尔回忆道：

我进入议会时，那里还是有相当多的同志友情的。当时是农村和中央城市之间的斗争，我们郊区人和中央城市的立场有很多共同之处，我们经常一起工作，相互支持。休伯特·汉弗莱在参议院做他的事，他为人非常友善。如果你在街上遇到他，他会友好地和你打招呼。当时和今天简直就是天壤之别。你会尽力去合作，但是如果不能，你就投反对票。在明尼苏达州的立法机构，我的第一任期所经历的 500 ~ 600 次投票表决中，只有五六次是严格按照党派路线进行投票的。这是 1963 年到 1969 年。这就是人们期望你做成生意的方式，而且人们也期望并要求你能够达成交易。我们的家族企业是做运输和分销生意的。做生意你需要的仅仅是一次握手，如果还需要一份合同，你就不应该和那个家伙做生意。就自己的生活而言，我们是保守的，但大体上我们是自由主义倾向的。明尼苏达人按期支付他们的账单，把挣到的钱存起来，教他们的孩子怎么存钱，但他们也想照顾他们的邻居以及建立良好的社区。如今的明尼苏达已经不像原来那样了，但它仍旧比其他地方好。政治已经变味，但人并没有。

我问弗伦泽尔，政治是何时开始改变的？

政治发生改变，是从里根入主白宫并对控制众议院的民主党发起挑战时开始的。人身攻击也随之开始。然后众议院银行丑闻浮出水面。接下来的竞选活动就越来越个人化。这么多年下来，竞选活动变得越来越没有底线。我刚从政时，我的导师说："看在上帝的份上，永远不要提及你对手的名字。"现在，人们通过公开攻击你的对手是个卑鄙小人开始自己的竞选……我的竞选是由和我一起在厨房做饭的人运作的。现在，你雇了一个来自巴尔的摩或洛杉矶的人，他都不必住在你的选区，也不用担心他所造成的伤害。共和党在 1994 年拿下众议院多数席位时，他们不知道如何做多数党，而民主党也不知道如何做少数党。我在众议院的时候，共和党人知道"他们的位置"。我们从来没有当过多数党，看上去也永远不会成为多数党，我们别无选择，只能努力工作和妥协。我们要做的决定就是究竟要那半块面包，还是要三分之一块面包——所以我们做成了这些交易。

当然，弗伦泽尔补充道，他也得益于"宽容的选民团体，同时也是长期稳定的选民团体。情况没有发生改变"。他选区中大多数的家庭一直都是双职工家庭，有两份收入，生活比较富足。他补充道："他们搬到郊区，把他们的孩子送到好学校。他们知道他们为什么来到那里，并希望留在那里。他们想要一个英俊、勇敢和真实的国会议员，希望我能够重视他们。除了左右翼的极端分子，我从没有感觉到人们在给我施加压力。他们的主要关注就是：你有没有重视他们。我认为，人们并不关心我究竟是共和党人还是民主党人。"

事实上，我的母亲是个彻底的自由主义者，但她总是投票支持弗伦泽尔。弗伦泽尔说，他竞选连任时，会买"一块很大的高速公路广告牌，上面就写着'弗伦泽尔竞选国会'。在他的名字之前，从来不冠以'共和党'三个字"。

退休后，弗伦泽尔并不意外地出任了民主党总统比尔·克林顿的特别顾问，帮助他赢得《北美自由贸易协定》的通过。

在我的成长期间，沃尔特·蒙代尔担任明尼苏达州的国会参议员，从 1964 年一直到 1976 年。蒙代尔从另一个侧面给我讲述了一个类似的故事：

我在爱荷华州的一个边境小镇长大。我的父亲是几个不同教堂的牧师。

每隔五年，我们就会搬一次家。我的母亲是音乐家，她教年轻人弹钢琴，并组织了明尼苏达州埃尔默尔市的唱诗班。我的家人和父母总是期望我们参与社区活动并有所作为。我的父亲是一位年长的、倾向农民和劳工的人。休伯特的父母都是有影响力的社会活动家。唐·弗雷泽也是一样。我们拿下了明尼苏达州，这里曾经信奉孤立主义。明尼阿波利斯曾经被称为"反犹主义的大本营"，而我们改变了所有这一切。我们改变了政治文化。

在州政治方面，蒙代尔补充道：

这是一个乐观的时代。我们在生活中都将有所成就。教育会帮助我们实现理想，而每个人都能够接受教育。《退伍军人法案》使每个人都有机会接受大学教育或继续接受专业培训。全州上下，人们都成为专业人士。在这里，收入和机会都是平等的。随着我们的共同努力，情况变得越来越好，并且你可以看到它是行之有效的。人们在进步，经济越来越好。明尼苏达州有这种两党合作的传统。我们拥有进步主义的共和党人。两党曾经争相比拼谁对明尼苏达大学的贡献最大，共和党领导人阿尔内·卡尔森及其共和党人是永远不会在教育问题上落后于我们的。当然，大学喜欢这种竞争，并且鼓励这种竞争。这并不是那种焦土战略的斗争。如果有人提出这样的政治主张，那么他会立刻被拒之千里之外。

说到第二次世界大战后的黄金时代到 20 世纪 70 年代中期，蒙代尔总结道：

我们都期望情况变得越来越好……《退伍军人法案》颁布后出生的孩子正在为他们自己营造全新的生活，而我们很多人展翅高飞，前往华盛顿，带着很多明尼苏达的精神去了那里……我经常思考，族群间紧张关系在很多州都是重大问题，但在明尼苏达州却并非如此。俄勒冈州和华盛顿州很像我们。这使得我们在民权问题上能够坚持非常进步主义的立场。休伯特曾经被人们批评不知道他在说什么，因为我们的州是一个全白人的州。

但是，明尼苏达州并不全是白人。蒙代尔接着说道：

> 我们一直致力于使社区更好地运行，提高最低工资水平，增加幼龄儿童教育支出。我们需要在全国范围内重拾这种势头……目前的瘫痪状况改变了所有这一切，我对此感到非常沮丧。如今，我们不再营造社区，而是把人进行分类，一些人被分了出来……这正在伤害我们。在竞选中，我看到了大量的金钱，但没有人知道这些钱从哪里来。最高法院究竟知不知道，联合公民诉联邦选举委员会案对这个国家的公共生活产生了怎样的影响？你是需要一点钱，但它并不重要。而现在它就是一切。

能够在这样的政治家的庇护下成长并发展自己的政治观，这是多么的幸运。这种经历塑造了我许多朋友的政治观，包括迈克尔·桑德尔。桑德尔现在是哈佛大学著名的政治哲学家，他的讲座每学期会吸引多达1000名学生。他所写的书——包括《民主政治的不满》《公共哲学》《公正：该如何做是好？》《钱买不到什么》——反映了他对我们时代的民主制度、社区和公民美德命运持续的忧思。我问他，明尼苏达是如何塑造了贯穿于他写作和教学之中的公民理性？他解释道：

> 虽然我们当时几乎没有意识到，明尼苏达的成长经历所传授的公民理想主义塑造了我们对"成为一个公民意味着什么"的看法。我们孩提时代所认识的明尼苏达州是个培养民主理性的地方，但并没有通过一种显露在外的、笨拙的方式。那些得到良好支持的地方和市政机构——强大的公立学校、公共图书馆、公园和娱乐设施将这种公民理性传授给我们。我们从日常生活中吸收了公民教育。我们无意识地接受了这样的信念，即政治和公民能动主义能够使世界成为更好的地方……这里稳定的中产阶级社区培育了这样的信念，即政治是可以关乎公共利益的。明尼苏达州的民主党被称为DFL，即民主－农民－工人党。它源于农民和工人在进步主义时代的联盟，推动农地改革、强大的工会、社会保障以及铁路和公用事业的公共所有权。在我们成长的时

候，这种进步主义的传统仍然贯穿于明尼苏达州的政治生活之中。它鼓励我们关心更广的世界。其代表人物有休伯特·汉弗莱、奥维尔·弗里曼、沃尔特·蒙代尔。他们是令人赞不绝口的政治家，充满乐观和理想主义精神。今天，我们将汉弗莱悲剧性地归为建制派政治家，因为他在越南战争期间成了林登·约翰逊的副总统。但是，他作为一名勇敢的民权支持者而开始了他的事业。

桑德尔继续说道，在我们的童年，"这种中西部的平民主义传统在我们的国家政治上留下了印记，也在我们自己的身上留下了印记。我们 11 岁时，林登·约翰逊总统签署了《民权法案》；我们 14 岁时，另一位明尼苏达州参议员尤金·麦卡锡在新罕布什尔州党内初选中挑战约翰逊，反对越南战争"。

桑德尔还指出，我们公民教育另一个更加微妙的源泉："我们这个时代的明尼苏达州提供了种类丰富的能够混合不同种族的公共空间和生活体验。至少在郊区，公立学校很强大。公共公园和娱乐设施数量充足，并被来自各种社会背景的人广泛使用。明尼苏达州嘉年华吸引了社会各个阶层的人们。大都会体育场也是这样，那里的棒球迷们聚集在一起，为明尼苏达双城队加油助威。"

桑德尔评论道，去观看一场棒球比赛"在那个时代是一种更加民主化的体验"：

当然，主队本本垒后面的座位总是比露天看台的座位贵很多，但差别不如今天那么大。露天看台座位大约要花 1 美元，包厢座位大约要花 3 美元 50 美分。因此，去观看棒球比赛是一种混合阶级式的体验。企业高管与教师和邮递员并肩坐着。每个人都喝同样的当地啤酒，吃同样软塌塌的热狗，并在排着同样的长队等待上洗手间。一旦下雨，每个人都会被淋湿。当然，我们并不是为了这种公民体验而去大都会体育场。我们是前去为双城队加油助威的，是去看哈蒙·奇尔布鲁打全垒打的。但是，球场这种混合阶级的观赛条件创造了一种共同的民主体验。社区、公立学校以及我们居住的大部分地区大多也采纳这些混合的模式。它无意中为公民民主教育做出了贡献。

他继续说道，如今观看一场棒球赛的体验和原先不一样了："像大多数运动队一样，明尼苏达双城队现在的球场是以公司名字命名的，即塔吉特球场，球场里到处都是豪华包厢，提供美食餐饮和酒吧服务以及专属礼宾服务。贵宾们可以坐在舒适的空调包厢里观赛，远离站在下面的普通民众。软塌塌的热狗以及共同的民主体验已经成为过去。在豪华包厢时代，下雨时不会出现每个人都被淋湿的情况了。"

桑德尔观察到的现象正在我们社会的方方面面蔓延。"今天，富人和平民之间过着越来越不同的生活。我们在不同的地方生活、工作、购物和玩耍。我们把我们的孩子送去不同的学校。我将这种现象称之为'美国生活的豪华包厢化'。这背离了我们年轻时代的那个明尼苏达州。它腐蚀了公民意识和民主平等。当时，我们根本注意不到这种民主公民社会的场景，因为它构成了我们日常生活的一部分。现在，它已经成为遥远的记忆，回想起来感受更加强烈。"

圣路易斯公园中学的另一名校友诺曼·奥恩斯坦呼应了桑德尔的思考。他是一位政治学家，是华盛顿特区智库美国企业研究所的驻所学者。他还是一名出色的分析师，对美国政治和国会的评论经常被媒体援用。他的著作包括：《甚至比看起来更糟糕：美国宪法制度与新的政治极端主义的碰撞》《永不停歇的竞选及其未来》以及《重症监护：国会如何影响健康政策》。这些书都是与托马斯·曼合作完成。诺曼比我大5岁，出生于密歇根州的大急流城。他的父亲从加拿大搬到那里并开了一家服装店。但是他的母亲来自北明尼阿波利斯。诺曼4岁时，他们全家搬到了那里，直到他9岁就读圣路易斯公园中学和当地的希伯来语学校。然后他们又搬去多伦多住了几年，接着又搬回圣路易斯公园。诺曼是一个神童，14岁就从圣路易斯公园中学毕业，15岁就进入了明尼苏达大学。

我问他，在圣路易斯公园长大对他有何影响。奥恩斯坦从他的钱包里拿出了一张球票。这是1965年10月14日棒球世界杯系列第七场比赛的球票。我们的对话也从此开始。那场比赛，美国大联盟冠军明尼苏达双城队在大都会体育场输给了洛杉矶道奇队，伤透了我的心，诺曼也是。但是，这些年来一直跟随我们的不仅仅是那场比赛失败的阴影。在他成长的过程中，奥恩斯坦说道，他看到政治被追求社会正义的激情所驱动，被追求公平社会和文明社会的激情所驱动，以及公众对于"务实寻找政治解决方案"的期待和"对体制深深的尊重"。因此，他补充道，毫无疑问，作为政治学家，他自己的职业生涯一直是围绕着"努力保护、加强和改善政府机构，教育公众如何参与。如果我的童年不是在明尼苏达长大，如果不是在童年时期被反复灌输这种思想，我想我是不会有这种激情的"。

## 水里的那个东西

关于我的童年，或是关于明尼苏达或圣路易斯公园，我并不天真。我成长的那个时代和地方同样也有很多错误，种族主义仍然盛行，性别歧视依旧猖獗。如果说我的许多老师都是很有才华的女性，部分原因是工作的世界并未对她们完全开放。同性恋权利也没有被提上任何人的议事日程，这使得很多人不得不隐藏在别人看不到的角落。然而，这些是那个时代全国通行的社会规范，幸好我们现在已经不再如此。

但如果你很幸运，你的生活没有受这些偏见的约束，那么你很难不受到明尼苏达州和圣路易斯公园积极和正确的一面的影响。以我为例，无论走到哪里，我的一生都带着一种乐观主义的精神，我认为人类社会可以解决任何问题，只要人们能够并且愿意集体行动。而且，虽然离开了圣路易斯公园，但我总是对健康的社区怀有一种感激之情，感激它能够极大地锚定并且激励那里的人们。

圣路易斯公园正是政治哲学家埃德蒙·伯克在他的经典著作《法国大革命反思录》中所描述的那个他称之为"小单位"的东西。在书中，他向社区致敬，认为这是一个健康社会的关键构件，也是产生信任的源泉。

伯克写道："情感上归属于某个分支，热爱我们在社会中所从属的小单位，这是公众感情的第一原则（仿佛就是它的胚芽）。这是那根牵引我们走向热爱自己国家和热爱人类的链条的最初一环。这一小部分的社会安排的利益就在于所有组成员之间的信任感；只有坏人会加以滥用，只有叛徒会为一己之私而拿它做交易。"

在它们最好的时代，圣路易斯公园和明尼苏达州为其公民提供了一个归属于相互交织的"小单元"网络的机会，使他们可以归属于由信任组成的社区，正如伯克所说，这些社区形成了归属感和公民理想主义的基础，并使你相信与你不同的人也可以并且应该归属这里。今天的世界给了我们许多理由和工具固守己见、不与他人相连。但圣路易斯公园和明尼苏达则给了我们这些在这里长大的人恰恰相反的东西，它给了我们理由去相信我们可以并且应该与他人连接、合作，相信多元主义是可能的，相信二加二常常可以等于五。

回想起来，我也意识到，我们过去仅仅需要走过一段相对较小的距离来弥合我们之间的经济和文化鸿沟。今天已经不是这样了。在这个全球相互依赖日益加深，更多陌生人之间联系越来越紧密的时代，我们需要建立跨度更长的理解之桥，而它必须跨越的裂谷也更深。这只会对社区建设提出更多的需求，对一个能够锚定和容纳多元人群的健康社区提出更多的需求。

在很多地方，这样的理解之桥距离我们太远吗？我不这么认为——只要我们有正确的领导。但是，在我思考我们如何应对这个更为严峻的全球挑战之前，我需要上这门补习课程。我需要回到过去，与我生活中的那个时代和地点重新建立联系。当时，那里的政治是有效运作的，社区精神是真实可见的，公共机构受到尊重，我的朋友们也是真正的朋友，而不只是推特上的"粉丝"或脸书上的图标。在那里，当人们对几乎要了他们命的鲁莽司机发脾气时，他们几乎都要按喇叭了。

第 13 章

# 你可以再回家看看
# （而且你应该这么做）

我 似乎与停车场服务员很有缘。

2016 年初，我回到明尼苏达为写作本书做研究。我租了一辆赫兹租车公司的汽车，1 月 9 日早晨，我开车回到机场，准备搭乘飞机返回华盛顿特区。那天早晨，天气冷得刺骨。赫兹公司的还车柜台只有一位值班人员，他看见我立即冲我笑了笑。他叫卡西姆·穆罕默德，42 岁，之前曾经为我服务过。他是个新闻爱好者，并和我聊过政治问题。我已经有一段时间没见过他了，也不记得他究竟是阿拉伯人还是非洲人。趁着他审阅我的租车文件的工夫，我们聊了一小会儿。离开之前，我对他说："你是哪里人来着？"

他说："索马里，但是现在我感到这里就是我的家。"

听到他这么说真是高兴。我并没有问他任何关于在明尼苏达生活感觉如何的问题。他是主动说起他感觉就像在"家里"一样。但是，关于他的这个新家，还有一件事他想让我知道。他咧着大嘴笑着补充道："就是天气不一样。"

对他来说，这里的天气和索马里不同。但是，对我们俩来说，这是一样的明尼苏达。我后来想，这是多么令人赞叹的地方。在离开 40 年后，我仍然可以回到这里并感觉像在家里一样；而来到这里 10 年后，一个索马里难民也可以感觉像在家里一样。

我们这段简单的对话，让我立刻想起与前副总统沃尔特·蒙代尔的一次谈话。蒙代尔是我最敬佩的人之一，作风正派，为人正直。前一年的 8 月，我带他去明尼阿波利斯市中心的一家餐厅吃午饭。我们谈论了很多明尼苏达和圣路易斯公园的价值观，以及其中一些价值观是多么的历久不衰。年逾 87 岁的蒙代尔虽然步伐有些迟缓，但思想还是一如既往的尖锐。我们起身离开时，他对我说道："你知道，它能够自我延续下去，它是连续的。汉弗莱已经走了，但他所开创的文化元素在新生代中仍然存在，尽管这一代人和他已经有了两代人的距离。"

先是远赴他乡读书，接着为职业生涯打拼，在离开这里近 40 年后，我又回到明尼苏达州和圣路易斯公园，我感到蒙代尔显然是正确的。有 17 家财富 500 强公司选择将总部设在这里。地球点滴网站称，在全美七项主要的"最佳城市"排行榜中，双城地区全部荣登榜首，被誉为最宜居、最适合抚养子女和住家的地方。这其中肯定还有一些其他原因。不要忘了这个地方每年有 5 个月是一片冰冻的苔原。

这个问题一直牵动着我，我一遍又一遍地问自己：那个一直延续下去的东西，"它"是什么？我需要知道，因为我想把这个无形的"它"装进有形的瓶子里，与更多人分享"它"。在我看来，在这个加速的时代，似乎没有什么比"它"更有用。我回到家乡，回到我所在的社区，去重构过去这里存在的、可以锚定和激励许多公民的那些东西。我想挖掘得再深入一些，以便理解今天行之有效的那些促进包容性的工具究竟是什么。这就是本章的内容。

我最后的结论是，"它"首先是这样的事实，即明尼苏达州，甚至是小小的圣路易斯公园市，拥有相当数量的一批这样的领导人，他们年复一年地进入政治领域并掌握治理的权力。他们像在美国任何其他地方一样，相互争吵，陷入僵局（甚至偶尔推出奇怪的摔跤手杰西·文图拉担任州长，给这个一团乱麻的地方再插上一手），但是到了最后的时刻，通常他们能够为了社区的更大利益而努力达成妥协。这本是立法者应该做的；但是过去 20 年中，一股有害的两极化趋势席卷美国政坛，这已经不再是华盛顿特区的行为规范，人们甚至都不再对此抱有任何期望。

与此同时，在明尼苏达州和圣路易斯公园，公私协作的程度仍然非常高，而且在圣路易斯公园，有一批这样的企业主，他们认为自己不仅是雇主，而且还是市民。他们认为自己的公司有义务帮助解决当地的社会经济问题。他们期待公司的高管们在此方面能够自愿地以实际行动为社区做出贡献。这与华盛顿特区再次形成鲜明的对比，在那里，自从 2008 年之后，大企业就从国家的政治舞台和辩论中消失了，部分是因为华尔街银行家自取其辱导致的道德创伤，部分是因为大企业在 2008 年后被不公平地妖魔化，还有部分原因是美国大型跨国公司现在拥有数量众多的海外客户和员工，他们的"美国公民"的身份感已经被稀释了。因此，他们在很大程度上放弃了按照过去的方式努力对教育、贸易和移民等重大问题的国家议事日程施加影响。

此外，明尼苏达州和圣路易斯公园的公众也期待他们的政治家和商业领袖，能够践行这些最佳实践：即政治家们应该最终达成妥协，企业应该为社区做出贡献。

"这里公司的首席执行官们明确表示，他们希望能够做成事情，希望两党不要总是处于阻挠对方的模式。"汉弗莱公共事务学院的拉里·雅各布斯说道，"并不是说立法机构里一片和谐地齐声唱着'到这里来'（Kumbaya）的民谣，而是这里的文化决定了成为阻挠者、无视现实的做法是不可接受的。"

随着时间的推移，"它"的这些积极一面累积了很多"社会资本"——即信任，公共部门和私人部门之间以及部门内部的信任。这种信任反过来又可以进一步巩固这些积极的行为习惯，使"它"能够维持和延续下去。我甚至都不愿意再拿华盛顿特区做对比，在那里，两党之间或两党和私营部门之间没有丝毫的信任可言，导致美国增长的伟大引擎——促进研究的公私伙伴关系、基础设施、移民、教育，以及能够激励风险承担同时防止鲁莽行为的规则——已经逐渐地停止了运转。

但是，实事求是地说，明尼苏达州还有另一个并不那么光鲜亮丽的"它"：那就是"明尼苏达式友善"的文化基因，它将住房、警务等方面系统性存在的种族主义统统藏在了看不到的地方，特别是对非洲裔美国人的种族主义。虽然明尼苏达州的非洲裔少数族群规模相对较小，但自 20 世纪 60 年代初以来，它在社会运动中就一直非常活跃。1967 年，明尼阿波利斯发生了种族暴乱，还发生了黑人权利运动以及其他社会运动。

尽管如此，住房和就业方面顽固不化、事实上的种族隔离现象一直持续到今天，许许多多的白人接触不到很多黑人和美国原住民，以至于许多白人想当然地认为每个人都生活在"明尼苏达式的友善"之中。最近，两起手无寸铁的黑人被白人警察枪击身亡的事件进一步揭开了种族歧视的面纱，一起发生在 2015 年 11 月的北明尼阿波利斯，另一起发生在 2016 年 7 月圣保罗的郊区。美国公民自由联盟 2015 年的一项研究也发现："明尼阿波利斯的黑人由于轻罪——例如不当进入、行为失当、公共场合醉酒和潜伏伺机作案——被捕的概率是白人的 8.7 倍。美洲原住民由于轻罪而被捕的概率是白人的 8.6 倍。"事实上，根据《纽约时报》报道，32 岁的学校食堂员工费兰多·卡斯蒂尔在圣保罗附近被一名白人警察枪杀时，他已经把车停靠在路边并正在伸手拿他的驾照。而此前他已经被"明尼阿波利斯·圣保罗地区的警察命令靠边停车了至少 49 次，平均约每 3 个月 1 次，都是因为轻微的违章"。

今天，明尼苏达州的公众对于"它"已经有了更为深刻的认识，知道哪些方面需要保留，也知道哪些问题不能再忽视。非洲裔美国人和美洲原住民不愿再忍受隔离和不公平的学校教育或警察的不公对待，值得称赞的是，明尼苏达州的白人也不愿这样。但是，当你把所有这些问题都放在一起，它意味着今天明尼苏达的社区融合和社区建设所面临的挑战更加困难，也更有必要。

更加困难是因为它不仅涉及数量众多的非洲裔美国人、美国原住民和拉美人，而且还包括其他受过创伤的人，例如从无序世界逃到明尼苏达的索马里人和老挝赫蒙族人，以及从芝加哥、印第安纳波利斯和底特律的危险和无序社区"移民"到明尼苏达的非洲裔美国人。

换句话说，我在 1973 年离开明尼苏达州和圣路易斯公园去探索世界，40 年后再回到这里，我发现世界来到了明尼苏达州和圣路易斯公园。具体而言，圣路易斯公园中学现在的学生中，58% 是白人，27% 是黑人，9% 是拉美人，还有 5% 的亚洲人和 1% 的美国原住民。黑人学生中，非洲裔美国人和非洲人各占一半，后者主要是索马里穆斯林，他们在过去 20 年里陆续移民到明尼苏达州，发现圣路易斯公园是最欢迎他们定居的社区之一，和 20 世纪 50 年代我的犹太父母亲搬到这里时的感觉一样。白人学生大多数是新教徒和天主教徒，现在约有 10% 是犹太人。我的高中在我念书时几乎没有穆斯林学生，而现在穆斯林学生数量超过了犹太人。学校餐厅提供清真餐，你可以在每个走廊看到蒙面的年轻女性。

双城地区的人口结构也发生了同样的变化。今天，明尼阿波利斯公立学校有67% 的学生是有色人种，其中包括拉美裔美国人和美国原住民；而在圣保罗，这个数字达到了 78%，其中最大的群体是赫蒙族人。对于整个大双城都市区，年级越低，有色人种的学生人数越多。从趋势看，未来人口将更加多元化。现在明尼阿波利斯学校系统里，大约说着 100 种不同的语言。大双城都市区委员会预测，到 2040 年明尼阿波利斯－圣保罗地区 5 个成年人中将有 2 个是有色人种。换言之，这个多样化的人口将构成明尼苏达州财富 500 强公司、初创企业和小企业的人才库，越来越多的公司员工将从中产生。

但是，并不是每个索马里人都像我的朋友卡西姆那样把明尼苏达当作"家"。2015 年 11 月 19 日，哥伦比亚广播公司新闻节目报道，国会的一项新研究发现："有超过 250 名美国人试图加入"伊斯兰国"（ISIS）组织，其中四分之一来自明尼苏达州……明尼阿波利斯的雪松湖滨……拥有全国最多的索马里人口。许多人在 20 世纪 90 年代以难民身份来到这里。"雪松湖滨的失业率达到 21%，是全州平均水平的 3 倍。"令人担忧的是，这个社区有相当数量的索马里年轻人已离开美国，加入了极端主义团体。自 2007 年以来，有 20 多人加入了索马里的激进伊斯兰组织青年党。"

社区融合所面临的挑战比以往更大，而且也比以往任何时候都更加重要，因为美国各地的社区正面临同样的挑战，欧洲也是一样。我们正在成为少数族裔人口将占人口多数的国家，不断扩大的无序世界只会加剧这种趋势。同时，中产阶级工作的技能要求不断提高，需要通过终身学习才能保住一份中产阶级工作。换句话说，明尼苏达州和圣路易斯公园不再是"异常值"，它们是美国今天面临的主要挑战的一个缩影。在这个加速时代，我们仍然可以做到"合众为一"吗？

这就是我回到家乡想要解答的问题。现在，我认为下结论还为时尚早。我不打算做任何预测。这是一件困难的事，比 20 世纪 60 年代让斯堪的纳维亚人和犹太人融入社区更难。但我回到明尼苏达后发现了一则好消息：当地许许多多不同种族、不同信仰的人显然想要将这种价值观传递给下一代，想要尝试将"明尼苏达式的友善"惠及远远超出我那个时代的、更广泛的公民群体。

每当有人问埃默里·洛文斯他究竟是乐观主义者还是悲观主义者时，他喜欢这么说："我既不是乐观主义者，也不是悲观主义者，因为它们都只是不同形式的宿命论，把未来视为命运决定，而不是个人选择，进而推卸责任。我相信将希望付诸实践的努力。"

我发现在明尼苏达和圣路易斯，有许许多多来自不同背景的人仍然渴望将希望付诸实践——渴望在社会上有所创新，从而在这个加速的时代巩固他们赖以栖身的风眼——即使他们不知道这种努力最终会取得怎样的结果。

让我们快速游览一下，就从圣路易斯公园市政厅开始。

## 接下来要尝试做什么？

2015 年 8 月，我采访了时任圣路易斯公园市长的杰夫·雅各布斯、城市经理汤姆·哈门宁以及城市首席信息官克林特·皮雷斯。雅各布斯从 1991 年就开始在市议会工作，自 1999 年以来一直担任市长。他是脱口秀演员安迪·格里菲斯、政治家马基雅维利、棒球传奇巨星和教练约吉·贝拉的混合体。他通过小镇市议会的窗口学到很多关于政治和人类行为的知识，并能将他的智慧浓缩到一句令人过耳不忘、短小精悍的话中，让约吉·贝拉和马基雅维利钦佩不已。

为了纪念他退休，当地报纸《阳光水手报》2015 年 12 月 9 日收集了一些他的名言，包括：在市议会，"我们的工作就是让七个人聚在一起各说各话，然后下一周再重复一遍"。一个明尼苏达风雷交加的夜晚，全市停电，雅各布斯说道："告诉我的孩子，他们需要借着烛光看电视了。"我自己最喜欢的是这一句："我一直想象有一天我走进消防站，然后大喊一声'电影'❶。"以及"地上的垃圾有两个父母——丢弃它的人和路过不理睬它的人。"还有最后这句："我生来是个共和党人，但选择成为民主党人——而现在我一个都不是，因为我没时间。"

对话一开始我便问他们，他们做过的最大的一件错事是什么。他们三个人露

---

❶ 译注：此处为双关，movie（电影）和 move it（出发）发音很像。

出狡黠的微笑并开始给我讲述这个故事：在 2006 年，经过多次公开听证会、无休止地研究和辩论，市议会投票决定使圣路易斯公园成为明尼苏达州第一个拥有免费公共无线网络的城镇。经过一次支持和反对相差无几的投票，市议会选择马里兰州的阿林克公司来建设美国第一个由太阳能电池板供电、覆盖全市范围的无线互联网服务。不久之后，这些无线信号发射杆就在圣路易斯公园各处竖立起来，顶部有标志性的太阳能电池板。

之后，第一个冬天来临了。

堆积在太阳能电池板上的冰雪没有按计划顺利融化。整个系统崩溃了。一夜之间，它变成一个巨大的形象工程，8 个月后不得不拆除。该城市最终向阿林克公司提起诉讼，索赔金额为 170 万美元。这对一个小镇来说是笔不小的开支。

在他们把所有的太阳能电池板和电线杆拆下来后的第二天，雅各布斯回忆道："我在当地商会的会议上发表讲话，一根电线杆就立在我背后的院子里，我是这样说的：'女士们、先生们，安装该系统是 4 票对 2 票表决通过的，你想知道哪个白痴投了决定性的支持票吗？那就是我。'当时一名议会成员是个工程师，叫罗伦·帕普洛奇，他不支持这个项目，认为它行不通。在投票时，他说了一句让我终身难忘的话：'我们进行了激烈的辩论。我想让你们这些人知道，我不支持它。我想让你们所有人都知道，在通过这项决议之前，我都是反对的。但一旦它通过了，我就会百分之一百一十地支持它，因为我不想让它失败。'事后，他也没有落井下石。"

雅各布斯继续说道，市议会的工作就是"聚在一起开会、辩论和讨论，但是以一种能够保护和维持我们之间关系的方式来这么做，这样我们就能够在下周再次聚在一起开会、辩论和讨论"。他说，这种方式的关键就在于把事实告诉我们的社区，一旦结果已经很明显，就"向社区承认太阳能无线网项目失败了"。

这个事件最发人深省的一面是皮雷斯告诉我的，他负责监督该项目所有技术层面的工作，在系统崩溃后不久就突发了一次心脏病。皮雷斯回忆道，他们宣布系统正在被拆除的那天——就在他突发心脏病之前，"我们公开宣布之后，我去市政厅旁边的一家咖啡店吃午饭。这家餐馆叫'秋月'。柜台的一个人认出了我。他说：'你是搭建无线网的那个人吗？'"

　　然后那个人说了一句话让皮雷斯十分感动。他说："那个公司没能使它正常运行，太遗憾了。市里接下来要尝试做什么？"

　　没能正常运行太遗憾了。市里接下来要尝试做什么？

　　皮雷斯告诉我："我永远都不会忘记这句话。如果你在努力地为他们工作并回应他们的诉求，这个社区能够感受得到。"

　　这就是工作场合的信任，与今天在华盛顿发生的事情形成鲜明对比。你能够想象今天会有任何一个国会众议员或参议员就任何议题，对来自另一个党派的任何一个总统说："你的想法没有成功，太遗憾了。我知道你的初衷是为了国家好。我们接下来应该尝试做些什么？"

　　2011 年，美国纳税人不得不核销对太阳能面板风险投资公司索林佐价值 5.35 亿美元的联邦担保。这家公司的技术失败了。这项担保是由奥巴马政府做出，由此导致对共和党连续多年的指责、调查和指控。面对 5.35 亿美元的损失，我们不应该若无其事地耸耸肩，但是风险投资不是平白无故带有"风险"二字；一些项目将会失败。这件事反映出的更重要的一点是，在今天的华盛顿特区——无论涉及什么议题或哪个党派——你是被推定有罪的，直到你被证明无辜。而在一个健康的社区，在证明有罪之前，你都是无辜的，而且即使证明有罪，如果他们认为你付出了善意的努力，人们也会放你一马、从轻发落。

　　雅各布斯市长说道："有的时候，机翼会从飞机上掉下来，但是人们知道你是在试图飞往外太空，他们会接受这一事实。我们在试图做正确的事情。这个社区不同寻常地接受了这一点。如果你总是非常害怕由于一些小的错误而遭到新闻媒体的严厉指责，我要告诉你的是，所有的进步都是断断续续地发生的……第一次火箭发射爆炸后，如果人们不接受这一事实，就不会有之后的空间项目。"如果你想改变民众看待政府的方式，"你必须改变政府看待民众的方式。如果你把他们视为必要的恶魔，他们就不会相信你——他们也会这样看待你"。

　　雅各布斯补充道，政府必须做好小事，"因为它们并不是小事——停车标志、路牙、人行道、平整公园的草坪，这些都让人们感到他们生活在社区之中……我们这行只有一种方法，它就是信任，如果你失去了它，你就什么也没有了"。

　　圣路易斯公园之所以能够产生如此高水平的信任，原因之一就是它对迈克尔·桑德尔所说的公民参与问题非常严肃认真。它把很多的民主塞进了一个很小的地方。这里只有 47 000 名居民，但不仅有市议会，还有 35 个社区，其中 30 个社区有自己的协会。市长和城市经理通过这些协会为所有的重大决策建立共识和信任。

圣路易斯公园的市议会是无党派的，尽管选民们知道每个参选议员的个人倾向。雅各布斯说："如果你作为一个共和党人或民主党人参与竞选，你会自动被设定或分配一些立场。但是对于受到我们所做决定影响的人们来说，'我们做了什么决定'不如'我们如何做这些决定'重要。我们做决定的过程使人们信任我们的决定……过程非常的透明。如果我们在做出决定之前不与公众沟通，我们就会听到声音，因为我们的城市里还有 30 个小型市议会。"他指的是 30 个社区理事会。

该市每年向每个社区提供 2000 ～ 3000 美元的拨款，以创建自己的社区董事会，举行野餐活动和其他活动，或是在社区划出一片土地建花园或绿地，以此来创造包容性和整体性的精神。但是，如果社区没有组织起来，没有任命主席和财务主管，就无法得到拨款。

杰克·斯帕诺在 2016 年继雅各布斯之后担任市长，他说："也有其他城市前来拜访，想要学习并效仿这个做法。其中的关键在于了解你的邻居，知道他们对社区的想法……我在堪萨斯州的劳伦斯市长大，除了我自己长大的社区，那里任何其他社区我都不熟悉。但在圣路易斯公园，我不仅了解我的社区，而且知道所有其他的社区……我不仅知道那些社区，还认识那些社区的领导人。"

市议会每年都会举办一次社区论坛，每个社区的领导人都聚在一起讨论一些事情，例如如何成功地举办家庭二手货售卖活动、街区聚会，或建成社区花园。每个人都会讲述他们的最佳实践。皮雷斯解释道："这不是一夜之间发生的，而是 20 多年的演变过程。刚开始的时候就是社区居民想建社区花园而寻觅地块，并探索各种方式来集体维护这些社区花园。从这个中心出发，逐渐演变出其他形式的合作。这些合作最终在邻里之间以及在社区和市议会之间形成一幅信任的织锦。"

今天圣路易斯公园市政府最重要的工作岗位之一就是社区协调员。这是一个全职岗位，负责与所有的社区相互交流。曾经在市议会任职、20 世纪 90 年代曾担任城市经理的吉姆·布里迈尔告诉我，他们非常重视这些社区协会，以至于在 21 世纪初州里削减对地方政府的援助时，"我们减少了警察、消防队员和公共工程人员的数量——但我们不会削减社区协调员"。

这些社区的理事会不仅对于改善一般意义上的治理至关重要，而且在圣路易斯公园人口变得越来越国际化，非白种人越来越多的背景下，他们的作用更加重要。城市经理汤姆·哈门宁补充说：

> 我们还有一段很长的路要走，以确保我们社区中每个看似不同的人都有发言权。市政府和警察局的员工 95% 都是白人。我们做工作时是从白人中产阶级的角度来思考。我们并没有反映出我们所代表的社区，但我们正在努力代表这个社区……我不知道因为夜班工作而让一个 12 岁的孩子照顾一个 6 岁的孩子是什么感受。我们有很好的初衷，但动作很笨拙，因为我们不知道"我们不知道什么"。我对于我该如何提问感到不安……但我们正在努力。现在夏天每星期有一个晚上索马里的女性可以到娱乐中心游泳，因为当天泳池里没有男性。我们对东正教犹太妇女也同样予以特殊对待，让她们可以按照自己的方式享受社区的设施。

在我离开市政厅之前，哈门宁希望我理解一个非常重要的区别："圣路易斯公园不是一个郊区。"他说，"这是一个社区。"

我与迈克尔·桑德尔分享了其中的一些故事，他评论道，这正是 19 世纪 30 年代托克维尔作为旧大陆的访客如此推崇美国的原因。桑德尔说道："作为美国民主最敏锐的观察家之一，托克维尔注意到参与地方政府可以培养公民民主所需要的'心灵的习惯'。托克维尔写道，新英格兰地区的乡镇使公民能够'在他们力所能及的小空间内实践治理的艺术'。随着这个空间的不断扩大，他们的能力也不断提高。在地方协会和社区理事会中习得的公民习惯和技能，使他们具备在州一级和国家层面实行自治的能力。虽然托克维尔没有到访圣路易斯公园，但他一定会认识到公民美德使明尼苏达州的政治家们能够在国家层面取得显赫政绩。"

## 圣索马里公园

2015 年 8 月，我在市政厅采访的时候，圣路易斯公园中学的学生会正在隔壁的房间开会。我问道，这里的学校是否还保持着它们的标准，社区是否仍然为他们提供资金，资金水平是否仍然维持在学校所需要的水平上。

雅各布斯说：“在过去的 25 年里，我们已经将房产税提高了 7～8 倍来改善公立学校，它们通常是 70 对 30 通过的，70% 支持，30% 反对。尽管这里只有 13%～15% 的家庭还有孩子在 12 年制的公立学校上学。学校和城市之间一直保持着某种联系。如果学校不好，那么街道打扫得再干净也没有用。如果道路失修，房屋破旧，政府运转失常，那么生活质量会受到影响——学校也会如此。”

第二天，我去圣路易斯公园中学见了该地区学校事务主管罗布·梅茨。他在圣路易斯公园工作了 19 年，先后担任过小学校长、中学校长和地区学校事务主管。圣路易斯公园在三代人的时间里涌入了瑞典人、犹太人、拉美人、非洲裔美国人，还有索马里人。我问他，这里如何能够长期保持进步主义的倾向？他的观点是，20 世纪 50 年代和 60 年代的圣路易斯公园吸收和接纳了突然涌来的犹太移民。犹太人特别重视教育，这种经历也永久地改变了圣路易斯公园。现在新移民潮由来自索马里和埃塞俄比亚的非洲人、拉美人和非洲裔美国人组成，但他们已适应社区内在的包容性习俗。

梅茨说道：“每一波开放和接纳的浪潮是不一样的，有种族的，有宗教的，还有性取向问题，但无论是什么浪潮，接纳的动力一直都在。学校的学区和城市都会表示，欢迎成为我们的一员，从来没有一丁点拒之门外的意思。周边的地区就没有这种欢迎的态度。把这个地方凝聚在一起的是它开放的价值观……如果你开始筑墙并把人们排斥在外，这种行为也会反噬你。”

梅茨补充道，由于这种包容性的动力，“我们的教学成功率与 20 世纪 60 年代非常接近，而这种成功是由完全不同的一群孩子成就的”。事实上，《华盛顿邮报》公布的 2015 年美国最具挑战性的中学名单中，圣路易斯公园中学在明尼苏达州排名第六。

前城市经理布里迈尔补充道，学生群体的多样性“现在令人难以置信，但支持教育的能量没有变"。圣路易斯公园的学校现在说着约 40 种语言，"但学生的成绩仍然高于平均水平，要让如此多样化的学生群体取得这样的成绩并不容易"。

　　然后他又补充了非常重要的一点，揭示了这种文化是如何在 20 世纪 50 年代融入这里，并在一代一代领导人中传承下去。布里迈尔解释道，学区与城市的地理范围是重叠的，所以他们在每件事上都开展合作，从来不在同一年发行债券。他说道："我接任城市经理时，学校事务主管给我打电话说：'我们这里是这么做的，我们就社区教育的所有问题开展合作。如果学校发债，那么城市就不能在同一年为基础设施发债，反之亦然。'学校新的事务主管上任后，我会请他来坐坐并告诉他：'在我们这里是这么做的……'我离职后，他会打电话给我的继承者说：'在我们这里是这么做的……'"

　　他补充道，在圣路易斯公园，人们竞选市议会议员时从来不会主张削减学校乐队或艺术课程支出，从不会为了避免增税而削减学校开支，"我们会对选民说，这是我们的徽章，是一个常胜的徽章，所以我们要把它维持下去。我们都是其中的一分子"。当然，它也得益于明尼阿波利斯一直以来强劲的经济基础。

　　这种态度为学校的教育负责人留下很多空间和余地。圣路易斯公园中学助理校长凯瑞·施维特林补充道："人们期待我们承担风险并进行创新，而且如果失败了，我们也将调整思路并重新开始，相互指责不是这里文化的一部分。你的背后有整个社区的支持。我们设立了全州第一批西班牙语教育项目。社区期望你敢为天下先，而且不要等着看其他人做什么。那就不是圣路易斯公园了。我们也会犯错，但社区期待我们成为第一个吃螃蟹的人。"

　　像市政府官员一样，梅茨和中学校长斯科特·梅耶斯相信超级代表制度。圣路易斯公园中学有一个主要由白人组成的学生会，但同时还有一个由黑人组成的领导小组、一个女性领导小组、一个拉美领导小组、一个非洲和中东地区领导小组。梅耶斯说道："这些团体每隔一个星期举行一次会议，讨论他们对学校的责任。他们选出组长，如果有人感觉受到委屈就会来找我。"在密苏里州弗格森爆发警察枪杀黑人少年事件后，学生们组织了一场罢课并组建了一个反对种族歧视的学生组织，英文简称 SOAR（飞翔）。梅耶斯说道："如果孩子们有发言权，再加上老师的指导，就会产生很大的不同，他们会感到这是自己的学校。"

梅茨说道，他担任圣路易斯公园中学校长的时候，和"很多高年级学生谈过话。他们离开校园时，几乎所有人最大的遗憾就是没有与更多的孩子混在一起。他们感到，在这所学校遇到了这么多不同种族和信仰的人，而在其他地方可能不会再有这种经历。他们到了离开的时候似乎就明白了这一点。他们会说，'我本应该主动接触更多的人'"。每年从圣路易斯公园中学毕业的高年级学生都会给刚入学的新生留一张纸条。梅耶斯说道："纸条总是关于同一个主题：走出去，和你的同学聊聊。我要是早点这么干就好了。"

一天下午，梅茨和梅耶斯将圣路易斯公园中学的学生领袖召集在一起和我对话。1971 年我毕业时班上只有一个非洲裔美国同学，而今天各种肤色的面庞和缤纷的头巾几乎令我头晕目眩。就算是贝纳通色彩联合国的广告也比不上我眼前这群学生。然而，更令人叹为观止的是，他们坦诚地在彼此面前谈论他们的学校、他们的分歧，谈论他们所知道的这个非常不寻常的地方。我尽可能快地将他们说的记录下来。

非洲裔美国女学生："我是同性恋。在一次科学课上老师邀请我谈一谈我的性取向。同学们对这一点很尊重，让我深受感动……我为能在圣路易斯公园中学读书而感到自豪。"索马里女学生："我来自索马里。这里仍然有一些小圈子。我没有发现关系紧张的情况，但是餐厅有明显的分区。有的桌子坐满了索马里学生，其他桌子则坐满了高加索学生，有的群体不与其他人互动。即使不经常与人互动，但我仍然可以很舒服地与任何人说话。"白人女学生："学生多样性最小的班级是那些高阶班级。学生间的成绩相差很大，还需要继续努力。如果我们谈论社会，会有立场分歧，但这些分歧和种族没有太大关联，影响更大的是你和谁在一个班级。我们全都好像是一起长大。我从二年级就认识她了（指着一个非洲女孩）。她来自埃塞俄比亚，我们一起长大。我们不会因为外界的观点就改变我们的价值观。我感觉情况有所改进，我们在一起努力，一起进步。"白人女孩："在这样多样化、有很多俱乐部和学生团体的学校里，与周围的人谈论社会正义问题，让你真正地意识到'白人特权'的存在。我为一个 12 岁的女孩当保姆，当她的朋友听说我在圣路易斯公园中学上学时，她说道：'哦，那边很吓人。'我说：'不，那里不是明尼通卡'——明尼通卡是附近一个主要是白人的城镇——'我很感激我在这个地区长大。'"拉丁裔女孩: "我在内华达州长大, 后来来到明尼苏达州。在内华达, 我和许多拉丁裔人一起长大。来到圣路易斯公园, 我感到这里的气氛完全不同, 起初我觉得害怕并且很努力地融入当地。我还是一名 1 年级新生时, 这里几乎没有拉美裔人。但是几周过后, 你就感到这里每个人都相互熟悉了。这里真的非常不同, 一种很好的不同。真的非常多样化。"

这就是多元主义文化正在一点一滴建立起来的声音, 通过一次一次的遭遇, 克服困难来建立。随着美国逐渐成为少数族裔人口占人口多数的国家, 这也是我们一起生活、共同繁荣的唯一模式。但是对所有人来说, 每天都是学习过程。20 世纪 60 年代我上学的时候, 圣路易斯公园中学全是白人。时任中学校长的莱斯·博克评论道: "1985 年我们有 5 个黑人学生, 而现在 40% 的学生都是有色人种。这是一个困难的过渡期。曾经有个非白人的家长找我, 并指责我说, 他们的孩子成绩不好, 是我们的种族主义所致。现在轻松多了, 现在没有主流文化。主流文化就是包容。"

再重复一遍, 这所有的一切都是关于追逐、掌握、失去和重建那个难以捉摸的、叫作信任的东西。博克补充道: "几乎所有的投诉都是通过电子邮件收到的, 但我从来不用电子邮件回复。我总是会打电话, 然后面对面地谈一谈, 把我的手机号码给他们。他们的父母对此也非常震惊, 因为他们也非常希望和一个人说话, 但这几乎从未发生过。我给他们回电话时, 他们几乎总是大吃一惊。在他们信任我之前, 我先将信任传递给了他们。"

## 驯鹿咖啡馆

我坐在圣路易斯公园驯鹿咖啡馆, 对面坐着蒙着面纱的萨加尔·阿布迪拉赫曼, 她是一个 18 岁的索马里女孩, 2015 年从圣路易斯公园中学毕业。我问她是否参加过犹太人的成人礼。

她毫不迟疑地答道: "我参加过一个犹太女孩的成人礼仪式。老实说, 我认为这很有趣, 我喜欢那种舞蹈。"

欢迎来到圣路易斯公园。萨加尔的姐姐扎姆扎姆今天 21 岁, 也毕业于圣路易斯公园中学, 现在正在明尼苏达大学学习生物学, 而萨加尔现在是奥格斯堡学院的大一新生。10 多年前，她们的母亲搬到这里并且找到一份为保险公司开车的工作，她们姐妹俩几乎念完了圣路易斯的整个公立教育体系。两个女孩都获得了圣路易斯公园扶轮社和佩奇教育基金会提供的大学奖学金。佩奇教育基金会是以后来担任州最高法院法官的前明尼苏达维京橄榄球队的队员艾伦·佩奇命名的。

我问萨加尔在圣路易斯公园的公立教育体系中长大，最深刻的印象是什么。她说："这里所有的机会都很清楚。如果你想做一些事情，那么你就可以去做。你只需要提出来就行。"

两个女孩都参加了圣路易斯公园中学的毕业舞会。和她姐姐一样，她也在南明尼阿波利斯的一家清真寺祈祷。萨加尔说道：

> 我最好的朋友的父亲是一名牧师，他们非常热情。我从上二年级时就认识她了，她帮助我学习英语。我去过他在埃迪纳的教堂。我想让我的孩子在圣路易斯公园长大。这个城市很热情，在这里长大不会感到不舒服。我想它也是安全的，你可以在这里玩得很愉快。学校也很棒。总的来说，这是个非常好的社区。我感觉埃迪纳的白人有点多。我在那里不会感觉太舒服，会被不一样地看待，这会很尴尬。我会需要以某种方式来说明我自己，而在圣路易斯公园我不需要这样做。

扎姆扎姆补充道："我非常喜欢圣路易斯公园。我妈妈曾想过要搬到明尼阿波利斯。我说：'这绝对不行。'我十分喜欢我们所居住的这个安静的社区。它给人一种很包容的感觉。我们认识每一个人。明尼阿波利斯对我来说太'城市'了。"

我问道，在这里能找到清真食物吗？

扎姆扎姆说，有些餐馆供应清真食物，"如果着急的话，我们就吃点犹太食物"。

我问道，你们面临很多歧视吗？

萨加尔说，小的时候有一些：

> 当时这里还没有很多索马里人，但人们在很大程度上还是热情的。普通的有色人种、白人、犹太人和索马里人之间有一点点的分化。我们是非洲人，不是非洲裔美国人……这很复杂，有些人你可以处得来。但在英语或历史课

上，你必须参与一些话题的讨论，而这些话题可能令你感到不舒服，有时人们有他们自己的观点。我们都是以文明的行为方式去学校上学，但时不时也会有冲突。

卡伦·阿特金森把这两姐妹介绍给我。阿特金森经营着"儿童第一"组织，该组织由圣路易斯公园的几位商人创设，旨在呼吁全社区培养健康的孩子。每次回到圣路易斯公园，我都会发现社区里的一些人创办了一个全新组织，帮助社区中那些不幸的人。这就是社区的意义。

"儿童第一"设立于1992年。当时的学校事务主管卡尔·霍尔姆斯特罗姆对圣路易斯公园的扶轮社发表讲话，讲述社区的青年人及其家庭所面临的挑战。两位年长的企业家——拥有库利泔水处理公司的80岁的韦恩·帕卡德，以及拥有布劳恩女装店的70岁的吉尔·布劳恩——拿出了第一笔资金，设立了这个商界、市政府、宗教团体、医疗团体和教育团体的合伙组织，以支持圣路易斯公园的青年。他们与搜索研究所合作，使用"青少年40项发展资产"记分卡，逐条详细记录能够帮助年轻人茁壮成长的关系、经验、技能和目标。记分卡包括以下项目："提供关爱和支持的家庭生活……受到三个以上父母亲之外的成年人支持……关爱的邻居……关爱、鼓励的学校环境……家长积极参与帮助孩子在学校有所成就……在社区中赋予年轻人更有益的角色……年轻人每周在社区服务1小时或更长时间。"

那些拥有多项资产的年轻人在学校表现更好，志愿为社区提供服务，拥有更健康的生活方式。他们也不太可能参与危险行为。那些资产较少的年轻人往往会学习落后或陷入麻烦。该倡议致力于提高所有青少年的资产分值。

阿特金森解释道："'儿童第一'的名字有点名不副实，因为它实质上是要改变成年人的行为。这项倡议要求个人和社会组织以这40项资产为指南，释放出社区支持年轻人的潜力。已有超过250名志愿者接受了培训，包括邻居、牧师、银行柜员和消防队员。每个人都制定了自己独特的与孩子们建立联系的方式。"例如，学区和尼克莱特健康服务机构合作建立了孩子免费的诊所，还有一对老年夫妇邀请附近的孩子们来他们的车库外面打篮球！

今天圣路易斯公园的贫困人口比过去多得多，非洲移民的贫困状况尤其明显，有一些孩子买不起文具。但一些社会组织伸出了援助之手。学校事务主管梅茨解释道，每年一些年长的圣路易斯公园居民都会在开学之前聚在一起装文具，2015年一共装了450袋文具。他们在当地的圣乔治教堂将这些文具分发给有需要的孩子。该计划是由一名退休教师和她的丈夫发起的，她的丈夫是一名退休的校长。这是当地非营利组织圣路易斯公园紧急计划（英文简称为STEP）的一部分。该计划成立于1975年，旨在帮助当地需要食物、衣物或需要代言的居民。

正是这些小事情在新移民和老居民之间创造了信任——那种当你面临危机、最需要它时可以依靠的信任。2013年，圣路易斯公园的彼得霍巴特小学学生进行田野考察时遭遇了山体滑坡，两名圣路易斯公园的学生当场被泥石流掩埋。他们都是索马里后裔。2014年3月22日，学校为这两个男孩举行了悼念仪式。当地电视台报道了这起事故：“本周四，在悲剧发生一周年之日，学校为这两名在田野考察时遭遇山体滑坡不幸遇难的小学生举办了悼念仪式……学校的学生和工作人员身着代表校区颜色的橙色和黑色服装，在学校大楼前围成圆圈。校区总负责人罗布·梅茨请求大家默哀片刻，之后两个男孩（10岁的穆罕默德·福法纳和9岁的海瑟姆·萨尼）的家人放飞了一些白色气球。由于事故发生在斜坡下一处人们经常前去寻找化石的区域，男孩家属接受了圣保罗市和学区提供的和解金，其中的一部分钱用于在东非建造一所学校和一所孤儿院。”

## 一小步一小步地创新

我一次又一次地看到吉迪·格林斯坦的论断在圣路易斯公园得到证实，即今天社会创新正在全美国的地方层面发生。不需要发明什么新的东西，只需要将现有的规模扩大，就像我的同事大卫·布鲁克斯在《纽约时报》2016年6月21日的专栏里评论的那样：“这个国家的社会组织结构正在被撕裂，但各地似乎都有人挺身而出，修复他们所在的那一小块地方。他们进入空洞之地，创造社区，建立起紧密的人际关系，改变了每个人的生活。”

圣路易斯公园社区的人们对他们的公立学校有很深厚的感情，他们创造了一个为教师提供补助的基金会来支持一些特殊项目。我的英语老师米里亚姆·卡戈尔 2002 年从圣路易斯公园中学退休，现在她甚至都不住在圣路易斯公园，而是住在附近的郊区，但她仍然志愿为圣路易斯公立学校基金会工作。卡戈尔对我说道："我问自己为什么？每年我们为圣路易斯公园的公立学校筹集 4 万～ 5 万美元。这些人与他们的学校和社区的联系太紧了。如今我 70 岁了，一些与我年龄相仿的退休教师十分慷慨地为学校基金会捐款，因为学校的养老金体系对他们不薄。"

就算是圣路易斯公园，也不能在一夜之间把索马里战争的难民、来自内华达州的拉美人或来自明尼阿波利斯内城的非洲裔美国人融合进来，因为文化和宗教差距实在太大。仍然有很多人过着平行的、与他人没有交集的生活。但是我看到了很多将希望付诸实践的努力正在发生作用，很多社会企业家试图填补单个家庭和联邦政府之间的空白。我想活得再长一些，20 年后再回到这里看故事如何结尾。很大程度上，这将取决于整个明尼苏达地区的经济健康程度，以及它能否维持覆盖广泛并且能够吸收新移民的中产阶级。我用专业的摄影师杰夫·利斯的话来结束这个部分，利斯 1968 年毕业于圣路易斯公园中学，目前仍然住在这里。

在我小的时候，这里有庞大的中产阶级，我们都坐在一张桌子上吃午餐，社会经济方面的差异似乎影响没有那么大。我的两个女儿现在上了中学。她们说，即使学生群体如此多样化，学校依旧运行得很好，就和我们当时一样。周围其他社区不像我们的社区一样开放，但我们的社区从来没有抛弃这些价值观。不知不觉地，它们就传递到了下一代。我从来不会告诉我的女儿们要这样做或那样做。每个人都有权去追求他们的目标和梦想，这一点在这里是公开的社会规范。我不知道这是否是圣路易斯公园的独特之处，但是在这里，它的确无处不在。有一天，我在霍普金斯观看我女儿的足球比赛，听她与队友相互交谈，其中有很多索马里孩子。我想，我们这里有这么好的东西，而且它并没有随着时间的流逝而改变。

## 伊塔斯加项目

圣路易斯公园不是在真空中与世隔绝。这里的许多人在明尼阿波利斯工作，双城地区的经济状况对他们很重要。不断扩大的经济馅饼虽然不足以产生更加包容的社会，但它肯定对此有帮助。所以，在我结束本章之前，一定要说一说双城地区最具创新性、在今天看来也许是最重要的社区和经济建设项目。它叫作"伊塔斯加项目"——是由地方商业领袖、财富 500 强公司高管、教育家、地方官员和慈善家组建的松散联盟，旨在使社区发展重归正轨。该项目成立于 2003 年，当时正是明尼苏达州政治的困难时期（就在前摔跤手杰西·文图拉 1999 年到 2003年的州长任期结束之后）。

健康合伙公司的主席玛丽·布雷纳德解释道，州内的合作精神已经"衰败"。她在 2003 年至 2008 年担任伊塔斯加项目的主席。就政治毒性而言，明尼苏达州开始模仿华盛顿，偏离了当地土生土长的政治文化。布雷纳德回忆道："两党不能解决需要他们解决的问题。每个人都只关注短期——未来的两年和下一次选举。这种环境下，我们没法繁荣发展。我们需要以证据为基础的决策。"

伊塔斯加项目的第一个目标是推动当地经济的增长。而近期，它也开始寻求减少该地区的种族分化。本质上，伊塔斯加所要做的事情，就是美国精英在其最佳状态下曾经在当地和全国范围内经常做的事情：把政治家的脚放在火上烤，要求他们在重大议题上做出妥协，例如基础设施、教育、交通和投资，然后自己也承担相应的责任，向更多的少数族群开放工作机会。随着越来越多的非洲裔美国人、老挝赫蒙族人和索马里人在过去 20 年移居到明尼苏达州，无论是在道德上，还是在经济上，该州曾经被轻易忽视的种族差异不能再继续被忽视。伊塔斯加不是政党组织，但如果它是，它将会是大自然党——不带党派倾向，敏捷，不循规蹈矩，混杂，适应性强，并专注于采用最佳实践。

该项目以明尼苏达北部的湖泊和州立公园伊塔斯加而得名。过去，明尼苏达州的进步主义精英常常在夏天一起来到这里度假：皮尔斯伯里、代顿、嘉吉、麦克奈特是其中一些核心家族。他们是一群不寻常的带有公民意识的贵族，在行动上也以身作则，通过授权其公司慷慨捐赠来改善社区生活。我以前只是模糊地知道伊塔斯加，直到 2015 年 12 月 28 日《纽约时报》对它进行了报道，标题是《双城的地方领袖在幕后发挥影响》。故事是这样开始的：

在明尼阿波利斯最高的摩天大楼 38 层，有一个不起眼的会议室。在这座大楼几个街区之外，有一座砖块砌成的俱乐部，当地的精英成员已经在那个俱乐部里聚会了超过一个多世纪。

这两座建筑物毫无相似之处，但如果把东方式的地毯和深色木头换成花岗岩桌子和艾龙风格的椅子，它们的功能基本是一样的。

每个星期五上午，管理着当地一些最大的公司、慈善机构和明尼阿波利斯、圣保罗及其周边地区其他机构的 14 名高管会聚在这里用早餐，并悄悄影响该地区的经济议程。

他们就是所谓的"伊塔斯加项目工作组"。这个项目由约 60 名地方领袖发起，是一个私人倡议，旨在促进双城地区经济进一步增长和发展。他们还着手处理一些其他地方的高管们避让不及的棘手问题，例如经济差距和种族歧视。

你可以把它看作建制派的 2.0 升级版：相比几乎全是白人和男性的旧时代企业，它更多元化，并且同样的强大，而且需要时它可以发挥无形的作用……

伊塔斯加的影响力是实实在在的。正当全国的政治——包括许多州的政治——看似按照党派路线分裂得无可救药时，它的共识导向法提供了另一种可供借鉴的模式。

每周例行早餐会的参加人员名单包括明尼阿波利斯和圣保罗的市长，以及当地的议员、学校主管和大学领导。

2008 年一项提高汽油税以重建道路和公共交通系统的提案被时任共和党州长蒂姆·普兰蒂否决，伊塔斯加的商业领袖说服了足够多的共和党议员跨越党派界限，推翻了州长的否决。

最近，来自伊塔斯加的压力，帮助该州学院和大学系统赢得了更多的资金支持。伊塔斯加还带头创建了一个新的区域机构，以吸引想要搬迁或扩张的公司，并鼓励塔吉特百货和埃克西尔能源公司的采购主管从本地购买更多的商品和服务。

报道指出："伊塔斯加开展的工作是双城地区经济强劲的原因之一。大双城地区的失业率仅为 2.9%，远低于全国 5% 的平均水平。与此同时，在创造高收入工作和以知识和技能为基础的工作方面，明尼苏达州在全国也遥遥领先，这些工作为今天的人们提供了成为中产阶级的机会。"报道还指出，大多数的大城市和城镇都有商会和经济发展办公室，但是据参与者们说：

> 伊塔斯加的独特之处在于其采用了麦肯锡式的分析方法并基于详实的数据，而且愿意抛弃过去那种招致大量游说的套路。
>
> 伊塔斯加项目现任主席大卫·摩顿森表示："我们不只是要求降低税收和减少监管。作为一群商业领袖，如果我们要着手处理教育或收入不平等问题，那么就需要承受一些暂时的痛苦。"
>
> 摩顿森先生说这与大多数其他城市的情况不同。他今年早些时候接管了由他的祖父创办的全国性建筑公司 M.A. 摩顿森。
>
> 摩顿森先生 2012 年才回到明尼阿波利斯，之前他在西雅图住了 9 年。他说道："大多数大型科技公司都认为西雅图是一个地理位置很方便的地方，可以安置它们的一些工人，但它们不会介入当地社区，除非它影响到了它们的业务……技术公司的领导者们是很乐善好施的，但他们把慈善和他们的业务分开。"

报道的结尾引用了詹姆斯·坎贝尔的一段对话。坎贝尔是当地的一位银行家，2002 年退休之前在诺威斯特银行和富国银行担任高管。《时代》周刊问他，伊塔斯加可能在其他地方复制吗？"我的回答是也许可以，但这里的独特之处是人们愿意相互信任。"

为了理解这个团队是如何工作的，我找到其中的一名创始人，蒂姆·威尔士。他是麦肯锡公司在明尼阿波利斯的高级合伙人。他回忆起 2003 年 9 月 12 日伊塔斯加小组的第一次会议：

> 我们大约有 25 位或 30 位高管在场。州长普兰蒂来了，我们花了 1 个多小时做自我介绍，每个人对这个社区都抱有很高的热情，因为这里有我们想

要保护和留存下来的精神。我们都知道这是一种怎样的精神，但无法确切地说出它的内涵。我们都感觉自己将为此倾尽全力，并承担着维护共同利益的责任……为了开启这一努力，我们启动了第一个特别工作组，专注于让明尼苏达大学与商业社区联系得更加紧密。

最近几年，伊塔斯加将其重心放在当地的不平等问题上。2012 年，不平等状况特别工作组发现，在明尼苏达州，有学士学位的非洲裔美国人的失业率为 9%，而有学士学位的白人失业率仅为 3%。在"有色人种差距"方面——处于 16 岁至 64 岁工作年龄段的白人和黑人就业率的差距——明尼阿波利斯的排名仅好于垫底的底特律——这并不光荣。2015 年，公共教育重建中心研究发现，明尼阿波利斯四年制中学黑人和拉美裔学生的毕业率是全国最低的。研究预测，到 2018 年明尼苏达州将有数十万劳动力缺口，大多数工作需要接受过一些高等教育的人。因此，商业界不能再忽视这些差距。

伊塔斯加成员寻求解决这个问题的方法之一是支持桑德拉·萨缪尔斯。萨缪尔斯是北部成就区（NAZ）的领导人，北部成就区是由 43 个组织和学校组成的合作组织，其宗旨是缩小学生课业成绩的差距。北部成就区成立于 2008 年，地点设在明尼阿波利斯。它以教育家杰弗里·加纳达在纽约哈林区创建的哈林儿童区为蓝本，利用完整的家庭辅导和家庭教师的网络，辅以入学指导以及全方位、个性化的青少年干预措施，让 1100 个家庭的 2300 名儿童保持在从幼儿园通往大学的教育道路上。北明尼阿波利斯被认定为一个种族意义上的集中贫困区，这里超过 50% 的居民是有色人种，40% 的人生活在贫困线以下，学生长期表现不佳。《星论坛报》2016 年一篇头版报道将之称为"战区"。萨缪尔斯称，如果明尼阿波利斯的非洲裔美国学生四年制中学毕业率仅为 52%，那么你就无法建设健康的社区。

萨缪尔斯在 2016 年 6 月 21 日《星论坛报》上发表的一篇文章中解释道："从一开始，我们就认识到'两代人'方法的重要性。"

我们同时与父母和他们的孩子开展合作，以求取得持久的进展。支持整个家庭取得成功至关重要，因为如果父母能够为孩子营造稳定的家庭，孩子就能够专注于学习。

我们还认识到，不能只靠学校，所以我们围绕学生组建了一个团队，提供各种支持，包括额外的入学机会、家长教育、幼教服务、行为健康咨询、住房和就业支持。在与我们合作的学校中，北部成就区的学生获得了最多的支持，他们在阅读方面的表现明显优于同龄学生。

萨缪尔斯不是在明尼苏达州长大的，她于 1989 年搬到明尼阿波利斯，在福特汽车公司的销售部门工作。在创建北部成就区之前，她在圣路易斯公园住过几年。也许是因为在新泽西州出生和长大，她直言不讳地谴责明尼苏达州存在多年的、静悄悄的种族主义；但也会不吝称赞诸如伊塔斯加等组织中的明尼苏达州志愿者，赞扬他们现在真诚地在解决问题。

一个早晨，在明尼阿波利斯市中心，萨缪尔斯一边喝着咖啡一边对我说道："我在新泽西州长大，十几岁的时候就对种族正义问题着迷了。我的父母亲来自实施《吉姆·克劳法》[1]的南方地区。他们是奴隶和佃农的后裔。他们从南方移民到北方，和外国移民前来美国的原因一样——去寻找南方没有的更好的生活和工作机会。"她的父亲加入港口工人工会，并从低收入阶层迈入中产阶级，然后把他们家从新泽西的纽瓦克市搬到斯科奇普莱恩斯市，这就相当于从北明尼阿波利斯搬到圣路易斯公园。多亏了 1968 年通过的《公平住房法》。萨缪尔斯回忆道，小的时候每当她抒发支持反对种族不公正斗争的感慨时，"我父亲就对我说：'桑迪，如果你发现哪个国家比这个国家更好，你告诉我，我们一起去那里生活……'这句话总是让我无言以对"。

说到明尼阿波利斯，她说："我们的这个社区存在着一些严重的不平等——'明尼苏达式的友善'掩盖了许多种族主义的现象。虽然我可以告诉你一个真实的不平等的故事，可以告诉你明尼阿波利斯存在结构性的种族主义——历史上和现在都存在，但是我还可以告诉你，今天我们有商业界，有一个与众不同的商业

---

[1]　译者注：*Jim Crow Laws*，1876年至1965年间美国南部各州以及边境各州对有色人种实行种族隔离制度的法律。

社区。今天，人们会挺身而出说道：'这不能在我们眼皮底下发生……'现在就开始行动，与伊塔斯加成员和其他商业领袖合作。我们在相互支持。这就是我们国家已经失去的或从来没有真正拥有的东西。我们都有一个愿景，我们不会这样下去，并且我们不会让我们的孩子这样下去。"

北部成就区得益于私人部门和公共部门的支持。它得到了奥巴马政府的一笔为期5年、总金额2800万美元的"希望社区实施计划"拨款；塔吉特百货公司和通用炼油厂各自承诺连续三年每年捐赠300万美元，以确保北部成就区继续拥有所有必要的资源。

虽然伊塔斯加等团体的财政支持与合作令萨缪尔斯备受鼓舞，但她知道明尼阿波利斯的北部要想发生彻底的改革，就不能忽视仍然需要修复的、系统性存在的种族主义现象。她也知道，除非该地区的大部分非洲裔美国家庭能够将他们的未来掌握在自己的手中，否则这种修复也只是小修小补，治标不治本。一则好消息就是，在北部成就区的家庭中，许多事正在悄然发生。她认为：

> 让我感到最有希望的是，这个社区的非洲裔美国人开始有了主人翁意识，他们意识到没有人会来救我们。合作伙伴至关重要，但我们必须拯救自己，我们必须自己改变我们的社区。我看到许多家庭纷纷制订了他们的成就计划，并努力地执行这些计划，他们出现在孩子们的学校，报名参加家长教育班。有一些父亲对我说："我不知道该给我的孩子读些什么书？"在个人层面，我看到人们真正地致力于改变。人们问道："在这个改变的进程中，我如何帮助同一个街区的邻居？"每个人都必须尽自己的一份力，但我听到北明尼阿波利斯的家庭说："这要靠我们自己。"……在正确的支持下，我们可以创造这样一种文化，让人们相信他们应该会取得成功。

就其本身而言，伊塔斯加认识到，其成员要做的事不仅仅是开支票，他们还需要做出个人层面的承诺，承担推动改变的责任。为了做到这一点，伊塔斯加设立了一个为期1年的领导力研讨班，旨在增加公司员工的多样性。当地企业的首席执行官们被要求检视他们自己的偏见（这一群体主要是白人，但也包括少数其他种族的成员），并迁移他们的机构，以促进区域发展并努力减少就业不平等状况。该项目是由梅考·杭和美国施莱文特金融公司首席执行官布拉德·休伊特共同领导的。如果你和 43 岁的梅考·杭交谈 10 分钟，你就会明白，明尼苏达在多样性领域取得了多大的进步，以及还有多远的路要走。

梅考·杭是来自老挝的赫蒙族难民，她与她的家人 1976 年来到美国，当时她是 1 年级学生。1978 年她搬到圣保罗，一直在圣保罗的公立学校上学——现在这里已经有 31％的亚洲裔美国人（主要是东南亚移民），后来获得布朗大学的学士学位、汉弗莱公共事务学院的社会政策和分配正义专业的硕士学位，以及哈姆林大学公共管理博士学位。目前，她在业余时间担任明尼阿波利斯联邦储备银行董事会主席。她白天的大部分时间是作为阿姆赫斯特·怀尔德基金会的总裁。这个基金会是一个非营利组织，致力于改善大圣保罗地区及其周边居民的生活。

一天下午，梅考·杭在她圣保罗的办公室接受了我的采访。她说："三年前，我被邀请与伊塔斯加合作以减少社会经济不平等状况。"伊塔斯加所收集的数据反映出的并不是"明尼苏达式的友善"：明尼苏达州劳动力市场趋紧，但拥有学士学位的有色人种学生"无法被雇佣的概率是白人的 3 倍。我们对雇佣有偏见，而这不应该在这样紧张的劳动力市场上发生。这里存在就业的障碍"。

于是伊塔斯加和梅考·杭成立了首席执行官论坛，帮助企业领导深入和诚实地看待自己和他们的招聘岗位。有太多的首席执行官申请加入以至于论坛成员超出预先确定的人数。论坛已经连续举办了两年。梅考·杭说道："他们会对我说：'我关心多样性，但我不知道该怎么做。'"每个首席执行官都被问到了一个具有挑战性的问题："我自己意识到了多样性吗？""我的个人转变会是什么样的？""我要实施怎样的商业计划来改变我的组织实践？"梅考·杭补充道："我们帮助他们举起一面镜子。"

这群首席执行官们开始分享他们的生活故事。杭，也分享了她的故事：

> 虽然我看起来和其他首席执行官一样，但我来自一个非常不同的文化，我下班后会回到一个宗族本位的社区，这里的人们经历过流离失所、创伤和战争。作为赫蒙族女人，我在那个环境下没有很多的权利。我回家的时候，

我感觉到一种社交层面的无力和没有地位。所以，如果一个从来没有这种经历的人通过我的眼睛看到这个世界，能让我们建立信任，去看看什么是相似的，什么是非常不同的："你和我在这方面相似，在那方面又不同。"如果我与他人建立了某种联系，就很难再去指责他人——这是信任建设的一部分。

玛丽·布雷纳德说，伊塔斯加的多元化培训计划对她的医疗保健公司的招聘产生了深远的影响，她的公司现在开始愿意问自己一些基本问题："黑人妇女是否像白人妇女一样定期接受乳腺 X 线检查？非洲裔美国男士是否和白人男性一样定期接受结肠检查？"现在，我们在全州范围内对此进行比对检查。

总部设在明尼阿波利斯的财富 500 强保险公司施莱文特金融公司的首席执行官布拉德·休伊特目前是伊塔斯加的副主席。他接受了培训并总结道："这深刻地改变了我。我发现我们所有人都有下意识的偏见。现在，我们试图让其他 100 名首席执行官都经历这一过程。"

施莱文特金融公司是从路德教徒互助会和路德教兄弟会保险合作社发展而来的，成立于 1899 年。当时一次工厂爆炸事件导致许多家庭失去了顶梁柱并因此陷入贫困。因此该公司会为一些德国和挪威的移民提供服务。休伊特说道："我们一直以来都做得很好，通过合作社为路德教徒，即那些来自瑞典、挪威、德国和芬兰的移民提供服务。"这些社区离索马里很远。伊塔斯加的多样性倡议"迫使你认识你之前看不见的、下意识的偏见和特权，如果你想真正地对他人更加热情好客，你就必须在这些问题上系统地下一些功夫。我们公司的文化曾经很强势。每年我们都会举办一场盛大的、以路德鱼为主菜的圣诞聚会。路德鱼是一种干的白鱼，是斯堪的纳维亚、明尼苏达州人民的最爱。这是自然而然的。我们有大约3000 名员工，其中不到 1% 是有色人种。但是，我们在过去的 18 个月已经把有色人种的员工数量翻了一番"。

如果你是吃路德鱼长大的，并且它是圣诞聚会上的主菜，那么引进一些清真食物或其他族群的美食对你来说就是一种调剂。休伊特说："这就像学习另一种语言，你不会一次就能弄明白，但不要让它阻止你去这么做……学习语言时，你要做的第一件事就是准备好被嘲笑——我们正在学习一门新的语言。当我试图促进多样性时，我已经能够从容应对别人的嘲笑了。"

　　但是，就像在美国其他地方一样，今天在明尼苏达州拥抱多样性，不仅仅是克服对非洲裔美国人的隐形偏见，它还涉及融合差异非常大的文化和民族，如索马里人和赫蒙族人。在我的研究中，我没有遇到任何人希望索马里人或赫蒙族人放弃他们的文化身份变成"明尼苏达州人"，就好像挪威人或犹太人不会放弃他们的文化身份一样。但在明尼苏达州，有一种对欧洲盛行的全球多元文化主义强烈的厌恶情绪，我对此也深有同感。欧洲任由每个人按照自己的方式自行其是，直到有一天你醒来，发现大熔炉已经被摧毁，并不存在真正的共同体。明尼苏达的方式是，每个人都应该保持他们的习俗，但有一些基础的价值观是不可动摇的，比如关于你如何看待妇女，如何看待法治，以及如何看待其他信仰、公共机构和社区空间，这些是不可谈判的。

　　纽约大学斯特恩商学院的社会心理学家乔纳森·海特在 2016 年 7 月 10 日的《美国利益》杂志上发表题为《何时何因民族主义击败全球化》的文章，阐述了其中的原因："一般来说，拥有共同的身份认同、规范和历史会加深信任感……具有高度信任感或较高社会资本的社会，能够为其公民带来许多有益的结果：较低的犯罪率，较低的企业交易成本，较高的繁荣程度，以及乐善好施、慷慨解囊，……诀窍就是弄清楚如何在对自己社区的完整性的合理关注与欢迎陌生人的义务之间找到平衡，尤其是对那些有迫切需要的陌生人。"

　　明尼苏达正在努力地研究那个诀窍，美国的其他社区也是一样。迈克尔·戈尔曼是裂石合伙投资基金的负责人，同时也是伊塔斯加工作组的创始成员，他雄辩地和我分享他是如何看待今天明尼苏达州在此方面面临的挑战和紧张局势。当然，明尼苏达在此之前也面临这种挑战。休伊特开玩笑地说道，直到 20 世纪 60 年代，信奉路德教的德国人都不会把东西卖给同是信奉路德教的挪威人！

　　戈尔曼说道："我们这里长大的大多数人的身份认同都是明尼苏达部落。"

　　　随着时间的推移，我们的公民文化发展出了一些特别之处。明尼苏达州和明尼苏达州的公司在对社区的参与和承诺方面，以及将其财力和人力资本用于公共利益的主动性方面，都是独一无二的。这里有一种我们不能松懈的感觉。明尼苏达州仍然保留着自本州开拓以来一直存在的社区性和连接性的元素，这令这一地区获益匪浅。然而，随着新近移民的到来，鉴于他们的背景与其北欧前辈的背景有很大的不同，这里文化的酸碱度在发生着改变。如何包容明尼苏达州的新声音和新观点，同时保留主流文化长期以来行之有效的最佳特性，在这两者之间找到平衡是一个挑战。

他说，从一方面来讲，明尼苏达人的定义和范围需要扩展并且更具包容性，这样每个人，不论其背景如何，都可以将明尼苏达视为可以成长和繁荣的肥沃的表层土。但这不能仅是单向的对话。

戈尔曼说道："新来者还需要被同化，我们传达的信息必须是：'我们很高兴你来到这里，并迫不及待地想要看到你将对我们的社区做出贡献。这对我们提出了一些要求，同时也对你提出了一些要求。你打算做些什么来接受现有的文化，成为这个你选择作为新家的地方的一部分？'"

作为移民者的儿子，戈尔曼对这种平衡术的感觉很敏锐。他说："每个时代的移民都会从他们祖国的传统和文化底蕴中得到安慰，特别是在私人生活的领域。但无论我们的文化遗产如何，我们所有人都必须参与到美国社会中来。要想成功地做到这一点，就需要说英语，接受教育并做出贡献。大多数人，特别是那些为了寻求更好的生活而移民的人，只想生活在一个和平的地方，把他们的孩子培养成有益的公民。我们应该以任何可能的方式帮助他们实现这一点。"

戈尔曼补充道，这些新移民已经对其本国的制度和机构彻底失望，许多人在充满压力和运转失常的社会中长大，或生活在难民营之中，"所以毋庸置疑，那里缺乏信任。他们只是一直在努力求生。之所以要提到这一点，是因为我们相信这里的制度和机构是行之有效的，正义是公平的，我们相信我们的政府基本上是不腐败的；这些是明尼苏达州决定性的属性。但是对于新移民来说，他们可能刚开始无法理解。我们应该清楚地告诉他们这里的规矩，并通过与社区的互动来建立他们信任的能力，从而进一步支撑这些规矩。有许多关键的时刻，每个人都必须发挥自己的作用"。

戈尔曼总结道，新移民和明尼苏达州当地人都需要行动起来，并且像同一个团队一样行动。"欧洲的许多地方因为没有将移民融入主流文化而付出了沉重的代价。我们应该注意不要犯同样的错误。所有这一切都在于建立信任，相信我们融合在一起的未来比分裂和孤立的社会要好。"

这是一场非常重要的对话。虽然各方经常避而不谈，但不能再这样下去了，因为现在诸如明尼苏达等很多地方都接收了大批从无序世界中的创伤国家涌来的移民。这就是为什么在这里以及其他相似的社区所发生事情非常重要，而诸如伊塔斯加的创新性社会组织将在此方面发挥关键性的作用。

我是一个乐观主义者。任何来自明尼阿波利斯或圣路易斯公园的人都可以证明，该地区最受欢迎的户外消遣之一就是沿着双城之间星星点点的湖泊徒步行走，湖的周围遍布美丽的人行道和自行车道（根据市长办公室统计，明尼阿波利斯拥有 22 个城市湖泊和超过 170 个公园，每个居民居住地 6 个街区以内必然有一座公园）。正如我所说，这些湖泊是双城地区的搅拌器，在湖边漫步时，你可以看到各个收入层级、各个种族以及各个社会阶层的人。2016 年春天的一天，我和我的妻子、朋友一起在雪松湖边散步，遇上了 3 个当地的非洲难民社区的领导人——两人来自索马里，一人来自埃塞俄比亚——其中一人我在明尼苏达大学研讨会上见过。在这个温暖的 5 月的下午，他们走在公共道路上，和我们一样。不时，一群索马里妇女也会路过这里，她们穿着传统的索马里长袍和头纱在湖边行走，但你可以看到袍子下面露出的耐克运动鞋，好像在向你眨眼。

如果要打赌，我会在那些湖泊上下注。我认定作为这个社区核心的这种合乎礼仪的体面生活将会不断扩大，来拥抱曾经被遗忘或掉队的人们，并被他们接受。并不是因为有什么事是"必然"的，而是因为我遇到了很多愿意通过努力将希望付诸实践的人。

## 需要一张餐桌

伊塔斯加的联合创始人、麦肯锡公司合伙人蒂姆·威尔士说道，只有从"一张餐桌"开始，它才会有效果。

威尔士解释道："我们通过伊塔斯加项目发现，一张餐桌真的很重要，如果问题非常棘手，难以处理，我们会把所有关键人物聚集在某家的餐桌旁。"2006 年，就是在伊塔斯加成员查理·泽拉家的餐桌上进行一番讨论后，伊塔斯加说服州议会推翻了时任州长普兰蒂对运输法案的否决，当时参加的成员包括了主要的共和党议员，他们同意投票反对本党的在任州长。泽拉现在是州交通委员会的主任。

威尔士说道："伊塔斯加经常这样做。我在我的餐厅里主持了两次与下一代领导人的晚宴，讨论我们这一代人想要看到这个州变成什么样子。你把他们全都聚集在一张餐桌旁，他们离开时会意识到：'原来社区中还有其他领导人和我有一样的期许，即在最基本的人的层面，让社区更安全，让每个人都能够获得更好的机会。'这个小组的口号是，把你的自尊存放在进门处，把你的政治倾向存放在小组之外。"

很容易将伊塔斯加项目简单地归类为（或是不屑一顾地视作）一个善意的公民团体而已。但它不是这么简单。事实上，我认为，伊塔斯加可以作为加速时代在企业、政府和关键公民参与者之间开展对话和社区建设的模型。它效仿了大自然的杀手级应用程序——敏捷，混杂，不循规蹈矩，多样化，基于事实，并且不受党派意识形态或其他根深蒂固的利益的约束。

伊塔斯加是一个彻底的21世纪网络。它没有章程，没有董事会，没有执行董事，没有首席执行官，也没有办公空间——没有任何意义上的组织结构。它的网站也差劲得让人觉得可笑。事实上，该小组指出，只有当有工作要做时，它才需要存在。这就是为什么它被称为"项目"。它几乎完全由志愿者组成。志愿者是来自社区——企业、政府和非营利组织——几乎都是每个部门的非常高级别的领导人。仅有的全职员工是由麦肯锡借调给伊塔斯加的两个项目经理。因为工作人员很少，这些志愿者领导人实际上自己做这些工作。它通过工作组实现自我管理，工作组几乎每个周五 7:30 开会，持续 90 分钟。威尔士说道："相当高级别的志愿者几乎每个星期五早上举行会议，所有人都把这个会议称为他们日程表上最有趣的会议，一个他们'真正期待的'会议。"

威尔士说道，尽管伊塔斯加的组织结构不同寻常，但自 2003 年以来，它对明尼阿波利斯－圣保罗的经济和公民活力做出了切实的贡献。除了成功推进州交通基础设施建设，加强对少数族裔的包容性以及通过桑德拉·萨缪尔斯和梅考·杭等人对首席执行官们开展多元化培训外，它还包括：

●推出实时人才计划（RealTimeTalentMN.org）。这是美国创建的最具创新性的员工发展计划之一。它将超过 40 万中学毕业生的课程和培训项目与本州雇主的技能要求联系起来。

●搭建商业桥梁，便利大型企业的采购部门与该地区的小型供应商之间的联系。这项努力的结果是，参与企业的本地采购支出两年内增加了超过 10 亿美元，提前 1 年实现了目标。

●为更积极地投资高等教育树立案例，以及加强商业和高等教育领导者之间的关系，通过使用一套基于事实的调查结果来证明需要大幅增加投资，由伊塔斯加组织的一个联盟帮助该州每年教育支出增长超过 2.5 亿美元。

对于一群没有预算，没有办公室，没有章程，几乎没有互联网存在感和工作人员——但拥有大量信任的这批人来说，这不算是个糟糕的结果。当人们聚在餐桌旁，专注地讨论他们可以做什么来推动社区发展，并通过这种方式建立了信任，也许就能做成许多惊人的事。当然会有不同的意见和不同的观点，但这不是关键，它是健康的标志。威尔士说，关键在于，直到你把这些分歧都解决了才能从餐桌上离开，这样你就可以向前迈进，并且不允许哗众取宠。

威尔士总结道："信任不会凭空成为现实，它需要努力。它需要一大群人不断努力——不断地出现，而这些事不会像变魔术一般地凭空发生。"

第 14 章

# 从明尼苏达走向世界，
# 再回到明尼苏达

出版这本书的时间是一个意外，但却是一个一直等待发生的意外。

这本书中的很多想法已经在我的脑海里转了一段时间，但却是由于偶遇一位停车场服务员激发我把它们全部写了出来。或者，用多弗·塞德曼的话说，"在行进中暂停脚步"，去停止，去反思，并试图想象一些更好的路径，可能有助于更多的人利用这个加速的时代。

令我感到最惊讶的是，在我一路从明尼苏达走向世界，再从世界回到明尼苏达的旅程中，我领悟了很多意想不到的事情，这些事涉及个人、哲学和政治。

正如我前面提到的，我知道是什么在召唤我回到明尼苏达州和圣路易斯公园的家中，并不仅仅是对这些地方非同寻常的政治生态的学术兴趣。召唤我回来的是一种感触，在报道中东地区和华盛顿特区 40 年后，我看到这两个地区变得越来越相似，同时也认识到它们与哺育我从小长大的那个地方有多么的不同。

在中东的经历使我意识到，除了极少数例外情况，那里主流的政治意识形态——无论是逊尼派、什叶派、库尔德人、以色列人、阿拉伯人、波斯人、土耳其人还是巴勒斯坦人——就是"我很弱，我怎么能妥协？我很强，我为什么要妥协？"。在他们的思想里，为了"共同利益"而妥协，并在"中间地带"上妥协的想法根本不存在，他们更不会考虑更高的目标：我们需要共同维护一个社区。在国外待了 13 年后，我于 1988 年回到华盛顿，迫切地渴望想要重新发现美国。

但从我过去近 30 年对华盛顿的报道来看，随着时间的流逝，我发现美国政治越来越像我所离开的那个中东。民主党人与共和党人的关系，就像逊尼派和什叶派，阿拉伯人和波斯人，以色列人和巴勒斯坦人之间一样，自我隔绝，把对方想象成最差的模样，最近甚至发展到绝不让自己的孩子和"他们"结婚。这真是太令人吃惊了。

这是可怕的，会在完全错误的时间造成彻底的障碍。我们有很多工作要做。我们在许多领域都需要加速创新，而只有持续的合作和信任才能使这一切成为现实。

所以，正如我所说的，我回到了明尼苏达州，回到了我的家乡。我想看看这个地方是否仍然如我的记忆中一样，人们仍然践行基于"共同利益"的政治，信任是一种规则而非例外。这个地方显然已经变得比过去更加复杂，但是总而言之，它没有让我感到失望。

然而，我所得到的最重要的政治智慧就是，为了建设一个更具包容性的圣路易斯公园和明尼苏达州，人们付出了巨大的努力。这些努力至关重要，不仅是对居住在那里的人，而且对今天美国的每一个社区都是如此。

来看一下我们已经强调过的一些现象和趋势：现在美国 K–12 公立学校（从幼儿园到中学 12 年级）大约有 5000 万名在读学生，从 2015 年起，少数族裔学生的数量第一次占到多数。这些少数族裔主要是非洲裔美国人、拉美裔和亚洲裔。与此同时，享受午餐费用减免计划的学生数量在 2016 年达到历史新高。乔治城大学教育和劳动力中心的一份报告预测，到 2020 年，65％ 的就业岗位需要高等教育和技能培训。同时，牛津大学马丁学院 2013 年的一项研究结果显示，47％ 的美国工作岗位在未来 20 年内很可能被计算机取代。

这些数字告诉你，每个人都将不得不在课堂上、在他们的一生中加倍努力，不断提高自己的竞争力；这些数字告诉你，我们真的不能再让任何一个孩子掉队；这些数字告诉你，多元主义比以往任何时候都重要——在全球加速流动的时代，当与陌生人的接触越来越频繁，当越来越多的人从不断扩大的无序世界逃往有序世界，我们这个已经十分拥挤的世界剧院会让人感到愈发的拥挤。因此，那些能够真正实现"合众为一"的社会将具有更高的政治稳定性，以及更强大的创新力量。

　　这些数字还告诉你，无论是在政治或个人层面，领导力比以往任何时候都更重要，但我们需要的是一种特殊的领导力。在国家和地方层面，我们需要一种可以促进包容和适应的领导力。我们的领导人需要每天都问自己："我生活在怎样的世界里？我怎样才能以一种充满能量和智慧的方式，面对这个加速时代的巨大挑战和机遇，不断追求最佳实践？"我们的领导人也应该开诚布公地把真相告诉大家：仅仅靠努力工作和遵守规则已经不足以带来体面的生活了。

　　个人层面的领导力也更加重要。20世纪60年代，在像明尼苏达州这样的地方，我们顺风顺水，以至于有人会说："要想失败，你必须先定个计划。"但如今不一样了。现在要想成功，我们需要先定个计划，一个终身学习和增长技能的计划。这要求个人发挥更多的领导力，要求越来越多的人都能够成为自己未来的主人，并且坚定地投资"你自己的创业企业"。

　　对我们任何人来说，现在证实自己这种领导力还为时不晚，对美国就更是如此。但正如环保主义者达娜·梅多斯在谈到减缓气候变化时曾经说道："我们刚好还有足够的时间，但必须从现在开始。"从现在开始，一刻都不能延迟，因为对每个国家和个人而言，各个方面容错的空间、拖延的空间都在收缩。我重复一遍：在世界快速变化的时代，不管是作为领导者、教师、学生、投资者还是雇员，如果你偏离了正确的轨道，就会发现自己要走很长很长的回头路。当市场、大自然和摩尔定律都以极快的速度加速发展时，导航仪的小错误会产生非常严重的后果。

　　最后，从哲学的角度来说，令我深感震撼的是，在这个加速的时代，许许多多帮助人们增强韧性和动力的最佳方案是无法下载的，而必须以古老的方式上传，即每一次从一个人传递到另一个人。

　　回顾我为写作本书进行的所有采访，我无数次在不同的情况下听采访对象说起，一个有爱心的成年人或导师在每个年轻人的人生中至关重要；无数次听人提起拥有教练指导的价值，无论你是第一次向沃尔玛申请工作还是在经营管理沃尔玛；无数次听人们强调自我激励和实践的重要性，强调成功与否取决于你能否成为自己职业或教育的主人翁；还有，我无数次听到未来薪酬最高的工作将是"科技＋情怀"的工作，即将强大的科学技术技能和对他人感同身受的能力相结合的工作。

我们了解到，像搭建鸡舍、种植树木、布置花园这样简单的事情，居然能够成为稳定无序世界而可以做的最重要的事；谁能想到，将古老的道德黄金法则的适用范围扩展得更远、更广，将成为我们所有人为了国家安全和个人安全所必须做的事？谁能否认，当个体变得威力强大而又相互依赖时，能够看着你的邻居、那个陌生人或那个难民或移民的脸庞，并把他或她视作兄弟姐妹变得比以往任何时候都更加重要？谁能忽视，在"阿拉伯之春"中突尼斯取得成功的关键是，它比任何其他阿拉伯国家多了一点"公民社会"——而非手机或脸书好友？有多少次，人们在不同场合下向我提起"信任"这个词，认为两个人之间的"信任"是所有美好事物的真正发生器？以及，谁又能想到，建设一个健康社区的关键会是一张餐桌？

这就是为什么，当我问美国公共卫生局局长默西什么是美国当今最严重的疾病时，他的回答并没有令我感到惊讶。他毫不犹豫地回答："不是癌症，不是心脏病，而是孤独。这么多人感到前所未有的孤独，这是我们今天生活的最大病症。"多么讽刺啊。我们是人类历史上通过技术联系得最紧密的一代人，但更多的人反而感到比以往更加与世隔绝。这再次验证了默西的观点，即今天最重要的联系，也是最缺乏的联系，就是人与人之间的联系。

不要误会我的意思：技术给我们提供了很多东西，使我们更高效，更健康，更博学，更安全。我对在就本书开展研究时所发现的智能助手感到十分敬畏，对它们在帮助很多人脱贫、发现人才以及使我们有可能解决各种问题的潜力感到惊叹不已。我绝不是恐惧技术的人。但是，只有在我们不让这些技术分散对建立深层次人际关系，解决人类深层次的追求与渴望以及激发人类深层次的能量等问题的专注度的情况下，我们才能最大限度地利用好这些技术。而我们是否能做到，取决于那些你不能下载的东西：教练的鼓励，导师的赞扬，朋友的拥抱，邻居的帮助，竞争者的握手，陌生人自发的善意，花园的芳香，而不是冷冰冰的隔离墙。

在我们这个令人头晕目眩的时代，发达国家和发展中国家的蓝领工人和白领工人都觉得机器快要赶上他们了，或者觉得机器人将淘汰他们。我明白，在这样的一个过渡时期，人们更容易看见他们将会失去的东西，而不是他们将要获得或已经获得的好处。

但我无法相信，随着如此多的人有能力去发明、竞争、创造和协作，随着更多廉价而强大的工具出现并使我们能够优化社会、商业和政府之间的互动，我们却无法发展解决全世界社会和健康领域的重大问题的能力，无法找到办法使在智能机器帮助下的人类变得更有韧性、更有生产力和更加繁荣。

当然，现在很难看清楚。走在纽约市街道上的最危险的时刻，就是汽车刚刚出现，但马和马车还没有完全淘汰的时候。我们现在正处于这种过渡和转变之中。但我相信，如果我们能够实现最低水平的政治合作并发展出这个时代所必需的社会技术，保持我们经济的开放性，使所有人不断地学习，那么更多的人能够生活得比以往更美好。21 世纪的第二个 25 年将会是一个神奇的时代。完成这一转变并不容易。但人类之前已经完成过这样的转变，我相信我们可以再做一次。"可以"不意味着"愿意"，但它也肯定不意味着"不能"。

## 一棵生长在明尼苏达的树

所以，让我从开始的地方结束本书。

2015 年夏天，我回到明尼苏达做研究。我开车路过我们家在圣路易斯公园的老房子。这栋房子位于西 23 街 6831 号，我的父母在 1956 年从北明尼苏达搬到了这里。我很多年没有看到过它了，当时一时兴起决定绕过去看看。社区里密布的简易屋和我当初在 20 世纪 70 年代离开家的时候看起来惊人的相似。那所老房子仍然涂着浅蓝色的油漆。但是有些东西让我感到有所不同，只是我一时无法清楚地表达出来。我过去居住的老社区还是熟悉的模样，但又略有些陌生之处。我花了一段时间去想是什么——后来我恍然大悟：是树。

我很小的时候，它们也都很小。在我小时候，我们的社区还是一个全新的社区。现在，半个世纪过后，所有的树都长得又高又壮，枝繁叶茂，荫庇着整个社区。光线发生了细微的改变，我的眼睛注意到了这一点，因为这与我记忆中明亮的画面形成了鲜明的对比。无论我到了哪里，这个回忆中的画面都一直保存在我的脑海，如同我钱包里放着的一张老照片。

我与那些树都成长在同一片表层土壤上。在写作本书的旅途中，我所学到的最重要的关于个人、政治和哲学的一课就是，这个世界越需要我们向外扩展，我们就越需要扎根在这片信任的表层土壤上，它是所有健康社区的根基。我们必须通过这层表层土壤获得滋养，同时，我们也要反哺并进一步丰富它。

开药方比按药方抓药容易，但这是我们这个时代的使命。当你知道你仍然被家里牵挂，与一个真正的社区血脉相连，那么，去远方冒险就会变得容易很多。你不仅能走出更远的距离，还能更愿意大胆实验、承担风险以及帮助别人。对我来说，明尼苏达和圣路易斯公园就是那个地方。它们是我的锚、我的帆。我希望这本书能够激发你"在行进中暂停脚步"，并去找寻你的那个地方。

而且，不必担心这是否会让你"迟到"……

# 致　谢

**如**果不是这么多人慷慨地与我分享他们的时间和见解，我是不可能完成本书的。我想尽我所能感谢他们每一个人。

首先，我需要感谢——并且是再次感谢——《纽约时报》的主席和出版商小阿瑟·舒尔茨伯格和我撰写本书时的评论版编辑安迪·罗森索尔，感谢他们允许我将专栏写作的工作量减半，以完成作为本书的基础的所有研究和采访。如果不是这样，就不可能有这本书。我于1981年加入《纽约时报》，至今它仍然是世界上最伟大的报纸。在这里我领取了诸多不同的任务，获得了一个可以亲历历史的前排座位，得到了在不同环境下旅行和学习的机会。我永远感谢阿瑟和他的已故父亲阿瑟·奥克斯·"拳头"·舒尔茨伯格在过去的近40年中为我提供了这样的机会。

我有幸在我的职业生涯中结交了一群朋友，他们是最令人感到不可思议的一群人。你可以与他们合作，探讨观点，反复推敲，并最终使这些观点足以撑起一本书的骨架。我将这本书献给他们所有人。但是就这本书而言，我还需要表达一些额外的感谢：

在写作本书的过程中，没有人比我的朋友和老师多弗·塞德曼更慷慨地与我分享他的时间、见解并不断给我鼓励。塞德曼是 LRN 公司的首席执行官和《怎么办》一书的作者。他是一个真正与众不同的人类生存状况观察者。我从他那里学到了很多关于人、组织和价值观的知识，这就是为什么他的话在本书得到了比其他任何人都多的引用。但是，他对我的观点和思路的影响远远超出了书中被引用的那些内容。在我们数不清的谈话中，由他首次阐述的那些想法贯穿于本书之中。有多弗·塞德曼这样的朋友是多么幸运的事。

我的老师和朋友、前微软高级主管、现在的执行教练克雷格·蒙迪又一次引导我穿行于最新一代的技术，确保我不仅自己理解得很透彻，而且更重要的是，帮助我准确地解释它们！这是蒙迪帮助我写作的第四本书。让克雷格·蒙迪做你的技术导师，就像是让传奇巨星贝比·鲁斯做你的棒球教练一样。

说到长期的导师，这是我的朋友迈克尔·曼德尔鲍姆贡献他见解的第七本书，但这一次尤其有趣，因为他当年就在明尼苏达州，我们是同一所希伯来语学校的同班同学。迈克尔关于公民美德与一个健康的社区之间互相加强、相互丰富的想法特别有价值。

埃里克·布莱恩约弗森和安德鲁·麦卡菲是《与机器赛跑》和《第二次机器革命》的作者，他们对我的想法有很大影响。正如我在本书中所指出的，他们也慷慨地与我分享了他们的深刻见解。

迈克尔·桑德尔听取了本书几个部分的不同版本，并帮助我更好地了解我们的社区——我们幼年时一起长大的这个社区——所具有的公民美德。

当然，还要衷心感谢阿耶勒·伯嘉，马里兰州贝瑟斯达市地下公共停车场的服务员，他让我停下车并询问我如何才能改进他的博客，是他的这一举动启发了本书的创作！

玛瑞娜·戈比斯是听我最初谈及本书想法的少数几个人之一，也是第一个为我召开一个主题圆桌会议讨论本书的人，地点就在帕洛阿尔托未来研究院。她总是慷慨地与我分享她的见解和时间。

约翰·罗克斯特伦在我访问他的研究中心时非常友好地带我走遍了斯德哥尔摩的各个角落；他还校阅了本书的部分文字。没有比他更好的环境问题老师了。我还要感谢汉斯·韦斯特伯格在同一次瑞典之旅中在爱立信公司接待我。

约翰·多尔和他的同事比尔·乔伊一如既往在一次次的雪道上和远足中慷慨地与我分享他们的见解，并改进我的认识。还有亚伦·伊兹拉西，这也是他帮助我写作的第七本书，每一次他都能教我一些新的东西，迫使我更深刻地思考我已经写下的内容。

此外，在过去两年里，我从与许多人的内容丰富的对话中受益匪浅，他们是：拉里·戴蒙德、埃里克·拜恩霍克，里昂·韦瑟蒂尔，罗伯特·沃克尔，沙迪克·伊尔迪兹，P.V.坎南，乔尔·海亚特，杰夫·贝佐斯，肯·格里尔，南丹·奈尔卡尼，高塔姆·穆昆达，艾伦·科恩，莫什·哈尔伯特尔，特兹维·马克思，拉比乔纳森·马尔兹曼，罗素·米特迈尔，格伦·普利科特，林·韦尔斯，汤姆·拉夫乔伊，杰弗里·加滕，莫伊西斯·奈姆，卡拉·蒂里科夫·卡纳莱斯，大卫·罗斯科普夫和五角大楼的净值评估办公室主任詹姆斯·贝克尔。我感谢他们每个人，他们的分享让我变得更聪明，无论是政治、伦理、气候还是地缘政治问题。

衷心感谢牛津大学的伊安·格尔丁在马丁学院接待了我，让我度过了三个令人兴奋的日子；加尔·伯特在柏林的美国学院为我做了同样的事。我还要感谢纳达尔·穆萨维扎德和他在伦敦MAP的同事，他们总是使我的思想变得更加锐利。

如果没有拜伦·奥古斯特、凯伦·乔普拉、斯蒂芬妮·桑福德和大卫·科尔曼的慷慨辅导，我绝对无法理解从教育到工作的渠道。他们绝对是教育和工作领域的顶级团队和思想家。还要特别感谢LearnUp公司的亚历克西斯·林沃尔特与我分享她对该问题的见解。

在明尼苏达，我非常感谢前任副总统沃尔特·蒙代尔、已故的比尔·弗兰泽尔、参议员艾尔·弗兰肯、参议员艾米·克洛布沙尔、莎朗·依斯宾和诺曼·奥恩斯坦花时间与我分享他们的见解。特别感谢明尼苏达大学汉弗莱学院的拉里·雅各布斯，他不仅接待了我，而且阅读了本书的部分内容，并使我深受教益。我也非常感谢蒂姆·威尔士和他在明尼阿波利斯麦肯锡公司的同事茱莉亚·希尔维斯，感谢他们所做的所有引荐，感谢他们帮助阅读本书的部分内容，为我介绍正确的人，让我能够理解伊塔斯加项目。桑德拉·萨缪尔斯耐心地为我讲解北部成就区所开展的各项非常好的工作。圣路易斯公园学校的负责人罗布·梅茨和高中校长斯科特·梅耶斯都提供了非常大的帮助，使我可以与他们的学生和同事们聚在一起，并与我分享他们自己的见解。

还要特别感谢珍妮·安德森，她是圣路易斯公园历史学会背后的发动机。珍妮把我和有趣的社区成员聚集在一起，我借鉴了她的历史写作，她很慷慨地审阅了本书的最终稿。我非常感谢她的帮助。同样还要感谢"儿童第一"的协调员卡伦·阿特金森，她向我介绍了圣路易斯公园索马里社区的一些了不起的成员，并分享了她的见解；还有保罗·林尼和苏珊·林尼以及花时间告诉我他们年轻时在圣路易斯公园故事的所有人。

我的高中美国历史高阶课程老师玛乔丽·宾汉姆和我的英语老师米里亚姆·卡戈尔在离开学校40年后仍在教育我。我非常感谢她们帮助我理解过去和现在的圣路易斯公园中学。我是多么幸运有这样非凡的老师和一生的朋友。还有圣路易斯公园市长杰夫·雅各布斯和杰克·斯帕诺、城市经理汤姆·哈门宁和吉姆·布里迈尔以及技术领导者克林特·皮雷斯，与他们交谈并向他们学习是一件乐事。

特别要感谢我童年的朋友弗雷德·阿斯特伦仔细阅读我的部分初稿并贡献他的见解，以及宾夕法尼亚大道扑克俱乐部其他成员的贡献和他们终身的友谊：马克·格林、霍华德·卡尔普、史蒂夫·特拉格尔和杰·戈尔德伯格。我们已经是圣路易斯公园50多年的兄弟了。还有布拉德·莱尔曼，我们曾经一起在星期天早晨和我们的父亲一起打保龄球，他也非常慷慨地与我分享他关于我们老社区的想法。

还有，一如既往，我最好的朋友肯·格里尔和他的妻子吉尔，他们从一开始就倾听和鼓励这个项目，是我们经常一起在明尼阿波利斯的某个湖边散步的时候。没有什么比与肯分享我的思考更有趣的了。

在公司方面，非常感谢美国电话电报公司的领导兰德尔·斯蒂芬森和他的同事约翰·多诺万、拉尔夫·德拉维加、比尔·布莱斯和克里什·普拉布。斯蒂芬森把我领进他们人力资源政策的大门，这对我理解今天的工作世界非常有帮助，接着又带着我走向技术的前沿。无论他身在何处，约翰·多诺万都在邮件收件箱响起第一声"叮咚"时便回答了我的问题。

IBM 的沃森（Watson）团队——特别是大卫·姚恩和约翰·凯利三世——在我两次访问 IBM 期间，非常慷慨地向我讲解了沃森的智慧所在。

在谷歌，我特别感谢负责谷歌 X 创新中心的阿斯托·特勒。他一时兴起为我绘制的小图成为这本书的一个中心主题。他和他的同事柯特尼·霍恩和格拉迪斯·吉米内斯一丝不苟地确保我正确地理解他们的观点，令人印象深刻。

我的朋友安迪·卡尔斯纳不仅把我介绍给了特勒，而且是本书不同部分和我的许多专栏文章的全能思想发电机。能够与安迪一起上演思想的爵士乐，是我最大的乐趣之一。

在英特尔，戈登·摩尔、布莱恩·克扎尼克、比尔·霍尔特、马克·玻尔和罗伯特·马内塔为我提供了非常多的帮助。脸书的艾略特·施拉吉和他的同事丹·马库斯和贾斯丁·奥索夫斯基提出了诸多宝贵的见解。非常感谢塞巴斯蒂安·图恩在我多次访问优达学城时，告诉我关于数字时代教育的故事。汤姆·武耶奇和卡尔·巴斯在欧特克公司接待了我，并让我度过了神奇的一天。在麦肯锡全球研究所，詹姆斯·马尼卡和他的同事苏珊·隆德、理查德·多布斯、乔纳森·沃泽尔和阿洛科·科什尔萨格提供了非常棒的研究资料，丰富了这本书的许多方面。

在惠普，梅格·惠特曼和霍华德·克拉波非常慷慨地与我分享他们的见解，使我进入他们公司创新的内核。在通用电气公司，非常感谢威廉·鲁赫和梅根·帕克与我分享他们的想法，并感谢经他们介绍我认识所有通用电气的工程师们。在沃尔玛，道格·麦克米伦、尼尔·阿什、丹·托普雷克和他们的同事向我展示从沃尔玛的移动应用购买一台电视时，幕后每一个数字互动的具体细节。他们还向我介绍了阿肯色州最好的牛排。

我非常感谢来自哈度普公司（Hadoop）的道格·卡丁和来自吉特港公司（GitHub）的克里斯·万斯特拉斯耐心地给我讲解他们两家公司的发展历程，并确保我正确地理解每一个事实。我经过多次访问和后续随访才充分理解了他们的创造，对于他们的指导我万分感激。

高通的共同创始人欧文·雅各布斯在我两次访问他的公司时也是这样做的。他和他的儿子保罗以及他的整个团队非常慷慨地与我分享他们的时间。我特别感谢高通的乔·舒曼为我提供一些特别的图表并进行事实核对！

基迪·格林斯坦花了很多时间与我分享他在加强以色列社区方面所做的令人印象深刻的工作。基迪是一个特别的思想家和神奇的朋友，他的想法对我产生了很大影响。我也会对我与哈尔·哈维的多次对话作同样的评论，他也是一个真正的原创思想家。如果没有物理学家埃默里·洛文斯，我是无法完成大自然与政治这一章节的。他是一名伟大的老师，总是把他的幽默和精确的思考结合在一起。

还有，一如既往要特别感谢我的高尔夫球伙伴们：乔尔·芬克尔斯泰恩、里克·索斯金、杰里·塔德、汤姆·奥尼尔和已故的艾伦·科茨。（伙计们，想念你们。）最后，还有纪录片《多灾凶年》的了不起的拍摄团队约翰·巴赫、大卫·戈尔伯、悉德尼、特拉特勒和约翰·帕帕斯，他们带我去了我从未想象过的地方（并把我活着带回了家）。

这是我与乔纳森·加拉西合作的第七本书，他是 FSG 出版社的主编。他的灵感和支持让我的人生变得大不相同。其他的我已经不能用语言表达了。我的文学经纪人伊瑟·纽伯格总是站在我的背后支持我，做了非常精细的工作，处理了所有的细节问题。自 1988 年以来，乔纳森、伊瑟和我一直在一起合作。我不能想象在没有他们的情况下写一本书。FSG 出版社的亚历克斯·史带是我这个项目的编辑，他以一种不易察觉但坚定不移的方式贡献了他了不起的智慧，确保本书中的所有观点都相互联系起来并闪闪发光。他的工作使每一稿都有所提高。我长期孜孜不倦的助手格文·格尔曼总是帮我做从研究到预订的任何事情。我很幸运她能与我一起工作这么久。我的姐姐简和雪莉为我核对了我们在圣路易斯公园幼年时所发生的事。

但是，没有一个人比我的光彩照人的妻子安·弗里德曼更值得感谢。她编辑了本书的每一页，对组织结构和遣词用句提出了很好的建议，也让我能够把一切都做得更好。我写作这本书耗时三年多，中途还摔断了肩膀。安忍受了很多，同时还创建了自己的博物馆文字星球。正如亚历山大·汉密尔顿在讲述其妻子的音乐剧《汉密尔顿》中说的，她是"最好的妻子和最好的女人"。当然，我的女儿，奥莉和娜塔莉，总是在支持她们的爸爸，并成为我永远的灵感来源。

有这么多来自不同地方的慷慨相助的朋友，我怎么能不成为一个乐观主义者呢？

托马斯·弗里德曼

贝瑟斯达，马里兰（但其实还是在明尼苏达）

2016 年 8 月

# 译后记

本书有四个主题词：加速，改变，锚定，创新。

这是一个加速的时代，新事物正以惊人的速度和加速度取代旧事物，小到通信方式、工作技能，大到国家兴衰和地缘政治演变。作为研究经济全球化、参与经济全球化、过去十多年投身国际贸易谈判的政策研究者和谈判人员，我对此感受颇深。2001 年世贸组织启动以"发展"为主旨的多哈回合谈判，谈判进程被 2008 年金融危机所中断，此后多边主义江河日下，区域主义蔚然成风。全球金融危机过去七年后，国际贸易、跨境投资、国际信贷依旧复苏乏力，保护主义、民粹主义、极端主义和逆全球化思潮涌动，作为当代多边主义国际经济秩序奠基者的英美两国先后上演"英国脱欧"和"美国优先"的政策大反转。熟悉历史的人都会不禁感慨，这个世界变了。

弗里德曼在书中对当今世界的这种加速及其对工作岗位、国家政治、地缘政治、社会伦理和社区生活等领域引起的剧变做了深刻描述，发人警醒。本书的英文名是 *Thank You For Being Late*（《谢谢你迟到》），我觉得弗里德曼在书名中还藏着一个隐喻：Better Later Than Never（这是一句英国谚语，大意是：迟到总比不到好）。作为个人，偶尔的迟到可以让你在忙忙碌碌中放慢脚步，去反思并再次与内心深处最坚定的信仰建立联系（"锚定"），进而重新上路，所以要谢谢你迟到。但是，这个加速时代已经让许许多多个人和国家都迟到了，大到国际关系和国家政治，小到工作场所和社区组织，都迫切需要重构和革新（"创新"）。切莫从"迟到"变成"不到"，不然也许就真的来不及了，这就是弗里德曼的隐喻。

知易，行难。作为参与国际经贸规则重构的一线谈判人员，秩序与规则重构过程之曲折、矛盾之复杂，我有切身体会。而在本书中，弗里德曼将这种变革的困境概括为一个两难选择：必须要做的事是不可能完成的任务，但不可能完成的任务是必须要做的事。这是一丝略显悲观的论调：面对一项不可能完成的任务，你的信心和乐观从何而来呢？

翻译本书的过程中，我会时不时感慨翻译这个古老行当何时会最终消亡。书中提到，在认知计算时代，计算机通过比较海量文本寻找重复模式，可以轻松地将乌尔都语译成中文，"它会自行学习，而且永远不用学习语法、乌尔都语或中文，一切都不过是统计数据"。无独有偶，2016 年 9 月，就在弗里德曼写完本书后 1 个月，谷歌推出了"神经机器翻译"服务，通过集合海量现有翻译来训练其神经网络，其工作原理类似战胜李世石和柯洁的 Alpha Go。

但译完本书之后，我又增添了几分信心。校对文稿时，何帆老师推荐我们读一读余光中的《翻译乃大道》，书中余老对"公式化"翻译提出了严厉批评。不错，机器翻译的核心就是公式化的翻译，试图对两种语言进行标准化转换，而这恰恰错失了翻译的"大道"：翻译是一门语言转换的艺术，中西语言变化之妙存乎一心，真正好的翻译，须得其意而忘其形。在机械化的翻译上，人可能不如计算机；在文字的推敲、文化背景的切换、字里行间的文意表达和情绪传递上，计算机远不如人。翻译如此，其他工作也是一样，这也是人类能够在加速时代保持乐观的原因之一：人工智能也许会替代人类的某些工作，但更可以成为人类在更多领域的智能助手。而因循大道不仅适用于翻译领域，也同样适用于国家政治、社区生活的方方面面。弗里德曼在书中对此做了充分阐述。这也是为什么他将本书的英文副标题定为 *An Optimist's Guide to Thriving in the Age of Accelerations*。

翻译本书让我获益匪浅。感谢第一财经的杨燕青老师将此书推荐给我。感谢何帆老师对译稿和译者们的点拨和指导。感谢第一财经的两位同事朱映臻和崔艺的合作，我们三人时常身处三地，在繁重工作之余通过云平台协作，在不到三个月时间里完成了翻译初稿。翻译过程中，我时常能够看见凌晨的星光和清晨的月亮。如果没有湖南科学技术出版社孙桂均老师的督促，我想这也是一份不可能完成的任务。凯恩斯年轻时曾经打趣道："在一天的两端，我的蜡烛都是熄灭的。"天分让他无需熬夜和早起，但是他的编辑老师所处的那个时代也没有今天的速度这么快吧。

本书第一章记录了弗里德曼邂逅停车场收银员伯嘉的故事，弗里德曼向伯嘉传授了专栏写作的心得和诀窍。想要写好文章的人都应该认真读两遍。而翻译过程中的一个发现更显出弗里德曼对待文字的态度。我拿到的电子书稿标注着"完成于2016年8月13日凌晨1点54分"的字样，英文版图书最终出版于2016年11月22日。在3个月时间里，成书稿与电子书稿相比又做了诸多删减和调整，文字更洗练、结构更合理、观点更突出。如此大名鼎鼎的专栏作家尚且思索不止、磨字不倦，怎能不成为吾等后生的榜样呢？

是为译后记。

符荆捷

2017 年 9 月 26 日

## 图书在版编目（CIP）数据

谢谢你迟到 / （美）托马斯·弗里德曼著 ；符荆捷,朱映臻，崔艺译. -- 长沙：湖南科学技术出版社,2018.1

书名原文：thank you for being late

ISBN 978-7-5357-9525-0

Ⅰ．①谢… Ⅱ．①托… ②符… ③朱… ④崔… Ⅲ．①国际经济关系－经济一体化－研究 Ⅳ．①F114.41

中国版本图书馆 CIP 数据核字(2017)第 238049 号

XIEXIENI CHIDAO YIMAN ZHISHENG POTI WEILAI GEJU

**谢谢你迟到** 以慢制胜，破题未来格局

| | |
|---|---|
| 著　者： | [美]托马斯·弗里德曼 |
| 译　者： | 符荆捷　朱映臻　崔艺 |
| 审　校： | 何帆 |
| 责任编辑： | 孙桂均　李媛 |
| 出版发行： | 湖南科学技术出版社 |
| 社　址： | 长沙市湘雅路 276 号 |
| | http://www.hnstp.com |

湖南科学技术出版社天猫旗舰店网址：

http://hnkjcbs.tmall.com

| | |
|---|---|
| 邮购联系： | 本社直销科 0731-84375808 |
| 印　刷： | 长沙超峰印刷有限公司 |
| | （印装质量问题请直接与本厂联系） |
| 厂　址： | 长沙市金洲新区泉洲北路 100 号 |
| 邮　编： | 410600 |
| 版　次： | 2018 年 1 月第 1 版 |
| 印　次： | 2018 年 1 月第 1 次印刷 |
| 开　本： | 700mm×960mm　1/16 |
| 印　张： | 28.5 |
| 字　数： | 400000 |
| 书　号： | ISBN 978-7-5357-9525-0 |
| 定　价： | 68.00 元 |

（版权所有·翻印必究）